My Years with General Motors

我在通用汽车的岁月

[美] 阿尔弗雷德·斯隆 著
ALFRED P. SLOAN 孙伟 译

图书在版编目（CIP）数据

我在通用汽车的岁月 /（美）阿尔弗雷德·斯隆（Alfred P. Sloan）著；孙伟译 . -- 修订本 . -- 北京：机械工业出版社，2021.2（2024.11 重印）

书名原文：My Years with General Motors

ISBN 978-7-111-67511-2

I.①我⋯ II.①阿⋯ ②孙⋯ III.①汽车工业 - 工业企业管理 - 研究 - 美国 IV.①F471.264

中国版本图书馆 CIP 数据核字（2021）第 034837 号

Alfred P. Sloan. My Years with General Motors.

本书中文简体字版由机械工业出版社出版发行。未经出版者书面许可，不得以任何方式抄袭、复制或节录本书中的任何部分。

本书已经畅销 50 多年，是每个职业经理人必读的商业著作。机械工业出版社出版的《我在通用汽车的岁月》，由曾在路透社、道琼斯任职的孙伟，耗时 18 个月翻译完成；译文准确、流畅，给您舒适的阅读体验。

本书分为两部分。第一部分主要讲述通用汽车公司的发展历程，展示通用汽车公司在组织、财务和产品领域的一些基本管理理念从何而来，以及是如何发展的。第二部分由一些彼此独立的章节组成，详细探讨了工程、分销、海外业务、劳动关系、薪酬激励、管理、变革等。

斯隆说他写作本书，是为了给职业经理人建立一条职业发展新路，也是为了详细阐述职业经理人作为领导者和决策者，应该扮演怎样的角色。管理大师德鲁克生前一直把它推荐给朋友、客户和学生，他说"每个人都觉得这是一部引人入胜、令人愉悦的作品"。比尔·盖茨认为，本书中有关"组织与考核、管理者的工作以及如何应对风险"等方面的内容，值得借鉴。

我在通用汽车的岁月

出版发行：机械工业出版社（北京市西城区百万庄大街 22 号	邮政编码：100037）
责任编辑：冯小妹	责任校对：殷 虹
印　　刷：北京机工印刷厂有限公司	
开　　本：170mm×230mm　1/16	印　张：27
书　　号：ISBN 978-7-111-67511-2	定　价：69.00 元
	版　次：2024 年 11 月第 1 版第 5 次印刷

客服电话：（010）88361066　68326294

版权所有・侵权必究
封底无防伪标均为盗版

目录

推荐序一
推荐序二
译者序　用历史照亮未来
《我在通用汽车的岁月》的写作过程
前言
引言

01 第一部分

第1章　重大的机遇（1）……………………… 2
第2章　重大的机遇（2）……………………… 14
第3章　组织的概念 …………………………… 37
第4章　产品政策和它的起源 ………………… 52
第5章　"铜冷"发动机 ……………………… 63
第6章　稳步发展 ……………………………… 84

第 7 章 委员会的协同 …………………… 88
第 8 章 财务管控的演变 …………………… 103
第 9 章 汽车市场的转型 …………………… 130
第 10 章 政策的制定 …………………… 149
第 11 章 财务增长 …………………… 169

02 第二部分

第 12 章 汽车的演变 …………………… 196
第 13 章 年型车的变化 …………………… 213
第 14 章 技术员工 …………………… 221
第 15 章 外观设计 …………………… 235
第 16 章 分销和经销商 …………………… 249
第 17 章 通用汽车金融服务公司 …………………… 268
第 18 章 公司的海外业务 …………………… 277
第 19 章 非汽车产业：柴油电力机车、家用电器、航空业 …………………… 300
第 20 章 人事和劳工关系 …………………… 329
第 21 章 激励性报酬 …………………… 343
第 22 章 管理：如何发挥作用 …………………… 361
第 23 章 变革与发展 …………………… 367

附录 A 通用汽车各事业部轿车及卡车销售数量 …………………… 375
附录 B 通用汽车部门组织图 …………………… 379

推荐序一

听说让我为斯隆的《我在通用汽车的岁月》写推荐序,我很高兴,不仅因为这本书记录了德鲁克和斯隆两人对于现代管理学基本命题的理解,更重要的是,孙伟的翻译准确地表达了这两个大人物的思想脉络及微妙的差异。

德鲁克与斯隆的交往开始于 1943 年,那个时候,斯隆 68 岁,功成名就,德鲁克 34 岁,学富五车。斯隆比德鲁克年长 34 岁。可以说两个人成就了当今的管理学科。或者说,管理成为一门学科,从斯隆与德鲁克的交往开始。

1939 年,德鲁克出版了《工业人的未来》一书。当时英国首相丘吉尔想写序,被德鲁克拒绝了。理由是他不给别人写序,也不想让别人给自己的书写序。

《工业人的未来》这本书系统地讲述了产业社会的内在结构，即社会、企业与个人之间三位一体的关系，与家庭社会的结构，即社会、家庭和个人之间三位一体的关系完全不同。

德鲁克非常希望能够找到一家企业，深入到内部去了解企业是怎么运行的，从而弄清楚企业应该如何在产业社会发挥出应有的功能或作用，以确保产业社会的正常运行，避免产业社会灾难性后果的发生。

这是德鲁克进入通用汽车的目的和意图，他在那里进行了18个月的调研，并于1946年出版了《公司的概念》一书。

这个目的和意图，不同于通用汽车（主要是人事管理部门）的想法，他们邀请德鲁克是想解决劳资问题，也就是公司和员工的关系问题。

从字面上理解，"公司的概念"，讲的就是"企业的性质"。企业是产业社会的一个功能性组织，必须遵循产业社会正常运行的客观要求，确立起基本的组织原则，此其一。其二，企业是一个社会，是人与人之间关系的结合体，必须按共同体的要求，确立起基本的组织原则。这就是德鲁克强调的立宪主义传统。

尽管斯隆对于治理一个国家或一个企业的传统方法非常了解，并且，在为通用汽车建立健全管理体系和组织原则的过程中，不断查阅美国的宪法，但是斯隆坚持的是另一种传统方法，即"皇储教育"。他认为治理的核心命题，是对统治者进行教育。对企业而言，就是要选拔和培养职业经理人。

斯隆认为，德鲁克的《公司的概念》一书，会误导后来的管理实践者和管理学者。他认为自己有责任消除这种不良影响，于是决定写一本书，告诉世人一个真实的通用汽车。

很遗憾，德鲁克《公司的概念》始终没有成为通用汽车的组织原则、根本大法或基本法。这是斯隆的局限，也是时代的局限。

不过斯隆的为人令人赞叹，他认为，德鲁克没有违背初衷与最初的写作计划，他有权表达自己的观点。

1964年，斯隆的《我在通用汽车的岁月》出版，好评如潮。日本人的评价是，看到了这本书，日本人才学会了对大公司的管理。

斯隆以自己为原型，客观而理性地刻画了一个职业经理人应有的职业化和专业性。职业经理人队伍的职业化和专业性，是大公司取得非凡成就的内在依据。对于这一点，德鲁克给予了充分的肯定并做出了有效的概括：

1.管理是一种职业，职业经理人是专业人士。和医生或律师等专业人士一样，职业经理人也有他的"客户"——企业。他的自身利益要服从于客户的利益。所谓"职业化"，就是要对客户负责。

2.专业人士的决策并非基于观点或个人偏好。他们依据事实来做决策。职业经理人的工作不是去喜欢别人，也不是去改变别人，而是要让人们发挥出自己的长处。至于员工本人或他的工作方式能否得到认可，唯一的衡量指标是他的经营成果，这其实也是职业经理人唯一应该关注的事情。

3.成果不仅仅指"财务指标"，还包括以身作则。这就要求职业经理人有正直的品行，即追求经营成果，并能够以身作则，指导下属。

4.分歧甚至矛盾不但是必要的，而且是有益的。如果没有分歧和矛盾，也就不会有相互之间的理解。而如果没有相互理解，就会做出错误的决策。

5.领导力不是"个人魅力"，不是公共关系，也不是表现能力，领导力是成果，是一贯的行为，是取得信任的能力。

6.最后，职业经理人是服务人员。头衔并不赋予他特权，也不给予他权力，只能让他担负起责任。

德鲁克做出这样的概括，其实是想告诉大家，他与斯隆之间并没有分歧，只是两个人的视野和关注的范畴不一样。德鲁克更关注产业社会，关注产业社会中的企业，关注企业与员工之间的关系。在这个前提下，斯隆的管理经验，无疑是德鲁克思想体系的一个有效补充。

　　可以说，企业的组织理论和职业经理人的画像，经过两个谦谦君子的相交及本书的展现，更为完整了。

包政
2019 年 10 月 7 日

推荐序二[一]

《我在通用汽车的岁月》是阿尔弗雷德·斯隆的回忆录,它汇集创业、管理和商业战略,讲述了一段非凡的历史。在斯隆的领导下,通用汽车先是在20世纪20年代超越了福特汽车,进而在50年代时成为全球最大的汽车企业。约翰·麦克唐纳是美国商业记者和作家,他是本书的写手,并和凯瑟琳·史蒂文斯一起编辑了这本书。这部传世的商业经典如今已被译成多种文字,英文版也在发行。但读者并不知道,本书险些难见天日,也不知道它的创作历程和遭遇——直到约翰·麦克唐纳的《写手回忆录》(*A Ghost's Memoir*)出版以后。我是约翰·麦克唐纳的小女儿。我和我的姐姐——已故的琼·麦克唐纳·米勒一起,在约翰·麦克唐纳去世后出版了《写手回忆录》,由此揭秘了《我在通用汽车的岁月》一书的创作历程。

1954~1959年期间,约翰·麦克唐纳和通用汽车的董事长阿尔弗雷德·斯隆一起,撰写了《我在通用汽车的岁月》全稿。它详细记录了从20世

[一] Copyright © 2021 by Christie McDonald.

纪20年代到50年代期间，斯隆如何通过营销战略（"适合每种价位与要求的汽车"）和组织设计帮助通用汽车在美国取得了成功。然而当这本书完稿后，通用汽车的律师担心司法部会针对通用汽车提出反垄断诉讼（根据谢尔曼反托拉斯法），于是他们阻挠这本书的出版。《写手回忆录》讲述了约翰·麦克唐纳如何与通用汽车据理力争，并最终赢得胜利。在该书的序言中，丹·塞里格曼（Dan Seligman，已故的美国记者，约翰·麦克唐纳在《财富》杂志的同事）这样写道："从某种意义上来说，这本'讲述书的书'与斯隆的原创异曲同工。两部作品都能帮助我们辨析，作者如何审时度势，并做出战略选择，最终的胜利也来自对战略的透彻思考。约翰·麦克唐纳之所以能够打败通用汽车，并非依靠大吵大闹或夸张表演，而是在每一步战略思考上都能先人一步——正如斯隆领导下的通用汽车当年打败福特汽车一样。"

像《我在通用汽车的岁月》这样一部集体创作的作品，写手或编辑扮演的角色颇为复杂，每位创作者对该作品的影响往往难见一斑。[⊖] 这些创作者的生活履历各有不同，我们在回溯他们的履历时才能看出端倪。在此我简单介绍一下约翰·麦克唐纳的早期经历，帮助你们了解他对《我在通用汽车的岁月》一书的影响。

约翰·麦克唐纳是在密歇根州的底特律长大的，在20世纪早期，这里堪称全球汽车之都。他曾这样写道：

"我1906年出生于底特律，那时候汽车产业刚刚萌芽……我记得大约三岁的时候，第一次看见一辆福特T型汽车停在了对面的尚普兰大街

[⊖] Christopher D. Mckenna, " Writing the Ghost-writer Back In: Alfred Sloan, Alfred Chandler, John McDonald and the Intellectual Origins of Corporate Strategy, " *Management & Organization History*, 1:2, 107-126, DOI: 10.1177/1744935906064087.

（Champlain，现在的拉斐特（Lafayette））……当时的消防车要靠高头大马牵着走，冬天下雪的时候，杂货运输的雪橇也要靠马拉……对于成年人来说，汽车是个新鲜事儿；而对我来说，每当看到汽车和四轮马车，就像观看一场杂耍表演。等我长大后……汽车家族在整个镇上和邻里街道已经随处可见了……"①

"这里有福特、雪佛兰、道奇（后来被克莱斯勒收购）、别克、林肯、凯迪拉克等品牌。在我长大的这座城市，汽车家族堪比皇权贵族，毕竟他们的名称已经与汽车品牌融为一体了。"②

约翰在密歇根大学获得了英语文学学士和硕士学位。密歇根大学是一所研究型院校，其英语专业居于现代主义文学的最前沿。"我对当时出现的革命作家尤其感兴趣，他们后来成为文学界的典范：乔伊斯、埃略特、伍尔芙、庞德、海明威和菲茨杰拉德。"③ 20世纪30年代初的经济大萧条时期，约翰来到纽约市成为一名作家。后来，他创办了一本有关纪录片的期刊，叫《影业新闻》。到了1945年第二次世界大战的尾声，出版巨头亨利·卢斯（Henry Luce）邀请他加入自己的传媒帝国（包括《时代》《生活》《财富》《体育画报》）。约翰和几位朋友一起（包括如今闻名遐迩的摄影师沃克·埃文斯）成为《财富》杂志的专栏作家，负责商业事件的长篇报道。约翰一生都喜欢玩计谋和赌注类的游戏（从象棋、纸牌到赛马），尤其对战略兴致浓厚，为此他曾咨询过《博弈论与经济行为》的两位作者——数学家约翰·冯·诺依曼和经济学家奥斯卡·摩根施特恩；之后他在《财富》杂志发表

---

① John McDonald. A Ghost's Memoir: The Making of Alfred P. Sloan's My Years with General Motors[M]. Cambridge: MIT Press, 2002.
② 同上。
③ 引自约翰·麦克唐纳的未出版作品《发夹》，现保存于耶鲁大学拜内克图书馆的约翰·麦克唐纳文献资料中。

过两篇专题文章，也写过一本小册子，名为《扑克、商业和战争中的战略》。在这本小册子中，他借助现实中（在理性和不确定性的共同作用下）的人际经历，把数学问题转化为通俗易懂的语言，阐明了战略的原理。

约翰和阿尔弗雷德·斯隆探讨写作始于1949年，一开始他想邀请斯隆在《财富》杂志上刊登文章。到了1954年，这个想法逐步演变为两人合作，出版一部有关斯隆的完整回忆录。约翰对商业战略抱有兴趣，同时他留恋青年时代在底特律的汽车经历，又有博学的好奇心和讲故事的本领。而斯隆是当事人，并且能够获取通用汽车发展历程的史料。可谓强强联合。斯隆在《我在通用汽车的岁月》的前言中也对约翰发挥的重要作用予以了肯定："本书的创作离不开麦克唐纳先生的学识、技艺、想象力、专业标准，以及他对商业战略的理解。"

本书创作过程中的文件归档由凯瑟琳·史蒂文斯女士完成，她的工作做得如此出色，以至于后来斯隆聘请她担任了自己的私人助理。这些文档现在保存在耶鲁大学拜内克图书馆的约翰·麦克唐纳文献资料中。其中一些文档在1959年时，曾被通用汽车的律师视为有可能导致公司分崩离析。但我的父亲凭借着毅力、决心和勇气，对巨头公司通用汽车提起了法律诉讼，并最终促成《我在通用汽车的岁月》于1964年出版。这本书不仅成为一部经典作品，也成为商学院有关战略管理的第一本教材。我希望本书介绍的这段历史能对21世纪的读者有借鉴意义。

克里斯蒂·麦克唐纳

哈佛大学教授

译者序

用历史照亮未来

2018年11月,机械工业出版社的石美华编辑告诉我,应包政教授和张林先博士的推荐,想邀请我翻译《我在通用汽车的岁月》一书。我不禁想:"通用汽车已经衰败,况且这本书年代久远,为什么还要翻译它呢?"

我把这个问题抛给了包政老师,他的回答言简意赅:用历史照亮未来。这句话也打开了一扇窗:这是一段怎样的历史?如何照亮未来?

组织管理的起源

20世纪初的美国正处于工业化基本完成,全社会财富激增的时期。由于幅员辽阔且市场巨大,美国企业在这一时期蓬勃发展,涌现出了像福特汽车、亨氏、宝洁等大批重要企业。但这一时期的美国企业并不注重组织管理，它们受弗雷德里克·泰勒《科学管理》的影响，更善于通过生产作业的科学标准化来提升效率、控制成本。

与此同时，组织管理的思想开始启蒙。20世纪初，美国铁路行业开始自觉运用组织架构图。到了1909年，哈佛商学院的拉塞尔·罗布（Russell Rob）教授基于对军事组织和工业生产的研究，开始讲授有关组织学的课程。⊖

通用汽车的创始人比利·杜兰特是一位有远见卓识的企业家。不过他擅长的是资本运作而非管理。真正通过组织管理带领通用汽车一举打败当时不可一世的福特汽车，进而帮助通用汽车在之后近40年的时间里长盛不衰的是本书的主人公阿尔弗雷德·斯隆。

德鲁克作为当代管理的思想家，其管理思想源于对斯隆及通用汽车的实践观察。1943年对于德鲁克来说是个分水岭：在此之前，他涉猎于经济学、统计学、社会学、政治学等领域，对工商企业鲜有研究；1943年之后将近两年的时间里，他受聘为通用汽车公司的顾问。董事会的会议德鲁克悉数参加，还涉足通用汽车的决策分析、生产流程，并对斯隆本人、公司高管、部门负责人和一线工人进行了大量访谈；他基于对通用汽车的研究完成了《公司的概念》一书，并在日后的经典著作（包括《卓有成效的管理者》《管理：使命、责任、实践》《管理的实践》）中大量引用斯隆的事例，提出了许多影响深远的管理主张，包括掌握时间、用人所长、贡献意识、有效决策、分权管理，以及目标、使命、责任体系等。

德鲁克从斯隆身上看到了职业经理人的风采，进而浓缩为泽被后世的经典思想。我们从《我在通用汽车的岁月》这本书中也能找到这些思想的早年

⊖ Stuart Crainer. Organizing Sloan[EB/OL]. https://www.pioneeringminds.com/alfred-sloan-organizing-corporation/.

实践。

至于斯隆的思想从哪里来，他在这本书中的回答是：得益于在海厄特、联合汽车和通用汽车的工作经历。对此产业历史学家阿尔弗雷德·钱德勒经过对通用汽车的广泛调研证实了这一点：斯隆确实是自学成才。㊀

本书的结构

本书基于阿尔弗雷德·斯隆的晚年回忆和通用汽车40多年的史料整理而成，分为两部分。第一部分讲述了从1908年到1963年，通用汽车的发展历程。斯隆在此期间经历了四个阶段：1908~1920年，斯隆将海厄特出售给杜兰特后，加入通用汽车；1921~1923年，皮埃尔·杜邦出任总裁，斯隆担任公司副总裁，进入公司执委会；1923~1946年，斯隆出任通用汽车总裁，之后兼任董事长；1946~1963年，斯隆辞去总裁一职，但仍然参议公司的管理。

第二部分选取了特定话题进行介绍。首先介绍了通用汽车核心产品以外的职能和事业部，比如工程、车型、技术、外观、分销、信贷、海外事业和非汽车业务。然后斯隆针对四个话题有感而发：劳动关系、薪酬激励、管理、变革。

本书的主题

本书结合通用汽车的发展历程，讲述了斯隆领导下的通用汽车是如何经营的。斯隆在引言中善意指出如下问题对通用汽车的发展有至关重要的影响：

㊀ 艾尔弗雷德·钱德勒.战略与结构[M].北京天则经济研究所，北京江南天慧经济研究有限公司，选译.昆明：云南人民出版社，2002.

1. 通用汽车的分权管理从何而来？如何发展？
2. 通用汽车是如何管控财务的？
3. 面对高度竞争的汽车市场，通用汽车采用了什么样的经营理念？

"分权管理"这个话题在本书贯穿始终，起源是1919~1920年斯隆创作的《组织研究》（在本书第3章"组织的概念"中有所描述）。从1921年开始，他将这一理念在通用汽车内进行了实践，并坚持基于现实条件，在分权与集权之间进行动态调整——其间经历了财务危机、行政指令失效、委员会的协同、经济大萧条、第二次世界大战和经济复苏。

"财务管控"在本书的第8章"财务管控的演变"中有详细描述，它是分权管理得以实现的必要手段——只有通过对运营效果的客观评估，才能放手把运营的责权交给别人。这部分内容既体现了通用汽车对投资回报和风险管控的重视，也反映出股东、管理层与事业部之间的博弈。

不过分权管理和财务管控毕竟只是通用汽车的管理手段，它们只有统一于斯隆提到的第三条——通用汽车的经营理念的时候才能彰显威力。事实上很多学者都已指出，斯隆在分权管理和财务管控的实施过程中绝非按图索骥，他常常基于经营的现实做出调整；德鲁克当年在对通用汽车进行研究时也发现，有些大事业部（比如雪佛兰）完全是通过中央集权的方式来管控。㊀ 所以，理解斯隆的经营理念变成了前提。

通用汽车赢的道理

在通用汽车打败福特T型汽车的经典战役中，核心的经营理念（或者说赢的道理）是以营销创新为龙头，通过分权管理和财务管控实现技术、产品、市场的协同。

㊀ 德鲁克.旁观者[M].廖月娟，译.北京：机械工业出版社，2018.

1916年，斯隆刚进入通用汽车时，看到公司内部各自为战、缺乏监管。于是他开始思考如何解决这个问题，并于1919~1920年形成了《组织研究》报告，但疏于管理的杜兰特对此并未采纳。

1921年皮埃尔·杜邦上任公司总裁后，聘请斯隆主抓公司运营。斯隆的《组织研究》报告随即被采纳，其核心内容就是协同控制下的分权管理。

接下来斯隆对产品线进行了深入分析。他关心的不仅是整体销量，更重要的是每款产品在各档市场上的经营状况。进而他发现了两个关键挑战：在潜力巨大的低端市场上，通用汽车的竞争力不足；产品线的分布有待整合与协同。随后斯隆向执委会提交了一份产品政策报告，核心建议可以概括为两点：

1. 通过营销的创新来打败对手。当时的杜邦和技术天才凯特灵都希望通过"造出比福特更好的车"（比如研发铜冷发动机）来打败福特。斯隆分析了现实的资金压力和开发的不确定性后提醒他们，"公司的主要目的是挣钱，而不仅仅是制造汽车"，进而冷静地提出：未必要在产品工艺上实现超越，可以通过营销的创新打败对手。此后，通用汽车的营销创新不断深化，包括产品价格区间的设计、产品定位的规划。再后来又提出了新的消费理念和通用汽车的销售四原则：分期付款、年年换代、密封车身、旧车折价。⊖

2. 实现分权管理与价值链的协同。

斯隆在《组织研究》中还提出："集团公司的未来及其盈利能力，将取决于是否能够以最低成本，设计并批量生产出最高效用的轿车。"为此，总部职能需要与各事业部进行协同，技术研发与生产管理也需要与市场端协同。接下来斯隆又借助于邀请相关人员参加讨论的方式，不断形成共识……

⊖ 包政.营销的本质[M].北京：机械工业出版社，2015.

1957年,《我在通用汽车的岁月》的创作团队在整理史料时,找到了斯隆1921年起草的"产品政策"报告。时隔36年之后,斯隆看到这份报告激动不已。他仍然对报告中的内容感到骄傲,并且表示:正是它给了通用汽车发展动力。[⊖] 这份产品政策报告在本书的第4章"产品政策和它的起源"中有描述,我们可以通过仔细阅读这一章,领悟斯隆当年赢的道理。

德鲁克的忠告

本书蕴含的经典思想远不止这些,至少德鲁克是这么认为的。他在1978年出版的《旁观者》,以及1990年再版的《我在通用汽车的岁月》推荐序中都强调:本书最引人入胜的一点是职业经理人,"只可惜斯隆交代得不够具体"。德鲁克的这番话含义颇丰,也可以看作是他的忠告。

首先,作为斯隆时代的经营旁观者,德鲁克深刻地看到通用汽车的成功不只是由于战略和结构,还因为有以斯隆为首的一批职业经理人。

其次,德鲁克深谙这批经理人的专业精神和能力,可惜斯隆在这本书里没有把这部分内容表现出来。在《我在通用汽车的岁月》一书出版后不久,德鲁克于1966年出版了他非常自豪的一部作品——《卓有成效的管理者》,并在书中多次援引斯隆的做法。

最后,《我在通用汽车的岁月》一书的首次发行距离德鲁克在1978年和1990年对它的评价分别过去了十几年、几十年。这几十年间,美国的三大汽车公司——通用汽车、福特汽车、克莱斯勒纷纷被日系和德系汽车赶超。事实上,从斯隆退休后的20世纪60年代起,通用汽车就逐渐显露败象。而自70年代以来,越来越多的作品(有的作者是通用汽车的离职高管,有的作者是产业记者和管理学者)公开指责后斯隆时代的公司管理混乱,包

⊖ John McDonald. A Ghost's Memoir: The Making of Alfred P. Sloan's My Years with General Motors [M]. Cambridge: MIT Press, 2002.

括组织结构臃肿，作风官僚，对外部市场的变化视而不见，完全背离了斯隆当年倡导的原则。因此，德鲁克的这条忠告十分中肯——他不仅解读了通用汽车成功的原因，也暗示了这家公司失败的导火索。

让思想照亮未来

1990 年，比尔·盖茨在《我在通用汽车的岁月》再版时，称赞它"可能是最好的一本商业图书"。他认为书中有关"组织与考核、管理者的工作，以及如何应对风险"等方面的内容值得借鉴。盖茨在 20 世纪 90 年代经历过一场磨难：美国司法部针对微软公司试图谋求浏览器统治地位的做法展开了反垄断调查。无独有偶，20 世纪 50 年代，美国司法部同样针对通用汽车一家独大的问题展开了反垄断调查，进而引发大企业纷纷采取多元化策略进入非相关领域以调整组织结构。我想盖茨在读到本书有关变革这一章时，一定心有戚戚焉。

2011 年，谷歌公司的 CEO 埃里克·施密特在接受《麦肯锡季刊》的采访时表示，德鲁克的管理思想对于谷歌文化影响深远，因为它阐述了如何管理知识工作者，进而帮助谷歌对人才的招募进行了反思。施密特的这句话与德鲁克的如下阐述异曲同工："组织中没有什么决策能够比有关人的决策更重要了。"后面德鲁克又加了一句：这一点是自己早在 20 世纪 40 年代——当"知识工作者"这个概念还未出现的时候——从斯隆那里学到的。斯隆的原话是："某个事业部哪怕再小，如果它的助理总经理不作为，那我们这些高管纵有奇思妙想，也不会产生成果。"⊖ 由此管理思想的火种跨越历史，延续并交汇。

《我在通用汽车的岁月》的首次发行距今已经过去了 57 年。今天的通用汽车已经褪去光环，书中的很多场景也已物是人非。但斯隆在叙事过程

⊖ https://www.drucker.institute/thedx/where-schmidt-meets-sloan/.

中展现出来的强大思想仍然值得我们挖掘、咀嚼、批判，只是"我们在解读西方作品时，切忌照搬照抄"〇。对此斯隆在本书的最后也给出了善意的忠告：每一代的新任管理者都必须面对变化……对现在的管理层而言，工作才刚刚开始。他们遇到的问题中，有些和我当年的经历相似，还有一些问题则是我之前从未想到过的。创造性的工作还在继续。

翻译感悟

翻译这本书的难度不小：有些地方难以理解，有些地方难以直译，有些地方感觉说不清，更多内容则是由于年代久远，不得不查找资料。

理解原文，查找资料，转化为易读的中文，这些花了不少时间。不过这有助于在翻译之余"顺藤摸瓜"，因此也乐在其中。比如在阅读斯隆先生的前言时，我注意到他特别感谢英文原书的编辑约翰·麦克唐纳。我想了解其中的奥秘，于是找到了《写手回忆录》这本书，发现该书揭秘了《我在通用汽车的岁月》的写作过程。沿着《写手回忆录》顺藤摸瓜，我了解到《我在通用汽车的岁月》一书格外注重史料，因此翻译时对信函、会议纪要和备忘录的处理尽力小心。当翻译到"'铜冷'发动机"一章斯隆给凯特灵的信时，我发现斯隆在信中的态度之诚恳出乎意料。于是寻找缘由，发现凯特灵并非一般意义的技术天才，而是不世出的技术天才。所以斯隆才会在文中写道："有些组织为了发挥某个天才员工的潜力，会围绕他来构建部门、量体裁衣。通用汽车总体来说不是这样的，当然凯特灵先生是个例外。"而这背后又体现出斯隆在分权管理的过程中，既运筹帷幄，又审时度势；既有原则，又能妥协；既对事，也对人。

在本书翻译过程中，一直得到包政教授的鼓励和包子堂同事的支持。在编写《〈我在通用汽车的岁月〉的写作过程》一文时，得到了克里斯蒂·

〇 包政口述。

麦克唐纳教授的内容授权、修正、确认。在翻译专业术语时请教过吴磊、付翔、石俊杰、麦克·克莱恩（Mike Klein）的意见。在统稿过程中得到过华章公司冯小妹及石美华编辑的指正。在此一并表示感谢。

由于本书内容宏大，本人水平有限，虽已尽力但偏差谬误难免，敬请读者对不当之处海涵，也欢迎广大读者提出宝贵意见。

孙伟

《我在通用汽车的岁月》的写作过程[一]

历史的邂逅

1948年的一天,一位名叫约翰·麦克唐纳的《财富》杂志作家给通用汽车打来电话,希望能就通用汽车的柴油机业务采访一下董事长阿尔弗雷德·斯隆。斯隆接受了请求。两人在纽约洛克菲勒广场斯隆的私人会客厅里见了面。这次会面为他们日后十多年的工作往来,包括《我在通用汽车的岁月》这本书的出版,打下了基础。麦克唐纳很清楚,眼前这个人的一举一动、一言一行对于商业记者来说价值不菲。而斯隆也很欣赏麦克唐纳,因为他不仅才华横溢,而且善于和各行各业的大人物打交道,很多大人物似乎也很喜欢麦克唐纳。

1949年,麦克唐纳再次对斯隆进行了采访。这次他们探讨的话题是谢尔曼反托拉斯法。这个话题恰逢其时,因为当时的通用汽车已经是全美第

[一] 本文由孙伟参照约翰·麦克唐纳的《写手回忆录》编写而成,克里斯蒂·麦克唐纳为本文提供了授权,并做了适当修正。

一大实业公司，在全球《财富》500强中排名第一。尽管斯隆是一名自由经济支持者，但他很清楚：像通用汽车这样的大公司，其一举一动必然会对公众造成影响，稍有不慎便会引来政治异见，对此他不得不权衡考虑。斯隆从20世纪40年代末到50年代初，一直在思考如何解决通用汽车的快速成长与反托拉斯法之间的潜在矛盾。在这次采访中他表示，尽管第二次世界大战之后汽车市场出现了全面复兴，但他认为"通用汽车的市场份额回落一些无妨，保持在战前水准（40%～50%）即可"。他设想的是，即便通用汽车的市场占有率见顶，随着战后经济的复苏（事实证明斯隆的判断是正确的），公司的经营绩效也会增长。

精明的麦克唐纳随即劝说斯隆："应该把你经营大企业的经验写出来。"对此斯隆表示认可，因为当时的他已经不再担任通用汽车总裁了，只是保留了董事长和财务委员会的职务，因此能够腾出时间来做这件事。

1950年5月26日，斯隆在给麦克唐纳的回信中写道："我愿意以通用汽车的经营为例，来阐述大企业的有效性这个话题……"不过斯隆同时表示，鉴于美国司法部正在对通用汽车展开反垄断调查，因此他的文章必须得到通用汽车法律部门的认可。

于是两人达成了初步协议：斯隆写一篇有关大企业经营的文章，然后交给麦克唐纳审校，再刊登到《财富》杂志上。

麦克唐纳其人

麦克唐纳是一名博学多才的记者和作家。他善于和各行各业的大人物打交道。这其中既有像斯隆这样的商业教父，也有像托洛茨基这样的政坛要人（在托洛茨基遭遇刺杀前，麦克唐纳曾专门跑到墨西哥对他进行过采访）；他和诗人、小说家罗伯特·佩恩·沃伦是好友；和数学家、博弈论之父约翰·冯·诺依曼是好朋友；和地产经理人威廉·泽肯道夫是好朋友；和摄影师沃克·埃文斯是好朋友；和戏剧制片人罗格·史蒂文斯是好朋友……

麦克唐纳喜欢计谋游戏和博彩，而这在严肃记者中很少有。他尤其热爱赛马——从20世纪30年代起就下注各项赛马活动。在没有赛马的日子里，他会下注赛狗，或者参加扑克大赛。他还邀请过去接受过他采访的一些名人一起打扑克，并最终和他们成了朋友。

麦克唐纳对于自己感兴趣的事情尤其坚持，并且都做得很好：受妻子多萝西·艾斯纳和女儿琼·麦克唐纳·米勒的影响（两人都是画家），麦克唐纳爱上了现代派画作，并对此进行过不懈的宣传推广。受小女儿克里斯蒂·麦克唐纳（哈佛大学文学系教授）的影响，他对法国文学和哲学书籍有过深入研究。他写过有关飞蝇钓起源的学术著作。他曾为《财富》杂志撰写过有关扑克的文章，为此他投入了大量时间、精力去研究诺依曼和摩根施特恩的著作《博弈论与经济行为》，此后十年他迷上了博弈论，并在这一领域建树颇丰。他曾出版过一部重要著作《商业博弈》(*The Game of Business*)，书中他运用博弈论分析了迪士尼等公司的战略问题。他还写过一本小册子，名为《扑克、商业和战争中的战略》。事实上，麦克唐纳曾不无得意地说，为了让《我在通用汽车的岁月》这本书读起来更精彩，他在内容的编排上也运用了博弈论："要把企业故事讲好，就要特别关注企业所处的战略情境，关注情境中的人物、机构和团体如何思考及互动——这些往往是经典经济理论和决策理论所忽略的。战略的概念来自博弈论。"

麦克唐纳性格直率，在本书的创作过程中，他多次对斯隆提出过批评。他与人沟通坦诚直接，甚至不留情面，有几次差点与斯隆分道扬镳，但两人的惺惺相惜最终成就了这部经典。

不合格的初稿

在约稿后的两年时间里,斯隆迟迟不能完稿。一方面,斯隆的工作态度十分认真,没有十足的把握他不会轻易下笔;另一方面,尽管此时的他已经卸任通用汽车总裁,但仍然非常繁忙。他曾多次恳请麦克唐纳"再多给一个月的时间",并为此多次表达过歉意。他在1951年6月29日给麦克唐纳的一封信中是这样说的:

"我无法按期在你们9月份的杂志上发表文章了。尽管这件事对我来说非常重要,但是我近来公务缠身,再加上素材的获取也不及时,这都导致了写作的延误。我准备7月下旬去温泉度假村(美国加利福尼亚州的一个旅游胜地)待上一个月,到时候我会全身心地投入创作……"

1953年春天,斯隆终于完成了文章的初稿,取名为《商业的规模化及规模化的效率》(Business Bigness and Bigness Efficiency)。但麦克唐纳看完这份稿件后并不满意,他在6月29日给斯隆写了一封信,对这份稿件提出了批评:

"内容太抽象、太平淡了。不够具体,不够生动,人物性格也缺乏温度,没有反映出您在通用汽车的亲身经历……您应该讲述一段伟大的故事,讲述通用汽车的发展之道,以及这家公司面临过的主要挑战……"斯隆虚心接受了麦克唐纳的反馈意见,同时表达了继续做这件事的决心。

主题的确定

此后,斯隆和麦克唐纳两人又花了半年时间来探讨究竟写什么题目为好。斯隆先后提出过两个选项,但都被麦克唐纳否决了。一个选项是在"商业的规模化及规模化的效率"这个主题下增加一个小标题"给通用汽车股东的建议"。麦克唐纳认为,这样一来这篇文章就变成了一篇阐明公司立场的论文，难以让读者产生兴趣。另一个选项是"优秀管理者的特质"。麦克唐纳对这一选项也持保留态度，他认为尽管斯隆有资格做这个课题，但"理论研究对斯隆先生来说并非一碟小菜"，他的思想只有跟自身经历相结合才会熠熠生辉。对于麦克唐纳的这两项建议，斯隆都接受了。

1954年年初，两人终于就写作主题达成了共识，于是一项浩大的工程摆在了斯隆的面前：回顾自己在汽车行业近半个世纪的实践经验，阐明通用汽车的管理之道。

三人主创团队

1954年春季，斯隆主动给麦克唐纳打电话。他说仅靠自己无法胜任这项任务，希望能有更多专业人士参与进来。麦克唐纳对此表现出了浓厚的兴趣，而斯隆也诚意邀请他。两人一拍即合，并进行了分工：斯隆负责讲述自己的经历，而麦克唐纳负责把这段历史写清楚、编辑好。在版税收入方面，两人约定五五分成。此后，麦克唐纳在斯隆的帮助下，向《财富》杂志提交了停职申请，专心参与本书的创作。对此，《财富》杂志欣然同意。

1954年秋季，他们从哥伦比亚大学的研究生院招募到了一位兼职学生凯瑟琳·史蒂文斯。三个人的分工是这样的：斯隆口述内容并用录音机录下来；其间他会暂停，然后和麦克唐纳交流商讨，这时候录音机会被关闭；当斯隆继续讲述的时候，录音机再打开；接下来，麦克唐纳把录音记录交给史蒂文斯进行整理；史蒂文斯整理完毕后，再交给麦克唐纳进行编辑。斯隆、麦克唐纳和史蒂文斯组成了这本书的主创团队，这一点从英文原书的署名（作者——斯隆，编辑——麦克唐纳、史蒂文斯）和斯隆在本书的前言中均可得到佐证。斯隆在前言里首先感谢的人是麦克唐纳，说"正是他跟我一起紧密合作，构思了这本书。他帮我将我所知道的通用汽车整理成文。我还得说，其实这里面还包括多年前刚启动这个项目时，我所不知道的或已经忘记的一些事"。接下来斯隆感谢了史蒂文斯，称赞她"从一开始就是我和麦克唐纳先生的亲密伙伴。她精神十足、聪明伶俐，并在组织和管理这样一个庞大复杂的项目中展现出了多方面的才华"。事实上，随着项目的进行，史蒂文斯不仅要负责文字的整理，还成为整个项目的项目经理，负责日常的待人接物、项目计划、调研安排、文档管理。当斯隆和麦克唐纳发生冲突（有时还很激烈）时，史蒂文斯则是两人之间的黏合剂。斯隆对史蒂文斯非常信任。斯隆曾说，史蒂文斯是他见过的所有人中，做这一岗位的最佳人选。他还把属于自己的 30% 的版税收入给了史蒂文斯，自己只留 20%。项目结束后，史蒂文斯成为斯隆的私人助理，她也是为数不多可以对斯隆直呼其名的人（斯隆的做派很保守严谨，在他的职业生涯中，大多数人都只是叫他的姓，称他为"斯隆先生"，只有极少数人可以直呼其名，叫他"阿尔弗雷德"，而史蒂文斯就是其中之一）。

从基于回忆到基于事实

1954 年 12 月初，三人主创团队合力工作两个月后，创作出了第一份样稿。麦克唐纳针对这份样稿提出了反馈意见。他对工作成果大加赞赏之后指出，仅凭斯隆对早期经历的回忆是不够的，因为每个人都会抱有偏见，而这种偏见容易导致选择性偏差。麦克唐纳觉得斯隆在回忆 1918~1920 年这段经历时，对威廉·杜兰特的评价有失偏颇：斯隆认为他"不过就是一名投机者"，而斯隆本人是很反对投机的，他笃信企业应该思考如何创造实际价值。这也使得斯隆最初对杜兰特的回忆囿于"投机分子"。当麦克唐纳指出这一点后，斯隆意识到了自己的偏见，随即改进了工作方法。麦克唐纳在反馈报告中是这样说的：

"我想特别谈一下有关杜兰特的那部分内容。诚然杜兰特善于投机，但也正是由于他的整合，通用汽车才得以创建。早期的整合其动机源于金融投机,其方法粗放简陋,导致很多业务胎死腹中,最终不了了之。但这是通用汽车的早期阶段,此后才有您(和杜邦资本一起)从1921年开始执掌大局,让通用汽车走上了组织管理和业务发展的道路,为公司做出了杰出贡献。事实上,业务整合和组织管理正是20世纪下半叶美国企业界的两大主题。您是站在原有基础之上,创建了现代企业……我认为,您在1920年提交给杜兰特的那份《组织研究》是本书的基础。"

这份1920年撰写的报告总共有28页,堪称当代组织设计中有关"协同控制下的分权管理"的奠基之作。有意思的是,这些保密资料的公开得益于司法部当时对通用汽车和杜邦公司的反垄断调查——调查使得庭审记录得以公开,其中就涉及这份报告的内容。

改进工作方法

斯隆在意识到自己的偏见后,大刀阔斧地改进了工作方法。1954年12月15日,斯隆给通用汽车的17位时任和离任高管,以及各事业部和职能部门的时任负责人写了信,说明了自己写书的意图,并希望他们"能开放公司史料,提供相关事实,包括各个历史阶段的文档、观点、评论、故事等"。同时,斯隆也向他们保证,本书出版前会首先寻求公司高管、律师以及相关部门的认可。通用汽车的同事对此给予了积极的配合与响应。

1955年全年,斯隆、麦克唐纳和史蒂文斯三人都在忙于收集、整理通用汽车的素材,以及对部分管理者进行采访。随着调研的深入,斯隆发现这个项目无论从深度还是广度来说,都要远远超过先前的预期。这已经不是回忆一段经历那么简单的事情了,需要的是更加大量、深入的研究。此时的斯隆感慨:"我头一回知道,原来写书竟是这样的。"

1956年2月,斯隆经历了丧妻之痛。这件事对他造成了沉重的打击,他旋即辞去了通用汽车董事长的职务。写书成了斯隆的慰藉。他曾在庆祝自己80岁生日时这样说:"对我来说,往前看的事情不多了,但回头看的事情还不少。这也是值得欣慰的。"

斯隆在经过一段时间的调整后继续写书。此时他很想知道,读者和出版商会如何评价这本书。于是主创团队整理了一套样稿,其中包括目录、本书的前三章内容,以及《组织研究》的框架,总共约100页。他们制作了100份样稿并分发了出去——给先前接洽过的通用汽车高管和出版界的同人,以寻求反馈意见。反馈之热烈出乎意料:《时代》《财富》等杂志,以及多家知名出版社纷纷来函,竞相要求出版或连载这本书。这既给斯隆吃了一颗定心丸,也让他意识到:要想把如此浩大的项目做好,仅靠三个人的力量是不够的,还需要聘请更多训练有素的人才。

在麻省理工学院教授莫里斯·阿德尔曼的引荐下,斯隆在1956年的年中聘请了产业历史学家阿尔弗雷德·钱德勒(当时钱德勒还没有获得普利策奖),由他来负责对通用汽车过去三四十年的封存史料进行梳理。事实证明,这些历史文档对于本书的价值非常大,其中很多都是斯隆当年亲自撰写或者参与策划的政策备忘录、会议决议。由于时间相隔太长,很多事情斯隆自己都忘了。经过钱德勒的梳理,创作团队不仅在书中增补了若干重要话题(包括"铜冷"发动机、政策的制定这些章节),而且让斯隆的管理箴言——协同控制下的分权管理,有了坚实的事实依据。

此后,斯隆团队又先后向20多名来自各个领域的专家人才寻求了帮助,斯隆在书的前言中对他们一一表示了感谢。

1958年11月,本书的初稿完成了。创作团队准备了25份样稿,并再次发给双日出版社,以及《财富》《时代》等杂志,还有通用汽车和杜邦公司的同事,以及斯隆的一些朋友。反响依然好评如潮,出版商对这本书的兴趣也变得更加强烈。经过一番磋商后，斯隆于1959年1月跟双日出版社达成了出版的口头意向。但这时候，通用汽车法律部门的阻挠让本书的出版又推迟了四年。

推迟的出版

1959年3月，就在《我在通用汽车的岁月》的初稿完成后不久，通用汽车的顾问机构克拉瓦斯律师事务所（Cravath，全球顶尖的律师事务所）告诉斯隆，这本书不能出版，否则"会毁了公司"。因为20世纪50年代的通用汽车其市场份额已经超过了50%，这导致自1954年以来，美国司法部一直在针对通用汽车进行反垄断调查，并且要求通用汽车提供自1929年以来的历史档案。克拉瓦斯担心，这本书会让美国司法部抓住公司的"把柄"——本书的出版会让司法部门掌握通用汽车过去几十年攫取市场份额的更多细节，进而对公司造成不利影响。

面对这种情况，斯隆做出了一个决定。1959年6月，他在给麦克唐纳的一封信中说：

"或许再等一段时间，我们就能对调查案有更多了解了。如果届时我还健在，我会强烈建议公司的法律部门对本书进行审查，哪怕这意味着延期出版。或许我们还要对某些内容进行删减，毕竟其中的风险不可小觑。"

此后主创团队的工作暂停。史蒂文斯留下来成为斯隆的私人助理，而麦克唐纳则于当年9月回到《财富》杂志。

之后的近三年，出版的事情毫无进展，而司法部对通用汽车的调查也没有音信。在此期间，麦克唐纳的律师朋友告诉他："这本书能毁掉通用汽车"的说法是站不住脚的，它或许只是通用汽车及其律师团队为了规避风险，不想让这本书出版的由头。1962年2月，麦克唐纳起诉通用汽车，理由是

"压制斯隆先生的书出版发行"。对于这场纠纷,斯隆介入不多。但他表态:只有在麦克唐纳和通用汽车协商一致的情况下,他才会同意出版此书。经过长时间的谈判以及对原稿的修订,最终通用汽车于1963年5月同意了本书的出版。

1964年1月,《我在通用汽车的岁月》刚一问世即反响热烈,连续6个月排在《纽约时报》的畅销书榜单上。

《写手回忆录》

1990年4月23日,双日出版社再版了《我在通用汽车的岁月》一书,并新增了德鲁克的一篇推荐序。麦克唐纳看到这篇序言后,立即写信给双日出版社的编辑,询问为何不请他对这篇序言把关,并且指出了序言中的三处错误。

1.德鲁克认为,斯隆写这本书主要是为了反驳他在《公司的概念》一书中提出的观点。麦克唐纳对此并不认同,他说斯隆原本只是想通过文章连载的方式阐述有关管理的基本原则。但随着采访的深入,项目边界不断扩大,最终斯隆和麦克唐纳共同决定出一本书。这本书的目的并非在于反驳德鲁克或任何人的观点,它只想把斯隆在通用汽车的经营策略详细地记录下来。

2.德鲁克对一些事实的记忆有错误。德鲁克在序言中提到,斯隆的弟弟雷蒙德的去世对斯隆造成了沉重打击。而事实上雷蒙德是1983年去世的,比斯隆还晚17年。

3.最大的争议在于,德鲁克称"这本书在1954年就大致完稿,但直到10年以后才发行,因为只要书中提到的通用汽车员工还健在,斯隆就拒绝出版这本书"。对此麦克唐纳进行了反驳:

首先,《我在通用汽车的岁月》的创作直到 1959 年才结束（到 1956 年的时候只写完了三章），之后由于通用汽车的阻挠，导致该书直到 1964 年年初才宣告面世。

其次，斯隆在书中对通用汽车的同事多是褒奖。斯隆本人在前言部分还对当时健在的 14 位通用汽车同事表达了感激——这些都和德鲁克的描述有事实上的出入。

但麦克唐纳的这封信石沉大海，他没有收到双日出版社的任何回复。于是他决定写一本书，来回忆当初他与斯隆写《我在通用汽车的岁月》的由来以及出版前的逸事。1998 年 12 月，麦克唐纳去世，享年 92 岁。他的两个女儿继续对该书进行了编辑和整理。2002 年，麻省理工学院出版社发行了该书——《写手回忆录》，也揭秘了《我在通用汽车的岁月》的创作历程。

前言

这本书主要从我的视角来讲述通用汽车的故事,我相信这么做是有道理的。我担任这家公司的首席执行官23年之久,在公司董事会和委员会中任职长达45年,也曾是公司主要政策和管理运营的负责人。同样,我也相信本书中引用的资料经得起推敲,这些资料或者是我写的,或者是我管辖的分内工作。它们涉及或影响到了公司政策的制定,进而和通用汽车的历史发展也不无关联。这种写作方法必然要做大量的研究工作,因此无疑也需要和各方进行大量的合作。

我首先要感谢《财富》杂志的约翰·麦克唐纳(John McDonald),正是他跟我一起紧密合作,构思了这本书。他帮我将我所知道的通用汽车整理成文——我还得说,其实这里面还包括多年前刚启动这个项目时,我所不知道的或已经忘记的一些事。我邀请麦克唐纳先生和我一起工作,为此《财富》杂志的编辑们很周到地给他批准了假期。

我们一开始的想法，是以通用汽车为特别参照，写一系列关于美国商业的文章。随着我们对事实的深入研究，项目的范围远比我们最初想象的要大得多。我们一步步地推进，觉得必须坚持到底。麦克唐纳先生选择担任本书的编辑，我也曾告诉他这项任务的涉及面很广。本书的创作离不开麦克唐纳先生的学识、技艺、想象力、专业标准，以及他对商业战略的理解。

我同样要感谢凯瑟琳·史蒂文斯（Catharine Stevens），她从一开始就是我和麦克唐纳先生的亲密伙伴。她精神十足、聪明伶俐，并在组织和管理这样一个庞大复杂的项目中展现出了多方面的才华，从而也使我们有幸受益良多。可以说，她也是我们的编辑。这项工作能够正常运转并且得以完成，约翰、凯瑟琳和我自己可谓居功至伟。而我们还从其他各方得到了很多帮助。

我要向我们的编辑和技术助理菲利斯·福斯特（Felice Faust）、芭芭拉·马伦（Barbara Mullen）和玛丽·罗丝（Mary Ross）表达我的赞赏与感谢。感谢他们长期以来在该项目中提供的忠实帮助，并且表现杰出。我还想对多丽丝·福斯特（Doris Foster）、琳妮·戈里（Lynne Goree）和玛格丽特·布雷肯里奇（Margaret Breckenridge）做出的卓越贡献表示感谢。

我要感谢麻省理工学院的历史学副教授阿尔弗雷德·钱德勒（Alfred D. Chandler）。他作为我们的历史学家和研究伙伴，提供了很多顾问帮助。我们在研究通用汽车发展史的时候，有一项重要的研究工作几乎全部是由他来创造性地完成的。在我们前前后后的书稿审阅过程中，他也给出了很多不凡见解。

我在不同的时间和不同的场合请教过许多专业人才。其中，对本书的出版做出了重要贡献的人有：《财富》杂志的丹尼尔·塞利格曼（Daniel Seligman），他的编辑技巧和判断力帮助我们解决了很多棘手问题；还有威廉·惠普尔（William Whipple），他对整本书的编辑都提供了莫大的帮助。

我要感谢《财富》杂志的桑福德·帕克（Sanford Parker）给我们提供的巨大帮助。他运用自己的经济分析和组稿能力，对若干领域的问题进行了研究，特别是在汽车市场及其发展历史这方面。

我还要对以下这些人提供的特别帮助表示感谢：《财富》杂志的查尔斯·西尔贝曼（Charles E. Silberman）；之前供职于美国管理协会，现在在门罗计算机公司（利顿）工作的弗兰克·里恰尔迪（Franc Ricciardi）；社会学家南森·格拉泽（Nathan Glaser）；《财富》杂志的路易斯·班克斯（Louis Banks）；曾在《财富》杂志任职的露丝·米勒（Ruth Miller）；约翰·威利父子公司的弗朗西斯·威尔逊（Francis Wilson）；麻省理工学院的西德尼·亚历山大（Sidney S. Alexander）；杰森·爱泼斯坦（Jason Epstein）。《财富》杂志的玛丽·格蕾丝（Mary Grace）非常仔细地审阅了书稿；《跑车世界》的作者拉尔夫·斯坦（Ralph Stein）凭借他对早期汽车市场的了解，给我们提供了专业的建议。著名的摄影师沃克·埃文斯（Walker Evans）担任了我们的图片编辑。

这本书仅代表我的个人观点，而不是公司主张。尽管如此，我还是要感谢通用汽车所有的事业部和集团总部给予的合作支持。由于涉及的人数众多，因此我在这里只能向这个团体致敬，同时对每个人表达诚挚的谢意，感谢他们对我的工作给予的宝贵帮助。在我所咨询过的很多老朋友和同事中，有唐纳德森·布朗（Donaldson Brown）、已故的哈洛·科迪斯（Harlow H. Curtice）、哈利·厄尔（Harley J. Earl）、保罗·加勒特（Paul Garret）、已故的理查德·格兰特（Richard H. Grant）、奥蒙德·亨特（Ormond E. Hunt）、查尔斯·斯图尔特·莫特（Charles Stewart Mott）、已故的詹姆斯·穆尼（James D. Mooney）、约翰·普拉特（John L. Pratt）、迈耶·普伦蒂斯（Meyer L. Prentis）、小约翰·舒曼（John J. Schumann, Jr.）、已故的埃德加·史密斯（Edgar W. Smith）、已故的查尔斯·威尔逊（Charles E. Wilson）、小沃尔特·卡彭特（Walter S. Carpenter, Jr.）、已故的乔治·惠特尼（George Whitney）、亨利·亚历山大（Henry C. Alexander）。

还有很多来自各行各业的人，他们与我保持着通信往来，或者亲自来看望我，帮助我解决写书过程中遇到的问题。我特别想感谢的人有：杜兰特的前任秘书温·墨菲（Win Murphy），她回忆了很多1920年以前的事件；弗兰克·霍华德（Frank A. Howard），我们就研究理念的演变进行了有益的探讨；威廉·齐肯多夫（William Zeckendorf），他的一番谈话，让我对杜兰特先生有了全新的看法；埃迪·里肯巴克（Eddie Rickenbacker），他回忆了公司将东方航空[一]出售给他的情况；已故的詹姆斯·肯德伯格（James H. Kindelberger），他欣然审阅了通用汽车持有北美航空（North American Aviation）股权的那一部分内容；阿诺德·泽克（Arnold J. Zurcher）博士，他的评论让我受益良多；赫德利·多诺万（Hedley Donovan），他对我早期书稿的审阅很有见地；还有我的弟弟雷蒙德，他通读了整本书并做出了评论。

我们已经尽了最大的努力进行研究与校验，希望准确地表达书中每个主题的内容，但我们和所有从事研究与写作的人一样，都知道人的视野具有局限性。我只能说，我们已经竭尽所能，力求准确呈现事件的场景。有非常多的人在协助我写这本书，他们做出的诸多贡献也能从书中直观感受到，但我个人应对这本书的结论、观点以及全部内容负责。

阿尔弗雷德·斯隆

纽约市

1963 年 10 月

[一] 美国国内主要的航空公司，1926年成立，1991年倒闭。

引言

我在这本书中想讲述通用汽车的发展历程。关于这家全世界最大的私营工业企业,可说的话题太多了。它的历史伴随着 20 世纪的发展,并且遍布世界上道路通达的许多地区。它深度参与了工艺技术的现代化发展。市场上它无处不在,代表品牌包括雪佛兰(Chevrolet)、庞蒂亚克(Pontiac)、奥兹莫比尔(Oldsmobile)、别克(Buick)、凯迪拉克(Cadillac)和吉姆西(GMC Truck & Coach),这些厂商的轿车和卡车产量,占今天美国和加拿大市场大约一半的份额。我们的海外业务——包括英国的沃克斯豪尔(Vauxhall)、德国的欧宝(Adam Opel)、澳大利亚的通用霍尔登(General Motors-Holden),以及我们在阿根廷和巴西的工厂——1962 年生产的轿车和卡车,在美国和加拿大以外的自由市场上,占有总产量的大约十分之一。全球有大量的机车、柴油机、燃气涡轮发动机和家用电器产品,是通用汽车生产的。由于公司的主营业务是汽车(目前约占民用业务的 90%),因此我在书中的内容大部分都跟汽车有关,但我留出了单独的章节,专门讲述公司在非汽车业务领域的表现。

我写这本书是基于自己多年来对这些事情留有的印象。我在汽车行业及相关领域从业超过65年，其中有整整45年是在通用汽车。但考虑到故事的跨度时期之长、话题范围之广，再加上人能记得的事情毕竟有限，因此我讲的这些故事既要基于过去的印象，也要基于历史记录。我也经常借助同事的回忆来收集素材。为了让书的内容做到重点突出，我围绕某些因素进行了思考，在我看来，这些因素对于通用汽车的发展产生了最重要的影响——总的来说这些因素包括：通用汽车的分权管理从何而来、如何发展；如何管控财务；面对高度竞争的汽车市场，它采用了什么样的经营理念。我认为，这三个因素构成了通用汽车的业务经营基础。

从历史角度来说，我描述了通用汽车发展的全过程，从1908年产业天才杜兰特（W. C. Durant）创建这家公司开始（包括更早发生的一些事情），一直讲到了今天。但我把叙事重点放在了1920年以后，也就是当通用汽车成为我所说的现代集团公司以后。其中我特别讲述了从1923年到1946年这段时期的经历，当时我作为公司的总裁和董事长，同时兼任首席执行官。公司在此期间发展出了一些基本特征，并且一直保留至今。我之所以要讲述公司在1921年以前的经历，是为了说明我们刚开始发展这家现代集团公司时所面临的情形。

从自传角度来说，我介绍了自己在行业中的早期经历，以及1918年时如何有机会加入通用汽车。通用汽车和海厄特滚子轴承公司（Hyatt Roller Bearing Company）几乎是我职业生涯中的全部。我在海厄特是业务负责人，也是股东之一。后来，这家公司成为联合汽车公司（United Motors Company）的一部分，再后来被并入通用汽车。自从加入通用汽车以后，我成为该公司的一名重要股东。有很长一段时间，我都是通用汽车最大的个人股东之一，持有大约1%的普通股。现在这些财富几乎都已经转到或者正在转到以我的名字命名的慈善基金会中，并投入到了教育、医疗科研以及其他一些领域。

因此,站在股东的角度思考问题,对我来说是很自然的一件事。我总是坚定地站在股东的一边,特别是在董事会和委员会的议席,以及红利的支付这些问题上。然而,我认为自己同时也是一名所谓的"公司管理者"。管理一直是我的专长。在我担任首席执行官期间,很多情况下我自己就可以对政策的推行负责。然而通用汽车的原则是,虽然政策的提出可以来自任何地方,但它必须首先经过委员会的评议和批准,然后才能交由个人来处理。换言之,通用汽车是把一群非常能干的人组织起来,对公司实施了集体管理。因此,我经常要说"我们",而不是"我",当我有时说"我"的时候,其实说的是"我们"。

说到通用汽车何以取得这样的成就,我们必须看到这背后有许多因素。除了在这个国家以外,我难以想象通用汽车还能在其他任何地方取得这样的成功。这里的人们积极进取,富有创业精神;这里的资源既有科学技术,也有商业诀窍和产业技能;这里有广袤的土地、道路和富庶的消费者;这里的市场富于变化,机动性强,并且具备了大规模生产的基础;工业经济在20世纪蓬勃发展,自由制度基本就位,特别是企业间自由竞争的条件已经具备。通用汽车之所以能取得这样的成就,和它适应了美国汽车市场的这种特征,有着非常重要、千丝万缕的联系。反过来说,美国汽车市场这种特征的形成,如果说有通用汽车的一份功劳,那也是双方相互促进的结果。

比如,厂商如果想在美国的汽车市场谋求生存,就需要每年赢得新车消费者的青睐。而年型车是赢得消费者青睐的一个重要因素,厂商必须对这样的促销有所行动,否则就会被市场所淘汰。通用汽车对于满足客户的这种要求有着十足的动力,这也让这家公司总是充满活力。人们通过了解一家企业的年型车,可以洞悉这家企业及整个行业的很多情况——包括车型的起源和演变过程，以及轿车升级的相关理念。通用汽车在年型车的发展上独领风骚，这和早期的福特汽车恰恰相反。

我也不得不说，汽车为当代的产业社会提供了最伟大的发展机遇。通用汽车有幸从一开始就抓住了这个机遇。这也是本书前两章的由来，其中介绍了早期通用汽车的一些情况。此外，汽车产业还将通用汽车与内燃机的发展紧密联系在了一起，进而让我们能将内燃机广泛应用于对能源有需求的诸多领域，特别是飞机和机车。我们的业务增长几乎都是借助内燃机技术，实现了交通工具的规模化生产。我对于通用汽车以及它的业绩表现总是充满热情，这恐怕也并不让人感到意外。但我认为客观地说，通用汽车在抓住历史机遇的同时，也满足了企业各方的利益，其中一方是股东和员工，另一方是消费者。

但作为最大的私营实体企业（1962年有超过100万名股东，大约60万名员工，资产达到92亿美元，销售额146亿美元，利润14.6亿美元），这样的名声有时也让公司成为政治攻击的对象。我乐于面对企业规模这个问题，因为在我看来，一家竞争性企业的业务规模源于它在市场上的竞争表现；如果企业大量生产汽车和机车等产品，并且除了要满足本国的大市场，还要销往全球，那么做大业务规模是明智之举。还应记住的是，这些产品的美元单价相对较高，即便是一家"小型"的汽车厂商，它的业务规模也能排进美国百强工业企业之中。

我认为业务的增长，或者是为实现业务增长所付出的努力，对一家企业的健康发展来说至关重要。故意停止增长的做法只会扼杀企业。这样的例子在美国产业界曾经发生过。在汽车和其他一些行业中，随着业务的增长会诞生一些大企业，它们成为我们当今社会的标志。在美国，我们习惯于大规模的做事方式。我一直相信，做规划时要大处着眼，并且我在事后总会发现，要说有什么瑕疵，往往也是计划做得还不够大。但我并没有预见到通用汽车能有这样的业务规模，也没有把规模作为一个发展目标。我只是认为，我们应该精神饱满地工作，不要束手束脚。我也不会给业务的发展设限。

业务的增长和企业的进步彼此关联，因为在竞争性的经济环境中，企业不能停滞不前。障碍、矛盾和新问题层出不穷，行业新视野又会激发人们的想象，持续推动产业的进步。但成功可能会招来自满。企业在竞争中谋求生存的强烈愿望原本是最强的经济激励因素，但当企业取得成功时，这种动力会下降。不愿变革的惰性思想会让企业的冒险精神丧失。当这种惰性的影响力变大以后，企业就不能识别技术的进步或者消费者需求的变化，或者面对更加激烈的竞争束手无策，从而导致业务增长陷入停滞，甚至可能出现衰退。企业要想长久建功立业，保持至高的领导地位，其难度往往会比它旗开得胜的时候要大，这在任何行业都是如此。这是行业领导者面临的最大挑战，也是未来的通用汽车需要面对的挑战。

由此可以清楚地知道，我并没有将业务规模视为一个阻碍。在我看来，它只是一个管理问题。我对于这个问题的思考一直围绕着一个概念，这个概念在理论上和现实中都非常复杂，但它的名字则显得过于简单化，也就是分权管理。通用汽车的组织方式——政策上的协同和管理上的分权，不仅对我们来说非常有效，而且已经成为美国许多企业的标准做法。这个概念与适当的财务激励政策相结合以后，成了通用汽车组织政策的基础。

我们的管理哲学有一个核心思想，就是基于事实做商业判断。最终决定商业判断的当然是直觉。或许有一些正规的方法，可以提高商业战略或政策制定时的逻辑性。但商业判断的背后，是要找出与技术、市场等因素相关的事实和情境，摸清它们的持续变化方式，这就需要做大量的工作。现代技术发展得越来越快，因此，对相关事实的搜集已经成为汽车行业长期发展的必要条件。尽管这似乎不言而喻，但汽车行业之所以会发生重要竞争地位的变更，部分原因就在于一些人的想法一成不变。

然而，好的管理不能仅靠组织的结构设计。组织的管理取决于经营者本身以及对他人的授权。在分权管理的组织中，人可以打破组织的平衡，将它变为集权管理方式，甚至是专制管理方式。对通用汽车来说，公司的长期发展取决于分权管理能否在精神层面和具体内容上都得以践行。

在这方面，我得说一下通用汽车的风俗惯例。公司内部形成了一种客观的氛围，员工也能从企业中找到乐趣。公司最大的优势之一在于，组织是基于客观性原则而设计的，这样就不会因为人的主观性而迷失。

然而我要说的是，我的经验告诉我，在组织这个问题上没有简单的公式可循。个人的角色非常重要，以至于有的时候，一个组织或者某个部门的构建必须围绕一个人或多个人来进行，而不是让这些个人来适应组织。我在书中讲述了工程部门的早期开发经历，它也恰好体现了这点经验。尽管如此，当公司的任何部门不得不向个人妥协的时候，必须采取严格的约束措施，因为任何行动步骤都要有限度，这种妥协的做法也不例外。正如我在前面所说的，组织要想保持健康，就必须始终超越主观性来做事情。

如果说我在本书表达或暗示过所谓意识形态的话，我得说是相信竞争。我把它视为人生的信条、进步的手段，以及生活的方式。我们应该看到，竞争的形式多种多样。比如，通用汽车和其他企业的竞争，既有组织方式上的（分权管理），也有长期业务模式上的（升级产品），还有日常的经营活动。与之相反的是，老亨利·福特更相信组织的集权管理和静态车型的业务模式。这种基本政策层面的竞争有时会具有决定意义。而我们也依照自己的信条来行事，我们相信产业的进步，这也明显体现在我们对于未来的投资规划中。我们从一开始就不是为少数人而生产，而是为了全体消费大众，这是基于生活水平会持续提高的假设。在现代汽车市场的形成时期，我们对于这一假设的理解，标志着我们与其他厂商之间的重要差异。

我在本书中透露的有关通用汽车的话题，通常并不为人所知。书中的内容从董事会到生产事业部都有所涉猎，包括综合管理部门、行政长官、政策委员会、直线组织和职能部门，以及各生产事业部之间的往来。换句话说，书的内容是围绕组织的整体与局部之间如何相互做贡献展开的。因此，我的话题并不涉及生产事业部的内部信息，而是将通用汽车作为一个整体来探讨。

本书分为两部分。第一部分围绕通用汽车的发展主线，讲述了一段完整、连续的故事。其中谈到了公司在组织、财务和产品领域，它的一些基本管理理念从何而来，以及如何发展。第二部分由一些彼此独立的章节组成，详细探讨了工程、分销、海外业务、激励性报酬，以及企业其他的方方面面。但我并没打算面面俱到。要把通用汽车的故事和盘托出，对我来说几乎是一件不可能完成的任务，毕竟这家公司的历史已经长达半个世纪之久。我和所有的作者一样，主要是从个人经历中节选了一些故事，并做好了任人评说的准备。

本书的写作方式是从逻辑的视角来探讨商业，并且把商业观点与历史的发展进行了结合。书中的结构，尤其是第一部分的章节顺序，是根据"汽车行业发生的事件，应该如何进行管理"这一逻辑来编排的。当然，还有一些其他的写作方式，比如心理学、社会学、主观想法，等等。之所以选择逻辑方式，是因为它能将大量复杂的素材在有限的篇幅里进行呈现。它还能在商言商，对业务情况进行清晰的描述。这种方法对通用汽车来说也很适合，因为公司的商业战略之一就是在追求商业目标的时候，要有意识地秉持客观原则。

我在书中强调了我们过去做的一些必要性工作，而公司许多长期的基本政策也是在那时初步形成的。然而我也知道，公司在年复一年的运营中，必须持续创造出新成果，来对早期的政策进行改进和修订。除此以外，公司必须针对新环境来制定新政策。正如我常说的那样，变革意味着挑战，企业应对挑战的能力标志着它的管理水平。通用汽车要想保持业务的增长和繁荣，就必须对产品、客户需求和外部压力的深刻变化做出回应。事实上，面对这个时代特有的新问题，现在的通用汽车管理层正在悉心应对。

My Years with General Motors

第一部分

My Years with General Motors
第 1 章

重大的机遇（1）

　　1908 年发生的两件大事，对汽车产业的发展产生了深远影响。一件事情是威廉·杜兰特以他的别克汽车公司为基础，成立了通用汽车公司——今天通用汽车集团的前身。另一件事情是亨利·福特宣布推出 T 型汽车。这两件事情的影响力超越了公司和产品本身。它们代表了不同的观点和经营理念。自此，历史见证了两种不同的经营理念如何引领汽车产业的发展。福特的经营理念率先为人所知，伴随 T 型汽车的生产历程，享誉 19 年。福特本人也获得了不朽的名望。而杜兰特所做的开创性工作还没有得到应有的认可。在 T 型汽车盛行的年代，他的经营理念还是个新事物。后来实现这种经营理念的不是他，而是其他人，这里面也包括我。

　　在汽车产业发展的初期，没有人比杜兰特和福特更加理解它所蕴含的机遇。那时候的汽车在很多人眼里——特别是在银行家的眼里，不过是一项休闲运动。当时的汽车定价远高于大众的承受能力，机械性能也不稳定，适合驾驶的道路也很少。1908 年，美国全年的汽车产量只有 65 000 辆。然而从那时候起，杜兰特就在期待年产百万辆汽车时代的到来，他也因此被认为是一名离经叛道者。而那时的福特已经通过 T 型汽车，率先找到了实现杜兰特预言的办法。1914 年，美国全年的汽车产量超过 50 万辆。到了 1916 年，仅福特生产的 T 型汽车，产量就已超过 50 万辆。到了 20 世纪 20 年代初，福特 T 型汽车的年产量一度超过 200 万辆。此后，完成了历史使命的 T 型汽车走向衰落，这也是本书的重要情节之一。

杜兰特和福特都拥有非同寻常的愿景、勇气、胆识、想象力和远见。他们都敢于倾其所有，投注于汽车产业的未来。而当时美国全年生产出来的汽车，还抵不上如今几天的汽车产量。杜兰特和福特都创造了卓越、持久的汽车产品，如今这些产品的名字已经与美国的语言文化融为一体。他们都创建了卓越、持久的企业。他们这一代就是我所说的那种带有个人风格的实业家。也就是说，他们把他们的个性、天赋这些主观因素融入到了企业运营中，而不受管理方法和客观事实的约束。但是他们两个人的组织方法是大相径庭的。福特是一个极端的集权管理者，而杜兰特是一个极端的分权管理者。因此，两个人的产品理念和营销方法也不相同。

福特采用流水线的生产方式，制定了较高的最低工资，推行低价的营销策略。这在当时都是革命性的，为我们产业文化的发展做出了最重要的贡献。他的基本理念可以概括为一款汽车、一种型号、不断降价。这也是当时市场的主流需求，尤其是在农村市场。而杜兰特则认为，汽车产品应该多样化。虽然这种多样化在当时还没有严格的定义，但随着汽车产业之后几年的发展，多样化逐渐成为趋势。今天，每一家美国主要汽车生产商都拥有多款汽车产品。

杜兰特非常了不起，但也有一个明显的不足——他善于创造，却不善于管理。他先后在马车和汽车行业创造过辉煌，影响力超过了四分之一个世纪，后来又陷入衰落。他本是通用汽车的缔造者，却没能亲历这家企业的长久繁荣。他在通用汽车的地位一度举足轻重，可惜也没有延续。这可谓是美国产业史的一段悲剧。

可能很多人并不知道，在 20 世纪初杜兰特白手起家，创办了美国领先的货车及马车制造企业。1904 年，他进驻濒临倒闭的别克汽车公司，完成了重组，到了 1908 年，别克汽车公司已经成为美国领先的汽车制造企业了。1908 年，别克汽车的产量是 8487 辆，而当年福特汽车的产量是 6181 辆，凯迪拉克的产量是 2380 辆。

1908年9月16日，杜兰特组建了通用汽车公司。1908年10月1日，他首先将别克汽车收入通用汽车囊中；当年11月12日引入了奥兹（Olds）；1909年，他又收编了奥克兰（Oakland）和凯迪拉克。这些企业保留自己的企业品牌和独立运营权，通用汽车则是这些企业的控股公司——也就是若干个独立实体，围绕着一个中心运营。1908~1910年，杜兰特通过多种方式——主要是换股，先后将25家企业纳入通用汽车。其中11家是汽车企业，两家是电灯企业，剩下的是汽车零配件生产商。在这些汽车企业中，只有四家企业的地位始终不变。无论是一开始它们以企业的形式并入通用汽车，还是后来变成一个部门，都没有因为通用汽车的发展而受到影响。这些企业品牌是别克、奥兹（现在的奥兹莫比尔）、奥克兰（现在的庞蒂亚克）和凯迪拉克。其他七家早期的汽车企业则是影子企业，它们的主要业务是工程设计，生产制造能力有限。

在那个年代，企业的整合通常会采用"资产注水"和其他一些操控手段。这种金融炼金术有时的确能够点石成金。但通用汽车组建的时候是否也有这种情况，我并不清楚。因为别克汽车在成为通用汽车的骨干企业之前，盈利就已经非常可观了。1906年，别克汽车的销售额约为200万美元，盈利约40万美元。1907年，当全国经济陷入"恐慌"时，它的销售额是420万美元，盈利约为110万美元。到了1908年，它的销售额和盈利分别达到750万美元和170万美元。业务增长和盈利状况显然都很好。

但杜兰特乐于通过产品线的扩展和企业并购来整合业务。他的整体生产方法在当时来讲是先进的。早期的汽车厂商大多只是把零部件厂商的产品拿来进行组装，而杜兰特此时已经要求别克对多种零部件自给自足，希望借此提高经济效益。1908年，杜兰特试图将别克与麦克斯韦-布里斯科进行合并，但并未成功。当时他在并购计划书中明确指出，希望通过整合来提高采购、销售和生产的经济效益。计划书中提到，别克在弗林特有一家工厂。它的周边有10家独立的汽车厂，分别生产车身、车轴、弹簧、轮胎和铸件。别克有部分工厂的收购选择权。可见杜兰特在经济问题上是非常老练的，他绝非常人所认为的那样，只是一个股市的弄潮儿。我不能说他在将这种经济理念付诸实践时也精打细算，但在那样一个汽车企业纷繁起伏的年代，他毕竟做到了脱颖而出。

我看到杜兰特在组建通用汽车的过程中，同时采用了三种模式。第一是追求产品的多样化，满足市场上不同品位、不同经济水平的消费者的需求。这些在别克、奥兹、奥克兰、凯迪拉克和后来的雪佛兰汽车身上都得到了充分体现。

第二是追求工艺的多样化。通用汽车着眼于汽车工艺的未来，在设计中考量了多种可能性，追求的是平均效果的提升，而不是非赢即输的结果。比如在通用汽车的淘汰品牌中，卡特卡曾掌握一项"摩擦传动技术"，与当时的滑动齿轮变速器形成了竞争；还有一家公司叫埃尔莫尔，它的前身是一家自行车生产商，这家公司生产一款双冲程发动机的车型，在当时看起来似乎也有市场需求。此外，通用汽车还随机下注了其他一些业务，我仅举几例：马奎特汽车、尤因汽车、伦道夫汽车、韦尔奇汽车、快速汽车和信赖卡车。最后两家公司后来合并成快速卡车，被通用汽车收购，于1911年7月22日完成重组。

第三是通过汽车零部件的生产，提升经营的一体化。杜兰特把一些零部件生产商纳入了别克汽车的生产体系中。这里面有诺斯威，他们生产轿车和卡车用的发动机和零部件；有密歇根州弗林特的尚普兰点火系统公司，他们生产火花塞，后来改名为AC火花塞公司；有杰克逊-邱吉-威尔考克斯公司，它是别克汽车的零部件生产商；有韦斯顿-莫特公司，它生产轮胎和轴承，早先位于由提卡，后来搬到了弗林特。像这样的公司还有一些。杜兰特还整合了加拿大的麦克劳林汽车股份有限公司。这家公司曾经生产高档马车，后来采购了别克的零部件，在加拿大生产麦克劳林-别克汽车。萨缪尔·麦克劳林先生也因此能在通用汽车中展露才华，他成为通用汽车加拿大业务的主要负责人。

这些公司并非都是通过并购整合进来的。比如尚普兰点火系统公司由杜兰特全资创建，并把25%的股份以技术入股的方式给了阿尔伯特·尚普兰。1929年之前，这家公司一直是通用汽车部分持股的子公司。在这之后，通用汽车从尚普兰的遗孀那里买回了她持有的少数股权。

总的来说，一方面，杜兰特运筹帷幄，一开始就把一些重要企业纳入了通用汽车的整合布局中；但另一方面，他购买黑尼电灯公司所付出的代价，要比他花在别克汽车和奥兹上的总和还要多，可惜这家公司后来一文不值。

杜兰特购买黑尼电灯公司的股权花了大约 700 万美元，主要是以通用汽车的股份形式来支付。黑尼电灯的核心资产是它申请的一项钨灯专利，但这项专利后来被专利局否决了。

杜兰特的这种做法，无论长期来看是否合理，至少从短期来讲是失败的。因为当时通用汽车的实质性业务几乎只有别克和凯迪拉克，而别克在质量和产量方面，表现得更为突出。1910 年，通用汽车的产量占美国汽车总产量的大约 20%，其中绝大部分来自这两家企业。相比之下，通用汽车的其他品牌显得无足轻重。通用汽车很快就过度扩张并陷入财务困境。1910 年 9 月，杜兰特在创建通用汽车公司仅仅两年之后就失去了对公司的控制权。

一家金融投资集团对通用汽车进行了再融资。该集团由波士顿李·希金森公司的詹姆斯·斯托罗（James J. Storrow）和纽约塞利格曼公司的阿尔伯特·施特劳斯（Albert Strauss）所领导。他们通过表决权信托的方式取得了通用汽车的运营权。接下来通用汽车被迫接受了苛刻的融资条款，签署了五年期、价值 1500 万美元的信贷，通用汽车实际到账 1275 万美元。信贷中包含了对于放款者的奖励条款，奖励方式为通用汽车的普通股。而这些普通股的最终价值要远远高于信贷本身。杜兰特在通用汽车仍是大股东，并保留副总裁和董事会成员的地位，但是他被迫交出了管理权。

从 1910 年到 1915 年的五年间，该金融投资集团对通用汽车进行了虽然保守但十分有效的运营。他们清算了不盈利的业务，处理掉的库存和资产高达 1250 万美元，这在当时可是个大数目。他们还组建了通用汽车出口公司，并于 1911 年 6 月 19 日向海外出口了通用汽车的产品。在这段时期，整个汽车行业也发展迅速，产量从 1911 年的大约 21 万辆快速增长到了 1916 年的大约 160 万辆。这主要是由于福特公司在低端市场上的放量所致。通用汽车的销量从 1910 年的 4 万辆增长到了 1915 年的 10 万辆。不过由于福特公司的兴起，通用汽车的市场地位也相对下滑了，市场份额从 20% 降到 10%。通用汽车当时并没有涉足低端市场，不过公司的财务状况良好，运营效率也不错。这些得益于时任总裁查尔斯·纳什（Charles W. Nash）的管理。

纳什加入通用汽车的情况是这样的。早先他与杜兰特一起，在杜兰特-道特马车公司共事约 20 年。当杜兰特刚进入汽车行业的时候，纳什仍在这家马车公司担任经理。他行事稳健而谨慎，与杜兰特的光彩魅力和胆识（你也可以称之为鲁莽）截然相反。1910年的时候，纳什在汽车行业的经验还不多，但他已经展现出在制造和管理方面的才华。据我所知，正是在杜兰特的建议下，银行家斯托罗任命纳什掌管别克公司。总之在这一年，纳什成了别克公司的总裁。由于他表现出色，1912年又提升为通用汽车的总裁。○

在通用汽车发展初期，别克汽车能成为支柱并非偶然。它的管理层可谓星光熠熠。斯托罗是美国机车的董事。他在这家公司的生产车间结识了沃尔特·克莱斯勒，并且把他推荐给了纳什。于是纳什在1911年聘请克莱斯勒来别克公司入职。据我所知，是担任厂长一职。1912年，纳什晋升为通用汽车总裁。那时克莱斯勒仍在别克任职，但随后被提拔为别克的总裁和总经理。从1910年到1915年，在金融投资集团的管控下，通用汽车几乎所有的利润都来自别克和凯迪拉克。

当时的通用汽车需要打造市场知名度，而金融投资集团能给他们提供帮助。通用汽车通过融资获得的1500万美元、五年期信贷，让它具备了偿还逾期债务的能力。但是公司的营运资本仍然短缺，这也导致通用汽车必须向银行大量借款，借款额一度达到约900万美元。但是到了1915年，通用汽车的财务状况已经非常良好，因此在当年9月16日召开的会议上，公司的董事们宣布派发现金红利，每股普通股派息50美元。这是通用汽车成立七年以来首次派发现金红利。按照当时总计165 000股计算，公司派息超过了800万美元。这一消息也震惊了金融界，因为这是当时纽约证交所公布过的最大一笔现金派息。这次会议纪要显示，宣布派息政策的是纳什，而杜兰特也表示支持。不过在当时，金融投资集团拥有的表决权信托期即将结束，杜兰特希望能够重拾对公司的控制权。因此他与金融投资集团和纳什一方的矛盾也日益尖锐。

1910年，杜兰特被迫淡出通用汽车的管理层，但他再次彰显了汽车行业

○ 纳什算是通用汽车历史上第一位做出了重要贡献的总裁，但他只是公司第五位担任过总裁职位的人。杜兰特在创建通用汽车的时候，把自己任命为副总裁。第一位担任总裁的是乔治·丹尼尔斯，他的任期从1908年的9月22日开始，到当年的10月20日结束，仅仅持续了不到一个月。第二位总裁是威廉·伊顿，他的任期从1908年的10月20日到1910年的11月23日，前后约两年时间。詹姆斯·斯托罗是第三任继任者，他从1910年11月23日到1911年1月26日，担任过两个月的临时总裁。第四位是托马斯·尼尔，他的任期从1911年1月26日开始，直到1912年11月19日结束。

的企业家精神。他支持路易斯·雪佛兰去尝试开发一种轻型轿车。1911年，杜兰特和雪佛兰一起成立了雪佛兰汽车公司。在四年时间里，杜兰特把这家公司的业务扩展到了全国，成立了几家装配厂和批发办事处，业务覆盖全美及加拿大。在此期间，他开始增发雪佛兰的股份，并用它来和通用汽车换股，因为他希望通过雪佛兰来重掌通用汽车的控制权。

也是在这个时候，杜邦进入了历史画卷，并在通用汽车的发展史中扮演了非常重要的角色。

把杜邦引荐给通用汽车的主要功臣是约翰·拉斯科布（John J. Raskob）。他是杜邦公司的财务主管，同时也是时任总裁皮埃尔·杜邦（Pierre Du Pont）的私人财务顾问。1953年，杜邦公司因为与通用汽车之间的股权关系，遭到了政府的诉讼。杜邦先生在这次诉讼证言中说，他大约是在1914年买进了约2000股通用汽车股票，用来作为私人投资。杜邦先生曾是查塔姆·菲尼克斯国立银行的董事，他说1915年的某一天，该银行的时任总裁路易斯·考夫曼（Louis G. Kaufmann）向他介绍了通用汽车的情况。考夫曼介绍了通用汽车的历史，并且说金融投资集团的表决权信托即将到期。1915年9月，该公司将举行会议提名新一届的董事会，并于11月份进行选举。杜邦先生说他还得知，杜兰特和波士顿的银行家相处得挺愉快。于是他和拉斯科布接受邀请，参加了这次会议。这也是杜邦先生记忆中与杜兰特的第一次会面。

杜邦先生还说：

> 会议并不像考夫曼预想的那样和谐，双方争辩不休。一方是波士顿的银行家，另一方是杜兰特。最后，他们没能就新提名达成共识。
>
> ……经过多番对话以后，考夫曼把我叫到一边。当我们重返会场，会议宣布，如果我能向通用汽车提名三位中立董事，他们就可以完成剩余提名。也就是他们双方各提名七位董事，我提名三位。
>
> 与此同时，他们还任命我为本次会议的主席……

提名最终达成了一致。1915年11月16日，通用汽车召开了年度股东会议，选举产生了新一届董事会。在同一天召开的董事会组委会上，皮埃尔·杜邦当选为通用汽车的董事长，纳什再次当选为总裁。但波士顿的银行家们和杜兰特在公司控制权的问题上僵持不下，而杜兰特占据上风的传闻甚嚣尘上，他曾声明对通用汽车拥有了控制权，于是一场公司代理人之争山雨欲来。但最终这一局面没有出现。银行家们决定不再抗争下去，他们于1916年主动放弃了权利，杜兰特也凭借对雪佛兰的掌控，取得了通用汽车的控制权。㊀

在杜兰特成功取得对通用汽车的控制权之后，他曾力邀纳什留在通用汽车继续干下去。但是在1916年4月18日，纳什辞去了公司总裁的职务，并且在波士顿银行集团斯托罗先生的支持下成立了纳什汽车公司。1916年7月，纳什收购了威斯康星州基诺沙的托马斯·杰弗里公司。这曾经是一家自行车生产商，后来生产一种叫漫步者的汽车。我当时也买了一些纳什汽车公司的股票，盈利状况非常可观。纳什前些年去世的时候，留下来的财产据说值4000万～5000万美元。对于一个保守的生意人来说，这非常了不起。

1916年6月1日，纳什的辞呈得到了董事会的正式批准，杜兰特成为通用汽车的总裁，于是他又开始了大刀阔斧的表演。很快他就将原本位于新泽西州的通用汽车公司搬到了特拉华州，整合成为通用汽车集团，并且将集团的资本从6000万美元增加到1亿美元。㊁ 他还把那些汽车制造子公司（别克、凯迪拉克和其他品牌）收编为事业部。这样通用汽车集团就成为一家运营公司，而不是像过去那样，只是一家控股公司。1917年8月，这家新的集团公司和它的运营事业部正式合并到了一起。

杜兰特当时似乎想和一家资金雄厚的公司进行合作，他把目光投向了杜邦公司。于是杜邦公司内部就是否合作的问题展开了讨论。杜邦先生是这样描述当时的情景的：

㊀ 雪佛兰获得通用汽车控股权的事实在1917年得以确认。在通用汽车集团825 589股的流通普通股当中（每5股通用汽车集团普通股，换1股通用汽车公司普通股），有45万股由雪佛兰汽车公司持有。由此，杜兰特对通用汽车拥有控制权的声明盖棺定论。

　　雪佛兰控股通用汽车这种怪事情，在几年之后得到了解决。1918年5月，通用汽车以普通股方式购买了雪佛兰的运营资产。再后来当雪佛兰汽车公司解散的时候，它持有的通用汽车股份也分给了雪佛兰汽车公司的股东。而雪佛兰汽车公司整编成为通用汽车集团的雪佛兰事业部。

㊁ 通用汽车集团遵照特拉华州的法律，于1916年10月13日成立。通用汽车位于新泽西的公司被注销，它的资产于1917年8月1日被通用汽车集团接管，后者从当日起成为一家运营集团公司。

  他（拉斯科布）认为，通用汽车对于杜邦来说是非常好的投资选择，他给出的理由是，这个项目具有良好的盈利能力和分红条件，这些正是杜邦所需要的，可以用来弥补公司当前分红的不足。当时杜邦已经失去了，或者说我们知道，将很快失去军工订单，因此当原本盈利的军工业务面临变数时，我们需要采取措施提振杜邦公司的红利。

  ……通用汽车的业务已经全面启动。他们有非常好的汽车产品线，并且深受市场好评，他们很可能会以同样的比例继续派发红利，甚至条件可能更加优厚。这对于拉斯科布来说非常具有吸引力，而我也认为这是一项非常好的投资，并且我们认为，这种机会难得一见。

杜邦先生进一步指出：

  无论是通用汽车集团还是汽车行业本身，此前都还没有达到为市场普遍接受的地步。人们认为这是非常有风险的投资，因此它的股价当前也只是维持在平价水平，可是从实际收益来看，这显然是很好的投资，只是公众还不知道这一点，因此这项投资很可能会非常有趣，这也是杜邦公司有此投资建议的起因。

  杜邦公司在军工领域有着丰富的财务运作经验。而杜兰特的公司有融资或者是财务管理的需求。对此他也予以承认，并且表示，非常愿意接受杜邦公司的投资和财务管理。

1917年12月19日，拉斯科布在给杜邦公司财务委员会提交的一份备忘录中，表现出他对汽车行业未来发展的远见卓识，他呼吁杜邦公司投资通用汽车。拉斯科布这样写道：

  汽车行业的增长，特别是通用汽车公司的业务增长，是非常惊人的。关于这一点，我们从通用汽车的净收益，以及通用汽车——雪佛兰汽车的来年总收入中就可以看出来，预计将达到3.5亿～4亿美元。通用汽车在当今的汽车行业占据独特的地位，我认为，这家公司如果辅以适当的管理，未来在美国产业中的地位将无人可及。对于这一点，杜兰特先生的认识恐怕超过了所有人，他非常渴望这项绝妙的事业能由一家尽可能完美的组织来操控……杜兰特（与杜邦公司之间）的结合就能实现这一点，因此他强烈表示，非常希望我们能够投入更大的热忱，特别是在公司的管理和财务领域提供帮助，为这项伟大的事业指明方向。我们对这个问题深入讨论后认为，公司面临着一个诱人的投资机会，在我看来，它所在的行业最有发展前景，它所在的国家和世界其他任何国家相比，有更多的机会在不远的将来实现业务的增长；如果让董事们以小圈子的方式，以个人名义参与这项投资，就会分散他们花在公司事务上的时间和精力（至少在一定程度上），与其这样，不如由杜邦公司来把握这次投资机会，这样我们的董事由于持有杜邦公司的股票，也能享受到这项投资带来的收益。㊀

拉斯科布把他支持投资通用汽车的观点，总结为以下五点：第一，杜邦公司将和杜兰特一起，共同控股通用汽车。第二，杜邦将派人对通用汽车"承担管理责任，并负责公司的财务运营"。第三，通用汽车的投资回报未来可期。第四，收购条件优于资产估值。第五，我援引他的话，"我们在通用汽车公司中所拥有的权益，毫无疑问将确保我们整体业务的健康发展，包括防水仿制皮革、聚酰亚胺、油漆和清漆，这是一个重要的因素"。㊁

㊀ 我在引用的时候尽量忠实于原文，因此会出现拼写、标点等内容的不一致。
㊁ 杜邦收购通用汽车这件事，成为政府诉讼杜邦公司和通用汽车的导火索，诉讼案发生在1949 年，也就是这次收购完成 30 多年以后。政府提出的指控主要是，杜邦公司对通用汽车的收购违反了反托拉斯法，它会让通用汽车在相关产品的采购中，购买杜邦公司生产的产品，让杜邦公司获利。这些指控遭到了通用汽车和杜邦公司的否认。地方法院经过长达数月的漫长听证，广泛调查了与这件事情相关的当事人，并且查阅了数以百计的文档，认为没有任何证据支持政府的指控，从而驳回了上诉。高等法院在复审的时候认为，杜邦 30 年前的收购是违法的，因为它有可能会导致限制性交易的发生。但高等法院也同意地方法院的调查结果，指出"无论是杜邦公司还是通用汽车，在交易中都没有忽视价格、质量和服务因素"，并且"两家公司高管的行为举止合理得当。他们都坚信其行为符合各自公司的利益最大化，并没有打压任何人的意图，包括杜邦的竞争对手"。但初审驳回上诉的决定被否决了，案子被发回进行重新审理。在重新审理阶段，地方法院经过又一轮的诉讼和申诉后宣判，杜邦公司要在未来若干年内剥离它持有的通用汽车股权。对我这样一个外行来说，高等法院在这件案子上的推理几乎与学院风格无异，它和地方法院基于事实得出的调查结论相左。

1917年12月21日，在皮埃尔·杜邦和拉斯科布的推荐下，杜邦董事会批准购买通用汽车和雪佛兰价值2500万美元的普通股。到1918年年初，杜邦公司通过在公开市场上的操作和向个人投资者购买的方式，将持有的通用汽车普通股增加到了23.8%。到1918年年底，杜邦对通用汽车的投资额已经达到4300万美元，持股比例达到26.4%。

杜邦公司和杜兰特先生之间的合作从第一笔投资落实后就开始了。杜邦公司派出代表，接管了通用汽车的财务委员会，约翰·拉斯科布担任财务委员会主席，杜兰特先生是该委员会中唯一一位杜邦公司以外的成员。通用汽车所有的财务事宜都交由这个委员会来负责，包括最高管理层的薪酬。与此同时，执行委员会负责所有的运营事务，但不包括财务委员会的管辖内容。执行委员会的主席是杜兰特先生，哈斯凯尔（A. J. Haskell）作为杜邦公司的联络人，只是其中的委员之一。哈斯凯尔先生和杜兰特先生一样，同时在执行委员会和财务委员会中任职。

到1919年年底，随着通用汽车业务的进一步发展，杜邦公司将它在通用汽车的投资增加到了大约4900万美元，从而持有28.7%的通用汽车普通股。当时皮埃尔·杜邦曾说："他们对外宣布，这将是最后一笔投资，以后他们不会再投了。"但事情的发展并非如此。

从1918年到1920年，杜兰特带领通用汽车经历了大规模的业务扩张，他的这一举措得到了拉斯科布先生和财务委员会的大力支持，财务委员会还为他提供了充足的扩张资本。

通用汽车1918年收购雪佛兰汽车以后，拥有了在低价轿车市场上与福特汽车竞争的资本，不过这款车当时还无法在质量上与福特汽车相提并论，售价也要比福特汽车高。与雪佛兰一同收入通用汽车麾下的是斯克里普斯—布斯汽车，这是雪佛兰拥有的一家小型轿车公司。

1919年，通用汽车与费希博德公司结成了重要同盟，它收购了后者60%的股权，双方还签订了汽车车身的生产合约。

1920年，通用汽车又投资了谢里丹汽车这个小项目，这就使得通用汽车的产品达到了七种。之前已有的品牌包括凯迪拉克、别克、奥兹、奥克兰、雪佛兰和通用汽车卡车，其中最有价值的还是凯迪拉克和别克。

在杜兰特的倡议下，公司还启动了两个特殊项目，分别是生产拖拉机和冰箱。杜兰特在外出考察时，偶尔会未经正规流程就启动一些项目，有时这会引起总部管理部门的不快，但最后他的直觉和冲动行为往往会得到支持。

1917年2月，杜兰特让通用汽车收购了一家小型企业，即萨姆森·瑟夫·格利普拖拉机。这家公司位于加利福尼亚州的斯托克顿，它有一项发明，能够让驾驶拖拉机像骑马一样，因此这个拖拉机也被称为"铁马"。后来他又把这家公司和威斯康星州简斯维尔的简斯维尔机器公司，以及宾夕法尼亚州多伊尔斯敦的多伊尔斯敦农业公司合并到一起，组建了通用汽车的萨姆森拖拉机事业部——事实证明这项业务非常亏钱。不过在1918年6月，杜兰特收购了底特律的一家小公司——嘉典冰箱（Guardian Frigerator）公司，他自掏腰包支付了56 366.5美元，通用汽车于1919年5月31日向他支付了这笔钱。这家当时还处于孵化阶段的企业后来变得越来越重要，并发展成为弗里吉戴尔（Frigidaire）事业部。

从1918年到1920年，通用汽车还创建或整合了许多其他公司：通用汽车加拿大有限公司；通用汽车金融服务公司，它为通用汽车的轿车和卡车业务提供贷款支持；在代顿的若干家公司，它们都和查尔斯·凯特灵有关；许多生产事业部，它们为通用汽车的汽车产品提供车轴、齿轮、曲轴等产品；还有我曾担任总裁的联合汽车公司，它是由许多零部件企业组成的。

多亏了杜兰特先生的努力，通用汽车由此具备了伟大企业的要素。但这家企业在实际业务层面缺乏有效的整合，在管理上也协同不力；通用汽车在新公司的组建、厂房设备投入以及库存上的花销惊人（有些花费恐怕长期都得不到回报），随着这些成本的增加，企业的现金流逐渐减少。通用汽车正步入一场危机，不过也正是因为这场危机，才催生出了日后的现代化通用汽车集团。

My Years with General Motors
第2章

重大的机遇（2）

要说我是怎样加入通用汽车的，还得先从一些小事说起。1875年5月23日，我出生在康涅狄格州的纽黑文。当时的美国风气，毫不夸张地说，和今天大不相同。我的父亲从事的是茶叶、咖啡和雪茄的批发生意，他成立了一家公司，叫班尼特-斯隆公司。1885年，他把业务搬到了纽约市的西百老汇，而我从10岁起就在布鲁克林长大。有人说我仍然保留了当地的口音。我的爷爷是一名老师，我的外公是卫理公会的牧师。我的父母有五个孩子，我排行老大。我的妹妹叫凯瑟琳·斯隆·普拉特（Katherine Sloan Pratt），现在是一名寡妇。我还有三个兄弟：克利福德（Clifford）从事广告业；哈罗德（Harold）是一名大学教授；雷蒙德是我最小的弟弟，他是医院管理方面的教授、作家和专家。我认为我们几个有一项共同的能力，那就是能专注于各自感兴趣的领域。

我长大时正好赶上了美国汽车行业的发展。1895年，杜里埃兄弟（Duryeas）进行了多次汽车试验后，成立了一家汽车制造公司，据我所知也是全美第一家。那一年，我从麻省理工学院毕业，获得了电子工程学士学位，并加入了海厄特滚子轴承公司。这家公司一开始在新泽西州的纽瓦克，后来搬到了哈里森。海厄特的减摩轴承后来成为汽车元件之一，而我也通过这项业务进入了汽车行业。我除了早年时短暂离开过汽车行业以外，整个职业生涯都贡献给了这个行业。海厄特在当时只是一家小企业，雇用了大约 25 个人。一台十马力的发动机就足以满足工厂所有的机械业务。它的产品是一种特别的减摩轴承，由约翰·韦斯利·海厄特（John Wesley Hyatt）发明，他还发明过最早的现代塑料赛璐珞，这种材料曾试图取代当时台球用的象牙材料，只是未能实现。那时候，减摩轴承的生产水平不高，产品也不为人所知。但和当时其他的机械部件相比，海厄特的产品质量并不差，我们把它应用在移动式起重机、造纸设备、矿车和其他机械设备中。在我刚加入这家公司的时候，公司每月的营收不到 2000 美元。我兼任勤杂工、绘图员、销售员和公司的行政助理，每月薪水 50 美元。

我在海厄特看不到太好的前途，因此很快加入了一家家用电冰箱企业，我认为它的发展前景更好。这家公司很早就为公寓楼提供中央电制冷服务。大约两年以后，我开始对这家公司的产品不看好，因为它的机械装置过于复杂，而成本又很高。

与此同时，海厄特公司的业务进展得也不太顺利——这家公司还从来没有盈利过，终于有一天，业务资助人约翰·瑟尔斯（John E. Searles）不愿再投入更多的钱来填补账上的亏空。1898 年，这家公司似乎只能面临清算。但我的父亲和他的一位同事合伙向海厄特投资了 5000 美元，他们想让我回这家公司工作六个月，看看我能做些什么。我接受了这个提议，并且和一个叫彼得·斯腾斯特鲁普（Peter Steenstrup）的年轻人组成了团队，他当时是一名记账员，后来成为销售经理。六个月以后，我们在产销量和经济效益上取得了一些进展，盈利 12 000 美元。这让我们意识到，这家公司还是有可能取得成功的。于是，我的头衔变成了海厄特的总经理。可我当时并没想到，我会因为海厄特而跟通用汽车结缘。

在接下来的四五年里，我们遇到的困难与日俱增。业务发展得并不顺利，而当我们接到订单，并且扩大规模时，又无法从公司外部获得运营资本。尽管如此，那时候白手起家比现在要容易，因为当时税率不高。我们用了五年时间取得了业务上的长足进步，公司的年利润达到了约六万美元，而汽车产业的兴起又为公司的发展提供了新的市场前景。

大约在20世纪之交的时候，汽车产业开始蓬勃发展，并涌现出许多小企业。减摩轴承也引起了市场的关注，此后我们利用汽车厂商测试生产的机会，获得了一些订单。我曾在1899年5月19日给亨利·福特写过一封信，希望跟他做生意。福特的传记作者艾伦·内文斯（Allan Nevins）在他写的福特传记中也提到了这封信，称它已被福特文档馆归档。福特先生当时正在尝试开发一种新车，并将很快投产。但在20世纪的头十年里，我们的轴承产品在机械领域中的应用进展缓慢。当时的汽车企业数以百计，但绝大多数都是生产完样车后就悄无声息了。我的搭档，斯腾斯特鲁普先生，走访了许多初创汽车生产商，和它们建立了业务联系。当他看到或者听说谁要生产一款新车的时候，就安排我跟那个客户联系，并且从工艺的角度来探究问题。我会把海厄特的轴承设计融入汽车的车轴或者其他部件中，这样做是希望客户在日后生产时，能购买我们的滚子轴承产品。

随着我们的工作越来越为人所知，我在许多公司和它们的供应商眼里成了一名顾问式的销售工程师，有关我们的轴承产品如何应用的问题都可以向我咨询。每当客户的产品设计有变化，或者考虑推出新设计方案的时候，它们就会找到我，这也让我有机会把我们的轴承应用到客户的后车轴或者变速器中，或者最好是都能用到。

我们一直采用这种销售—工程方案并行的办法，并实现了业务的快速增长，特别是从1905年到1915年，一些汽车厂商开始形成生产规模，比如福特、凯迪拉克、别克、奥兹、哈德逊、里奥、威利斯以及其他一些品牌。这些厂商的业务发展到哪里，海厄特就可以跟随到哪里。我们的生意变得非常红火，以至于不得不思考如何生产提速的问题，不但要保证新建筑、新机械和新方法等要素的就位，还得跟上汽车产业快速发展的步伐。

我最初和汽车打交道时跟当时大多数人的情况差不多。我想有一辆汽车，但是买不起。1900年，汽车的产量只有大约4000辆，并且很贵。我的父亲买过一辆早期的温顿斯轿车，作为家用车。大约在1903年，我给海厄特公司购买过一辆康拉德轿车，用于公务。我们偶尔也会驾驶这辆车，从哈里森的工厂开到纽瓦克去吃个午餐或者办些事情。这辆车采用了四缸双冲程发动机，外观很好看，喷的是红漆，但它的质量不好。康拉德轿车生产于1900年到

1903 年，此后它就退出了历史舞台。我们后来又买了一辆奥托卡轿车。这辆车的情况要好一些，我会开着它去出差，有几次还开到大西洋城去办事。和温顿斯、康拉德一样，奥托卡轿车后来也停产了，但这家公司开发出了奥托卡卡车，并且在汽车行业中有了一定的影响。1953 年，奥托卡和怀特汽车公司进行了合并。我给自己买的第一辆车是凯迪拉克，大约是在 1910 年。按照当时的习惯，我买的车底盘是凯迪拉克的成品，而车身则是定制的。

凯迪拉克早期的工艺对行业的发展起了巨大的作用，对我在海厄特的运营也产生了重要影响。而这主要归功于亨利·利兰先生，我认为他是把通用件技术引入汽车制造业的主要功臣之一。他于 1900 年进入汽车行业，当时他在奥兹。1909 年，当凯迪拉克并入通用汽车的时候，他是凯迪拉克的头儿，并且一直负责这家公司的业务，直到 1917 年退休。在这之后，他又创办了林肯汽车公司，后来把它卖给了福特汽车。

利兰先生是我在这个行当里最早结识的人之一。我视他为长辈，这不仅仅是因为他比我年长一辈，也是因为我敬重他在工程方面的才华。他很优秀，有创造力，而且聪明。在他眼里，质量就是上帝。20 世纪初期，我在向利兰先生出售我们的滚子轴承时，一开始遇到了些麻烦。于是他指点我：还需要进一步提高产品的精度，以达到通用件的严格标准。利兰先生进入汽车行业的时候，已在通用工程和汽油发动机方面积累了丰富经验，因为他之前在船舶行业多年，就干这些事。他的专长之一是精密金属制品加工，这可以追溯到美国内战（南北战争）期间，他为联邦军工厂制作工具的经历。后来他又加入了布朗·夏普公司，这是一家位于罗得岛州普罗维登斯的机器工具制造商。我注意到早在这之前，伊莱·惠特尼（Eli Whitney）在制造枪械的时候就开始研发通用件了。从惠特尼到利兰，再到汽车行业，这种传承可见一斑。

早期的汽车从业者数量不算多。而我作为汽车重要部件的供应商，在长达 20 年的时间里逐渐跟他们中的大多数人都认识了。他们是我的商业伙伴和朋友，我从他们身上学到了很多。在业务初期，我有时直接向汽车厂商提供产品，比如凯迪拉克、福特和其他一些汽车厂商，但更多的时候我是卖给供应商，然后由它们卖给装配厂。在这些供应商中，韦斯顿－莫特公司对我来说尤为重要。这家公司位于由提卡，生产车轴。一个后轴需要六个轴承，其中一些要用到海厄特的品类。1906 年，查尔斯·斯图尔特·莫特把他的公司从由提卡搬到了弗林特。这里的汽车产业正在兴起，所以他想离这儿近一些。此后我养成了每月拜访他一次的习惯。我还记得在弗林特的主要街道萨吉诺大街上，两边布满了马桩，每周六晚上是农民进城购物、逛街的时间。街上到处都是马、货运马车和私人马车。在这种情况下，一小群汽车厂商和零部件生产商也组织了商业聚会，并持续了好几年，参加的人中有莫特先生、查尔斯·纳什、沃尔特·克莱斯勒、哈里·巴西特（Harry Bassett）、我自己以及其他一些人，这些人中除了我以外都来自通用汽车。我在聚会上肯定也见过杜兰特先生，只是在我的印象里，我们不过是在往返于纽约和底特律之间的火车上打过招呼，说过"晚上好""早上好"。我和通用汽车的正式接触得益于莫特先生，1909 年他的公司已经并入通用汽车，成为别克、奥克兰和奥兹的车轴供应商。确切地说，1909 年通用汽车购买了这家公司 49% 的股份，1912 年的时候又买下了剩余股份。我也借助韦斯顿-莫特，成功地让海厄特的滚子轴承为通用汽车所采用。

我和沃尔特·克莱斯勒最初是在弗林特相识的。作为厂长以及后来别克汽车的负责人，他会在韦斯顿-莫特将轴承设计图提交时，对我的产品进行评判。此后我们见面的次数不断增多，有时是在通用汽车，有时是在公司之外的场合。我俩成了一生的朋友。后来我们各自掌管了克莱斯勒和通用汽车，成为竞争对手。但我们偶尔还是一起去休假旅行，只是避谈公务罢了。克莱斯勒有着非凡的远见和想象力，他是一个讲究实际的人，同时具备多种能力，我认为，他在汽车生产的组织方面拥有天赋。和纳什先生一样，他意识到了新兴的汽车产业潜力巨大、机会无限。他俩都是行业早期的真正领袖，也领导着两家伟大的企业。

我担任海厄特业务员的时候，经常能在底特律的福特汽车公司见到福特先生，偶尔还能跟他共进午餐。但我去那儿主要是跟哈罗德·威尔斯打交道，他是福特公司的首席工程师，后来还开发过威尔斯-森特·克莱尔汽车，这款车很精美，可惜不久就停产了。对于威尔斯先生在工程特别是冶金方面所展现出的才华，福特先生推崇备至。由于海厄特的生产和交付能力让人信赖，我们最终获得了福特公司的全部业务，我们的轴承甚至可以直接被福特的产品所采用。随着福特先生的业务发展壮大，他成了我们的最佳客户，而通用汽车排第二。海厄特销量的提升让我决定在底特律林荫大道开设一个销售办事处。后来，这个办事处所在地阴差阳错地成了底特律通用汽车大厦[⊖]的核心区。

1916年春季的一天，我接到了杜兰特先生的电话，他请我去跟他见面。杜兰特先生作为通用汽车和雪佛兰的创始人，在汽车和金融行业都很有名气。我前面已经讲过，他离开了通用汽车好几年，而这会儿准备重返通用汽车担任总裁。我发现杜兰特先生很有说服力，说起话来语气温和，性格讨喜。他个子不高，衣着整洁而保守。他一直从事大宗、复杂的金融交易，但给人的感觉总是镇定自若，他的性格和能力让人信赖。他问我是否考虑出售海厄特公司。

海厄特的业务是经过多年努力才发展起来的，因此当我听到把公司卖掉这种想法时，感到很吃惊，但它开拓了我的思路，促使我对海厄特的情况进行了一番分析。杜兰特先生的收购要约让我强烈意识到，海厄特的业务发展中存在三个突出的因素需要考虑。

第一，海厄特太依赖于少数那几家客户了，这和它的业务发展方式有关。福特一家公司就占了它大约一半的业务量。这个客户一旦失去，将没有备选方案，因为市场上还没有同等体量的新客户出现——到那时候，公司的全面重组将不可避免。

第二，我当时已经意识到，随着汽车设计的发展，必然会有其他品类成为滚子轴承的补充品甚至是替代品。到时候会怎样呢？无非是再来一次重组，生产一款不同的产品，或者说是重新开展一项新业务。我一直对产品的改进颇有兴趣，但我们从事的是特殊产品的开发，我们接下来需要抉择是继续独立运营，还是被其他企业收编。我得说在过去45年里，我对于产品发展的假设都兑现了。海厄特旧款的减摩轴承和当时市面上其他的减摩轴承一样，都跟不上汽车设计的发展要求了。

第三，我当时40岁，已经把全部精力都投入到了这家公司中。我拥有一

⊖ 斯隆先生书中说的通用汽车大厦现在改名为凯迪拉克大厦。现在的通用汽车大厦于1968年新建，位于纽约曼哈顿。——译者注

个大型的工厂,并承担了重要的责任,但我并未从公司红利中获得太多收益,而杜兰特先生的收购要约给我提供了一次机会,可以将海厄特的利润变现。

在这三点因素中,第二点对我来说是决定性因素,也就是说旧款海厄特滚子轴承的发展存在很多变数。因此我认为,虽然海厄特的短期利润状况不错,但是业务收编将对它的长期发展更有好处。何况杜兰特先生的收购要约还提供了资产变现的良机。我决定接受他的收购要约,于是就把公司的四名董事召集到一起,并提议向杜兰特先生报价1500万美元出售这项业务。一些董事认为这个要价过高,但我并不这样认为,因为我考虑的是我们在市场上的竞争优势以及汽车行业的发展潜力。我参与了和杜兰特先生两位同事的谈判:约翰·托马斯·史密斯(John Thomas Smith)是他的律师,另一位是银行家路易斯·考夫曼。经过反反复复的讨价还价之后,双方同意以1350万美元的价格成交。

在付款问题上,我同意一半以现金方式结算,另一半入股杜兰特先生计划组建的联合汽车公司。但是当这项交易临近结束时,我发现一些海厄特的同事不愿意在新公司中持股。于是我不得不增持股票,同时放弃相应的现金收入。由于我的父亲和我都在海厄特公司中持有大量股份,因此当联合汽车公司组建后,我也成了这家公司的重要股东。

杜兰特先生于1916年成立了联合汽车公司,收购了海厄特和其他四家零部件生产商——康涅狄格州布里斯托尔的新起点(New Departure)制造公司,一家滚珠轴承生产商;印第安纳州安得森的雷米电子公司,生产电子启动设备、车灯和点火装置;代顿工程实验室,又名德科,它也生产电子设备,但它的系统和雷米的不同;密歇根州杰克逊的帕尔曼·里姆(Perlman Rim)公司。

我的经营视野第一次拓宽了,不再拘泥于单一的汽车零部件。我担任联合汽车公司的总裁兼首席运营官,董事会成员也是这家公司的投资人。杜兰特先生没有在董事会中任职,也没有对这家公司的经营操心,他把管理的权限都给了我。在我的提议和董事会的认可下,我后来又把哈里森散热器(Harrison Radiator)公司和克莱克森(Klaxon)公司——当时的一家知名汽车喇叭生产商,收入联合汽车公司囊中。我还组建了联合汽车服务公司,他们在全美销售联合汽车公司的零配件，并提供配套服务。这个联合体成立的第一年，净销售额达到了 33 638 956 美元，其中海厄特的效益最好。

多年以来，联合汽车公司也向通用汽车以外的汽车制造商出售产品，但通用汽车的领导者预见到自己最终会成为联合汽车公司的主要买家。因此，在时任通用汽车财务委员会主席约翰·拉斯科布和我谈判之后，双方于1918年达成一致，通用汽车收购了联合汽车。

我在这里留出篇幅介绍海厄特，不是为了说明它在通用汽车业务中的地位如何。我只是在用一种符合逻辑的方式，讲述我的经历。我加入通用汽车时担任副总裁一职，负责的正是我在联合汽车公司掌管的零部件业务。我同时也成为通用汽车的一名董事和执行委员会成员，杜兰特先生是执行委员会的主席。

从 1918 年到 1920 年，我在通用汽车仍然负责零部件业务。但作为集团公司的执行委员会成员，我的经营视野进一步拓宽了。此外，我的大部分个人资产都变成了通用汽车的股份，因此无论是从职业性还是产权因素上考虑，我都会关注公司的整体利益。很快我就开始密切关注杜兰特先生整体政策的制定。

我对杜兰特先生的看法有褒有贬。我钦佩他在汽车行业的天赋，还有他的想象力、慷慨的品行以及他的正直。他对企业绝对忠诚。我和拉斯科布先生以及皮埃尔·杜邦的看法一样，我们都认为正是杜兰特先生缔造了通用汽车的蓬勃发展。但我同时认为他作为一名管理者，处理事情的方式过于随意，自己的负担也过重。公司重要的决策必须要等到他有空时才能确定，做出的决定又往往感情用事。我亲身经历过两件事。

当我们在纽约 57 号大街通用汽车大厦的旧址办公时，我俩的办公室挨着。有时我会过去找他。1919 年的一天我告诉他，由于公众对公司股票的兴趣很大，我们应该让注册会计师来进行独立的财务审计。尽管早些时候通用汽车接受过银行家们的治理，但当时我们的账务还没有被独立审计过。杜兰特先生对于会计的概念还没有清晰的认识，也没有意识到这对于管理来说作用巨大。尽管如此，当我向他说到这件事情的时候，他立刻表示同意，并让我着手请人来做这件事。这就是他的工作方式。他的财务部门本该负责这样的事情，但既然是我提出了这个建议，就让我来安排这个任务。于是我把哈斯金斯·塞尔斯（Haskins & Sells）公司介绍进来，这家公司承担过联合汽车的审计工作。现在它仍在负责通用汽车的审计。

还有一次，杜兰特先生在他的办公室里跟一些人开会，主题是公司将在底特律新建办公大楼。当时这栋大楼计划取名为杜兰特大厦，但现在已命名为通用汽车大厦。他们正在查看一张底特律的地图，和往常一样，杜兰特先生也邀请我参与讨论。他们考虑在市区的大圆形广场公园附近选址。联合汽车销售办公室在西林荫大道的住宅区，往北走几英里⊖就是。我对这个地方很熟悉，自然也会想到它。把这个地方选为新大楼的地址自有它的原因：这里距离住在城北的人更近，而且那里的交通当时要比市区更方便。当我把这些情况告诉杜兰特先生的时候，他转过身来对我说，下一次我们去底特律的时候，应该都去那里看看。后来我们的确去看了。我仍然清晰地记得杜兰特先生当时的行为。他从卡斯街道的拐角出发，在林荫大道往西走了一段距离，穿过海厄特的旧楼，这座楼当时已经改名为联合汽车大厦了。然后不知什么原因，他停了下来，站在这座大厦对面的楼前说，这就是我们要选的地方。我记得他转过身对我说，"阿尔弗雷德，你能去帮我们把这块地买下来吗？无论你打算花多少钱，普伦蒂斯（Prentis）先生都会支付的。"我并没有从事过房地产生意，我甚至都不住在底特律，但我还是去了，并组建起了一个地产工作组。老实讲，我自认为我们做得还不错。我安排联合汽车服务公司的总裁拉尔夫·雷恩（Ralph S. Lane）来负责地产购买事宜。购买小块街区的地产是件很有趣的事情。如果你透露了真实想法，那么买价也会受到影响。当我们已经买下杜兰特先生想要的半壁街区的时候，他说我们应该再买下剩余的部分。于是我们又重新启动谈判，买下了整个街区。我当时并不知道，他有马上启用整片街区的打算，但事实情况的确如此。我们把通用汽车大厦建在那里，也开启了底特律的新商业区。

在事业的形成期，杜兰特先生运用非正规的方式来经营业务通常是有效的。同时鉴于他对我的种种信任，我也对他赞赏有加。我对他的批评纯粹是站在基本的商业管理角度。我尤其担心的是，他从1918年到1920年虽然

⊖　1英里 = 1.609 344 千米。

推动了公司的业务，却没有制定明确的管理政策来对组织中的各个方面加以控制。

随着业务的发展，组织也需要进行管理，而这两者是截然不同的。通用汽车的业务发展计划当时由杜兰特先生和拉斯科布先生负责制订，里面的内容是否周到或许有待商榷。但是从长远来看，尤其是从它对汽车业务的规划来看，这项计划总体上令人满意。汽车是面向大众市场的高价值产品，因此行业需要引入多元化的资本结构。杜兰特先生和拉斯科布先生预见到了这一点。

从组织角度来看，我们对各运营部门既没有充分的了解，也缺乏有效的控制。管理是靠亲朋好友来维系，事业部的运营则基于彼此间的讨价还价。沃尔特·克莱斯勒是通用汽车公司最优秀的人才之一，在他担任集团高管时，⊖ 我感觉到他和杜兰特先生就各自的管辖权问题发生了冲突。克莱斯勒先生有着坚定的意志和情感。他既然不能得到想要的，就选择了离开。我还记得那一天的情形，他"砰"的一声摔门而去，并最终成立了克莱斯勒公司。

在第一次世界大战时期以及战后通货膨胀的日子里，通用汽车组织不力的问题并不突显。直到1919年年底到1920年，这个问题的严重性才第一次显现出来。当时，公司把大量资金拨给了各个部门，帮助它们发展工厂扩张计划。但原材料和劳动力成本上涨了，因此还没等到这项扩张计划完成，钱就花完了。几乎每个部门都出现了拨款透支的情况，也就是说花销超出了预算。

这反映出各部门对拨款资源的争夺，以及领导们不同的投资偏好。比方说，杜兰特先生非常看重拖拉机项目，但财务委员会在1919年10月17日驳回了其拖拉机项目的拨款提案，并要求他提供有关该项目预期回报率的更多信息。同样在这次会议上，财务委员会支持我提出的申请，即拨款约710万美元给新起点事业部。此后在1919年10月31日的执行委员会会议上，杜兰特先生对于新起点的拨款提案表示反对。当会议进行到后面时，执行委员会批准了新起点三分之一的拨款额，其余三分之二的款项则通过发行优先股的方式来筹集。在这次会议上，杜兰特先生还反对为底特律的杜兰特大厦（后来的通用汽车大厦）追加730万美元的预算。据当时通用汽车的财务主管迈耶·普伦蒂斯回忆，杜兰特先生反对把追加款项用于杜兰特大厦，因为他更

⊖ 克莱斯勒在此期间担任别克汽车公司的总裁，于1919年卸任。——译者注

希望把钱花在工厂建设和运营资本上，而不是花在房地产，在这一点上他和拉斯科布先生不一样。约翰·普拉特当时已经离开杜邦公司来支持杜兰特先生的工作了。他也记得管理层这种投资偏好上的差异。我之所以还能回忆起这件事情，是因为我还记得杜兰特先生当时起身离开了董事长座椅，然后坐到另一张椅子上，提议不要再对拨款提案进行批准了。对此，执行委员会表示了支持。事实上，杜兰特先生也认识到，公司的资金无法满足所有的拨款需求。于是，大家不再关注如何分配这些稀缺资金，而是把注意力集中到如何募集更多资金的问题上。

1919 年 11 月 5 日，财务委员会在纽约召开会议，听取杜兰特先生的报告。报告内容涉及截至 1920 年 12 月 31 日，通用汽车为期 15 个月的预期收入和支出预算。"经过讨论，大家达成共识，批准报告中的支出预算。同时还要立刻采取措施，出售价值 5000 万美元的债券股票。如果可能的话，争取再出售 5000 万美元，总计 1 亿美元。"

当天下午，执行委员会在纽约会面，继续讨论这件事情。会议纪要显示：财务委员会主席拉斯科布先生在会议开始前来到这里，并就未来的融资计划发表了简短报告。他建议通用汽车出售额外的债券股票，并对上次会议"悬而未决"的几项拨款提案采取行动。执行委员会随后一致通过了对杜兰特大厦、新起点、拖拉机业务等项目的拨款提案，财务委员会对这些项目也予以了批准。

后来我在对拨款程序进行研究时，对这件事情有如下反思："我们没有建立适当的拨款审批流程。造成的实际结果就是，当执行委员会成员监管的业务部门发起拨款提案时，要想获得批准，就必须赢得执行委员会其他成员的支持。换句话说，从实际情况来看，执行委员会对业务部门的监管并没有达到之前设想的效果。"

话说回来，拨款申请者按说都能心满意足了，可是哪有事事称心这回事儿。债券股票的销售并不成功，公司计划募集 8500 万美元，但实际只卖出了 1100 万美元。这是外部金融市场传递给通用汽车的第一个信号，说明尽管我们的销售收入从 1918 年的 2.7 亿美元增长到了 1919 年的 5.1 亿美元，并将在 1920 年达到 5.67 亿美元，但公司的设想与现实情况差别很大。

这场拨款争夺战让公司财务的组织问题暴露无遗。1919年12月5日，杜兰特在执行委员会上指出，当前处理拨款提案的办法并不令人感到满意，对于这一点所有人都表示认同。他提出了一套流程，建议大家对拨款提案进行调查，并把调查结果汇报给总裁。我响应这一要求，加入了为此设立的一个特别委员会，委员会主席由普拉特先生担任。同时我提议成立另外一个委员会，它的职责是制定拨款提案的常规程序与规则。于是我成了这个"拨款提案规则委员会"的主席。该委员会旨在更好地承担起拨款审批的责任。这是我在那段时期里，在组织管理方面承担的三个项目之一。

需要指出的是，无论是执行委员会还是财务委员会，它们对事业部的应知信息了解不多，也缺乏对各事业部的必要控制。即便事业部持续无节制地开销，它们追加拨款的要求也能得到满足。1919年年底和1920年年初的执行委员会会议纪要显示，公司不断出现预算严重超支的问题。在一次会议上，执行委员会对之前预算超支的追加拨款提案予以批准，追加金额达到10 339 554美元。其中，别克、雪佛兰和萨姆森拖拉机所占的拨款比例最大。这样的会议并非特例，因为预算超支已经成了常态。

到1919年年底，公司面临能否应对经济衰退的问题。当年12月27日，我提出了一项决议，并得到了执行委员会的一致通过：

> 为抵御严重的经济衰退，或者为防止工厂因为长达数月的严重罢工而倒闭，公司决定成立一个委员会，来研究现金盈余如何满足资本支出的增长，并提供政策建议供财务委员会采纳。

尽管如此，我们和大多数美国人一样，并不怀疑经济衰退即将到来。因此，我认为这些举足轻重的委员会当时并没有意识到，对事业部的行为如果缺少控制，其后果会有多么严重。但在1920年2月下旬，哈斯凯尔先生在得到执行委员会的批准以后，通知各事业部总经理："所有可能因经济变化受到影响的拨款项目，必须重新向执行委员会提交申请，之前获得授权的工作要停下来。"这是一个温和的警告，并没有胁迫的意思。

在开销超支的同时，库存也失控了。1919年11月制订的下一财年生产计划，要比当年高出36%。这些生产计划要么是出于经验，要么是基于事业部经理的雄心。为了满足这样的生产计划，各部门立即开始大量采购库存。1920年3月下旬，执行委员会批准了一项乐观的公司生产计划。从1920年8月开始的新财年，要生产876 000辆小轿车、卡车和拖拉机。当年3月和4月，拉斯科布先生作为财务委员会的主席，开始着手安排出售价值6400万美元的普通股，为总计大约1亿美元的资本开销提供现金支持。杜邦公司、JP摩根公司以及一些英国投资人参与了这次认购，新的投资代表入选了董事会。

1920年5月的执行委员会会议纪要显示，拉斯科布让大家冷静思考一下，他对于无节制的工厂设备开销，以及库存的上升都表达了担忧。他告诫大家，如果不能维持库存限度（当时设定的是1.5亿美元），可能危及公司的财务状况。

一周以后，由杜兰特、哈斯凯尔、普伦蒂斯和我组成的特别库存配给委员会通过了一份清单，清单里详细描述了每个事业部所允许的最大开销额。尽管生产计划减少了，但部门经理还是没能将库存或资本开支维持在限额以内，而我们也没有什么有效的控制方法。这是分权管理带来的惩罚。

公司的开销在持续增长，但汽车市场的需求在1920年6月短暂上升后却下降了。8月份，财务委员会和执行委员会都严厉警告事业部经理，要求严格遵守5月设定的开销限额。到10月初，财务委员会任命成立了库存委员会，由普拉特先生负责，试图掌控局面。但伤害已经造成了。1920年1月，公司的总库存是1.37亿美元，4月是1.68亿美元，6月是1.85亿美元，10月达到了2.09亿美元，比5月设置的限额超出了5900万美元，而这还不是最坏的事情。

9月份，汽车市场行情大跌。为了应对这种局面，福特先生在9月21日将汽车价格削减了20%~30%。杜兰特先生在各事业部销售经理的支持下，一度试图维持价格不变，并向交易商和顾客保证不降价。到了10月，通用汽车的情况变得很糟糕了，以至于很多经理都拿不出钱来支付欠款和开工资。当月，我们从银行借了大约8300万美元的短期贷款。11月，除了别克和凯迪拉克之外，通用的主要汽车事业部几乎都关闭了工厂，即便是这两个事业部也放缓了生产步伐。整个美国的经济都陷入了衰退。

在这些事情发生以前，我已经对通用汽车内部出现的苗头感到不安了。从1919年年底到1920年年初，我拟订了一份组织发展计划，并把它提交给了杜兰特。这份计划的目的是弥补组织运营中存在的不足。杜兰特似乎欣然接受了这份计划，却又没有采取任何行动。我想部分原因是他当时并未做好解决组织问题的准备。他已经被各种紧急的运营事务和个人财务问题搞得焦头烂额了，因此很难去思考这样一份整体计划。

我对这家公司的管理和发展方向深感焦虑，于是在1920年的夏季之初申请了30天的假期。我希望离开一阵，并想清楚自己该做些什么。我的全部家当都跟这家公司的股票绑在了一起。我一开始想的是，应该像克莱斯勒先生那样，从通用汽车退休。我有一个潜在的工作机会，可以加入李·希金森（一家银行）成为合伙人，从事行业分析的工作。这个工作机会是斯托罗先生提供的。正如我前面描述的那样，他曾经在1910年到1915年期间负责通用汽车的财务工作，之后他成为纳什汽车的主要支持者。但我对这份工作感到犹豫不决，又去欧洲仔细思考了一番。我之所以犹豫不决，是因为杜兰特先生无论对或错，他都在竭尽所能地调动资源，维持通用汽车股票在危急关头的市值。此时我不能为了保全自己的财务状况就出售股份。我在英国订了一辆劳斯莱斯，本打算和我的妻子一起开车出游。但后来我既没去提车，也没去出游。当我8月份返回美国时，情况已经发生了很大的变化，几乎到了摊牌阶段，于是我决定静观其变。

伴随着1920年的经济衰退，股价自然也在下跌。再加上绝大多数通用汽车的工厂都已关闭，这些事实标志着这家集团公司的一个时代从此结束了。皮埃尔·杜邦在给他的兄弟——时任杜邦公司总裁艾伦尼·杜邦的信中，记录了导致杜兰特先生离职的系列事件。这封信写于1920年11月26日。

尊敬的先生：

鉴于通用汽车近来发生的一些事，我觉得有必要记录过去两周来这些事情的进展。有些事情我做过记录，有些事情我对当时的情形仍然印象深刻。在讲这段历史之前，我说一下之前我对杜兰特先生私人事务的了解。

从我前些年认识杜兰特先生以来，一直到 1920 年 11 月 11 日周四这一天，他从未对我透露过任何他的私人事务。当初杜邦以略高于市场的价格，购买了价值 2500 万美元的通用汽车股票时，我们只是从杜兰特先生那儿了解到，他本人，可能还有他的直系亲属，也持有差不多同样数量的股份（其中包括他在雪佛兰公司中的持股。那时候雪佛兰持有通用汽车的普通股，和现在的情况一样）。我们当时知道，杜兰特先生的大部分股票都是以券商名义持有的，但我们觉得他这样做只是图方便。我非常确信，当时没人说杜兰特在利用这些股票来借钱。自从我们收购了通用汽车股份以后，一直到今年春季这几个月以来，我知道杜兰特先生在市场上做过股票放贷。我也知道他有时候会炒股，包括自己直接购买股票，以及建议别人去买。由于他的财产似乎很多，所以我一直认为，他购买股票的方式不过就是直接付款，购买金额也不会超出他的能力范围之外。在我的记忆里，他没有提过卖股票的事，即便现在看似乎也都是在买股票。至于操控股价和市场的想法，杜兰特先生向我提到过，但我从未唆使他这样做。事实上，但凡有这样的言论，不仅无法提振股价，反而还会打压市场。但正像我前面所讲到的，杜兰特先生从未向我提过他的私事，他的炒股行为似乎也只是个人层面的事。我有一种强烈的感觉，就是在 1920 年春，杜兰特先生已经远离股市了，对于这一点拉斯科布先生也予以了证实。按我之前的设想，他并不会欠钱，特别是不会欠券商的钱。最近几个月，随着摩根公司辛迪加的成立，我认为杜兰特先生绝不会在股市上采取行动，因为双方如果各行其是的话，最后的结果不会令人满意。但令我失望的是，我最近几周听说，由于摩根公司辛迪加对公司股票护盘不力，杜兰特先生表示他要采取措施来提振股价。我对这种各行其是的做法并不赞同。但我不确定的是，在讨论这件事情的时候，杜兰特先生对于我的明确观点是否已经知会。实际上，我本以为他所谓的提振股价这件事，不过是在他的个人能力之内购买一定数量的股票，或许他身边还有一些朋友愿意一起出资，但不会超出他们的能力范围。在 11 月 11 日之前，我一直相信，杜兰特先生不会去做市，也不会因此去借钱。

尽管我对上述观点深信不疑，但市场上已经有杜兰特先生做投机生意的传闻了。拉斯科布先生和我都觉得，自打摩根公司购买了通用汽车的普通股以来，他们对杜兰特先生运作股票的情况并不了解。摩根公司本来有很多机会，可以就这件事向杜兰特先生提出质询。而我也一直觉得这是杜兰特的私事，不便打探。在最近六周，有一次摩根公司的德怀特·莫罗（Dwight W. Morrow）先生向拉斯科布先生和我提了一些问题。他想了解杜兰特先生的这些私事，特别是他炒作股票的可能性。对此我回答说，我们对他的私人事务一无所知，而且他也从不向我们透露这些事。我建议莫罗先生单独向杜兰特先生询问这些事，我们认为杜兰特先生会坦诚相告的。于是1920年11月，莫罗先生在他的办公室召开了一次会议。到场的有他本人、杜兰特先生、拉斯科布先生和我。我在会议中指出，通用汽车的股东合伙人应该了解彼此的持股状况，这也符合情理。我介绍了一下杜邦的持股状况。我们所有的通用汽车和雪佛兰股票都由杜邦公司持有。我们不抵押，也不买卖任何股票。我也介绍了我自己，不利用股票借款，我的股票由我持有，我最近没有买卖股票。我还说就我所知，杜邦公司没有人以任何形式利用通用汽车的股票进行借贷或炒作。莫罗先生说，摩根公司及其伙伴目前仍然持有通用汽车的股票，也没有打算去抛售。我不记得杜兰特是否发表过这样明确的声明，但他未透露利用股票来贷款或炒作的任何信息。莫罗先生问了他一个直接的问题，是否了解他的哪些账户在市场上亏钱了。杜兰特回答说"不知道"，然后他就离开了。当时给人的印象是，他的持股情况跟我们一样一清二楚。我了解杜兰特先生的为人和个性，反正我不认为他想骗我们。但莫罗先生就没这么宽厚了，他猛烈抨击了杜兰特，认为他没有跟我们坦诚相见。

拉斯科布先生和我全然不知杜兰特先生陷入了哪些麻烦事。等到1920年11月11日星期四这一天，杜兰特先生邀请我们跟他一起吃午饭。会面的时候他说，银行家们已经告知他，要求他辞去通用汽车总裁的职务。他准备接受这样的要求，因为既然他本人和公司都"掌控在了银行家们的手里"，他就要遵守游戏规则，并按规则行事。对于公司被银行家们掌控的说法，我立即表示了反对。我说，我们拥有大量的运营资本和其他资产，同时公司的现金账户和财务预测也不错，因此公司的贷款额还算可控。我说我们的金融伙伴也对此认同，认为我们能通过业务的运营来还贷，因此会一直负担我们的贷款，直到我们还清为止。杜兰特先生说，他担心的是他的个人账务，但他没有细说，而我因为觉得不合时宜，所以当时没去详细询问。但会谈结束后，拉斯科布先生开始揣测杜兰特先生话里的意思。第二天，拉斯科布先生询问了杜兰特先生的财务状况，并特别问到他的债务"是600万美元还是2600万美元"。杜兰特先生回复说他必须去查一下。拉斯科布先生和我于当周五（12日）离开了纽约，等到下周二，也就是11月16日又返回纽约。我们当天上午来到了杜兰特先生的办公室，决心尽可能搞清楚他真实的财务状况。因为我们曾讨论过并一致认为，如果杜兰特的个人财务陷入大麻烦的话，会间接影响通用汽车的信誉。那一天杜兰特先生非常忙碌，他忙着见人，忙着接电话，从办公室里跑进跑出，因此尽管我们当天除午饭时间外，耐心等了他好几个小时，可直到下午4点的时候，杜兰特先生才开始提供他的个人账目信息。他有一个用铅笔写好的备忘录，里面记录了银行贷款的数额。根据他说的和我们记下来的，备忘录上的债务总额达到了2000万美元，借款几乎全部来自券商账户，其中杜兰特先生抵押了其他股东的130万股通用汽车股票，以及他本人的一些财产。杜兰特估计，他本人欠银行和券商1419万美元，抵押物是他持有的通用汽车300万股股票，这里面不包括他抵押其他股东的130万股股票。杜兰特先生说，他没有个人账本或账户，因此无法给出详尽的债务总额，也不知道哪些是他个人的债务，哪些是因抵押了其他人的股票而欠下的。他似乎没有一份券商账户的债务总表。但总体来看，他的财务问题积重难返。杜兰特先生承诺会从券商那里了解一下账目情况，争取得到一些正面的信息。

周二晚上（11月16日），杜兰特先生收到了约翰&里德事务所经纪人麦克卢尔的电话，要求他往账户中追加15万美元的保证金。这笔款项后来得以解决。

周三（11月17日）我们去调查券商账目的时候，得知券商要在当天歇业结算。所以那天我们什么也干不了,与此同时,我们之前收到的账目报告又写得很含糊,以至于拉斯科布先生和我都怀疑它的准确性。不管怎么说,情况已经很危急了,因此我们必须要考虑制订一份应急方案。为了避免危机的发生,我们考虑组建一家公司来接管杜兰特先生的账务,包括向债权人发行2000万美元的期票作为担保。而杜邦公司还要买进通用汽车700万甚至1000万美元的股票,以提供流动资金,结清紧急的债务账户,同时偿还一部分其他债务。

周四(11月18日),券商的账目报告陆续出来了。我们那一整天都在忙着把报告理顺,并让杜兰特先生确认无误。但除了券商提供的账目以外,我们无法对报告的真实性进行核实。我们并不知道这份报告是否已经涵盖了所有的券商账户信息,其中涉及银行贷款和辛迪加联合账户的具体信息很少,而杜兰特先生参与辛迪加联合账户用的是抵押贷款。尽管如此,我们把报告数据汇总成了一份清单,并于周四下午晚些时候让打字员去打印出来。大约就在这个时候,杜兰特先生叫拉斯科布先生和我到他的办公室去。他说摩根公司的合伙人马上要来找他,要我们一起去参加这个会。我们告诉杜兰特,他的实际账目与他之前向我们和摩根公司所描述的情况相比,差别很大,我们不可能跟他一起参加这个会,除非他同意向大家提供一份完整的财务清单。对此他没有表示同意,我们也就离开了他的办公室。大约在晚上6:30,我们动身前往酒店的时候,碰到了莫罗、托马斯·科克伦(Thomas Cochran)和乔治·惠特尼。他们已经跟杜兰特先生见过,而惠特尼先生说当晚9:00会赶回来。莫罗先生把我叫到一边,说他们希望跟我聊一会儿,于是我们一起来到了拉斯科布先生的房间。短暂的开场介绍之后,我问他们,杜兰特先生是否提供了完整的账目情况。莫罗先生回答说"是的",并且拿出了打印好的账目清单复印件,也就是我之前汇总的那份,只是最终版我还没看过。然后大家就整个事情展开了讨论,摩根公司的合伙人阐述了观点,他们认为形势已经非常危急。如果杜兰特先生破产了,将会导致市场的恐慌,并可能引起几家券商和银行也跟着破产。特别是有两个账户亏损金额巨大,情况非常严重。莫罗先生说,他准备放弃先前的安排,9:00的时候再回来讨论。我也同意取消我的既定计划，一起来讨论。这次谈话前后进行了大约半个小时。我回到酒店，并和拉斯科布先生一起在约定的时间来到了办公室，看见摩根公司的三位合伙人已经到了。拉斯科布先生向莫罗先生描述了我们设想的援助计划。这份计划的大意是说，我们代表杜邦公司，愿意在这个危急关头提供物质帮助。莫罗先生认为这个计划难以执行，因为市场的情况已经岌岌可危了。他建议我们设法从银行那儿筹款2000万美元来组建一家新公司，这样就可以通过现金方式解决杜兰特先生所有的债务问题了。拉斯科布先生和我表示，杜邦公司能够为这个新公司提供700万美元的现金，以及充足的抵押资产。摩根的合伙人对于杜邦公司愿意在这种情况下提供帮助大加赞赏，科克伦先生说出了这样的话："在这个国家，真正具有体育精神的就是杜邦公司和摩根公司。"⊖

接下来，大家讨论了如何对待杜兰特先生的问题。莫罗先生建议，杜兰特先生可以保留新公司股权的四分之一，其中一部分或许还要承担筹款任务。莫罗先生一开始就表示，摩根公司不会从这项交易中收取佣金或服务费。大家讨论股权占比时，仔细权衡了如何公正地对待杜兰特先生和其他责任人的问题。经过这一轮的初步讨论，摩根公司的合伙人表示，他们必须彻底调查完杜兰特先生的账目后，再给出贷款建议。他们提议马上启动这个调查，并径直去了杜兰特先生的办公室。账目清查正在进行，莫罗先生也向杜兰特先生介绍了应急方案。杜兰特先生认为只保留四分之一的股权难以接受。于是莫罗先生把股权比例提升到了三分之一。杜兰特先生向我建议，40%的股权归他，其余的60%归杜邦。谈判进行得很友好，面对困境所有人似乎都在尽量保持公正。账目清查和问题讨论就这样一直进行着，直到周五上午5:30左右才结束。杜兰特先生和我签署了一份备忘录，我们针对新公司的总体方案达成了一致，包括：筹集2000万美元的银行贷款；通过股票发行的方式，向杜邦公司筹集700万美元的现金；为大约130万股的股票筹集附加担保贷款。备忘

⊖ 根据史料记载，当时化解危机的方式就是成立一家杜邦、摩根、杜兰特为股东的新公司，由这家新公司来负责募资、还债。——译者注

录中还提到，杜兰特为此需要出售他持有的通用汽车股票，交易价格连本带利约为每股9.5美元。新公司三分之一的股权归属杜兰特，三分之二的股权归属杜邦。即使在这个时候，我们对债务总额的情况仍然知之不多，辛迪加联合账户的问题也没有得到解决。

我们几个匆匆吃过早餐以后，只睡了几小时，就于当天早上9:30重新开始工作。当天（11月19日）晚上5:00前，摩根公司跟纽约的几家主要银行敲定了2000万美元的融资计划。与此同时，该计划建议：杜邦公司的现金筹款可以获得利率8%的新公司优先股，杜邦作为贷款方占有新公司80%的普通股，而普通股的价值体现为杜兰特先生出售的通用汽车股权，每股连本带利约为9.5美元。新公司20%的普通股留给银行机构，后者负责筹集2000万美元的贷款。当天，杜邦财务委员会召开了会议，同意将80%的普通股股权和杜兰特先生平分。这样一来，股权比例就变成了杜兰特先生占40%，杜邦公司占40%，银行机构占20%。这就是最终定下来的计划。虽然在周六（11月20日）的时候，交易传闻就甚嚣尘上了，但直到周一（11月22日）这个消息才公布出去，这时的摩根开始从市场上买进通用汽车的股票。在整个交易过程中，摩根的合伙人在市场上占据了绝对优势。他们全身心投入到了这次交易中，并从一开始就明确表示不需要佣金。他们行动迅速，成果显著，达成的交易金额至少是6000万美元，可从策划到完成，他们只用了不到四天的时间，其中还包括周六和周日。

1920年11月30日，杜兰特先生辞去了通用汽车总裁的职务。

我在前面评价杜兰特先生的管理方法时已经说过，在处理通用汽车的业务扩张和商业周期之间的矛盾时，他和拉斯科布先生都应负有责任。拉斯科布先生是业务扩张的推动者和买单人。而杜兰特先生的管理方法则让事态失控了。我曾听说杜兰特先生对于1919年年底的全国经济形势感到悲观，但我还没有找到这方面的记录。文字记录中的杜兰特先生和拉斯科布先生都是非常乐观的扩张主义者。他们似乎只会为把钱投向哪里这个问题而产生分歧。

我认为杜兰特先生之所以私自炒作股票，主要是因为他对与通用汽车有关的一切事情都充满了自豪感，对它的前途充满了信心，而这种判断多年以来也被证明是对的。我还认为，在这样一个危急关头，摩根公司和杜邦公司能为杜兰特先生做出这样的安排，承担他的股票债务，实属慷慨之举。

再想想后来发生的事：杜兰特先生于1921年把他持有的公司股权又卖给了杜邦，而当初这家公司就是为了救援他而组建的。他当时持有23万股的通用汽车股票，交易市值是299万美元。杜兰特先生出售股票这件事不是本书所关心的内容。但如果他能一直持有这些股票，直到他1947年3月19日去世的话，他的这些股票市值就将达到25 713 281美元。如果再加上分红，那么总体的市场收益能够达到27 033 625美元。

回头看看1920年发生过的事，全国经济的衰退及其对企业的影响，运营的失控，以及杜兰特先生的辞职，这些都动摇了通用汽车的根基，同时也开启了一个全新的历史时代——我的故事也主要从这里开始。

1919～1922年工业生产、汽车产量以及金属价格概况，
包括1920～1921年的经济衰退时期

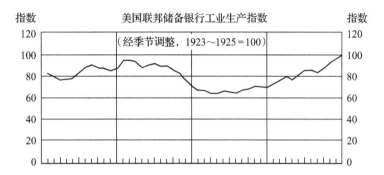

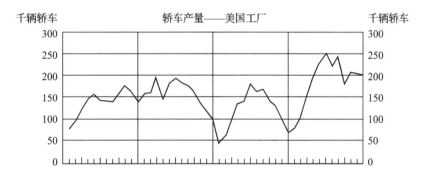

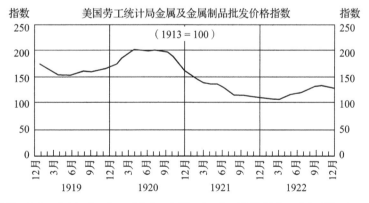

资料来源：Industrial Production - "Industrial Production 1957-59 Base" (publication of the Board of Governors of the Federal Reserve System), converted to 1923 − 25 = 100.
Passenger Car Production - Standard and Poor's "Trade ans Securities Statistics," Volume 23, No.11, Oct. 1957, p.221.
Wholesale Prices - Bureau of Labor Statistics "Wholesale Prices 1890 to 1926," Bulletin #440, July 1927, pp.22-23.

1919~1922年普通股价格，包括1920~1921年的经济衰退时期

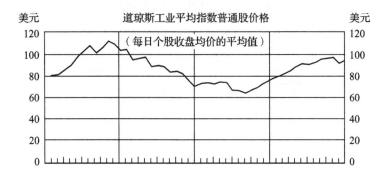

资料来源：Dow-Jones Average - "The Dow-Jones Averages," 12th Edition, 1946, pp.A60-66.
S&P Index - Standard & Poor's "Trade and Securities, Statistics, Security Price Index Record," 1957 Edition, p.16.
GM Common Stock - Wall Street Journal. Prices Adjusted for 10 for 1 Split March 1920.

My Years with General Motors

第 3 章

组织的概念

1920年年底，摆在通用汽车面前的任务是重组。公司面临外部经济衰退的同时，内部也面临着一次管理危机。

汽车市场已经无人问津，我们的收入也大幅度减少。公司的绝大多数工厂和同行一样，要么处于停产状态，要么在用半成品组装少量的汽车。我们的产品库存高企且定价过高，还承诺维持通胀时的价格不变。我们的现金流短缺，生产线混乱。我们既没有对运营和财务进行控制，也缺乏相应的手段。对于公司的所有事务，我们掌握的信息都很有限。简而言之，公司当时内忧外患，其严重程度超乎想象。

汽车业像我们这种情况的并不只有我们一家，其他公司也陷入了麻烦。但这并不能聊以自慰，因为经济衰退会淘汰掉羸弱的企业，而我们当时就有很多弱点。有些人会陷入衰退的景象而无法自拔，但我从未屈从于悲观的经济论调，我在经济衰退的时候，一直坚信一切将否极泰来，行业的长期发展将充满活力。1920年这一年，我既充满信心，也保持谨慎。我们并不能掌控环境，也不能精确地预测环境的变化，但我们可以找到灵活应对的办法，在商业动荡的时期生存下来。

可以这么说，当下的市场情况扑朔迷离。尽管如此，我们对汽车和经济的未来仍然抱有信心。我之所以这么说，是因为信心对于商业来说很重要，有的时候它会决定一个人的成败。我们坚信汽车产业正在为美国打造全新的交通体系，而汽车市场必将回暖。我们在1920年的年报中提到了这一点，并回顾了汽车产业的发展历程，我们也指出了当下关注的一些问题。

首要的问题是，我们必须选出一位新总裁，来接替杜兰特先生。我不假思索就想到了新总裁的人选。我跟皮埃尔·杜邦没有太多私交，但他显然就是通用汽车新总裁的人选。他享有声望、受人尊敬，能够给公司、公众以及银行带来信心。他的上任能够稳住士气下滑的局面。他是通用汽车的董事长，并代表了最大股东的利益。他的商业领袖才能在杜邦公司，以及杜邦和通用汽车的金融合作中都得到了展现。其他的总裁候选人可能也只有约翰·拉斯科布了。他是杜邦先生非常倚重的顾问，两人合作紧密，他也是通用汽车财务委员会的主席。

拉斯科布先生作为一名"阿尔杰（Alger）男孩"[1]，其职业经历已经广为人知。我对他的早年生涯并不了解，但据说他在20世纪初时，是皮埃尔·杜邦的打字员兼秘书。杜邦先生非常欣赏他的丰富想象力和财务能力。当杜邦先生升至公司的财务主管以后，拉斯科布先生就成了杜邦先生的助理兼顾问，后来又接替他成为杜邦公司的财务主管。杜邦先生和拉斯科布先生两人紧密合作了很多年，但他俩的脾气却大不相同。

拉斯科布先生非常具有才华和想象力，而杜邦先生则显得沉稳保守。杜邦先生身材高大、少言少语，他不愿抛头露面。拉斯科布先生个头比较矮，说话比较多，跟人也聊得来，并且想法很多。我记得他经常带着某个想法来到我的办公室，希望挥挥魔杖就能把它付诸实践，还恨不得马上召集全公司开会讨论一下。要说他的毛病，也是那些有闯劲、脾气急的聪明人所特有的，当然这些也成就了他好的一面。当时没有很多人能像他那样，预见到汽车产业的未来。

拉斯科布先生和杜邦先生各有优点，但总体来说，我们都觉得杜邦先生是我们需要的新总裁。在当时，其他人都无法像他那样，在这么多的细节要

---

[1] 阿尔杰是一名美国作家，他笔下的主人公往往都是一些历经奋斗，实现了从贫穷到富有的男孩。——译者注

求上胜任。

杜邦先生只有一个缺点，就是对汽车行业了解不够多。而我又属于传统观念的一类人，我认为对业务知识的掌握是企业成功管理的核心。但在当时的情形下，比精通业务更迫切也更重要的是，主持领导大局，重塑大家对未来的信心。而精通业务的人才并不缺乏，也能找到。因此，我在私下讨论总裁的合适人选时，力推杜邦先生。

我的建议和最终的决定未必有很大的关系。其他人比我的影响力更大，而杜邦先生能接受请求，承担起通用汽车的管理和财务责任，也有他自己的考虑。杜邦公司此前在危急时刻接管了杜兰特的股票，并同意到 1921 年，将通用汽车的普通股股份增持到约 36%。在这种情况下，杜邦先生显然责任重大。他后来曾说："我是非常勉强接受总裁这一职位的。我当时已经退休，但我说，我愿意竭尽所能，做他们认为最有价值的事情，而我就任总裁时就清楚地知道，我只是暂时接替这个职位，以后要找到更好的人选来接替这份工作。"

皮埃尔·杜邦接受总裁一职后，拉斯科布先生保留了财务委员会主席的职务，并连续好几年担任公司的公共发言人。艾默利·哈斯凯尔先生和我成为杜邦先生的左膀右臂。1920 年 12 月 30 日，杜邦先生在给董事会递交的一份声明信中，说哈斯凯尔和我"有能力解决行政问题，包括在执行委员会的会议间歇期行使代理职权，以及总裁不在的时候代理工作"。执行委员会也进行了重组，临时保留了四个人：杜邦先生、拉斯科布先生、哈斯凯尔先生和我自己。新的执行委员会负责运营政策的制定和其他一些管理职能。老的执行委员会被改造成了运营顾问委员会，主要由事业部经理组成。

尽管这些调整具有应急的性质，但它和通用汽车全面重组的要求是一致的，并且触及了产业经营的根本理念。这份公司会议纪要的文字不多，但它的影响会非常深远。1920 年 12 月 30 日，在老的执行委员会举行的最后一次会议上，新的管理班子接手的第一件事情记录如下：

> 总裁提交给了执行委员会一份新的公司组织架构图⊖和书面解释函，供其考虑并进行了认真讨论。

⊖ 本章末尾附上了这张图。

这份组织架构计划得到了执行委员会的一致通过，并被送往董事会进行审议，董事会此后也批准了这项提议。1921年1月3日，这份组织架构计划开始生效。

这份被采纳的计划，是我在大约一年前草拟的一份文件基础上改编而成的。当时我做的课题是《组织研究》，我还把文件提交给了杜兰特先生，供他参考。㊀ 由于这份计划已经成为当代通用汽车管理政策的基础——它表达了组织治理中有关"分权管理"的基本原则，据说在美国的大型实体企业中也产生了一定的影响，所以我要在这里说一下这份计划的起源和内容。

首先说说它的起源。有些学者以为通用汽车的组织分权方式是从杜邦公司那里借鉴来的，毕竟两家公司的关系不一般。实际上，两家公司的管理层当时都关心组织的问题，最终也都采纳了分权管理的原则，但它们在处理方式上大相径庭。杜邦公司和早期很多的美国企业一样，是从一家集权管理的组织中演变而来的，而通用汽车此前几乎完全处于分权管理的状态。通用汽车需要保留分权管理的好处，并找到组织协作的原则。通用汽车和杜邦公司的不同背景，以及两家公司在产品性质和营销上的差异，决定了同一种组织模式无法同时服务好两家公司。

很多年以来，杜邦的管理层都在着手解决他们自己的重组问题，但直到通用汽车的这项组织架构计划实施了九个月以后，杜邦公司才对分权管理的方案予以采纳。这两份方案比较起来，除了在分权管理的理念上一致以外，在细节上各有不同。

㊀ 直到近些年，我才有机会回忆起当时的情形来，而现在我第一次能把草拟文件的时间点大致对上。当时是在1919年年底——大约是12月5日之后，到1920年1月19日之前的这段日子，而不是我先前以为的1920年春季。因为这份文件里提到了资本调配（Appropriations）委员会，而它是在1919年12月5日由执行委员会创建的。我收到了当时别克汽车总经理巴塞特（Bassett）先生的一封信，时间是1920年1月19日。他对这份文件大加赞赏。他非常善意地表示："附上报告的每一个字我都仔细阅读了，并深感它对组织架构的精妙思考。本人不才，会予以支持。"我在1月21日给他的回复如下。

"尊敬的哈里先生：

我收到您1月19日的来信了，并且非常高兴地得知，这份计划总体上得到了您的认可与支持。

我还不知道接下来会采取什么样的行动，但我希望能有一些令所有人满意的结果。我们需要在这方面做出一些明确安排了。"

很多大型的美国制造企业也将很快遇到这两类运营问题。一类来自过度的集权管理（杜邦），另一类来自过度的分权管理（通用汽车）。至于为什么通用汽车和杜邦公司那么早能走到一起，来解决组织管理的问题，我想一个原因可能是在1920年和1921年时，这两家公司和当时绝大多数的美国实体企业比起来，它们所遇到的运营问题要更大，也更复杂。我也相信，和当时大多数的经营者比起来，我们当时对问题的认识更深，对组织原则和组织理念的思考也更多。那时候我们对组织原则的关注，相比大学机构的研究都更胜一筹。我向你保证，下面的内容也许看似学究气，实则不然。

我在通用汽车写《组织研究》的时候，是希望找到某种方案，来解决公司在第一次世界大战后由于不断扩张而产生的具体问题。当然，我不能打包票说我的管理思想里，有多少来自和同事们的接触。我认为很少有想法是完全原创的。就我目前所知，这份研究得益于我在海厄特、联合汽车和通用汽车的工作经历。我此前没有读很多书，即便当时读过，我也不认为自己那时候能从中获益。我也没有从军的经历。我在海厄特20年的工作经历中，学会了运营规模相对不大、只有一款基本产品的单一实体部门。它包含了制造企业的基本功能：工艺、生产、销售和财务。但我们只有一个很小的董事会，没有执行委员会，也没有遇到像通用汽车那样的组织问题。

当我加入联合汽车时，它是一个拥有多个部门的组织，不同事业部生产的产品又各不相同，对于这样一个组织应该如何运营，我没有什么经验。一开始，联合汽车是围绕汽车零部件供应这个概念，把业务组织起来的。我们生产喇叭、散热器、轴承、轮框，等等。我们把产品卖给汽车厂商和大众市场。组织协作的机会尽管有限，但在某些情况下还是需要的。比如，我们对各事业部的小产品生产提供了统一的服务。像这样的小产品，如果让事业部各自成立服务机构的话，经济效益很低。于是我在1916年10月14日，成立了一个全国性组织，代表各事业部来行使服务职能，取名为联合汽车服务公司。这家公司在20多座大城市设有服务站，另外还有几百家交易商作为业务网点。各事业部自然对这个举动表示出反对，但我成功说服了它们。我也第一次学到如何让分权管理的某些职能，服从于共同利益的安排。这家公司至今仍在通用汽车的旗下运营，并伴随着公司整体业务的发展而不断壮大。我当时为了业务的研发，还考虑过成立一个总部实验室，要不是后来联合汽车并入通用汽车的话，这个实验室很可能已经建成了。我通过投资回报原则，统一了联合汽车的商业目的。每个事业部都要自负盈亏，在此基础上，我给总部办公室出了一套统一的效率考核办法，评估每个事业部对总部的贡献度。我还设计了与之配套的标准化会计系统，长期担任通用公司首席财务官的阿尔伯特·布拉德利（Albert Bradley）后来曾善意地表示，一个门外汉能设计出这样的系统，已经相当不错了。

从1918年到1920年，通用汽车经历了一次大发展，但业务内容与业务形式之间出现了脱节，对此我感到震惊：我们的业务内容太多，业务形式却无法支撑。我认为公司必须要更好地组织起来，否则无法持续生存和发展。当时，显然没人对这个话题给予必要的关注。

我亲身经历过的一个例子：当联合汽车于1918年年底并入通用汽车时，我发现如果遵循公司间通行的业务管理方式，我将无法决定这些配件事业部的投资回报率，无论是针对每个事业部个体还是就整体而言，都是如此。这必然意味着我会丧失运营管理的部分控制权。在当时的通用汽车，生产材料在运营事业部间的转移按照成本计价，或者是在成本的基础上增加预定的百分比。而联合汽车的事业部此前既和外部客户打交道，也针对内部相关的其他事业部销售，但都按市场价结算。我知道我管理的业务部门是挣钱的，我希望继续向集团的管理层展现这一点，而不是让事业部间的业务成果因为会计记账而被吞并，变成其他事业部的利润。也就是说，公司对此一定要给出明确的信息。

而这不仅仅关系到我所在事业部的切身利益，既然我是执行委员会的成员，某种程度上也是公司的高管，就要站在集团公司的角度思考问题。重要的是，没有人知道每个部门对公司的整体利益贡献了多少——正面也好，负面也罢。既然没有人能知道或证明哪些地方效率高、哪些是无效的，那么公司在分配新投资的时候，就缺乏客观的依据。这就是当时业务扩张计划面临的困难之一。各部门很自然地会去争夺投资资源，但对于公司管理层来说，如果不知道把钱投到哪里能够利益最大化，那这种投资就是不理性的。由于没有客观的评判标准，无怪乎高管之间难以达成真正的共识。此外，其中一些人缺乏宽广的视野，他们不过是在利用执行委员会的身份，为自己的事业部争取利益罢了。

我在加入通用汽车之前，曾向杜兰特先生提起过事业部间业务关系的问题，我在这个问题上的观点为众人所知。1918年12月31日，我被任命为一个委员会的主席，"负责制定与事业部间业务关系有关的规则和条例"。第二年夏天，我完成了一份报告，并于1919年12月6日提交给了执行委员会。我从这份报告中选出了一些重要原则，这些内容在今天作为管理教义的一部分已经得到认可，但在当时并没有多少人知道。我认为这些原则仍然值得关注。

基本观点摘录如下：

> 对于任何商业所产生的利润，如果我们的思考只停留在抽象层面的话，是不能拿它当成衡量业绩的真正标准的。一项业务即使每年只赚10万美元，也有可能是非常盈利的生意，值得继续扩张，也值得追加资本去产生更多利润。与此同时，一项业务即使一年挣1000万美元，也可能是非常不赚钱的买卖，不仅不值得继续扩张，甚至还可能需要清算，除非它能获得更高的利润回报。因此，问题的关键并不是利润金额有多大，而是和利润相比，资本投资的实际价值是多少。我们在采纳任何业务规划的时候都要充分认识到这个原则，否则不合逻辑、不合情理的商业后果和统计信息将难以避免……

这一观点直到今天也站得住脚。在我看来，企业的战略目标就是赢得资本回报，在任何情况下，如果长期的投资回报不令人满意，那么我们就应该修正其缺陷，或者放弃这项活动而去选择一个更好的方案。

在对外客户的销售问题上，我在报告中指出，市场将会决定产品的实际价格，如果市场回报可观，那么业务扩展也就说得通。对于只在事业部间进行的交易来说，我建议先从成本加上一部分事先设定的投资回报率开始，但这只是一个指导意见。为了避免高成本的产品供应事业部受到保护的情况发生，我建议采取一系列的应对措施，包括分析运营状况，以及尽可能地和外界的竞争厂商进行比较。我在这儿想说的并非技术层面的事（这方面，其他的人比我更懂），而是说投资回报是衡量商业价值的基本原则。这是我思考管理问题的基础。

关于投资回报对分权管理的影响，以及企业中局部与整体之间的关系，我也表达过一些观点，其中值得注意的几点如下。

关于它对组织的影响：

……它提振了组织的士气，让各个业务部门立足于自身来发展，让它们觉得作为集团的一部分，需要承担起自己的责任，并做出贡献。

关于它对财务管控的影响：

……它开发了统计方法，能够准确地反映各运营部门投资净回报和投资资本之间的关系（这是衡量效率的真实方法），而不是考虑其他部门的绝对贡献值以及它们的资本占有额。

关于它对战略投资的影响：

……它指引公司把钱投到整体利益最大化的地方。

据我所知，这是通用汽车第一份书面形式的财务控制通则。

此后我继续花时间来思考组织管理的命题。

1919年夏末，我和通用汽车的一群高管出国考察海外市场的前景。哈斯凯尔先生担任考察团团长，其他成员包括：凯特灵先生、莫特先生、克莱斯勒先生、阿尔伯特·钱皮恩（Albert Champion），以及担任秘书职务的阿尔弗雷德·勃兰特（Alfred Brandt）。我们乘坐的是S.S.法兰西号舰船⊖。路上我们定期召开会议，有时讨论海外市场的事情，有时讨论组织架构的问题，我只

⊖ S.S.法兰西号舰船是当时的一艘法国舰船，1910年9月20日出厂，1912年4月20日开始它的第一次航行。——译者注

记得我们当时做过这方面的交流,但具体内容记不清了。哈斯凯尔先生当时似乎很重视这些问题,1919年10月10日,就在我们回到美国不久之后,他在给杜兰特先生的信的最后写了下面一段话:

> 我们离开纽约的那天就开始着手解决组织的问题,我们召开了几次会议,委员会成员都出席了,并且达成了共识,我们正在准备一份报告……我们认为这份报告具有操作性,能够帮助我们缓解现有的负担。不过我们最好能当面解决这些问题,省得进行冗长的沟通。

我并不清楚哈斯凯尔先生所说的达成共识是什么意思,或许他是说大家都觉得公司需要更好地组织起来。我所记得的是,大家的分歧要多于共识。我也不知道讨论会后形成了哪些有关组织的报告。

重拾这些回忆,并且找到事件发生的准确时间和地点,是要耗费很多时间的。特别是在当时的情形下,我们并未意识到这些事情的重要性。为了核实或修正我对一些事情由来的回忆,我做过一些调查。比如我发现在1919年的时候,我作为执行委员会成员和其他人一起承担过一些组织工作。在这个过程中,我初步形成了一些想法,并把它写进了《组织研究》中。

其中一项工作在之前提到过,也就是研究事业部间的业务关系问题。另一项工作是研究拨款提案的规则,我将在后一章中谈到。经过反复的思考和实践探索,我在经济衰退和管理危机爆发的半年之前,起草了《组织研究》报告,并把它非正式地发布了出来。1920年这一整年,这份报告成为公司内部的"畅销书";许多公司管理者给我写信也想要一份,由于想要的人很多,我觉得有必要批量印刷。这份报告在市场上没有竞争者,也就是说,据我所知,当时还没有人在解决组织问题的整体方案上,做过切实的努力。

1920年9月,我把报告副本寄给了时任公司董事长皮埃尔·杜邦,我们还交换了一些意见。部分信件内容如下。

> 尊敬的杜邦先生:
> 按照那天我们的谈话,我把自己大约一年前写的一本《组织研究》

报告附赠给您。

　　我结合组织这一年来的发展，以及我对公司运作方式的深入了解，对这份报告进行了重新回顾。我认为，报告的内容无须进行大的调整，只有其中的附加建议除外……如果基于现在的情形，我当时不会提出那些建议。

　　您在读这份报告时请注意，这项研究是基于我的理解，谈谈利益各方的诉求，而不是探讨一家理想化组织的构成因素。如果是后一种研究课题，我会赞同最终任命一位行政主管，来负责第六页列出的三个业务集群；除出口公司和金融服务公司以外的综合业务，最终应成为另外三个业务集群中的一部分。这将把直接向总裁汇报的行政主管人数降到五位，从而留给总裁更多的时间，研究更广泛的问题。

杜邦先生回复如下。

　　尊敬的斯隆先生：
　　我很高兴您在我们谈话后，给我寄来您一年前写的这本研究报告，我将第一时间仔细拜读，并希望跟您就这个话题再做探讨。

1920年11月底，杜兰特先生辞职，杜邦先生成为总裁。新的管理班子急需一套组织方案。杜兰特先生此前都是按照他的方式运作企业的。新班子对于商业管理的理念截然不同，他们追求高度理性、基于客观的运作模式。而《组织研究》正好符合他们的这种要求。因此，这份报告略经修改，就作为一项基本政策被公司正式采用了。

　　和今天的管理学知识相比，这份报告显得简单粗糙。而我在写作时也思考过，如何才能让杜兰特先生接受我的观点。因此报告并非没有掣肘。它的开头是这样的。

　　这项研究旨在为通用汽车提供组织发展的建议，从而为各运营部门设定明确的权力边界，协调各项运营服务，同时保证现有工作的有效性。

这项研究基于如下两条原则：

1. 各运营部门首席执行官的责任绝不能受到限制。每个运营部门都应在首席执行官的领导下，完善各项必要职能，并充分发挥主动性，实现业务的有序发展。

2. 为了让经营活动既能有序发展，也能接受适当管控，设定某些中央组织职能是绝对必要的。

这里无须做过多的解释。这份报告建议设定权力边界，促进部门协作，同时主张让公司全面实施的分权管理政策继续发挥效用。但多年以后，当我再看这两条基本原则时忍俊不禁，因为其中的措辞有自相矛盾之嫌，这也正是问题的要害。在第一条原则中，我用了"绝不能受到限制"的字眼，这就让事业部的分权运营权限达到最大化。在第二条原则中，我又用了"适当管控"的字眼，这就会约束事业部经理的权限。用组织的语言来描述人际交往的真实场景时，难免饱受这种不可名状之苦。人们在不同的时点，往往只强调人际互动的某一方面。比如有时强调局部必须保持独立，有时提倡相互协作，有时呼吁围绕一个指导核心形成全局观。但无论怎样，人际交往才是问题的关键。虽然我对这份研究报告的措辞和细节持保留意见，但我仍然坚信它的基本内容是对的。它所秉承的基本原则涉及管理的核心问题，并且直到今天也都适用。

报告接下来谈的是如何将这一理念付诸行动，我这样写道。

在确立上述原则的根本地位以后，我们相信公司所有的利益相关方都会对这些原则表示认可，我们期望通过这份报告达成如下明确目标：

1. 明确定义集团公司的经营活动中，各事业部的职能有哪些，其中不仅需要明确事业部间的关系，也要明确事业部与总部之间的关系。

这是需要认真思考的问题，但这么做是对的。如果你能描述企业局部和企业整体的职能各有哪些，你就已经设计出了一个工作组织的完整架构。因为它暗含了企业的不同层级中，决策责任如何分配的问题。

我接着提出了第二个目标：

2. 明确总部的定位，理顺总部运营与集团公司之间的关系，以确保总部能发挥出必要、合理的作用。

这是对第一个目标的重述，但视角正好相反——它是以从上往下的视角来看待这个问题的。

第三个目标：

3. 将集团公司所有行政职能的控制权收归总裁所有。

实体企业无论是否采用分权管理，它和社会组织都是截然不同的。当我担任总裁的时候，原则上我从不弱化这个职务的管理权限。只是我在行使权力的时候会小心谨慎。当我能把想法推销给别人，而不是告诉别人怎么做的时候，成效往往会更好。但总裁必须有采取行动的权力。

第四个和第五个目标则不言而喻：

4. 尽可能地限制直接向总裁汇报的经理人数，目的是让总裁更好地指引公司宏观政策的方向，避免接洽次要问题。次要问题可以委托下级经理来解决。

5. 在各个行政分支机构中设立顾问机制，顾问成员包含其他所有行政分支机构的代表，这样做的目的是确保各分支机构的发展与集团公司的整体建设步调一致。

总之，这份报告针对集团公司当时的情况提出了明确的组织架构建议。它指出了事业部的形态，即每一个部门都有独立自主的功能性群体（工程、生产、销售等）。它按照经营活动的相似性把事业部组合成了不同的集群，并且正如我在给杜邦先生的信里建议的，每一个业务集群都安排一名经理来负责。报告中设置了若干参谋职能，这些参谋职能没有直线职权。它还设置了财务职能。它把政策的制定和政策的管理区分开来，并且在组织结构中指明了各自的位置。组织的概念由此得以表达，并在后来发展成为协同控制下的分权运营。

就这样，研究报告中的组织原则为通用汽车的现代化发展开辟了一条道路，让公司得以在产业组织的集权管理和分权管理之间找到平衡。新政策建议公司既不可维持组织形态弱化的现状，也不能变成一个僵化的控制型组织。但在新班子的领导下，组织形态将发生怎样的实际变化，这些并不能从这份《组织研究》报告的逻辑中推演出来——比如，哪些部门职责应该保留，哪些事务需要协作，相应的政策制定和政策执行涉及哪些内容。我后面会讲到，实际上错误的发生对于现实的演变起了很大的作用；如果我们的竞争对手（包括福特先生）不曾犯下重大的错误，如果我们不曾纠正自己犯下的一部分错误，那通用汽车的地位和今天相比将会大不相同。

尽管这份计划在1920年就被正式采纳了，但公司里的权宜之风依然盛行。这一点在新的执行委员会刚组建时就凸显了。集团公司的发展指引由四位执行委员会的成员负责，但他们此前未生产过一辆汽车。在通用汽车公司，具备出色汽车生产经验的人有杜兰特先生、纳什先生、克莱斯勒先生。他们早在1921年的时候，就在汽车行业中确立了自己的领袖地位，但由于前面提到过的时运变化，他们当时已经或者正准备加入到我们的竞争对手行列。杜兰特先生离开通用汽车不久后，就组建了杜兰特汽车公司，当时生产了好几款汽车，包括杜兰特汽车、弗林特汽车、斯达汽车和卢克莫比尔汽车（收购的品牌）。克莱斯勒先生当时正忙于援助威利斯-奥佛兰德和麦克斯韦——克莱斯勒汽车公司的前身。而纳什先生正在运营自己的企业纳什汽车公司。

再看看通用汽车的新管理班子。皮埃尔·杜邦担任通用汽车董事长的前五年里，先是把运营的任务交给了纳什先生，不久之后又给到了杜兰特先生。拉斯科布先生是搞财务的。哈斯凯尔先生接触业务的时间很短，也没有直接参与过部门的运营，很快他就不再深入参与新班子的管理运营。他于1923年9月9日去世。在这些人中，我和汽车行业走得最近，尽管我一直在这个行当里干，但我的轿车运营经验仍很有限。因此可以这么讲，和纳什先生、克莱斯勒先生以及杜兰特先生相比，我们四个人只是"菜鸟"。很快，深入参与运营的只剩下三个人，而拉斯科布先生又是搞财务的。这样公司运营的最高职责就落到了两个人身上：杜邦先生和我，而我也是杜邦先生的主要助手。我们两人在一起紧密工作、一起出差，每隔两周就去底特律和运营管理层开会。六个月以后，我成为公司主管运营的执行副总裁，直接向杜邦先生汇报，但我们并没有为此设定直接、明确的职级。比如，杜邦先生除了担任公司董事长和总裁之外，一度任命自己兼任雪佛兰公司的总经理。这既给他自己带来了负担，也让管理因为这种随意性而变得复杂。

尽管我们缺乏运营经验，但我们并不缺乏克服这一缺陷的干劲。1921年一整年，执行委员会都在孜孜不倦地工作。那一年我们整整召开了101次正式会议。其间我们无论是个人还是集体，都全身心地投入到许多紧急问题的处理，以及长远未来的规划中，我们还常常出差去底特律、弗林特、代顿和其他一些地方，拜访各个事业部和它们的工厂。

如果要我来回顾新管理层接手三四个月以后的局面，我想说虽然我们缺乏经验，但我们思路清晰、干劲十足，并且原先失控的业务问题也得到了控制，尤其是产品库存。除此以外，我们还意识到，通用汽车轿车产品线的政策明显缺位，而这正是接下来要解决的问题。

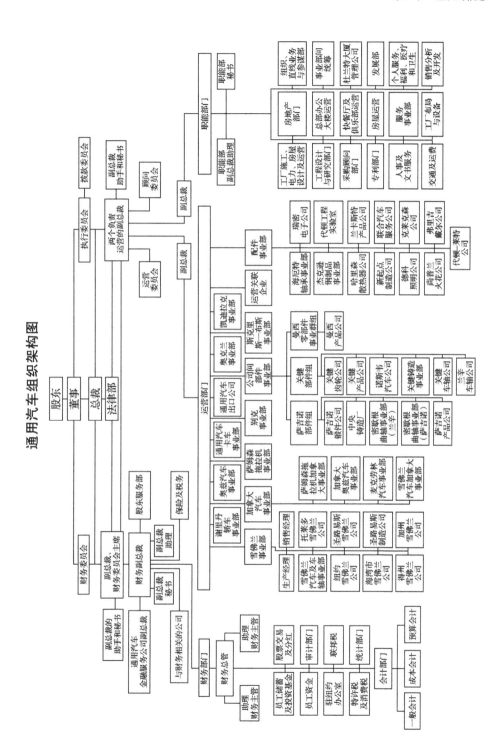

第 4 章

产品政策和它的起源

通用汽车经历了1908～1910年和1918～1920年的两次大发展之后（或许正因为有了这两段经历），不仅需要有一套管理理念，还需要有一套经营理念。每家企业都要有自己行业的经营理念。具备经营理念的企业，可以根据行业的事实和情境，有逻辑地做事情。企业之间经营理念的差异，还可能成为最关键的竞争因素。

1921年的汽车产业就属于这种情况。福特先生在轿车市场上凭借最低售价开发出T型汽车，打造了静态车型的概念，统治当时的大众汽车市场长达十多年之久。当时也有其他一些造车理念，比如有大约20款轿车产量很低、价格极高，还有很多轿车品牌的价位居中。通用汽车当时还没有建立明确的经营理念。我之前提到过，杜兰特先生建立了多样化的产品线，品牌多达七种：雪佛兰（有两款截然不同的车型，配备了不同的发动机，一个是标准车型"490"，另一个是价格更高的"FB"）、奥克兰、奥兹、斯克利普斯—布斯、谢里丹、别克和凯迪拉克。这其中，只有别克事业部和凯迪拉克事业部有清晰的经营理念。别克提供高质量的产品，定位于中高端市场，年产量较高；凯迪拉克一直追求的是最高品质，它的定价与年产量能够实现业务的规模化。事实上，凯迪拉克和别克在各自的价位里，一直是行业领导者。

尽管如此，通用汽车当时没有一套汽车产品线的整体政策。我们在低价市场上没有优势，雪佛兰当时无论在价格还是质量上，都无法跟福特汽车匹敌。1921年年初，雪佛兰的售价比T型汽车高出约300美元（按同等配置调整计算），根本无法与之竞争。诚然我们是中高档轿车的制造商，但据我所知，这不是因为我们有一套深思熟虑的政策，只是因为当时没有人能想出，如何与占据市场份额一半以上的福特展开竞争。我们应该看到，当时还没有一家厂商能生产全系列的轿车产品，也没有一家厂商的产品线比通用汽车的更广泛。

1921年年初，我们的产品线有七条，车型有十款，但布局并不合理。当时我们的汽车车型和售价如下（定价从二人敞篷车到轿车各有不同，按照底特律的离岸价计算）：

雪佛兰490（四缸）795～1375美元

雪佛兰FB（四缸）1320～2075美元

奥克兰（六缸）1395～2065美元

奥兹（四缸"FB"）1445～2145美元

（六缸）[1] 1450～2145美元

（八缸）2100～3300美元

斯克利普斯—布斯（六缸）[2] 1545～2295美元

谢里丹（四缸"FB"）1685美元

别克（六缸）1795～3296美元

凯迪拉克（八缸）3790～5690美元

这条产品线表面上看起来不错。在上一年，也就是1920年，我们售出了331 118辆美国产的轿车，其中雪佛兰卖了129 525辆，别克卖了112 208辆，剩下的89 385辆是其他品牌。按照汽车总产量和美元销售额计算，通用汽车在1920年排名行业第二，仅次于福特汽车。在美国和加拿大，我们卖了393 075辆轿车和卡车，而福特汽车的产量是1 074 336辆。整个行业轿车和卡车的总销量大约是2 300 000辆。我们的净销售额总计567 320 603美元，福特汽车

---

[1] 奥克兰汽车生产的六缸发动机。

[2] 同上。

的销售总额是644 830 550美元。

而从内部来看，情况并不是很乐观。我们不仅在低价市场上（这里产量规模巨大，未来成长前景广阔）无法和福特竞争，而且在中档价位，产品雷同的现象严重，我们并不知道自己要做什么，只知道要努力卖汽车，而从某种意义上来说，这种努力不过是部门间销量的你争我夺。我们需要制定一些理性的政策。也就是说，公司除了回答消费者、竞争对手和技术经济环境可能提出的问题之外，也必须知道自己想要做什么。缺乏理性的轿车产品线政策，在雪佛兰FB、奥克兰和奥兹这三款汽车定价雷同这个问题上体现得尤其明显。由于缺少统一的公司政策，每个事业部都独立运营，制定自己的价格和生产政策，结果导致几款车都挤在同一段价位，忽视了事业部与企业整体利益之间的关系。

在我看来，谢里丹和斯克利普斯—布斯这两款车根本没有存在的必要。它们都没有自己的发动机。谢里丹的组装是由印第安纳州曼西的一家工厂在负责，使用的是四缸FB发动机。斯克利普斯—布斯的组装是在底特律，使用的是奥克兰的六缸发动机，但我得说这个发动机毫无吸引力可言。这两个事业部的经销网络有限，它们无论作为业务单元还是加在一起，对通用汽车的轿车业务不仅没做什么贡献，反而是个包袱。那为什么它们会存在呢？因为斯克利普斯—布斯是在1918年通用汽车收购雪佛兰时，作为资产的一部分引进的。但这款车的生产规模并不大，在通用汽车的产品线中地位也不高。谢里丹对我来说则是个谜。杜兰特先生让通用汽车1920年收购这项业务的时候，毫无疑问有他的特殊考虑，但我无从知晓。在我们的产品线中，它既缺乏有效的组织，也没有强烈的业务需求，商业目的也不清晰。

至于奥克兰和奥兹，它们不仅在几乎同档的价位里相互竞争，而且产品设计也迅速落伍。以奥克兰为例。1921年2月10日，在我办公室举行的会议上，普拉特先生是这样描述这款汽车的问题的："奥克兰正在努力提高产品的质量。有时候他们一天生产10辆车，有时候一天生产50辆。可问题是，他们生产的许多车都不符合要求，所以之后又要重新修补……发动机已经成了大麻烦……"在这次会议上，我说："这个问题涉及很多方面，目前奥克兰发动机的功率是35～40马力，与之相比曲轴太轻了，无法按照这种速率（功率）

工作，而我们的工艺又很落后，一年多以前，奥克兰汽车公司决定安装新的发动机。去年它有一款新发动机通过了审批，但是又赶上了我们对开发任务进行压缩，因此不得不暂时搁置……奥克兰的新发动机要想通过审核并能有好的发展，关键问题其实是管理……"

在1919年汽车行业景气的时候，奥克兰销售了52 124辆车。1920年，它的销量是34 839辆。到了1921年，它的销量只有11 825辆。

这就是有关奥克兰的情况。

奥兹的情况比奥克兰略微好一点儿。1919年，奥兹的销量是41 127辆；1920年是33 949辆；到了1921年，销量滑落到18 978辆。为了挽救自己的命运，奥兹准备推出一款新车型。

凯迪拉克1920年的销量是19 790辆，1921年减少到11 130辆。由于美国当时发生了严重的通货紧缩，凯迪拉克必须在成本、价格和销量之间找到新的平衡点。

1921年摆在通用汽车面前的艰难现实是，除了别克和凯迪拉克，其他的产品都在亏钱。雪佛兰的销量比1920年下降了约一半，销售亏损一度达到每月100万美元左右，全年亏损近500万美元。我强烈感受到情况的危急。当时哈里·巴塞特正在别克公司沿用沃尔特·克莱斯勒留下来的政策，并且干得还不错。因此当有人建议对别克的管理进行变革时，我给杜邦先生写信说："与其拿别克的盈利能力来冒险，远不如砍掉通用汽车其他所有的业务来得更好。"如果你觉得这个观点言过其实，那么我们来看看别克当时的情况。它在1919年的景气时期里卖出了115 401辆车。1921年经济衰退的时候，它的销量只是温和下跌到80 122辆。更重要的是，它仍然在盈利。正是由于有了别克，才让我们能对通用汽车的其他产品"评头论足"。

这种情况很好地反衬出，和别克与凯迪拉克的高品质、可靠性相比，通用汽车的其他产品质量粗糙、不可信赖。而随着经济衰退的到来，这些问题的负面影响又被放大了。当经济衰退已成现实，销量的整体下滑不可避免时，一个事业部相对于其他事业部的衰退程度反映出了管理的问题。

经济衰退常常具有暴露出各种问题的效果。1920年，通用汽车占有美国轿车和卡车市场17%的份额；到了1921年，我们的市场份额一路下滑到

12%。与此同时，福特汽车的市场份额从 1920 年的 45% 一路上升到 1921 年的 60%。也就是说，自 1908 年以来就称霸低价市场、无人敢于挑战的福特汽车，进一步掌握了市场主动权。我们不仅销量下滑，而且绝大多数事业部都不盈利。总而言之，我们既没有在低价大众市场上占据一席之地，也缺乏经营理念来指导日常活动，情况真的很糟糕。我们显然需要找到进入低价市场的办法，需要从整体上考虑产品的布局；我们还需要制定研发政策、销售政策等，来支持我们的行为活动。

在这种情况下，1921 年 4 月 6 日，执行委员会在参谋部下设了一个特别委员会，其用意也就不难理解，它的成员由资深的汽车管理者组成，目的是对我们的产品政策进行研究。这项任务在集团公司的发展过程中具有里程碑意义。委员会成员有莫特，他当时负责轿车、卡车和零部件的运营；诺瓦尔·霍金斯（Norwal A. Hawkins），他曾是福特公司的销售负责人，后来加入通用汽车；通用汽车的研究主管凯特灵；别克汽车的总经理巴塞特；新任的雪佛兰总经理齐梅尔席德（K. W. Zimmerschied）；我作为执行委员会的代表也在其中。鉴于该特别委员会成立的时候，我负责参谋部的工作，同时我又是这个委员会的高级成员，所以特别委员会的工作也由我来管辖。一个月后，我们完成了这项研究，6 月 9 日，我向执行委员会汇报了我们的建议，该项建议获得了通过，并被采纳为公司政策。这份建议中涵盖了集团公司的基本产品政策、营销策略，以及一些重要原则，它们一起构成了公司的经营理念。

这些建议本质上和前面描述的整体历史背景息息相关，它也受到了通用汽车内部一些其他因素的影响。执行委员会曾告知特别委员会，公司打算进军低价市场，也就是说，准备向福特汽车的统治地位发起挑战。执行委员会要求特别委员会就这个问题发表意见，并提议设计和生产两档低价轿车，其中定价更低的一档产品去和福特汽车竞争。执行委员会还提议，日后可以对其他定价区间进行讨论。别克和凯迪拉克这两个品牌已经确立了竞争地位，因此无须进行任何变动。

几周以前，皮埃尔·杜邦先生领导的执行委员会决定在低价市场上推出一款革命性新车型，由此也引发了集团公司的一次重大争议事件，有关这方面的详细内容我会在下一章讲到。尽管这款新车的前景似乎令人兴奋，但我担心的是，它所涉及的工程问题我们能否完全解决。实际上在我看来，我们之所以要让产品政策清晰透明，最重要的因素就是要让汽车从业者们参与这场讨论。当然其他一些迫在眉睫的问题也让这种讨论显得必要，包括原有轿车事业部的重组已经箭在弦上，另外我们都感到需要确立一些基本规则，或者说需要确立所有讨论者都能遵守的重要原则。为了让新产品政策不是就事论事，而是能和集团公司的整体目标相关联，我们把业务的全貌和所有已知信息都纳入讨论中来。

因此，新的管理层利用业务发展初期的难得机会，重新审视了企业的目的，并在处理手头事务时既考虑具体问题的解决，也思考它的普遍意义。想让大家针对具体紧迫的问题真心诚意地达成一致，可不是件容易的事。比如，开发一款革命性车型的想法在执行委员会的心中已经根深蒂固，而我想把对这个问题的思考从产品理念的层面扩展到经营理念的层面上来。正是基于这个原因，我们在特别委员会上第一次对这个问题进行了理想化的探索。我们没有着眼于集团公司的现状，而是思考理想中的集团公司会是怎样，并把它的政策标准表述出来。

我们提出，我们的目标就是要描绘出这家集团公司未来运营的最佳路线图，尽管我们知道，在政策标准全面付诸实践之前，公司必然会因为现实情况暂时偏离最佳航道。为此，我们把商业流程的诸多假设明确提了出来。我们认为，资本投资的第一要务就是既能让业务产生满意的业绩红利，又能保值增值。因此我们提出，公司的主要目的就是挣钱，而不仅仅是制造汽车。像这样的大实话似乎显得有些过时，但我仍然认为，掌握商业的基础概念对于达成政策共识来说具有重要意义。自1908年以来，通用汽车整合过许多不盈利的汽车业务，有一些仍然在产。但问题的关键是设计出能挣钱的产品线。我们明确提出，集团公司的未来及盈利能力，取决于它能否以最低的成本，设计并批量生产出最高效用的轿车。虽然成本最小化和效用最大化难以兼顾，但准确地来讲，它其实就是我们今天所说的，如何对相互矛盾的函数变量同时优化。要做到既增加效用，又降低成本，我们的一个初步结论就是要限制车型的数量，并减少产品的重复建设。多年来我们按照这些精简方针，尝试了各种方式，我相信集团公司如今为大众提供的每项服务都具备长久经营的成功基础。

那时候，执行委员会的主流想法是设计一款革命性车型，来和福特汽车或多或少地进行正面对抗。如果按常规方式去竞争，那么福特无论如何都是不可战胜的。集团公司当时可能也有一种声音，认为进入低价市场肯定会让我们此前积累的资源打水漂。但不管怎样，我们批量生产的政策方针已定，也就是说，我们要进入客户基数庞大的低价市场。特别委员会面临的真正问题是如何做这件事。对此我们的答案是，既要采纳新轿车的设计理念，也要把这种设计理念与整体的产品政策相结合。

我们制定的这项产品政策，如今已是通用汽车为人津津乐道的一部分。我们提出，第一，集团公司必须在每个价格领域都有自己的产品，价位从最低档产品一直覆盖到可批量生产的高档轿车，但我们不会进入生产规模有限的豪华轿车市场；第二，产品之间的价格阶梯不宜太大，但也要具有足够合理的空间，这样就可以尽可能地发挥量产优势；第三，避免集团公司的产品在各价位或阶梯里相互雷同。

这些新政策从未按照上述方式严格落实过。比如，事业部间产品雷同和彼此竞争的现象一直就存在。但重要的是，新产品政策让通用汽车焕然一新，并且和当时的福特公司以及其他轿车生产商区分了开来。我们也因此相信，这项政策和行业竞争对手的相比更先进、更有胜算。让我再强调一次，公司之间的竞争在整体政策层面和具体产品层面都会得到体现。多年过后再看这项政策，会让人觉得当时的想法看似简单，就像一个鞋匠建议不能只卖一个尺码的鞋一样，但在当时绝对不是这么简单，因为那时候的福特汽车凭借两档产品就占领了超过一半的市场份额（高产量、低价格的 T 型汽车，和低产量、高价格的林肯汽车），而道奇、威利斯、麦克斯韦尔（克莱斯勒）、哈德逊、斯蒂庞克、纳什等其他汽车公司在行业里的地位也很重要，它们也在制定或策划别的产品政策。据我们所知，通用汽车当时的政策也许并非行业中最有效。因为同业者如果认为我们的政策有效，他们就会效仿，毕竟政策对所有人都是公开的。但这么多年以来，只有通用汽车一家在执行这项政策，验证它的价值。

在设计整体政策的框架时，我们还把其他一些可能合理的评判标准融入其中——所谓可能，是说该标准在个别情况下也会适用。比如，如果我们的轿车跟同级别最棒的竞争对手相比，在设计水平上已经毫不逊色的话，那么我们不妨规定，公司未必要在设计上引领潮流，或者冒险开展新的试验。我对这种产品理念当然表示认同，它总比我们一味承诺用革命性的新款汽车来取代标准款的雪佛兰要好得多。这样的新款轿车如果做成了固然很好，但我倾向于先把整体的商业策略制定出来；既然产品政策已被公司采纳，至少说明皮埃尔·杜邦对它的整体理念从原则上表示了认同。特别委员会确信，通用汽车在所有档次的汽车品类中都能做到出类拔萃。我们之所以这样说，是因为我们产品的涉及面很广，只是我们的市场份额并无优势可言，当时只有12%。我们认为就产品线和质量标准而言，不管其他品牌做得如何好，我们都不逊于它们，甚至在某些方面我们更胜一筹。

对于生产，我们也是这样看的。当然说到生产，就必须要提到福特。我们指出，对于任何车型来说，无论是在生产效率上，还是在广告、销售和服务方式上，超越竞争对手，这些其实都不是核心因素。我们认为企业取得竞争优势的核心，是要让各项政策和各个事业部之间形成合作与协同。工厂间如果能协同运营，显而易见会比它们相互推诿时的工作效率更高。对于工艺部门和其他职能来说也是如此。如果我们能通过这种方式提升自身的生产标准，那么无论生产什么档次的车型，我们在任何方面都不会逊于竞争对手，甚至在某些方面还会做得更出色。团队之间有了合作计划，就可以在降低成本的同时提高产量。因此，虽然当时我们在美国市场所占的轿车和卡车份额还很小，但我们相信，如果能对公司广泛的业务进行统筹，会让通用汽车未来各档轿车的工艺水平都名列前茅。同样我们也会在生产、广告、销售和其他职能中，取得毋庸置疑的领导地位。

当这些理念确立以后，特别委员会又核准了执行委员会传达过来的一项决议，这项决议的大意是要我们研究一下，设计和生产售价分别不超过600美元和900美元的两档轿车的可行性。此外，特别委员会还推荐了四档车型，每一档都严格设定了价位。它还建议公司在政策中规定，只能生产和销售这六款标准车型，并应按照以下六档分类，尽早将通用汽车的产品布局付诸实践：

(a) 450～600 美元
(b) 600～900 美元
(c) 900～1200 美元
(d) 1209～1700 美元
(e) 1700～2500 美元
(f) 2500～3500 美元

本章前面提到过通用汽车当时的实际价位，与之相比，这套全新的定价体系将产品类别从七种减少到了六种（或者说是从十种减少到了六种，我们不妨把雪佛兰"FB"、奥兹"6"和奥兹"8"也视为独立车型）。我们在低档价位上创建了新品类。在中档价位上，我们之前有八款车型，而现在我们只有四款车型。新的定价体系意味着，通用汽车的产品线应该作为一个整体存在，我们应该妥善考虑每款车和整个产品线之间的关系。

我们做到各个产品的价位相互关联之后，又制定出了一项巧妙的策略，总结如下：我们建议，通用汽车每款车的定价，一般应在各个价位的顶部，而产品的质量要达到让客户愿意多付一点钱，为附加价值买单的水准，这样即便同档竞品的售价低，我们也可以抢占它们的销售额；它还可以吸引来自高一级价位的客户，让他们看到我们的产品质量和竞争对手的高价产品相差不大，但价格上有优势，从而抢占高档竞品的销售额。这项策略可以概括为同等价位下比拼品质，品质相当时比拼价格。当然，竞争对手可能会采取同样的措施来应对。但在我们产品销量少的细分市场上，我们只要能抢占到一些业务就可以了，而在我们产品销量多的市场上，维持好业务是我们自己的事。我们提出，车型的开发数量要加以限制，每款车的档次要做好规划，并能抢占与该价位临近的细分市场，只有这样我们才能将每款车的销量做大。我们还认为，做大销量是企业实现量产优势的必要因素，而量产优势对产品在各档价位中占据领导地位，又起着至关重要的作用。

产品政策还特别涉及到了如何进入低价市场的问题，这也算基于总体产品理念下的具体应用。我们注意到最低一档的细分市场实际上已被福特汽车垄断了，而我们打算抢占这块市场。我们建议通用汽车不应生产和销售跟福特同级别的轿车，因为在这个细分领域福特的售价已经最低了。相反，通用汽车应该推广一款比福特的性能好得多的产品，价格定在最低一档价位的顶部或接近顶部的水平。我们反对与福特汽车展开正面竞争，我们建议生产一款性能优于福特的轿车，其售价只比福特略高一点，这样有些客户会愿意为此支付略高的价格，而放弃福特的实用设计理念。

我们发现，当通用汽车的新款低价车型跟高一级别的竞品车型相比较的时候，其结果与刚才说的情形正好相反。我们低档汽车的售价在最低档价位的顶端（600美元），而竞争对手高一级别的汽车售价是 750 美元或略低。或许我们的新款低价车型和 750 美元左右的竞品汽车相比，并不完全具备后者的性能，但也会与之非常接近，因此有些潜在客户愿意为了节省这 150 美元，放弃细微的功能差别。当然如果两款产品价格差不多的话，客户可能就会青睐竞品车型了。

至于公司在最低价位市场上的竞争目标，新产品政策中也说得很清楚。1921 年 4 月的时候，通用汽车在这个价位上还没有一款产品，市场上唯一有的车型就是福特汽车。此外，在第二档低价市场上，公司也只有雪佛兰和威利斯－奥弗兰。因此新产品政策的目标就是要生产一款汽车，来跟当时美国及全球最大的汽车生产商——福特公司的王牌产品展开竞争。

而现实情况是，1921 年所有品类的汽车价格都在快速下滑。当年 4 月，正当我们制定产品政策时，整个市场的价格体系已经被冲垮。尽管如此，我们进入低价市场的政策初衷并没有变。到 1921 年 9 月的时候，雪佛兰 490 旅行车的价格从 820 美元（1921 年 1 月的价格）降到了 525 美元，而福特 T 型汽车的价格从 440 美元降到了 355 美元。但福特的价格中并不包括可卸载轮框和自动启动器，而雪佛兰的价格中包括了这些配置。因此在同等配置的情况下，当年 9 月份福特汽车和雪佛兰汽车的价格差，只有约 90 美元。这样的价格差虽然仍相对显著，但雪佛兰已经开始朝着产品政策的既定方向前进了。因此，这项政策吹响了向低价市场进军的号角，也预示着通用汽车真正向福特汽车的统治地位发起了挑战。

委员会针对不同的价位，对实际产品进行了部署。根据价格从低到高的顺序依次如下：雪佛兰、奥克兰、新型别克 4、别克 6、奥兹和凯迪拉克。1921 年，我们卖掉了谢里丹，并采取措施解散了斯克利普斯—布斯，到了

1922年，我们又放弃了雪佛兰"FB"。事实证明，只有雪佛兰和凯迪拉克的价位后来一直保持了下来。

产品政策的核心理念，在于实现整条汽车产品线的批量生产，并升级质量与价格。这条原则也是通用汽车实现差异化的第一要素，它使得通用汽车的市场概念和之前福特T型汽车的思路不再相同。老实讲，通用汽车的产品理念为雪佛兰与T型汽车之间的竞争提供了战略指引。如果没有这项产品政策，福特汽车当时恐怕仍不会有竞争对手。

1921年，福特汽车占有轿车和卡车市场总量的大约60%，雪佛兰汽车占有4%。由于福特汽车在低端市场上几乎拥有全部份额，因此和它正面竞争无异于自杀。谁要想在福特的地盘上虎口夺食，必然招致难以想象的亏损，除非能有国债的支持，否则企业难以为继。而我们的策略是针对高端客户群来定价，争夺这一部分的业务，我们也通过这种方式，实现了雪佛兰业务量和利润的双增长。此后数年，随着消费需求的升级，这项新政策与美国历史的发展进程是相适应的。

尽管这样的理念给了我们方向，但事实证明它的应用还为时尚早。我们在经历了汽车行业的一些事情之后，才意识到这些原则的重要性。而通用汽车也经历了一些事情，尤其是在研发领域（开发一款革命性新车型）发生的一些事，一度让这一理念无从实践，也让通用汽车那些年的发展充满了悬念。

My Years with General Motors

第 5 章

"铜冷"发动机

人们从逻辑上可能会认为，企业一旦接受了管理理念和事业理念之后，新的领导班子就可以着手把这些理念转变为现实了。但情况并非如此。实际上，在这之后的两年半时间里（涵盖了新领导班子第一阶段的任期），我们背离甚至违反了这些重要原则。换言之，思维的逻辑和历史的"逻辑"并不相同。本章讲述了通用汽车的一段痛心经历，但既然我要记录下通用汽车的发展进程，也就无法回避它。因为正像人们常说的那样，这样的经验教训才是最好的老师。幸亏在1921年和1922年时，我们还有时间交这笔学费，而这笔学费对公司未来的发展也起到了重要作用。

问题源于研发部门和生产事业部之间，以及集团高管和事业部经理之间并存的冲突。冲突的焦点是凯特灵先生设计的一款装有风冷发动机的革命性车型，皮埃尔·杜邦先生建议用它来取代常规的水冷发动机轿车。

故事始于1918年，当时凯特灵先生在他代顿的一个车间里研制风冷发动机。这种风冷发动机并非不为人知。在这之前，它已经在美国的富兰克林汽车等产品中得到过应用。我们知道，风冷发动机的原理是在发动机的外壁安装一些散热片，再利用风扇吹入的冷空气吹过散热片的表面，从而带走发动机的热量。富兰克林汽车曾尝试用铸铁散热片来做到这一点。而凯特灵先生建议用铜散热片，因为铜的传导性是铁的 10 倍。他还建议把它铜焊在发动机的外壁上。这就涉及到工艺和冶炼的新技术了。凯特灵先生发现，两种金属的热胀冷缩会给设计带来一些麻烦，但他有解决问题的思路，也在进行着一些试验。而生产是另一码事，也是后期开发才要考虑的问题。

风冷发动机的市场前景很诱人。它无须像水冷发动机那样，安装笨重的散热器和水管系统，发动机的部件数量、重量和成本都将减少，同时性能还会提高。如果这些想法都能实现，那它的确会给整个产业带来革命性变化。但发动机的设计要从理论走向实践，过程会很漫长。关于这一点，只要看看喷气引擎和火箭发动机从开发到应用花了多少年头，需要多少工程师的工时就知道了。或者看看水冷内燃机的发展历程，它从 19 世纪后期以来，经历了整个行业的持续发展后，才达到 1921 年的效率水平。尽管当时凯特灵先生涉入风冷发动机这个领域的时间还很短，但他对自己新设计的产品前景充满信心；他在汽车行业里备受尊敬，因为他在自动启动器、点火装置和照明系统的研发上有很多开创性工作。在航空领域，他的研发也绝对领先，当时他已经尝试开发过无人驾驶的飞机了。

1919 年 8 月 7 日，凯特灵先生来到通用汽车的财务委员会，介绍了他在代顿金属制品公司和代顿莱特飞机公司所做的工作。他正在从事风冷发动机的研发和燃料的研究，并由此开发出了汽油中的四乙铅（乙基汽油）。我自 1916 年起就认识凯特灵先生了，当时他的代顿工程实验室合并到了联合汽车公司。从那以后，我一直和他有业务上的往来。在凯特灵先生和财务委员会见面的前一天，他和金属制品公司的总裁哈罗德·塔尔博特（Harold E. Talbott）、哈斯凯尔先生、拉斯科布先生以及我见过面，制订了通用汽车收购代顿公司资产的计划——包括代顿家用工程公司、代顿金属制品公司和代顿莱特飞机公司。在 1919 年 8 月 26 日的财务委员会会议上，收购决议最终敲定。杜兰特先生和杜邦先生在宣布这桩收购时说："查尔斯·凯特灵先生是这起收购的核心，我们能够得到他全部的时间和关注，是件非常重要的事。我们迫切希望请他掌管新建的底特律实验室……杜兰特先生、哈斯凯尔先生、斯隆先生、克莱斯勒先生等人都认为，凯特灵是公司里担任这个职务的不二人选。"财务委员会随后发表会议声明：

> 关于代顿金属制品公司开发的风冷发动机及其未来前景，财务委员会听取了总裁（杜兰特先生）的建议。尽管这项发明尚未达到能够确保成功的地步，但成功的概率令人感到乐观，在这种情况下，我们对该业务的投资将会获得丰厚的财务回报。

我们在赢得凯特灵先生加盟的同时，也获得了代顿的资产，以及风冷发动机这项技术。通用汽车的许多历史大幕也由此拉开。

就这样又过了一年多，我所描述的这些事成为过去式。1920年12月2日，就在杜邦先生成为通用汽车总裁后不久，凯特灵先生向他汇报说，福特的小型风冷发动机准备量产了。他建议通用汽车也生产和测试一部分轿车，如果情况令人满意的话，就要准备在1921年，向市场投放1500辆或2000辆。

几天之后，也就是在1920年12月7日，我们一行人出发去代顿调查情况。人员包括皮埃尔·杜邦、约翰·拉斯科布、哈斯凯尔、雪佛兰的总经理齐梅尔席德、财务委员会秘书哈特曼和我。我们乘火车去代顿，在往返途中讨论了一些事情，其中包括风冷发动机。讨论记录显示：

> 经过认真考虑，我们达成了共识，代顿开发的新车型应该在最严格的条件下，先接受充分的测试，然后才能考虑如何投入使用。如果产品的品质令人满意，将把它用于雪佛兰的产品线，以取代现有的490车型。

490是当时雪佛兰产品线中的低价标准车型，虽然还无法与福特竞争，但也算是潜在对手了。因此，新发动机这个问题很重要，可以想见对通用汽车在批量市场中的地位具有决定性的作用。

不出所料，在1921年1月19日的一次早期会议上，新的执行委员会同意对风冷发动机和现有的雪佛兰490水冷发动机进行一次对比研究。执行委员会还同意，在1921年秋季开始的年度生产计划中，不会对490车型做重要变动，并将静观风冷发动机的未来发展状况，再决定如何对1922年8月开始的年度生产计划进行调整。因此，我们决定"静观"风冷发动机轿车的变化，在此期间不对原有的水冷发动机490车型进行开发。我之所以说"我们决定"，是因为执行委员会总是作为一个组织来进行决策的。

两周以后，执行委员会转而表达了一个更明确的观点："我们打算把风冷发动机先应用于雪佛兰事业部的一款低价轿车上，请凯特灵和齐梅尔席德知悉。"这不啻命令，对雪佛兰而言则意味着这件事已经板上钉钉。

又过了两周，执行委员会对之前的观点进行了补充，提议把另一款轿车奥克兰也纳入这个计划中，并采用全新的六缸发动机。但执行委员会也指出，委员会内部对这个问题感到"非常犹豫"，要求参谋部为此提供一份报告，而我当时正是参谋部的负责人。如果我没有记错的话，在我们四人组成的执行委员会当中，对这个问题感到"非常犹豫"的主要是我。关于这一点，再往后会看得更清楚。但当时的执行委员会牢牢地控制在总裁杜邦先生的手里，他既然已经下定决心要推动风冷发动机这件事，自然就会身体力行。

又过了一周，也就是在1921年2月23日，执行委员会召开了一次会议，而我当时缺席，他们很快达成了新决议，会议纪要显示："我们预计，研发的四缸风冷发动机轿车将进入最低价位的市场。而第二款风冷发动机轿车将是六缸，售价在900到1000美元之间，与前一档相邻。"凯特灵先生得到指令，"继续设计与制造六缸风冷发动机"。但执行委员会也说了"在没有对部分（试验）轿车进行充分测试并取得成功以前，不得投入量产"。凯特灵先生当时和莫特先生、巴塞特先生一起出席了这次会议。他说，他预计会在1921年7月1日知晓这两款新轿车的性能表现，而风冷发动机4型轿车的备产可以从8月1日开始启动，预计可以在1922年1月1日正式推出。而雪佛兰的总经理齐梅尔席德先生也被召集过来开会。对于为雪佛兰制订的这个新轿车计划，他表示了反对。他表示希望到1922年8月的时候，再来备产风冷发动机4型轿车。他说他已经对水冷发动机490型轿车做了一些改进，也设计了新的车身。执行委员会和雪佛兰事业部之间的行动不一可见一斑。

1921年5月，凯特灵先生对两款车型进行了操控测试，并报告说4型车或者6型车都可以备产了。6月7日，执行委员会同意在代顿的通用汽车研究公司（也就是后来我们所说的研究实验室）成立一个小型生产部门——算是一个试运营部门，每天的最大产量不超过25辆汽车。

也是在这个时候，齐梅尔席德先生越发明确地表示对雪佛兰风冷新车型的想法持保留意见。于是事业部和总部关系的问题浮出水面，并且僵持了一段时间。按照当时的情况，别克汽车由于业绩表现好，所以不妨保持先前完全分权的管理方式，按自己的计划行事。但我们也采取了权宜之计，对其他事业部进行集中管理，尽管这和我们的组织理念有背道而驰之嫌。当最高管理层决定把轿车设计的变革任务强加给雪佛兰和奥克兰这两个部门的时候，集权管理的趋势就更加凸显了。执行委员会为业务部门最重要的问题既制定了政策，也提供了方案，也就是汽车的工艺和设计。当然执行委员会拥有这样的权力，并且在当时的情境下也有权行使。难点并不在于新车型的这个决策是否合理，而在于它如何去落地，也就是说在业务部门那里如何去执行。或许这是为我们的所作所为找托词，但我要说据我所知，这是通用汽车历史上第一次要求，在研究公司和事业部之间针对重要的问题紧密合作，而合作方法并无先例。自从把生产测试和车型设计的任务交给了凯特灵的代顿研究公司，而实际量产的责任划给雪佛兰事业部以来，双方的责任边界一直就含糊不清。齐梅尔席德先生想搞明白的是，在生产这个问题上谁是谁的顾问。是研究公司作为汽车事业部的顾问，还是汽车事业部作为研究公司的顾问？就算大家对新车型的设计没有争议，但管理问题仍然存在。事实上，雪佛兰事业部对于新的工艺设计一直就持怀疑态度，而代顿研究公司也担心雪佛兰会更改其设计。这些事业部的工程师和总经理频繁往来于代顿和他们各自的总部。在交流过程中凯特灵先生发现，奥克兰的总经理乔治·汉纳姆（George Hannum）对新车型的设计更认同。凯特灵先生也认为他能在年底以前，为奥克兰备好风冷发动机 6 型。

1921 年 7 月上旬的时候，我还在巴黎。等我回来后，我们执行委员会四人一起去了趟代顿，并于 7 月 26 日抵达。我们和凯特灵先生，以及当时轿车事业部集群负责人莫特先生举行了非正式会谈。凯特灵先生谈起新车型的设计时，比以前还要激动："……这是汽车行业有史以来最伟大的创造。"杜邦先生对这一判断也确信无疑。凯特灵先生又指出了雪佛兰和奥克兰表现出的不同态度。他自然更渴望和认同新设计的事业部紧密合作，也就是奥克兰汽车。代顿的会议纪要显示："最终建议是，六缸轿车的开发事宜先行推进，而四缸轿车的开发暂缓。这有助于我们生产 4 型轿车的时候，借鉴 6 型轿车的开发经验。"大家认为，等 6 型轿车的合格性确立之后，齐梅尔席德先生也会同意开发 4 型风冷发动机。莫特先生说，反正雪佛兰还有大约 15 万辆的 490 型轿车，这些库存仍有待处理。

对雪佛兰采取的这种妥协态度并没有持续多久。几周以后，杜邦先生就向执行委员会做了通用汽车产品情况的总体评估报告，并给出了一份明确的公司提案。他再次重申了有关奥克兰汽车 6 型风冷发动机的决议。在谈到雪佛兰的时候，他写道："我们会预留必要的时间来消化库存，以及满足先前承诺的订单。此后它（490）将停产。我们必须立即决策接下来可以长期生产的新车型。"他认为，"除非公司政策有了明确的变化，否则 4 型风冷发动机将是雪佛兰事业部的标准配置"，并且其应该在 1922 年 5 月 1 日以前达到备产的要求。对他的提议，执行委员会表示同意。

新发动机的开发在代顿一直进行到了 1921 年秋天。与此同时，公司也在对新工厂的建设、厂房的转型以及风冷轿车的营销方案进行研究。代顿向奥克兰事业部交付第一辆测试版汽车的日子越来越近了，这让通用汽车纽约和底特律的管理层翘首以盼。杜邦先生给凯特灵先生写信说："在新车制造日益临近的时刻，我开始感到自己就像一个小孩子，看见期待已久的马戏团节目单出现在了围栏上。我开始好奇每一出戏会是怎样的，以及哪一场节目我会最喜欢。"

1921 年 10 月 20 日，执行委员会正式确定了奥克兰生产规划的具体日期，如下：

现有的水冷轿车将于 1921 年 12 月 1 日停产。

在代顿制造的新型风冷轿车，将于 1922 年 1 月在纽约汽车展览会上推出。

新型轿车将于 2 月，在密歇根州庞蒂亚克的奥克兰事业部开始投产。计划产量为每天 100 辆，以后逐步增加。

新方案至此似乎已经没有什么问题了。

此后，第一辆风冷轿车由代顿运送到了奥克兰事业部进行检测。这标志着风冷轿车历经凯特灵先生在代顿的操控测试后，第一次接受了合格性评估。

此后的进展先是一度停滞，而后又令人震惊。因为有消息说，这款车没有通过奥克兰事业部的测试。

1921年11月8日，汉纳姆先生给杜邦先生写信说：

> 我们预计无法在既定的时间内实现投产了，因为开发工作要想达标就必须进行改动。实际上，要让车辆完成所有测试，并通过我们的检验，至少还需要六个月的时间。
>
> 现有的老车型大概会在12月15日就清理完毕。为了填补风冷轿车投产前的时间空白，我们计划引入一条全新的（水冷）轿车产品线……
>
> 我还想说的是，尽管我们考虑对风冷发动机进行改动，但我对这个项目仍坚信不疑，因为我相信，这个开创性项目经过改动后会重新上马，届时的测试结果将会出现很大的不同。

这样在不到一个月的时间里，公司原定的计划被推翻了，奥克兰的处境和通用汽车产品线的未来走势也都发生了深刻的变化。纽约的办公室里弥漫着失望和惊恐的情绪，而在底特律、弗林特和庞蒂亚克，人们对风冷发动机轿车的前景也感到悲观。代顿研究公司和汽车生产部门之间对新汽车的测试争议不断，凯特灵先生的设计团队和汽车事业部的工程师、经理之间缺乏思想共识。凯特灵先生对此感到心力交瘁、十分气馁。于是执行委员会在1921年11月30日正式取消奥克兰风冷发动机计划的当天，给他发了一封信函进行安抚，内容如下。

> 尊敬的凯特灵先生：
>
> 很多人因为对风冷轿车的开发和其他试验工作不知情，表达了一些担忧。我们认为，首要任务是让您远离这样的烦扰。
>
> 任何事物在导入和发展过程中，如果与惯例做法相差甚远，那么自然会有很多自作聪明且自以为是的人站出来横加指责。这正是风冷发动机遇到的情况，因为它和普通的水冷发动机相比太不一样了。
>
> 关于风冷发动机的发展，我们诚恳建议如下，目的是让您完全放下

思想包袱：

1. 我们完全相信，您有能力解决风冷发动机开发中遇到的所有问题。

2. 对于您本人以及您完成任务的能力，我们的信心和信念将一直保持，丝毫不减。当我们对于达成理想结果的可能性或可行性存疑时，我们也会第一个来找您并坦诚地表达出来。

在这封信中，我们试图用语言表达我们对于您和您工作的信任，希望完全消除您的顾虑。如果我们的语言没有表达出这样的效果，那么烦请您直接给我们写信，指出我们在哪些方面还没有做到。

事实上，在风冷发动机正式投产和应用以前，批评的声音仍会持续。因此，尽管我们对您和您的开发工作抱有信念与信心，但在任何时候，当您对此有迟疑或担忧，您不妨从您的书桌里取出这封信并再读一遍。您给我们写信的时候切记，我们曾经坦诚地说过，我们有任何疑虑时会首先给您写信。如果您和我们能对此达成共识，岂不是很好？

执行委员会的四名成员以及我曾提到过的轿车事业部集群负责人莫特先生，在这封信上签了字。

危机就这样度过了。公司总裁对新型发动机重拾信心，凯特灵先生也恢复了兴致与活力，而故事也从奥克兰转到了雪佛兰。

1921年12月15日，执行委员会建议加大力度，让雪佛兰风冷4型轿车在1922年9月1日以前投产。为了协同汽车事业部与研发部门之间的工作，雪佛兰的首席工程师亨特、奥克兰的首席工程师杰罗姆（B. Jerome）和别克的首席工程师沃特斯（E. A. De Walters）都被派往代顿，去配合凯特灵先生设计风冷4型和6型车，每天的测试报告都要提交给事业部经理和总裁。

1921年结束之际，通用汽车的产品线没有明显的进展。

这些事件困扰着我，以至于我尝试着在高一级的层面进行思考，认为需要把它拿到执行委员会上进行讨论。对于选择风冷发动机还是水冷发动机这个技术问题，我并没有强烈的偏好。这是个工程问题，应由工程师来负责。如果今天来看这件事的话，我认为从原则上来说，凯特灵先生可能是对的，也是超越他所处的时代的。从开发和生产的角度来看，汽车事业部也是对的。

换句话说，这种情况好比医生之间虽然意见不一致，但可能都是对的。不过从商业和管理的角度来看，我们所做的有悖于我们的宗旨。比如说，我们过于关注某款特别的工业设计，忽视了企业需要实现的广义目的。我们对研究部门的观点予以支持，却低估了最终负责生产和销售新汽车的业务部门的判断。与此同时，我们常规的水冷车型开始落伍，但我们没有拿出正式方案予以应对。

1921年12月下旬，我对奥克兰测试的失败，以及新车型提案引发的问题进行了思考，出于整理思路的目的，我把它写了下来，并希望和皮埃尔·杜邦先生讨论。关于代顿的情况，我说：

> 我认为由于我们所有人在一些问题的认识上存在缺陷，导致我们在开发风冷轿车的过程中，浪费了大量的时间。我们没有认识到一些基本事实与凯特灵先生的愿望相悖——他希望通用汽车的所有人都能对他轿车提案的细节予以认同。我认为，如果他开发的汽车先通过了我们或独立观察人的性能测试，并且原则上他能把生产任务交给其他人来做的话，那么我们的工作进展本可以更快些。我认为我们的错误在于把所有的工作都堆到了凯特灵先生身上，而没有意识到他所处的特别情况和特殊条件。我相信公司和整个行业都需要先进的生产工艺。和凯特灵先生相比，我们工程师的思考能力整体而言实属平庸，无法创造出先进的生产工艺。而先进的生产工艺和其他先进的事物一样，难免会被目光短浅的人嘲讽和质疑。正因为这样，它必须先通过实证才能被人接受，而不仅仅是理论上的证明。如果凯特灵先生的车已经展现出足够令人满意的性能了，那么我认为他就不会在奥克兰那里遭遇任何麻烦，别人也不会建议他做任何改动。我担心按照目前这种工作方式，大量的创意都会流失，而这些创意正是我们迫切需要的，并且只能来自像凯特灵先生这样具有非凡才华的人。

这段备忘录成为我处理风冷发动机问题的一个转折点。我开始探寻一种双轨政策：首先，继续支持杜邦先生和凯特灵先生关于新车型的设想；其次，我也支持事业部开发传统水冷车型的替代方案。此外，齐梅尔席德先生和我还一度考察过一种叫"缪尔"的新型气冷系统，但最终没有投产。尽管杜邦先生对风冷发动机的替代方案毫无兴趣，但他对我的立场也并不阻拦。大家只是路径不同而已。但在执行委员会的两名领导成员中出现这种事情毕竟多少会让人感到不舒服，也不可能持续下去。

在接下来的16个月里，风冷轿车一直困扰着公司，也让公司的领导层时常纠结于一个问题：集团公司的产品今后将向何处去？

1922年年初，雪佛兰新轿车的生产压力与日俱增，而奥克兰在这方面则有所缓解。为了确保新项目失败的情况下公司利益仍能得到保护，也为了消除最高层领导与事业部之间的隔阂，我认为有必要拿出一套折中方案，并为此采取了第一步行动。1922年1月26日，在我住的底特律斯塔特勒酒店房间里，我作为公司的运营副总裁召开了一次会议，参会人员有莫特先生（轿车事业集群负责人）、巴塞特先生（别克汽车负责人）和齐梅尔席德先生（雪佛兰汽车负责人）。我们达成的共识是，雪佛兰风冷轿车的官方计划会审慎推进。按照官方计划的要求，在代顿开发的风冷测试轿车"如果合适的话，应该在1922年9月1日之前投产"。也就是说，距离投产只有七个月的时间了，可雪佛兰的管理层还没有从代顿那里收到一辆测试轿车。但我们都认同的是，"目前集团公司和雪佛兰事业部还都没有足够的证据证明，风冷轿车能够在指定的日期投产"。等到1922年4月1日，我们完成轿车测试以后，就可以拿出一个稳妥的投产方案了。与此同时，我们同意"应该构筑好第二道防线——这是一项保守的政策"。这第二道防线就是指事业部要同时采取行动，对现有的水冷雪佛兰轿车进行改进。

至于奥克兰，我在1922年2月21日向执行委员会做了汇报并获得了批准，决定暂缓实施风冷6型轿车的新计划，而它的生产此前已经取消。我们围绕奥克兰达成的共识包括：

1. 继续生产近来采用的（水冷）车型，为期一年半，直到1923年6月30日结束。

2. 在上述日期到来之前，奥克兰不再考虑引入任何风冷车型。

3. 在此期间，奥克兰开发的任何车型都应与集团公司现已采用的设计方案保持一致。

4. 如果奥克兰车型的财务状况恶化，以至于事业部无法维持收支平衡，那么公司必须采取最有效的措施来应对环境变化。

当时，代顿的研究公司是通用汽车内部唯一一个由工程技术人员组成的规模化团体，而他们都在忙于风冷发动机的试验，因此水冷车型高级工艺的开发任务主要就落在了各事业部的身上。当时，所有的汽车事业部都需要高级工程技术人员的支持，以使它们的传统车型保持竞争力。在雪佛兰、奥克兰和奥兹，这种需求尤为强烈。换句话说，事业部既要照顾好主营业务，包括开发、制造和销售现有的车型，也要承担起正向工程⊖这样的工作。这并不是说我们的做法和以前不同了，而是说我们要对如何全面调动工程技术资源为公司服务，进行周全的考虑。从研究公司的运作方式来看（即围绕凯特灵先生的非凡才华，成为一家谋求长远发展的智库），尽管它的职能很重要，但和企业对高级工艺的迫切要求相比，两者之间存在着差距。我当时并没有意识到，这对通用汽车来说是一个历史时刻，但这种差距的确摆在了我眼前。1922年3月14日，我的政策建议得到批准，允许汽车事业部寻求外部的工程设计资源。这项政策尽管不能解决问题，但也会有所帮助。而对问题的全面认识和解决，恐怕要经过很多年才能实现。我当时咨询过的人才中，有一位是亨利·克雷恩（Henry Crane），他后来加入了通用汽车，成为总裁的技术助理。他对公司工程技术的进步，特别是庞蒂亚克轿车的设计，做出了重要贡献。亨特先生于1921年10月受齐梅尔席德先生力邀，加入公司成为雪佛兰的首席工程师，那时候我对他的才华还不了解。

在雪佛兰，尽管大家对风冷发动机和水冷发动机的开发问题已经妥协，但仍然是件费心的事儿。紧接着又发生了管理层的变动。1922年2月1日，在莫特先生的建议下，威廉·努德森（William S. Knudsen）加入了通用公司的参谋部。他曾是福特汽车的生产经理，现在担任莫特先生的生产助理。努德森先生访问了代顿，并在3月11日就风冷轿车发表了一份报告。他在报告

⊖ 一般工业产品，从构思、设计到产品的开发流程称为正向工程。——译者注

中建议"立即对轿车投入生产"。但他也告诉我,他的意思是应该先进行小规模的生产,从商业和技术上测试一下这款车。3月22日,杜邦先生得到执行委员会的批准后,免去了齐梅尔席德先生雪佛兰总经理的职务,任命他为通用汽车的总裁助理,同时任命努德森先生担任雪佛兰的运营副总裁。杜邦先生还提议,自己兼任雪佛兰事业部的总经理,同时保留集团董事长和总裁的职务。该建议得到了批准。

1922年4月7日,在总裁的提议下,我们正式把这项测试开发任务命名为"铜冷"发动机,取代了之前"风冷"发动机的说法。杜邦先生希望借此能和其他的风冷系统区分开来,只是凯特灵先生仍习惯于"风冷"发动机的叫法。

雪佛兰铜冷4型轿车的生产准备工作就这样启动了,预计生产时间从1922年9月15日左右开始,产量为每天10辆,到年底的时候达到日产50辆。加拿大分公司也得到了指示,要求参与开发和引进铜冷4型轿车。但等到1922年春天过后,这个新项目仍没有实质性的进展,铜冷发动机还在代顿接受测试。

当年春季的轿车行情显示,1922年市场将会回暖。雪佛兰490型轿车尽管在工艺设计上已经落伍,但销量上来了。1922年5月,我们在底特律开了一次会,参加会议的有杜邦先生、莫特先生、努德森先生、雪佛兰的销售经理科林·坎贝尔和我。莫特先生在我的支持下,提出了一个新的折中方案,建议在秋季的时候,把为铜冷轿车设计的新车身装在雪佛兰490的底盘上。这样我们可以确保来年有一款新车型推向市场。坎贝尔先生对此表示反对,因为他担心经销商在冬季订购490型轿车后,到了来年春季我们又给他们兜售铜冷轿车。我再次试图推行我的双轨政策。我说:"……在1923年4月1日以前,我们应该把铜冷轿车视为一个试验项目。如果试验取得成功,实地测试也表现稳定,那么我们就加大铜冷轿车的生产力度,然后在当年8月1日作为雪佛兰的唯一一款产品推向市场。如果轿车试验不成功,我们还可以继续生产490型轿车。"大家的分歧摆到了桌面上,但没有形成任何决议。

像这样并行的行动计划和提案,不可避免地会在公司里制造出紧张氛围。凯特灵先生仍然认为事业部在故意拖延。他指出,奥克兰的铜冷轿车开发进度已经比雪佛兰落后好几个月了,而雪佛兰的计划也经不起推敲。他在 1922 年 5 月的时候说,他跟奥兹的首席工程师罗伯特·杰克(Robert Jack)合作得最好。凯特灵先生对雪佛兰的这些看法,杜邦先生是支持的。他在 6 月份的时候,要求雪佛兰加紧铜冷轿车的开发。由于新发动机的底盘和车身变更预计能在秋天完成,这之后的大变动就只有发动机了,因此他建议,雪佛兰铜冷轿车的投产计划应该安排在接下来的冬季。

9 月的时候,尽管生产还没有启动,但官方的预期乐观。雪佛兰计划到 1923 年 3 月,实现每月 30 000 辆水冷轿车和 12 000 辆铜冷轿车的产能,并于 1923 年 7 月或者最晚 10 月,将全部的水冷生产线转变为铜冷生产线。

到了 11 月,凯特灵先生指出,奥兹事业部和奥克兰事业部对于生产铜冷轿车的兴趣都不大。我对杜邦先生说,我们把三个主力事业部和未经尝试的新工艺设计系于一身,其结果如何令人担忧。杜邦先生向我指出,几个月以前执行委员会就已经对此做出了决定。"剩下唯一要做的决策关乎方向性的改变,也就是要不要彻底放弃水冷轿车和气冷轿车的所有试验。"但他同意在 1923 年 5 月 1 日以前,不对雪佛兰轿车的生产做最终决定。然后他建议,奥兹也应该全部转型为铜冷轿车。

1922 年 11 月 16 日,杜邦先生和我的观点经过折中后,形成了执行委员会的一项决议。

决　　议

铜冷发动机项目将遵循如下共识:

1. 从 1923 年 8 月 1 日起,奥兹事业部将生产六缸铜冷轿车……所有水冷轿车的试验和开发工作都将于今天(1922 年 11 月 16 日)起暂停。

2. 雪佛兰事业部将继续审慎开发铜冷轿车,找出该项目涉及的所有开发因素,包括商业和技术因素,维护公司在新品开发领域的领先形象,将公司面临的风险控制到最小。

3. 奥克兰事业部的政策将在以后制定。但在铜冷轿车未经大量的技术和商业试验验证之前,在该车型的市场地位尚未广泛树立之前,奥克兰不会生产任何形式的铜冷轿车。

这样在1922年年底，我们承诺在奥兹全部实行铜冷计划，在雪佛兰实行双轨计划，而奥克兰则排除在该计划之外，待新车型得到成功验证后再议。当年12月，努德森先生开始在雪佛兰生产250辆铜冷轿车。等到1922年结束时，我们和1921年时一样，仍不知道通用汽车的工艺设计将会怎样。

1923年1月，雪佛兰铜冷轿车的底盘和发动机在纽约汽车展上展出，售价比标准的水冷雪佛兰轿车（现在所谓的"超级"车型）高出约200美元，一时间引起了轰动。

雪佛兰计划在2月份生产1000辆铜冷轿车，到10月份的时候每月生产50 000辆。对于水冷轿车而言，新年伊始似乎只剩下一个问题值得思考了，那就是到底应在哪一天放弃生产。但雪佛兰的铜冷轿车在生产过程中遇到了麻烦，以至于2月份没能实现批量生产。

1923年3~5月，有两个起决定性作用的事件同时发生了。第一，我们发现自己正处于汽车产业有史以来最景气的年代，轿车和卡车的总销量首次突破400万辆大关。第二，雪佛兰铜冷轿车的生产遇到了麻烦，生产进度步履蹒跚。出厂的少量铜冷轿车经部门检测后，暴露了大量问题，表明这些车仍处于试验阶段，还不能通过验证，有待进一步开发。于是下一步做什么的问题也迎刃而解。我们唯一能销售的雪佛兰轿车就是过去传统的水冷车型。尽管这款车在当时来说性能不算高，但"超级"车型经过改良后质量还算可靠，当年春季的销售量升到了历史最高。

人们可以感受到的是，汽车需求增长的新时代已经来临了。面对这样一个稍纵即逝的机会，公司务必制订出明确的产品计划。1923年5月10日，杜邦先生辞去了通用汽车总裁一职。经过他向董事会的推荐，我接任了他的职务。尽管我们对于铜冷轿车的计划仍存在分歧，但我作为首席执行官对这件事有了决策权。

根据当时的政策，奥兹已经停止了所有跟水冷轿车有关的工作，转而清理甩卖库存车，每辆亏损约50美元。该事业部拟于1923年8月1日投产新的铜冷6型轿车，但雪佛兰铜冷轿车所经历过的麻烦，显然也使这个计划的可行性打上了问号。

我作为公司总裁，顺理成章地担任了执行委员会的主席一职。这时的执行委员会成员名单已经扩大了——费希博德的负责人费希尔先生和莫特先生也加入了进来。1923年5月18日在我主持的第一次会议上，我把奥兹的问题抛了出来。我讲了一下奥兹的情况，并且说："雪佛兰铜冷轿车工期的持续延误，一直在提醒着我们，它的工艺和制造存在很多不确定的困难因素，而这几乎肯定会拖累我们的生产计划，还可能导致奥兹的工厂和全球业务陷入严重的窘境。"经过与凯特灵先生、努德森先生和亨特先生一番讨论之后，我们任命了一个由三位工程师组成的委员会——成员有：通用汽车发动机生产事业部诺斯韦的总经理卡什（A. L. Cash）先生，雪佛兰的首席工程师亨特先生，以及别克的首席工程师德·沃特斯先生——要求他们就六缸铜冷发动机的情况提交一份报告。1923年5月28日，他们在执行委员会会议上递交了这份报告。那次会议，杜邦先生、哈斯凯尔先生和拉斯科布先生没有参加，而这份报告也成了会议的主要议题。几位工程师是这样说的：

当气温为60~70华氏度时，铜冷6型发动机以正常速度行驶后预点火的表现不佳。这说明尽管发动机预热的时候功率表现令人满意，但升温后会出现严重的压缩和功率损耗。

由于有这些关键问题，加上若干其他瑕疵（如果需要的话，我们可以在报告中详述），我们的结论是：这个项目还无法立即投入生产。我们建议保留继续开发的权利，但不要有立即投产的想法。

执行委员会听取这份报告后，取消了奥兹的铜冷轿车计划，并告知事业部要着手开发能在铜冷底盘上工作的水冷发动机。我们表示原则上对铜冷发动机的长期发展抱有信心，并安排卡什先生的诺斯韦事业部研发铜冷6型发动机。

雪佛兰当时已经生产了759辆铜冷轿车，其中有239辆被生产工人鉴定为废品。剩余的500多辆车转交给了销售部门。这里面有大约150辆车是工厂代表在使用。有超过300辆车卖给了经销商，其中100辆车卖给了零售买家。1923年6月，雪佛兰事业部决定召回市面上所有的铜冷轿车。

1923年6月26日，凯特灵先生在给我的一封信里建议，将铜冷发动机从通用汽车的业务中剥离出去。信里写道：

> 我们一开始做的事情非常明确，并且已经实施了，我们今天做的事和一年前一样。但在实施过程中，某些因素对这件事造成的干扰，我认为已经到了有必要澄清的地步，否则整个计划就应终止。如果我们公司找不到切实的办法将这个产品商业化，那么我非常乐于跟您探讨把它从公司中剥离出来的可能性。这是我过去一周开始有的想法，我确信我能够找到资本，也能找到机构来按我认为有效的方式做这件事。

他当时似乎还不知道雪佛兰铜冷轿车已经全部被召回了。四天后当他得知了这个消息，就再次给我写信，提出要从公司辞职：

> 我已下定决心离开公司，除非公司能设法接受并相信我们所做的基础工作，因为我们的机器并没有问题……
>
> 我非常确信，如果我们无须克服公司内部的障碍，我们做任何计划都能成功。执行委员会必须能理解这个产品对于公司的价值，并亲力亲为颁布命令去推进，否则就没有可能做成这件事。
>
> 我对如今的情况感到非常遗憾，也非常不开心。我知道由于经常拉着您和杜邦先生讨论这件事，也让你们感到不胜其烦。我不会喜怒无常地坐在这儿无所事事的。我承担的项目至今从未失败过。可我意识到这个试验项目几乎肯定失败了，但这不是因为它的基本原则有问题。试验成果或许已经弥补了试验成本，只是在目前的情况下，没有人在乎继续研究这件事。
>
> 离开公司唯一令我感到遗憾的，是我要与您、杜邦先生、莫特先生以及其他一些非凡的同事作别了。我的工作在很多行业里都能有用武之地，让他们接受新事物也不会像在汽车行业里那么难。因此我希望，您读过这封信以后能制订明确的计划，要么结束公司的这种局面，要么我辞去现在的职务。我希望能就此事尽快做出决定，因为接下来我想制订出明确的计划。

凯特灵先生总是非常坦诚，在我们40年的友谊和同事关系中，他总是清楚地向我表达他的想法，我也以同样的方式对待他。但我认为此时是我们之间最糟糕的时刻。他的传记作家博伊德（T. A. Boyd）曾写道："……1923年夏季，雪佛兰铜冷轿车停止开发这件事给他造成了沉重的打击。也是在那时，他的情绪跌到了研发生涯的谷底。"对此我是知道的，但我觉得我也必须和他一样，要坚定我的立场。当然，我们担负的责任不一样。管理不只是技术问题。我看到的是，面对一个市场增长的机会，我不能为了一个不确定的开发项目，而搁置公司其他的业务计划。如果我这么做了，我相信就不会有今天的通用汽车，我们将会错失良机。更重要的是，无论铜冷发动机原则上听起来多么正确，我们都不能置事业部门的判断于不顾，把这样的事情强加到他们身上。这不符合我当时的政策，也是我日后一贯杜绝的做法。很不幸的是，在这个问题上（尽管没有其他问题了），公司内部争议很大。凯特灵先生、他的实验室以及杜邦先生站在一边，而我和事业部站在另一边。我非常渴望能填平这道鸿沟。

凯特灵先生对自己的新想法有着本能的反应和热情，而现实情况又摆在那儿，如何调和这两者是我要解决的问题。铜冷轿车并没能通过有效性测试。奥克兰的研发失败了。由别克、雪佛兰和诺斯韦的首席工程师组成的精英团队也对此做了联合调查，并判定它仍需继续开发。雪佛兰生产的样车投到市场上以后，由于诸多瑕疵被召回了。而新底盘和新发动机带来的不确定性，又让问题变得更复杂。我们必须承认，研究部门的工程师和事业部的工程师相比，在底盘设计上经验不足。所有这些事实和情况我都必须考虑。

1923年7月2日，我给凯特灵先生写了一封信，部分内容如下。

1. 您说前天您得知所有的雪佛兰轿车都被召回了。现在您回忆一下，我们在底特律杜邦先生的办公室里达成过共识，将终止雪佛兰铜冷轿车的装配计划，只有在努德森先生、亨特先生和您向我们汇报，认为可以启动装配之后，才可以进行。您回忆一下，当时您也是会议成员之一，似乎我们经过很长时间的讨论以后，觉得这样做是对的，中间还谈到了很多技术问题。同样在这次会议上，大家还同意自8月1日开始的销售年度起,铜冷轿车计划还会继续。坎贝尔先生也得到了授权,能够签两类合同。对此您应该记得。因此,这次会议关于雪佛兰达成的共识就是:第一,他们能在1923~1924销售年度卖两种轿车。第二,在得到授权之前,不再装配铜冷轿车。因此,您也能看到雪佛兰所处的窘境。我们告诉他们有两款车可以卖,但其实他们只能生产一种。我提这些只是为了避免误会。

2. 我最近注意到,市面上有143辆铜冷轿车似乎必须召回,并重新进行装配。换句话说,之所以说必须召回,是基于客户或多或少存在抱怨这一事实,这跟发动机并没有特别的关系,但和整车有关系。它们应该被召回并进行调整。没有人说过这是由于发动机故障或其他的原因。只是通盘考虑后,觉得召回势在必行。您要知道,当我们这么做的时候,必然涉及政策细节的落实,而有时候,我们不可能让所有执行人员都完全理解并妥善表达这一政策背后的真正原因。

我略过一些非重要的细节,再说一下这封信的结论:

7. 您认为当前局面毫无希望,对此我并不同意。就组织整体而言,我对它充满信心。要我说,这家公司赢得的赞誉实至名归,而它受到的那些指责也无可厚非。现在遇到的大麻烦是,人们显然对铜冷轿车缺乏信心。尽管公司的高管和执行委员会已经想尽办法让大家接受它,但我们的事业部迄今仍然对它不信任,这就让这个问题实际上无法解决。在我看来,这是摆在我们面前的真正问题。项目的功绩也好,我们投入的时间长短也好,都不能改变这个局面。我们现在必须做的,就是让我们的员工也能像您一样了解这件事,当我们做到这一点以后,就不会再有什么问题了。我认为采取强制措施并不会收到成效。我们尝试过,但失败了。我们要想成功,就必须采取不同的方式。

我引用了这封信里的不少篇幅,因为信中涉及很多话题,其中大多数都是不言而喻的,至少在我看来是这样。

为了缓解这种紧张气氛,我提议制订一个铜冷轿车的新开发计划。

显然,我们犯的一个基本错误就是责任的分散。执行委员会、运营事业部和研究公司都在尝试做管理工作,而部门内部和部门之间都存在着分歧。我们现在必须回到正确的原则上来,把责任聚焦到一个点上,并予以帮助。我的计划是成立一个独立的试运营部门,全权由凯特灵先生管辖,也可以说是铜冷轿车事业部。凯特灵先生可以指派他的首席工程师和生产人员来解决制造中的技术问题。这个组织也将负责铜冷轿车的市场推广。产量的多少将由市场环境来决定。这个计划将给凯特灵先生提供一个不受干涉、充分施展的空间,他坚信的轿车概念是否合理,也就能顺利得到验证了。

为了对这种新办法进行评估,我召集了一次会议,参会人有费希尔、莫特和我。我们都对这个提议表示认同。1923年7月6日,我给杜邦先生发了会议备忘录,其中写道:

> 费希尔先生、莫特先生和我昨天就一项政策建议进行了长谈,这项政策建议将比我们之前推行的更加具有建设性和影响力。我们感到,如果强迫事业部去做他们不相信的事情,或者做一些存在争议的事情,那么我们走不了多远。而如果总工程师和凯特灵先生的责任是分离的,我们也走不了多远。除非我们确保把责任归属到某一方的手中。我们迫切希望能让铜冷轿车的商业价值得到切实的证明,并且相信这份政策建议是唯一的出路,当然这也取决于您的批准。
>
> 我们今天早上跟凯特灵先生就这件事情进行了长时间的讨论。他对我们提出的每一个观点都绝对认同。他似乎对于接受这个建议饶有兴趣,并且非常有信心能够按照这些措施把事情做成。该计划基于以下原则。
>
> 1. 到目前为止,铜冷轿车的商业开发已经彻底失败了,并且由于其间经历了反反复复的失败,项目进展处处受阻,进而导致今天的局面比两年前还要糟糕。
>
> 2. 为确保项目成功,必须把施工责任集中到一个人的手里。
>
> 3. 我们认为要想取得满意的成果,唯有成立一个独立的运营部门,这个部门只有一个目标,就是证明铜冷发动机的创意具有多大的商业价值。

4. 因此，我们已决定要在代顿成立一个新的事业部，包括使用研究工厂的部分设施，特别是飞机事业部腾出的那片地方。我们将在那儿设立一个有一定组装功能的机构。凯特灵先生将任命一位首席工程师，并通过他对工程的运营全面负责。

5. 新部门将接管四缸铜冷发动机，有可能还会包含六缸奥兹的业务，并将依照自己的名字做市场开发。开始的时候每天生产5辆或者10辆车，以后可以随着需求的增加逐步提高。

6. 所有已开发的工具设备和库存产品仍将得到利用，除非凯特灵先生决定要做调整。

7. 新部门会有自己的特色。因为它的产量相对少，发动机也独特，所以产品价格可以定得高一些。此外，我们确信它的车身也会被市场所接受。这些都会让这款车更具吸引力。

费希尔先生、莫特先生和我自己都认为，这是唯一的出路。我们应该把责任划分清楚，结束铜冷轿车与其他事业部之间的混乱状态。这样事业部就可以按照自己的方式继续推进业务。这些事业部要想在未来维护住现有的市场地位，还有很大的问题要解决。我认为，要想在凯特灵先生与亨特先生之间，或者是凯特灵先生和其他任何人之间，就铜冷轿车开发的诸多技术细节达成共识是徒劳的。他们之间永远不会达成共识，必须要有一个人能按自己的方式，依靠自己的判断来解决问题。

把铜冷轿车从事业部和庞大的销售部门中分离出来，对此杜邦先生并不认同。但最后他还是接受了。铜冷轿车开发的重任落到了代顿身上，由凯特灵先生管辖。汽车事业部也轻装上阵，推进常规的水冷计划。1923年7月25日我给执行委员会成员写了一份审议备忘录，部分内容如下：

> 自从通用汽车的重建工作开始以来，两年半已经过去了。在这段时间里，由于我们在铜冷项目上受阻，雪佛兰轿车的市场地位并没有获得应有的提高。当然，我们采取的每一步行动都是经过深思熟虑的，造成这一结果的原因也许有很多。至于真正的原因在哪里，可能有不同的意

见。但事实总归是事实，这份备忘录只是想说，假如我们现在有了一款精心开发的车型，我们能取得哪些竞争优势。或者说如果我们能尽早开发出这款车的话，我们预计会有哪些回报。毫无疑问，如果我们既有铜冷发动机又有水冷发动机，我们就能确立这些优势，或者至少能确立最重要的优势，因为我认为这两款发动机的设计差别其实并不大，尽管铜冷发动机不需要用水这一点无疑是个进步，但其他方面的设计大致相同。

这份备忘录不仅对时间的浪费表示了惋惜，而且预示了新项目的推出。雪佛兰水冷轿车经过全新设计后，将按照1921年制订的产品计划投放到低价格、高销量的市场中去。

而铜冷轿车此后没再有机会闪亮登场。它逐渐淡出舞台，具体原因我不得而知。㊀当时的汽车市场正在蓬勃发展，而我们的精力都放在了如何满足客户需求、如何应对市场竞争，以及如何提升水冷轿车的设计上。

凯特灵先生和他的员工后来取得了很多非凡成就，他们开发出了四乙铅、高压缩发动机、无毒冷冻剂，双冲程柴油机让通用汽车引领了铁路的变革，还有很多其他发明、改进和研发被广泛应用于汽车、火车、飞机和电气设备中。

铜冷发动机的深远意义是，它教会我们，有组织的合作与协同对于工程和其他事务来说价值很大。它表明，我们有必要在事业部和集团公司的工程职能之间，以及高级产品工艺开发和长期研究之间进行有效的区分。铜冷发动机的这段经历充分表明，对于企业制定的组织政策和经营政策，管理者必须予以支持并信守。总之，这段经历对通用汽车未来的组织方式产生了重要影响。

㊀ 多年以后，风冷发动机的技术进步使得它在汽车领域的应用具有了现实意义。如今雪佛兰的科威尔轿车里有一款用的是铝制风冷发动机。

My Years with General Motors
第 6 章

稳步发展

1923 年春季，皮埃尔·杜邦先生辞职，我成为继任者。这标志着通用汽车第一阶段的发展告一段落。尽管产品的开发受阻，但公司业务实现了整体上的稳定发展，这在当时也是最紧要的需求。虽说 1920～1921 年的经济衰退影响已过，但业务的企稳从根本上来说还得归功于杜邦先生。挽救公司于危急关头，带领公司开拓出新局面的第一功臣，非杜邦先生莫属。当他看到公司又能独立运作的时候，便决定把运营权交给汽车界的专业人士。为此他采取了以下方式。

1923 年 4 月 18 日，通用汽车召开了股东年会。会上选出了来年的董事会成员。第二天，也就是 4 月 19 日，董事会召开会议，选举原班人马负责新一届的管理工作，包括让杜邦先生继续担任总裁，各常务委员会也续任。几乎所有的董事会成员都认为，我们会再干一届，我当然也是这么想的，但事实并非如此。

5 月 10 日的一次例行会议结束后，杜邦先生召集了一次特别董事会。他请莫特先生担任这次会议的主席，随后提出了辞去总裁职务的请求。董事会一致通过了如下决议。

经提议并一致通过，

决议：接受杜邦先生辞去总裁职务的请求。

并且进一步

决议：在接受这一请求之余，董事会想把对杜邦先生的感激之情记录归档，感谢他在过去两年半担任总裁期间，为公司做出的宝贵贡献以及个人所做的牺牲。杜邦先生担任总裁期间，公司业务蓬勃发展。对于他的去职决定，董事会深表遗憾。同时董事会也很欣慰地得知，杜邦先生并没有完全脱离公司，他仍将作为董事长，继续积极参与指导公司事务。

会议接下来讨论谁来接替总裁的职位。我得到了杜邦先生的提名，并最终当选。随后我又当选了执行委员会的主席。尽管杜邦先生的辞职决定出人意料，但在他接任总裁的时候大家就知道，他在这个位置上不会待太久，也知道在他任职期间，会把很多运营责任都交给副总裁，事实上他也是这么做的。

杜邦先生在通用公司的关键时期发挥了显著的作用，做出的成绩难以估量。在他担任总裁期间，我们俩的关系一直非常紧密。我们一起出差，一起参加会议，一起针对所有出现的问题交流讨论。杜邦先生是在已经退休的情况下重新出山的，他掌管的这家公司业务复杂，财务问题严重，而自己对这个行业又没有太多的经验。雪上加霜的还有员工辞职，公司的市场地位在不断下降，以及管理层对企业现状和未来前景信心不足。然而可以这么说，仅仅是杜邦先生担任公司总裁这一事实，就让整个态势发生了逆转。银行打消了顾虑，企业对未来重拾信心，股东感到欢欣鼓舞；公司里所有人都下定决心，不仅要坚持下去，更要充分利用自身业务蕴含的巨大机遇，包括杜邦先生杰出的领导力带给我们的信心和鼓舞。

杜邦先生在管理上亲力亲为。他搬出了自己在宾夕法尼亚州的家，那里离特拉华州的威尔明顿不远。他把时间都花在了纽约和底特律，隔几周便往返于两地。他经常到实地出差考察、讨论问题，以便在现场做出更准确的评价。白天他做调研和观察，到了晚上进行讨论——即使这样也很难应对层出不穷的问题。杜邦先生的管理可以说是把业务的评估和构建合二为一。由此，我们能够识别出业务的不同要素，并在这个过程中进行多次试错，从而为现在的通用汽车奠定了基础。

从原则上来说，杜邦先生采纳的组织架构和对产品线的管理方法都是合理的。同时他还引入了会计和财务系统。约翰·拉斯科布和杜邦的前任财务主管唐纳德·布朗一起，为通用汽车制订了一份非常全面的激励计划，又辅以措施，为最核心的管理层提供机会，参与企业财务收益的分配。这项管理层参与的分配计划被称为经理人持股计划（会在后面的章节中详述），它源于杜邦先生的一个信念，就是在股东和管理层之间理应形成伙伴关系。杜邦先生还清算了亏损的事业部，比如萨姆森拖拉机，并指导进行了大量的金融重组，这也为公司的健康发展打下了坚实基础。

管理还可以从人才的引进与留用层面来衡量。1923年，通用汽车拥有许多来自各地的人才，有的在通用汽车任职，有的与通用汽车关系密切。他们都将在美国的汽车工业青史留名，有的人当时就已崭露头角。这其中有费希尔兄弟，排行老大的是弗雷德里克·费希尔。有年轻的查尔斯·威尔逊，他在印第安纳州的安德森担任雷米电气事业部的负责人，后来又先后担任公司的总裁以及美国国防部长。有詹姆斯·穆尼，他是公司的副总裁，主管通用汽车的海外业务。在代顿，主管德科照明的是理查德·格兰特，他后来领导雪佛兰于20世纪20年代销量一路攀升，并成为全美的顶尖销售。AC火花塞事业部的审计师是哈洛·科迪斯，他在朝鲜战争后，通用汽车业务大发展时期担任过总裁。有威廉·努德森，他领导雪佛兰数年，后来也担任过公司的总裁。约翰·托马斯·史密斯是法律总顾问，他后来也成为执行委员会成员。我想说他对于道德、公共事务和法律方面的主张，在企业界非常具有影响力。雪佛兰的生产负责人是K.T.凯勒（Keller），他后来成为克莱斯勒公司的总裁和董事长。阿尔伯特·布拉德利当时是财务部门一名非常年轻、重要的成员，后来他成为通用汽车的董事长。像这样的人还有一些。他们和我之前提到过的一些人（其中值得一提的有查尔斯·莫特、查尔斯·凯特灵、约翰·拉斯科布、唐纳德·布朗和约翰·普拉特（后面三位来自杜邦公司））一起组成了一个伟大的团队：他们要么经验丰富，要么具有出色的潜质，其中既有汽车行业专家，也有财务专业人士。

至于我自己，我知道当选公司总裁既是一种巨大的责任，也是一个难得的机会。我下决心要为这项事业的发展做出个人牺牲。我会倾尽所有的精力、经验和知识，帮助公司取得伟大的成功。从那以后，通用汽车对我来说就是毕生的事业。我成为总裁后，先前作为运营副总裁的职责并没有太多改变，工作仍照常进行。事实上我担任总裁有个好处，就是我之前提出的很多基本观点后来都成了公司政策。公司的发展摆在了眼前。

但皮埃尔·杜邦先生在危急时刻拯救了通用汽车，在这一点上他功不可没，也为公司未来的发展打下了基础。

My Years with General Motors
第7章

委员会的协同

1923年秋天,公司上下的兴奋之情溢于言表,因为轿车和卡车的市场销量即将突破400万辆,同时大家也非常希望因铜冷发动机引发的组织问题能得以缓解,毕竟这一事件给通用汽车带来的影响是深刻的。与此同时,市场对汽车的巨大需求也形成了一种约束力量。面对20世纪20年代汽车产业的回暖及挑战,我们的重整无疑恰逢其时,所谓重整就是协同。

协同是把诸多管理职能联结起来的一种实践手段。我们在1919~1920年期间的《组织研究》报告中,已经确定了组织原则。我们现在需要把这些职能迥异的部门切实协同起来,比如总部办公室、研究部以及分权管理的事业部。各事业部可以独立运营,因为它们有工程、生产和销售职能,换句话说,它们的经营活动能创造利润。总部职能往往会与这些事业部接合。比如,总部的一些工程职能和部分甚至所有事业部的工程任务休戚相关。总部和直线业务部门之间如何接合至关重要,在这方面我们是有过教训的。铜冷轿车的经历表明,这其中的任何环节一旦演变为纠纷,都会造成运营的停滞。

广义上讲,协同与分权的问题应从企业的最高层抓起,如今这也是我的职责所在。在第一阶段新领导班子成立之时,我已经着手做这件事情了。我在1921年年底的纪要中，谈及集团最高层的任务时引出了分权的话题。首先我提出了如下原则：

> ……在（组织）这个问题上，我完全相信组织的分权管理。经过这一年的工作，我仍然坚信，只有分权化的组织才能培育出人才，解决公司的重大问题。但即便如此，我们也必须要对某些事情有充分的认识，而我对这些问题的理解，也比之前要更加深刻……

我在预言公司1921年的债务危机行将结束的同时也提出，这些问题主要是和执行委员会这个最高运营机构相关。其中包括：执行委员会作为政策制定机构应扮演怎样的角色，各运营事业部的话语权如何，以及总裁权威的必要性。我这样写道：

> a.执行委员会的职责应特别限于对原则的把控。这些原则应由运营机构来提出，并予以妥善发展和落实。执行委员会不能像现在这样，成为一个集团管理机构。

关于这一点我之前已经描述了，无须赘述。但我还是要说，尽管不了解我的人常常指责我，认为我是委员会制度的拥趸（某种程度来说，我也的确是这样的人），但我从不认为，像这样的一个团体能够管理任何事情。团体能够制定政策，但只有个体才能落实执行。特别是在铜冷发动机的问题上，我们执行委员会四人做的事情，在我看来是在试图管理业务部门。

我接下来的观点，并不是想说执行委员会缺乏汽车行业经验，而是为了指出，执行委员会需要和运营部门整合起来。

> b.执行委员会中，运营方的话语权没有得到充分体现。这个问题可以通过增设成员的方式来解决。我提议增加莫特先生、麦克劳林（McLaughlin）先生和巴塞特先生。执行委员会的会面频率不要超过两周一次，或许可以每月一次。

接下来我建议，总裁应该拥有更多的权威性，而不是更少。乍一看令人意外，其实不然，因为它符合由个体而非团体来把管理落实到位的原则。实际情况是，我在担任运营副总裁的时候，总体运营的任务落在了我身上，而我们也遇到了职权不清的情况。我这样写道：

> c.无论谁主管运营工作，都应该拥有实权，以应对紧急的局面。最好是集团公司总裁能够对运营全权负责。如果这样做不可行，则需要任命他人。无论运营负责人是谁，都应建立起合理的组织，与运营方和执行委员会保持联系。

然后我举了一些例子，指出了政策和管理之间的区别。我说，总体的定价政策应该交由执行委员会。因为我们会涉足各事业部的产品定价，所以显然也不希望凯迪拉克轿车和雪佛兰轿车的价位雷同。

谈到执行委员会对产品特征和品质所施加的影响，我这样写道：

> 对拟定的产品规格甚或是主要特征的审批，执行委员会不宜干涉，除非该项审批意义特别，比如当产品进入新领域，或者可能损害现有盈利产品的市场地位时。执行委员会对于这类问题的处理，应该站在政策的角度，规范各事业部产品质量的整体发展方向，以保证产品价位的合理分布，避免事业部之间出现业务过度重叠的情况。我们要对政策做精心的设计，还要向各事业部进行宣讲和传达，让他们完全理解产品质量所应达到或维系的整体水平，要让他们知道，所有重大的设计改动都应提交给执行委员会进行审批。执行委员会不应试图对机械性能进行审批，而是必须依赖运营组织中有资格的个人或机构来做评判。
>
> 总体来说，执行委员会的活动应该围绕制定政策来展开，它要确保政策得以清晰、全面地传达下去，从而为行政措施的授权奠定基础……

我不记得杜邦先生对这些建议是如何表态的。我想他肯定是同意了，因为他配合我把这些建议付诸实施了。1922年，他促成了莫特先生和弗雷德·

费希尔（Fred J Fisher）入选执行委员会，他们俩在运营方面经验丰富。1924年，当我担任执行委员会主席的时候，杜邦先生同意增补巴塞特先生、布朗先生、普拉特先生、查尔斯·费希尔（Charles Fisher）、劳伦斯·费希尔（Lawrence Fisher）。这使得执行委员会的总人数达到了十人，其中七位有运营经验，两位有财务背景，再加上杜邦先生自己。这样执行委员会与运营组织之间就取得了一致，尽管后来执行委员会的名称有所变化，但这种一致性保留了下来。最终，执行委员会将自身的职责限于政策事务的处理，把管理的责任交给了总裁。

接下来的问题涉及协调专业职能部门、直线业务部门和总部之间的关系。我会描述一下其中的步骤，完成这些步骤后，组织形式也就呼之欲出了。

前两步涉及采购业务和广告业务，这两步为建立组织的实际形态指明了道路。我在1922年接受了一项任务，成立综合采购委员会。关于这个委员会，有两件事情意义重大、值得思考。一是这个委员会本身的价值有多大；二是我们在协同方面取得的经验教训，这种收获是不经意的，跟这里的内容却更相关。

集中采购并非我们独创的想法。当时人们已经把它视为产业经济中的一条重要措施，在某些情况下我也相信的确如此。我在海厄特给福特汽车供应产品的时候，就经历过规模经济。集中采购被视为由一个单一的采购部门来执行一家企业多个事业部的采购合约，但我们发现这种观点过于简单化。我看到通用汽车在1922年的问题是，一边通过综合采购合约获得规模优势，包括采购轮胎、钢材、文具、抹布、电池、量块、乙炔、研磨机等物品，一边允许各事业部自行管控。在一份预备备忘录中我提出，采购协同预计将给公司每年节省500万~1000万美元的开支；更便于管控（特别是降低）库存；在紧急情况下，一个事业部可以从其他事业部那里获取物资；公司的采购专员也可以利用市场价格的波动做文章。但我承认会有一些特殊的困难存在，"因为要考虑到，公司几乎所有产品都有很强的技术特征。并且要认识到，我们要和很多人的个性和观点打交道，每种个性和观点都有它与某种产品相处多年后形成的烙印，而产品之间又各不相同"。换言之，问题在于当分权管理已经植入产品技术和经理人的意识中以后，我们能否意识到它的天然局限性。关于经理人的意识问题，当我第一次建议成立一个采购部门来做协同工作时，争议颇多。经理人给出的理由包括：他们拥有长期的经验，他们的需求是多种多样的，事业部的这些职责如果被剥夺，会影响轿车开发计划的实施。

为应对这些反对意见，我提议成立综合采购委员会。委员会的大多数成员来自各事业部，每个事业部委派一名代表。事业部对这一提议表示支持。因为他们知道，在这个委员会中他们有话语权，能参与到采购政策和流程的决议，能确定方案的规范，能起草合约，并且委员会的决议具有最终效力。这样一来，委员会中各事业部的代表有机会在公司整体利益和部门的个性需求之间进行平衡。集团公司的采购部门有权对委员会的决策进行管理，但无权决断；也就是说，委员会与集团采购部门之间的关系是"本体与代理人"。采购委员会机制持续了大约10年，并且运转良好，但同时也暴露了一些局限性。

第一，事业部对于任何特定产品的需求量通常来说已经足够大，足以让供应商为该事业部提供最低价格。

第二，管理问题。假设公司给所有的事业部提供了一份供应商清单，有时会出现这样的情况：一家没有进入采购清单的供应商会找到某个事业部，给它提供更低的价格，甚至该供应商之前还参加了这次招投标。这就会引起混乱和不满。

第三，大量采购的部件和材料彼此之间没有共性。它们是特殊物品，只适用于某种特定的工艺。

因此，我认为综合采购委员会并非成功的典范，但它促使我们朝着产品标准化的方向努力。这种努力以及对于标准化生产的描述非常重要。综合采购委员会真正持续成功的地方，在于实现了材料的标准化。

同时，综合采购委员会给我们上了协同的第一课。这是我们第一次经历事业部间的协同，涵盖了直线业务（事业部层面）、专业职能部（综合采购部门）以及总部（我是委员会的第一任主席）。两年以后，我在评估这项工作时写道：

> ……我认为综合采购委员会已经指明了路径，并且已经证明，各职

能活动的负责人能够协作起来，在努力创造自身利润的同时，也为公司股东的利润贡献着想。这种协调规划的方式从各方面来说，都要远好于依赖中央职能，向运营部门灌输计划的做法。

接下来迈向协同的重要一步发生在广告领域。我在1922年的时候做过一些消费者研究，我发现除了华尔街和百老汇以外，全美国的消费者对通用汽车毫不知情。因此我想，我们应该宣传一下母公司。巴顿·德斯汀·奥斯本（Barton，Durstine，and Osborn），也就是现在的BBDO，给我提交了一份方案，方案后来得到了财务委员会和公司高层的批准。但由于方案与事业部有关，我请事业部的相关人员和底特律的其他高管也发表见解，看这个方案是否合适。大家对方案的价值表示认同，并同意请布鲁斯·巴顿（Bruce Barton）全面负责广告活动的执行。然后我们成立了机构广告委员会，成员包括轿车事业部的经理和总部职能的同事，目的是协助巴顿先生的工作，"同时与公司宣传所涉及的其他流程环节展开必要协作"。我还制定了一条规则，如果任何广告主题涉及具体的事业部，就必须得到该事业部的批准，这也是我们在处理与事业部关系中额外收获的小经验。

但我们在业务协同上真正迈出坚实的步伐，还得说是在铜冷发动机事件发生之后。这件事情结束后，部门之间分崩离析，尤其是研究部门的工程师和汽车事业部的工程师彼此不和，因此我们必须采取一些措施。这既是为了弥补创伤，也是希望能从根本上来解决新概念开发和汽车生产之间的冲突。首先需要做的是找一个地方把这些人召集到一块儿，在和谐的气氛下交流信息、消除分歧。在我看来，这种思想交流会最好是在高层主管在场的情况下召开，因为他们最终需要对未来计划做出重要决策，或者予以批准。

如果通过回忆来展现这件事情的全景，难免会遇到一个常见问题，就是大家很可能认为我说的事情虽然听上去符合逻辑，但实际情况未必如此。与其这样，我不如在这里引用一封建议书（我相信这是关于整个事件的关键声明），它是我起草的，发给过公司的多名高管，并在1923年9月获得了批准。

过去很长一段时间以来，我感到如果我们能够制订一项合适的计划，取得所有相关方的支持，我们的公司就能收益良多。因为不同业务运营部门之间，可以针对相同性质的工艺问题展开合作。特别是我们的轿车事业部，毕竟它们处理的很多问题特点大致相同。这种合作已经在采购部门展开了，并且成效显著。我相信随着时间的推移，它的成果会在很多方面得以显现，而不仅仅是在大幅提高公司利润这方面。我们机构广告委员会的活动办得很不错，杜邦先生在参加过其中一次活动后告诉我，即便不把活动的广告价值计算在内，公司也收获不菲，它培育了通用汽车的文化氛围，也促进了委员会全体成员之间的合作，而以前大家只是各司其职……这种花费是非常值得的。我非常确信，我们所有人对于这些原则都表示认同。我觉得这些案例很有说服力，并且同样的原则也适用于工程部门。在我看来，我们值得把这一原则认真地应用到实际运营中加以尝试。我完全相信它能取得成功。因此我认为，我们此刻应该建立一个姑且称为综合技术委员会的机构。该委员会应拥有一定的权力和职能，一开始的时候，我们可以对这些权力和职能进行宽泛的定义，随着工作的进展，我们再通过多种方式对这些权力和职能进行强化。

综合技术委员会的启动需要我们首先制定出一些通用原则，而在此之前，我认为我们大家要明确一个共识，就是该委员会的职能绝不是处理任何一个运营部门的具体工艺问题。我相信大家对于通用汽车的组织计划都真心认同，按照该计划，运营的具体工作由事业部的总经理全权负责，集团公司总部官员对运营事务的过问仅限于非常宽泛的层面。这样一种组织方式在我看来完全合理，因此我当然希望它能在运营中得以贯彻。此外，我一直都认为，通用汽车最大的问题之一就是如何在现有的组织规划基础上增加一些方法，利用集团公司的整体优势来创造更多股东价值。我觉得随着时间的推移，我们有必要在事业部和总部的运营活动之间建立平衡。就我目前看到的情况，最好是把各事业部相同职能的人组织到一起，让他们自己决定需要进行哪些协作，赋予这个组织处理问题的权力，并让他们感受到，他们能够建设性地行使这项权力。我相信，这样一份计划如果制订得当，就能够维系运营部门和公司总部之间的必要平衡，发挥出协同带来的整体优势，同时又不会束缚任何部门的主观能动性。

假设这一点原则上正确，我再来谈谈综合技术委员会的具体职能。我认为职能协作是所有制造型企业面临的问题，因此这个话题同样适用于其他委员会。

1. 委员会处理的问题应该是所有事业部共同关心的，这些问题主要涉及公司整体工艺政策的制定。

2. 专利委员会的职能应该终止，由综合技术委员会来承担，因此对于专利委员会此前处理的专利事务，综合技术委员会也有权接管。

3. 综合技术委员会原则上不应插手运营部门的具体事务，各事业部的运营职能由事业部总经理全权负责。

需要指出的是，专利处的顾问职能和其他专业职能相比非常不同，某种意义上来说它们属于通用组织计划的例外，因为所有的专利问题事实上都是由专利处的总监全权负责。换句话说，所有的专利工作都是集中管理的。但专利程序又规定需要有一个发明委员会，它要与专利处的总监进行合作，并就专利事宜达成某些责任分工。因此事实上，发明委员会的人员很大程度上必然会跟综合技术委员会的人员重合，简便起见，建议把这两个部门整合到一起。

接下来还需要考虑代顿通用汽车研究公司的职能。到目前为止，我感觉通用汽车还没有把管理系统的效力发挥出来，未能利用好代顿公司的优势。我做出这样的论断，是基于几个方面的原因。最重要的是我们缺乏适当的管理政策，或者也可以说是组织机制缺位，而这种组织机制不仅可以提升总部与研究公司之间的协作，还可以提升各运营事业部之间的协同效率。我相信我们都同意，代顿有很多的研究成果和工艺问题的解决方案，但它们只有被运营事业部接受并商业化以后才能创造价值。我完全相信，我们唯有与研究公司更紧密地结合起来，才能取得我们想要的结果，从而提高整个公司的工艺水平。

按照我的想法，综合技术委员会应具有独立性，委员会的秘书长应制订一套有益于全体成员的会议计划，关于这一点我在后面会描述。此外，委员会还应根据自己的判断，在适当的领域展开独立研究和调查，它可以利用研究公司、运营事业部以及外部资源，去追求最佳结果。委员会的任何成员、研究公司和通用汽车的下属单位都可以通过秘书长向委员会提交这样的项目。从1924年1月1日起，通用汽车集团的运营成本将受预算系统的管控，我们会在预算系统中为这类项目预留资金。

我曾在一次运营委员会的会议上表达过上述想法，会议成员既有各汽车事业部的总经理，也有已经加入综合技术委员会的集群副总裁。他们对这项提议颇有兴趣，似乎都认为这一举措富有建设性，能得到所有人的支持。

我们可以把上述想法提炼为几项原则，明确一开始要做的事。我提议如下：

1. 应该在公司内部建立轿车事业部和工程部门的合作机制，其中包括通用汽车研究公司的工艺和研发活动。合作将以委员会的方式进行，委员会名为综合技术委员会。

2. 委员会原则上由各轿车事业部的首席工程师和其他一些成员组成……

综合技术委员会就这样成立了，它成为公司在工程领域的最高顾问机构。它把那些曾因铜冷发动机项目而意见不合的人聚集到了一起：有来自各个事业部的首席工程师，值得一提的有亨特先生；有主管级工程师，值得一提的有凯特灵先生；还有一些是公司总部的管理层，而我担任该委员会的主席。正如我所建议的那样，这是一个独立的机构，有自己的秘书长和预算编制。1923年9月14日，该委员会召开了第一次会议。我有幸与这些能工巧匠（负责研发的凯特灵先生，负责雪佛兰生产工艺的亨特先生，亨利·克雷恩是我的工程事务助理，还有其他一些人）举行了座谈，会谈气氛友好，所有人重新投入到对汽车未来发展的讨论中。

综合技术委员会提升了工程部门在公司里的地位，并帮助工程部门引进了更多合格的设施和人才。委员会安排的活动彰显了产品整体性的重要，并把这作为企业未来成功的基本要求。委员会非常有效地提升了全公司对于产品吸引力和产品改良的兴趣，并且付诸行动。事业部工程师之间也形成了自由交流新观点、改进意见和经验的氛围。简而言之，信息的协同更顺畅了。

综合技术委员会被赋予了一些特别职能。有一段时间，它需要处理专利事务，但很快这些事情就移交给了一个新设备委员会。综合技术委员会更重要的任务是在密歇根州米尔福德新建的大型试验场那里，它要承担某种类似董事会的角色。对于我们的未来产品而言，测试显然已经成为一个关键问题。受控条件下的试验场测试与公路上的测试从逻辑上讲是不同的，而后者是当时行业的普遍做法。委员会要确保试验场能开发出标准化的测试程序和测量设备，并使之成为公司的评测中心，来对各事业部的产品和竞品进行独立的比较。尽管发动机测试不会在试验场进行，但委员会要负责开发一套发动机测试规范，从而把不同事业部测试发动机的做法统一起来。

不过综合技术委员会作为一种最温和的组织方式，其首要任务是发展学习小组，也称为研讨会。会议开始的时候通常会阅读一两篇文章，内容涉及某个具体的工程问题或设备问题。然后这些内容就成为讨论的中心。讨论结束后，有时会批准引进新设备或新方法，或者采纳有关工程政策和程序的建议。但更多时候，会议成果只是把信息从一个人传播给了所有人。成员们返回事业部后，对汽车工艺的新发展和当前问题有了更全面的理解，也知道了公司其他部门所做的工作。

综合技术委员会的报告、文章和讨论都是围绕短期工程问题进行的，比如刹车、油耗、润滑，以及因四轮刹车和"气球"轮胎开发带来的操控机件变更（由此成立了一个负责与橡胶公司协商的下属委员会），还有燃烧浓缩物导致内部锈蚀和油污后，应该如何处理（这个问题最终通过一套妥善的曲轴箱通风系统解决了）。1924~1925年期间，委员会的关注点在于对经销商和销售部门进行教育，内容涉及当时汽车工艺的广告和销售价值。我请委员会开发了一套标准，以便客观地定义出不同款式和型号的"轿车价值"。1924年我还交给了委员会一项任务，就是针对不同的轿车制定出一套通用规范，以帮助我们确保产品之间的差异化，做到区隔产品的同时，彼此之间的价格和成本仍然保持合理的关系。

在委员会的早期阶段，大多数的长期调查和研究报告是由凯特灵先生的同僚提交的。报告探讨的问题包括：气缸壁温度、气缸盖、套筒气门发动机、进气歧管、汽油四乙铅和变速器。基本上，主题都与汽油和冶金有关，而这两个主题对于汽车性能日后的改进至关重要。

1924年9月17日，委员会召开了一次主题为变速器的会议，很好地说明了委员会是怎样工作的。我根据会议记录来描述一下。凯特灵先生首先描述了不同类型变速器的优缺点。然后大家从工艺角度，针对惯性式变速器的实用性展开了长时间讨论。亨特先生从"商务角度"对不同类型的变速器发表了看法。他说，交通压力的增加需要轿车"具备实实在在的加速能力，此外还必须能够及时刹车"。经过一番交流以后，我总结陈词："我理解委员会的看法大致是这样的，首先我们应该看一下最终目的，它其实是要解决一个研究性问题，而惯性式变速器的成功概率最大。㊀严格意义上来说，这是一个研究性问题，难道委员会不应该请凯特灵先生竭尽全力进行开发吗？其次，现在我们各事业部都必须让离合器和变速器的惯性与摩擦做到最小，这是它们自己需要解决的问题。"

通过这种方式，我们把研究公司和各事业部的职能分离开来。尽管如此，那个时候事业部也承担一些长期项目。比如说，雪佛兰就负责开发一款便宜的六缸轿车。

那年夏天，我给凯特灵先生写了封信，谈到了技术委员会在加拿大奥沙瓦举行的一次会议。信的内容大致如下：

……我们举行了一次非常棒的会议，会议进行得很顺利，小伙子们还在那里共度周六，有些人还待到了周日。一些人去钓鱼，还有一些人去打高尔夫。这对于把有共同想法的人凝聚到一起是非常有帮助的。一想到我们的广阔前景和诸如此类的事情，我不禁感到，这种工艺上的合作方式实在是太棒了。我们必须保持耐心，我确信随着时间的推移，我们的这种方式将会得到全面回报，它会比军队化的管理方式更好，而我不认为后者能带我们走多远。

㊀ 惯性式变速器从技术上看，的确最有可能成功，但它的实际表现缺乏足够的稳定性，使用寿命也短，无法确保量产。

这种部门间委员会的方式最初是在采购业务部门和广告业务部门中小试牛刀，然后在综合技术委员会得到了进一步的应用，它算得上是公司在协同方面的第一个大手笔。此后，我们把这种概念继续用到事业部的绝大多数主要职能活动中。接下来我们成立了针对销售的部门间委员会。销售的成熟度当时相对较低，这是因为汽车行业直到20世纪20年代中期才首次进入商务阶段。于是，我成立了总部销售委员会，成员包括各事业部的轿车和卡车销售经理、总部销售人员和总部管理层。1924年3月6日，我们召开了第一次会议，我作为委员会主席发表了如下讲话：

  通用汽车无疑信守分权运营的承诺。然而有时候，我们显然需要通过协同努力，才能制定出对公司、股东及各事业部最有利的整体规划和政策。

  我们的竞争对手可能近期就会进行资产兼并，因此我们更有必要全方位地协同好我们的工作。你知道这是由行业趋势决定的，利润的减少将会让这种趋势加剧，而随着近期市场高度竞争的格局出现，我们预计这个行业会发生根本性的改变。

  正如你们所知道的，通用汽车在不同的价位上进行了产品布局，并且取得了很多进展，在这些价位市场上，相对来说竞争并不激烈。从设计和生产的角度来说，我们通过促进事业部经理与工程师之间的合作，在协作方面取得了非凡的进步。

  我们在销售活动领域也需要通过类似的协作来发展。我认为在通用汽车内部，大家都已经意识到业务"瓶颈"将会出现在销售端。这在任何一个行业都是非常自然的现象，最终的瓶颈都会走到销售端，而汽车行业也开始出现这样的端倪——虽然目前的时机还不成熟。

  我们的想法是，对于影响到公司整体性的所有重要销售问题，都由这个委员会来负责管理。这是你们的委员会。对于任何需要一起讨论和协作的销售问题，你们都可以提出来。无论你们决定实施怎样的整体政策或行动，都将得到集团公司的全力支持。

  我认为，我们应该把会议讨论的主题限定在影响到所有事业部共同利益的问题上。我们知道你们所有人都很忙,所以我们会避免讨论细节问题,只讨论那些基本的问题。我们将竭尽全力让会议符合职业规范,并且直击要点。你们不需要花时间来准备讲稿或其他材料,除非在某些场合下,你们希望这样做。克特尔(B. G. Koether)先生(销售部总监)将担任这个委员会的秘书长。他的部门必要时可以增加人手,并听从你们的派遣,为你们提供服务。

我们还没有针对这些会议设定具体议题,因为我们希望把这件事情交给你们来做。你们更清楚什么样的问题最紧急、最需要关注,而我们只是有时候给你们提供一些建议。至于是否按照这些建议去做,完全取决于你们觉得这些建议是否合适……

考虑到数据统计和财务控制与生产销售问题的关系密切,总部销售委员会的主席职位后来交给了唐纳德森·布朗,他是公司的财务副总裁。这样销售的协同也扩展到了财务部门。

1924年年底,普拉特先生对部门间委员会进行了调研并且证实,大家都认为这是截至目前最佳的协同方式。此后我们对它的形式加以规范,并把它扩展到了生产管理者与发动机及维修部门之间的协同。我们把类似的协同方式也应用到了最高管理层之间,只是做法会有些不同。

读者可能还记得,杜兰特先生领导的时候,执行委员会主要是由各事业部经理组成的,这些经理为各自部门的利益摇旗呐喊。当我们成立新的四人临时执行委员会的时候,我们把之前的委员会成员,其中主要是事业部经理,安排到了顾问运营委员会。当公司的紧急状况解除后,这个顾问运营委员会并不怎么活跃。我担任总裁以后,执行委员会的规模又扩大了。在不同时期,成员中会包括一两位事业部经理,有时这取决于当时的情况,有时是考虑到最大的轿车事业部应该在其中享有一席。但这些只是例外,并非规则。因为从原则上来说,我相信最高运营委员会应该是一个政策性团体,脱离于个别事业部的利益。换句话说,它的成员应该只由总部高管组成。基于这种观点,在我成为总裁以后,我觉得必须要采取行动,让事业部总经理能够经常和高层运营政策的制定者定期交流。于是我重新启动了运营委员会,并安排执行委员会中的总部运营负责人和主要事业部的总经理都加入进来，这样一来，该委员会就成为这两类管理者定期接洽的主要平台。运营委员会并非政策制定机构，它是一个讨论政策观点、发表政策需求的论坛。它会收到公司运营的全套数据并进行评估。"论坛"这个词可能听起来有种无所事事的感觉，但我向你保证运营委员会可不是这样的。在大企业里需要采取一些方式，让大家达成共识。或许可以这么说，当执行委员会的全体成员在场时，如果事业部经理提出的政策建议达成了共识，也就意味着该项政策得到集团公司的批准了。

总之，1925年和之后的若干年，公司整体的协作情况如下：部门间委员会衡量的是业务职能的协作，包括采购、工艺、销售等。运营委员会的成员中包括各事业部的总经理，它评估的是各事业部的业绩。执行委员会负责制定政策，并与各方保持接洽。执行委员会位于运营的塔尖，负责向董事会汇报（它其实算得上是董事会的一个委员会），但是在重要资金拨备上需要接受财务委员会的审批。从运营层面来看，执行委员会拥有最高地位。它的主席是集团公司的总裁，他拥有落实既定政策的所有权力。这就是通用汽车当时的新管理架构，这个架构后来经历了很多次演变，并一直发展到今天。

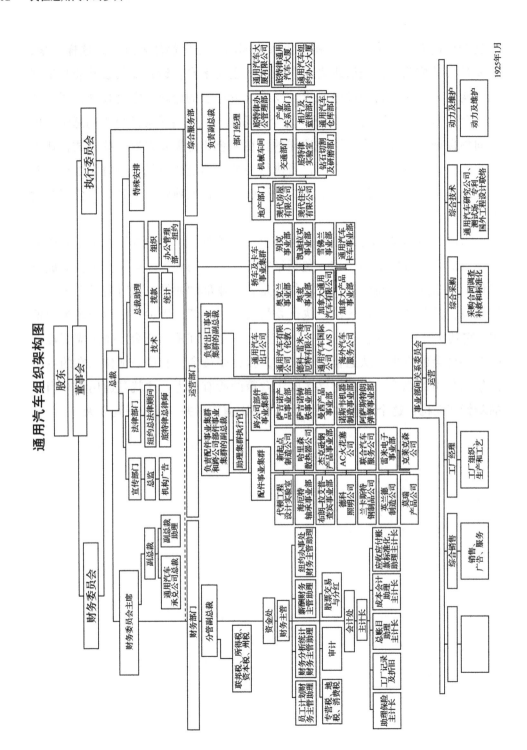

My Years with General Motors
第 8 章

财务管控的演变

20 世纪 20 年代早期，伴随着委员会业务协同的发展，另外一类协同方式应运而生，它就是财务管控。我相信通用汽车所取得的进步，很大程度上源于财务管理、组织和产品政策方面的提升。和组织政策一样，我们的财务政策也是在经历了 1920 年的危机后重新建立的。

对于当时接手的新管理当局来说，制定新的财务管控模式无疑是必要的。问题在于这种新型的财务管控到底是什么，以及如何派上用场。通用汽车财务管控的具体方式很大程度上是由唐纳德森·布朗引入的，他在 1921 年年初从杜邦公司来到通用汽车。还有阿尔伯特·布拉德利，他是布朗先生的同事，很年轻。他 1919 年加入通用汽车，后来接替布朗先生成为公司的首席财务官，此后又接替我担任董事长。他们对于财务理念的贡献，一直以来受到人们的认可。他们针对这个主题写的论文已成为 20 世纪 20 年代的经典。同时他们把这种理念在通用汽车公司进行了实践。现任董事长和首席执行官弗雷德里克·唐纳（Frederic G. Donner）、执行副总裁乔治·拉塞尔（George Russell），以及财务部其他有才华的同事都是从这套非凡的财务体系中脱颖而出的，并为公司做出了长期的贡献。尽管我就财务问题写过报告，还针对部门间业务以及拨款话题发表过观点，但我的经验主要来自运营。我的责任是把财务手段用好，因为财务不能存在于真空中，它必须与运营结合起来。

我已经明确提到过，杜兰特先生缺乏系统的财务方法论。这不是他的做事方式。然而通用汽车的现代化财务理念，正是在他执掌时期引进的。杜兰特先生在安排杜邦管理层进驻财务委员会，承担起公司财务职责方面起到了至关重要的作用。我认为对通用汽车来说，它与杜邦公司合作的重要收获就是在财务领域（除了在董事会层面结成了股东责任关系以外）。早期有很多在会计和财务领域有着丰富经验的杜邦员工加入了通用汽车，并承担起重要的职责。

布朗先生就是其中的一位。简单说一下他的背景，按照他所说的，他于20世纪初在杜邦公司的销售部门干了好多年。1912年，他进入杜邦公司某部门总经理的办公室，挂职担任助理。那时候科尔曼·杜邦（Coleman Du Pont）担任总裁。布朗先生所在的部门总经理由于身体状况糟糕，不得不病休一段时间。那时候该部门生产的几乎全部是爆炸物，包括爆破火药、炸药等产品，而杜邦的执行委员会想获得一份能实际反映公司运营部门效率的报告。布朗先生接受了这份差事，他要找到一种方法，用事实来说明这位总经理管理的几项关键工作。这种方法强调在计算投资回报率的时候，也要兼顾资本周转和利润率。当布朗先生把报告提交给行政高管的时候，科尔曼·杜邦先生对这份报告印象非常深刻，于是他推荐将布朗先生调到财务部。皮埃尔·杜邦当时担任财务主管，而拉斯科布是助理财务官。拉斯科布先生让布朗先生担任初级助理财务官——"非常初级"，布朗先生说。我猜想也是，毕竟拉斯科布先生当时的职位也不高。但最终，拉斯科布先生接替杜邦先生担任了财务主管，后来当拉斯科布来到通用汽车以后，布朗先生又接替了他的职位。布朗先生把经济学家和统计学家引入了杜邦公司，这在当时是少见的。后来，当杜邦的执行委员会和部门总经理开会的时候，布朗先生会拿出图表，展示各部门的运营效率，他也因此成为这种演讲方法的开创者。

1921年1月1日，在拉斯科布先生的邀请下，布朗先生加入了通用汽车，担任主管财务的副总裁。他和我都认为在企业运营中，细致、严格的管控能创造价值。从他加入公司起，我们就意识到彼此都很认同对方，由此也开启了长期而愉快的伙伴关系。

杜邦公司 1917 年入资通用汽车以后，曾尝试将投资回报原则应用于公司运营资金的拨备。然而尽管拉斯科布先生的想法总体上是对的，但他并没有为通用汽车准备好一套落地的工具。我在前面的章节提到过这样的情景：在 1919 年的业务扩张时期，由于对拨款的管理方式松散，公司困难重重。而随着 1920 年经济衰退的到来，库存失控、现金短缺又导致公司陷入了危机。这三个紧迫的问题——拨款超支、库存失控以及由此引发的现金短缺，暴露出公司缺乏管控与协同。正是为了解决这些具体、紧迫的问题，通用汽车才制定了新的财务协同和管控方法。

今天的财务方法已经变得非常简练，以至于看起来没什么特别的；然而这种方法（也有人称其为财务模型），正是战略决策的主要依据之一，因为它把企业的自身情况和相关的重要事实整合到了一起，并且进行了呈现。在任何时刻，无论是业务紧缩时期还是业务扩张时期，甚至是在危急关头，财务方法都是企业运营的核心。1920 年的经济衰退提供了一个反例，而我们要在今后几年的关键发展期里提供一些正面的佐证。

我已经讲过，在 1919 年和 1920 年的时候，由于我们缺乏一套拨款管控系统，导致每个事业部经理提出的预算需求都得到了最大满足。集团公司并没有认真评估这些需求，也没有基于现有的资金实力来调和总需求。再加上拨款超额、库存高企，导致了现有资金的透支。为筹得资金，我们卖了普通股、公司债券和优先股，但这并非容易的事，融资额也没有达到我们的期望值。在 1920 年年底之前，我们不得不从银行借款约 8300 万美元。到了 1922 年，我们要从集团公司的收入中冲销约 9000 万美元，用于支付额外的销账、库存调整和清算。该费用约为集团公司六分之一的总资产。在这个节点上，财务管控不仅需要做，而且必须做。为了生存下来，我们必须要悬崖勒马，并找到一种通行的解决办法。

至于我们是如何做的，可以分为两部分介绍。第一部分关于集团公司如何对事业部的权限加以限制，避免给予过度的自由，因为这已经危害到集团公司的生存，我们必须思考怎样去控制。立竿见影的措施当属以某种方式进行集权管理。因为再让事业部继续犯现在的错误，总部是承受不起的：弱小事业部影响了健康事业部的生存发展，而健康事业部则从自身利益出发，不顾及集团公司的立场。这种集权措施（大部分是通过运营管控的方式）让我们的整体政策出现了暂时的偏离，因此后期必须予以纠正，让集团公司重回分权管理的正轨。第二部分关于财务工具的开发，它让协同管控下的分权管理成为可能。

实施集团公司管控：资本支出的拨备

在1920年的经济衰退发生之前，也就是当年6月份，拨款提案规则委员会给执行委员会提交了一份报告。拨款提案规则委员会是在1919年年底的时候成立的，我担任主席。这份报告由普拉特先生、普伦蒂斯先生和我准备，它标志着通用汽车拨款程序的一次历史性转折。

我们主张对项目提案的合理性进行评估。它需要从以下四方面来考虑：

a. 从商业角度考虑，项目符合逻辑吗？或者必要吗？
b. 项目技术成熟吗？
c. 符合公司的整体利益吗？
d. 和其他候选项目相比，这个项目对于公司的相对价值如何？要考虑的不仅仅是投资回报率，还有该项目对于公司整体运营的必要性究竟如何。

我们在报告中历数了公司这方面的主要问题，然后写道：

……我们站在委员会的角度非常认真地思考了这个问题，然后得出一个确定的结论，至少就大项目而言，我们置身于事业部或子公司之外，来对项目的所有阶段进行独立公正的评估是非常重要的。随着时间的推移，公司运营会更加错综复杂，届时这一点也会变得更加重要。

这套程序要求项目必须通过拨款委员会的评估后，才能提交申请给执行委员会或财务委员会，而这两个委员会还要进行政策评估。我们把这些评估的范围定义如下：

对委员会来说，委员会（执行委员会和财务委员会）成员应该关心项目是否符合整体政策，财务回报如何，以及它对于公司的整体发展是否不可或缺。他们不应去关注车床或铣床的具体类型，也无须思考这个项目还需要多少车床或铣床才能健康发展。

经过上述论证后，我们允许事业部总经理对某些小的项目花费有决定权，至于数额较大的费用审批，我们提议制定一套详细程序，以便对相关数据进行采集和跟进。由此我们建议把集团公司的两个主要部门结合到一起："委员会认识到在费用问题上，有必要确定好财务部门和运营部门之间如何协同……"具体来说，我们建议公司开发出一个拨款手册，详细说明事业部和子公司应如何从工艺技术和经济回报的角度，来证明项目投资是值得的。

1920年9月，执行委员会批准了我们的建议，并要求把拨款手册的制定提上日程。1922年4月，手册得到了执行委员会和财务委员会的一致认可，这也是通用汽车第一套详尽的资金拨款程序。该程序提出设立一个拨款委员会，职能在财务委员会和执行委员会之下，负责管理所有的拨款事务和多个事业部之间的协调。事业部需要向拨款委员会提交各工程进展的月度报告，然后由拨款委员会把报告整理好后，每月向财务委员会汇报。财务委员会对每份拨款提案都会从公司立场和事业部立场两个方面进行考量，然后才会做出审批决定。项目花费和审批记录会适当保存下来，对于拨款提案的管理则是统一的。总之，这是我们第一次获得准确、有序的信息。在这之后就可以进行商业判断，要不要对提案予以批准。后来这项流程经历过数次变更，而拨款委员会的审批模式也早已停止。尽管如此，从本质上看，通用汽车迄今沿用的仍是这种拨款审批方式。

现金管控

1920年，我们的现金流捉襟见肘。这是因为我们把很多钱投到了未来的项目上，而当下收益却显不足。因此，银行贷款在当年10月底的时候一度高达约8300万美元。此后，如何节约现金一直是个问题。

当时管理现金的方式几乎令人难以置信。每个事业部都管控自己的现金，所有收益流到自己的账户上，然后费用也从该账户向外支付。由于产品销售方只有事业部，因此这些现金收入并没有进入集团公司的账户。对于如何把现金从有结余的部门调拨到有需求的地方，我们还没有建立有效的程序。集团公司作为运营实体，必须支付红利和税收，以及诸如房租、薪资和总部人事的其他费用。这时候，通常流程是财务主管向各事业部提出回笼现金的要求，只是这并没有听起来那么容易。因为各事业部都独立运营，它们总希望让自己的现金盈余尽可能高，满足业务最大限度的需求。因此，即便它们手头的现金宽裕，也并不急于把它上交给公司。

比如，我记得别克当时就非常不愿意把现金交上来。这个事业部盈利状况良好，也是集团公司最大的现金来源。和总部长期打交道的经历，使得它的财务人员对延报现金账目驾轻就熟。别克的做法是，把大量现金账目留在销售部。总部对这些现金账目的状况并不清楚，直到别克提交月度财务整体报告的时候才能了解到，而这通常已经滞后一两个月了。当公司需要现金的时候，财务主管迈耶·普伦蒂斯往往要猜一下：别克实际有多少现金？能从他们那里获得多少？然后他会去一趟弗林特，先讨论一下别克和总部可能存在的其他问题，最后再不经意地提出现金这个话题。别克的财务人员总会对普伦蒂斯先生提出的金额要求表示惊讶，有时还会拒绝上缴这么一笔大数目。自然这种猫捉老鼠的游戏无法让资金的利用效率最大化，尤其是当一些事业部的运营现金有结余，而其他事业部捉襟见肘的时候。

1922年，我们建立了一套统一的现金管控系统，从而彻底改变了这种局面。这对一家大公司来说是一个新概念。我们在美国约100家银行建立了储蓄账户，所有收入都汇入这些账户，并记在通用汽车名下。所有的取款职能交由总部财务部门来管理，各事业部无权对这些账户的现金进行转移。

有了这套系统，银行间的资金转移就能迅速自动完成。总部的财务部门基于银行的规模和账户的交易情况，会给各地的储蓄账户设置最低限额和最高限额。当某个账户余额超过最高限额的时候，超出最低限额的部分会自动通过联邦储备局的电汇系统，转移到某一家储备银行的账户上。这些储备银行的账户也是由总部财务部门来管理。有现金需求的事业部，可以向总部提出申请要求电汇。两三个小时之内，富余的资金就可以从这个国家的一座城市转到另一座城市，帮助那些有需求的事业部。

由于事业部间现金交易的行为取消了，现金转移的情况也随之减少。我们建立起了一套公司内部结算流程，指定总部财务部门作为事业部的交易结算平台。公司内部的结算通过凭证来进行，并不采用现金。

同时，我们每月都会提前对当月每天的现金状况进行预估。考虑的因素包括：销售排期、员工工资、材料费用等。我们每天都会把公司实际的现金结余和预估曲线进行对比，偏差部分往往意味着我们需要找到其中的原因，并在运营层面采取纠偏措施。

新的现金管控系统还带来一个好处，它扩大了通用汽车信贷供应的界面。通过与很多家银行建立起良好的工作关系，我们获得了更宽松的信贷额度，可以应对市场需求增加的状况。这个系统还通过降低银行的现金余额，让我们能把多余的现金用来投资，主要是短期国债。这样以前躺在账上的现金，现在可以用来创收，这也提升了我们的资本使用效率。

不少人参与了这套现金管理计划的创建。拉斯科布先生看到了这种需求。他要求普伦蒂斯先生准备一份计划，普伦蒂斯先生在很多人的帮助下起草了纲要。他们制定的这套现金管控方法被通用汽车沿用至今。

库存管控

在通用汽车需要解决的应急事务中，第一位的当属库存问题。我曾说过，由于各事业部经理对原材料和半成品的采购缺乏控制，因此到了 1920 年 10 月，公司这两项的总成本达到了 2.09 亿美元，比执行委员会和财务委员会设置的最高限额高出了 5900 万美元，并远远超过工厂的即期用量。我也提到过，财务委员会采取临时应急措施，从运营事业部那里接管了库存；公司为了管好库存，于 1920 年 10 月 8 日成立了库存委员会，该委员会由普拉特先生领导，他曾是杜兰特先生的幕僚。

约翰·普拉特先生是我所知道的最好的商业管理者之一。他早先是一名土木工程师，1905 年加入杜邦公司，从事工厂设计与建造。1918 年，他被任命为杜邦发展部的负责人，当时该部门扶持过通用汽车公司。他跟杜兰特先生建立了紧密的关系，并于1919年在杜兰特先生的要求下，加入通用汽车，成为他的助理。普拉特先生为通用汽车做了很多高级别的工作。弗里吉戴尔冰箱项目的推动及之后数年的发展，很大程度上要归功于他。普拉特先生也曾接任我的职务，担任配件事业部的负责人。在业务运营方面，普拉特先生、布朗先生和我多年在同一层楼办公，针对所有出现的问题都会一起交流。我担任总裁时，普拉特先生可以说就是我的替身。他在处理重要问题时简单直接、能力非凡，总能抓住要点。

在1920年的公司危机中，普拉特先生曾写信给拉斯科布先生："库存委员会首先要做的，就是发出一封有通用汽车总裁签名的亲笔信，告诉各事业部的总经理停止采购；所有已采购的物料也要停止发货——库存委员会与每位事业部总经理评估以后，再决定哪些物料可以接收，哪些不能接收……大多数工作需要我们去事业部总经理的办公室，跟他们坐下来具体评估库存的情况。"

于是各事业部总经理跟供应商进行了谈判，据我所知后来引发诉讼的只有一起——还是发生在拖拉机事业部，而非汽车事业部。此后，事业部被纳入公司的管控系统中。普拉特先生的备忘录原稿记载了以下流程："停止采购以后，每位事业部总经理要向库存委员会提交月度预算报告，内容包括未来四个月的预计销售额，以及与之对应的生产物料和薪资总额预估。库存委员会对这些预算仔细审核，并和事业部总经理讨论。双方达成一致以后，由库存委员会按月批准生产物料的发放。"通过这种方式，失控的库存得以控制和减少，资金也节省了下来。比如，库存水平由1920年9月底2.15亿美元的高点降到了1922年6月底9400万美元的低点，库存周转率从1920年9月底的每年约两次增加到1922年6月的每年超过四次。

布拉德利先生曾对我说，我们从这次经历中学到的关键一点是：削减库存的唯一方式（特别是在业务衰退时期）就是减少采购量，并降低对用料和供应方的承诺。这不是显而易见吗？而事实并非如此。至少对我们而言，是花了很长时间才从经验中学到了这一点。在那段时期，事业部总经理容易成为乐观主义者，这也符合当时多数卖方管理者的特点，或许今天他们仍是这样。

他们总是期望销量能上去,这样就可以使库存水平达标。当预期销量上不去的时候,问题就会出现,让人难觅良策。因此我们意识到,通过销售的增长来解决库存问题的做法值得商榷。我们认为,企业应把实际库存、采购量和承诺采购量都降低,等实际销量上升后,再去提高供应也不迟。

我所说的应急事务,其实就是让总部来负责集团公司的管理。但这种集权管理的方式与通用汽车的长期经营理念不符。于是我们很快又重新转向了分权管理。

1921年4月21日,唐纳德森·布朗在给财务委员会的报告中,提出了有关库存管控长期政策的建议,内容如下:

> 库存委员会成立的时候,公司正处于紧急状态。我们相信现在这种情况已经有了很大改观,建议可以取消该委员会,并把库存管控以及其他一些运营问题交由运营副总裁来负责处理。
>
> 库存委员会之前的职能是根据运营部门所要求的物料,对它的生产排期进行检查。在特殊情况下,库存委员会需要对超出当前运营需求的物料采购进行批准或否决。
>
> 运营部门自身必须成为库存管控的主体。库存委员会受财务委员会的管辖,如果再授权它介入库存方针的制定,就会让它拥有双重职责。通常情况下,这种方式不仅不可取,还会遭到排斥……

换句话说,我们此时应该放弃之前采取的应急措施,应该发展更加宽泛的政策和实践指引。重要的是要制定出一套库存政策,避免像1920年那样的危机事件再出现。为此,布朗先生建议在财务政策与运营部门之间建立一种新型关系:

> 总体而言,库存和采购承诺只要涉及运营资金的申请,财务委员会就应参与管控。但这种管控最好是通过制定规则、阐明整体政策要点的方式来完成,而不是诉诸直接行动。并且根据组织原则,由主管运营的副总裁或首席执行官来对各事业部进行督导,似乎更顺理成章,包括检

查它们是否按照财务委员会的政策或公司优秀实践的要求，有效管控了库存。

公司财务部与这件事情的关系很紧密，因此要时刻关注库存管控的动向。这样财务委员会就可以通过定期的财务预估或其他报告的形式，随时了解公司的状况以及相应的资金要求。

上述建议指明了在通用汽车新的财务管控体系中，前期步骤是如何操作的。1921年5月，财务委员会批准了这些建议，并将它指定为公司政策。库存委员会由此解散，库存管理的职责回到了各个事业部。库存管控的工具是各事业部对未来四个月的业务预估；我当时作为通用汽车的副总裁负责运营，于是这些预估数据转到了我这儿（1921年年中以后）。销售预估对于库存管控来说非常重要，我负责对它们进行评估和批准。这样一来，各事业部经理仍然采购物料。但我们规定，每次实际采购的物料用量要与计划生产的轿车和卡车数量一致。

生产管控

不过我得说的是，这些措施的出台源于1920~1921年的危机，因此从概念和实践角度来说，它们主要关注半成品的库存管控及采购承诺。如何管控成品库存则是更加严重、亟待解决的问题。这不仅是卖掉手头轿车的问题，还涉及轿车生产的管控。为了解决这些问题，我们在前面提到的四个月业务预估基础上，增补了一些内容。除了预估销售额、产量和收益以外，还包括厂房投资、运营资金和未清账的库存承诺。这些增补内容先由各事业部生成，然后每个月25日提交给我，包括对当月及之后三个月的预估。我会向财务副总裁咨询，然后以这些预估为依据，对各事业部的生产计划予以批准，或给出修改建议。于是我与布朗先生一直保持着合作关系，无论在我担任总裁之前还是之后的数年里都是如此。我对生产计划批准后，各事业部经理才可以安排生产、购买或签订用料采购协议。

这些管控程序标志着通用汽车开始认真对待业务预测了。在1921年的危机事件之前，公司只做过一次预测，由财务委员会的财务主管完成。预测内容包括公司整体的销售额、盈利、运营资金和现金流，这对整体财务计划的制订是有帮助的。但这里面并没有包括各事业部自己的运营业绩预估，甚至没有对事业部的业务进行分解。因此，要让事业部经理对远离一线的权威部门做出的预测承担起责任，并不是件容易的事，而这种预测对于评估和管控事业部的运营计划也毫无价值。此外，由于财务主管的销售预测不过是在远离客户的情况下做出的一种假设，因此它的精确度并不高。

1921年新的领导班子成立时，能用来做生产计划的数据寥寥，但我们不得不迎难而上。根据汽车行业的特点，我们必须为春季市场备好库存。然后在6~7月，即车型年结束前的三四个月，我们要预估在车型年结束前和新车型推出之际，现有车型大概还能卖出多少。这种预估是不能变更的，因为它一旦确定下来，我们就要以此计算出需要采购多少物料。尽管这些年来我们的预估程序在迭代，但原则上我们做的事情没有变。

这其中最关键的当然是销售预估，因为它决定了轿车和卡车的产量。产量要求从技术层面就可以准确算出来，相对比较容易，比如轿车的备货日期和数量，以及支撑生产所需的物料用量。真正的难点在于预计能卖出多少辆车。

为了让销售预测尽可能准确，我们把这项任务直接给了事业部经理。他们离消费者更近，也是最了解销售趋势的一群人。从1921年开始，我要求事业部经理给我提供工厂实际的产销量报告，每10天为一个周期，分别在每月的第10天、第20天和最后一天提交给我。我要求他们在每月底汇报还有多少待完工的轿车订单、厂里的成品轿车数量是多少，以及经销商手里预计还有多少辆轿车。这样的报告在当时（尽管对经销商的库存只是粗略预估）还属于新事物。此后几年，它成为通用汽车确定轿车生产要求的唯一依据。

在零售端，总部与事业部存在严重的信息不足。总部知道事业部卖给经销商多少辆轿车和卡车，但并不清楚这些车辆同期在零售市场的转售速度，因为总部并未接触到实际的零售市场。尽管事业部经理给我的月度报告中谈到了经销商的车辆库存，但大多数人做预估时并没有请经销商提供当期数据。这种方法（或者说由于缺少方法）使得我们对于不断变化的市场趋势不够敏感，也使得总部人员做销售预测时所依赖的数据不仅质量差，而且滞后数周。

这种时间滞后性是很危险的，它事实上也成为新危机的诱因。

从1922年起，我要求事业部经理除了提交常规的四个月的预测报告外，还要在每年年底给出对下一年度运营情况的预估报告。这些年度预估实际上是把三种不同的预测合并到一起，我要求他们根据悲观、保守（也是最可能出现的情况）以及乐观三种场景，预测下一年的销售额、盈利和资金要求。我们并未将这些报告视为承诺——幸好如此，因为事实证明预测的结果不怎么准确。短期预测的结果还好，1922年和1923年两年的预测也还不错，但1924年的预测就高出实际情况太多了，即便是悲观场景的预测也高出了不少。

这里面是有原因的。1923年的汽车销量非常好，以至于我们的一些汽车事业部错失了商机，其中雪佛兰更是如此，因为它们没能在终端消费者需要买车的时候供上货。由于有了这次经历，大多数事业部经理在制订1924年的运营规划时下定决心，绝不能因为产量不足而错失销售机会。他们为1924年年初制订了高产计划。有一些事业部经理在1923年年底申请，希望将之前获批的冬季产量计划再调高，以应对春季市场需求增长的预期。我建议财务委员会对这些要求予以批准，财务委员会也这样做了。

我对销量增长的预期表示认同，但我也认为一些事业部的车辆生产计划订得过高，毕竟这种增长预期只是温和性的。我请几位事业部经理重新考虑各自的生产计划，每一位都回复说，在他们看来这些计划站得住脚。

危险信号在1924年年初的时候开始显现。1924年3月14日，我向财务委员会和执行委员会提交了一份报告，我在报告中指出，现在公司乃至整个行业积压在经销商、分销商和分支机构手中的轿车，比以往任何时候都要多。我们把1923年10月1日～1924年1月31日四个月的产销量和上年同期进行比较后发现，我们的产量增加了约50%，而我们向终端消费者卖出的车辆下降了约4%。时间滞后的问题由此凸显。我直到1924年3月第一周，才拿到这些数据。

我告诫事业部经理，危险正在迫近。对于雪佛兰和奥克兰，我坚持要求它们立即大幅减产。事业部经理勉强接受了。直到3月底的时候一部分人仍然认为，销售业绩令人失望完全是坏天气造成的，等天气好转了销售就会回暖，那时候就能证明他们之前的生产计划是对的。

我对当时的库存状况并不感到担心，我担心的是，如果库存积压到 7 月 1 日，就可能引发一场危机。布朗先生的数据显示，所有的运营情况都不乐观。尽管我对这些数据也很担忧，但对于推翻事业部经理的计划犹豫再三，毕竟销售的负责人是他们。数据人员和销售人员之间难免存在一些冲突，因为销售人员天生就认为，他们可以影响统计情况，并且他们通常也能做到。而我夹在中间——一方是布朗先生，另一方是事业部，这也是我在现实中常常会遇到的冲突。在 1924 年 5 月，布朗先生和我出差实地走访，并和经销商讨论了分销问题。这次出差让我明确意识到，3 月份的减产力度是不够的，7 月份的生产过剩已经不是一种可能，而是既成事实。一家大公司的首席执行官亲自清点库存，并发现明显的产能过剩问题，这种情况并不多见。但汽车属于大件商品，易于清点。圣路易斯是我的第一站，然后是堪萨斯城和洛杉矶。我在经销商的库房看见，库存汽车成排地停放在那里。在这件事情上，数据人员的判断是对的，销售人员错了。每个地方的库存都过剩了。

在我担任通用汽车首席执行官期间，直接给事业部经理发号施令为数不多，这次算是其中之一。我命令所有的事业部经理立即削减生产计划——公司总产量每月削减约 30 000 辆。通过大幅减产，我们在几个月的时间里，把经销商的库存降到了可控水准，但公司的裁员也给失业员工带来了巨大的经济困难。

1924 年 6 月 13 日，由于我在生产过剩的问题上没能做到有效预防，财务委员会对我进行了问责。委员会的决议要求我解释，生产计划是如何制订的，谁对经销商春夏季的库存积压问题负责，以及我们应该采取怎样的行动方案，避免类似事件再发生。财务委员会提出的问题如下：

第一，在制订生产计划时，遵循了怎样的程序？

第二，既然在 2 月 25 日已经预测，截至 2 月底的轿车库存约为 236 000 辆，那么 4 月份计划生产 101 209 辆轿车的依据是什么？

第三，为什么运营事业部门没能更早采取大幅减产的行动，来因应市场库存积压和消费需求下降的现实？

第四，未来将采取哪些措施，确保对生产计划进行有效控制，防止过度生产的情况发生？

第五，这方面的总体情况未来将以何种方式知会财务委员会？这样委员会就可以研判，月度预估是否基于针对消费者的销量，以及是否与委员会对于总体商业情况的判断相符。

9月29日，我在回复财务委员会的报告中，严厉批评了一些事业部，特别是雪佛兰和奥克兰。我指出，所有事业部中只有凯迪拉克的生产计划是在最终消费者的销量预估基础上制订的。其他事业部在制订生产计划时五花八门，总体说来不外乎认为，从销售角度来说只要把产品交付给经销商或分销商，就万事大吉了，认为除此之外的事情跟通用汽车无关。1924年的库存处理事件彻底改变了我们管控生产计划的程序。我当时给财务委员会的报告中是这样描述的：

第一，大约在1924年7月1日前后，生产计划的制订方式有很多，主要想的是当公司把产品卖给经销商或分销商以后，销售职责就宣告结束，后面的事情无须理会。只要我们能迫使经销商和分销商进货就万事大吉了。

第二，我们从来都没有对市场的基本面进行认真研究。也就是说，尽管过去两年里，像消费终端的汽车销量（显然这才是真实可靠的指标）这样一些数据我们或多或少都可以收集到，但我们准备生产计划时从来没有把这些基本数据作为指引，没有对它们进行挖掘和利用。

第三，1924年7月1日，我们基于可靠的基本面指标制定了一套程序。我们相信有了这套程序，就可以在完全科学的基础上制订生产计划了。生产规划的责任在运营部门和公司总部之间进行了明确界定，总部要确保生产规划达到有效的标准。这份报告题为《关于终端交付、生产、库存和销售的月度预测》，我们已经把它的拷贝版本交给了财务委员会。为了让内容更加翔实，我们还对如何根据终端销量确定生产需求做了分析，具体内容见报告中的"图A"。

第四，我们的生产规划方法不当，也无根本性原则可言，而这种现象绝不仅限于通用汽车的各事业部，因为事实上整个行业采用的都是这种方法。这也是造成普通经销商陷入当前经济窘境的原因之一。关于这一点，我在5月份实地考察以后就向委员会进行过汇报。

第五，我在深思熟虑之后，代表集团公司发表了一项政策声明，从经销商、分销商以及汽车媒体的评论中可以看出，该项政策不仅得到了广泛认可，而且开创了行业先河，日后会被其他汽车厂商效仿。

我在给财务委员会的这份声明中，还总结了我的个人感受：

a. 可以说这是对通用汽车乃至整个汽车行业的一次空前反思，对于一个尚在发展中的行业来说有这种反思也是正常的，毕竟我们对很多重要事物的考虑未必会完全合理。

b. 我认为，通用汽车现在无疑对生产计划拥有了绝对控制权。我还认为，公司的经销商政策以及其他汽车厂商发布的类似政策声明都表明，通用汽车的政策肯定会提升经销商的经济状况，进而对整个汽车行业做出巨大贡献，毕竟我们在行业中的地位举足轻重。

我之所以要讲1924年的这段经历，是因为这件事情意义深远，它标志着通用汽车从此能够合理有效地进行生产管控了。尤其是通用汽车的两类人懂得如何就工作职责达成一致了——我认为这对于任何一家在全国建有分销网络的消费品企业而言，都是个关键性问题。其中一类人是销售经理，他们天生热情开朗，并且相信通过自己的努力，能够对销售总额产生影响。另一类人从事数据统计工作，他们基于整体需求信息，给出客观的分析。消除这两类人之间的分歧能让我们拿定主意，比方说，经销商备有多少库存为妥。在我们没有协调好生产计划和旺季销量之间的关系时，这种分歧尤为尖锐。当然，分歧背后的根本问题是生产管控。

这里涉及两件事：第一是预测的艺术；第二是当预测错误的时候，如何缩短反应时间。预测错误是时有可能发生的，即便今天采用复杂的数学预测方法时也不例外。

由于总部已经着手开发信息收集和分析的工具，因此我们和事业部比起来，更善于预测车型年的整体行业需求和产品销售总额。由于生产、经销商库存以及整体财务的规划很大程度上都取决于车型年的总体市场前景，因此我们在1924年决定，在集团层面对消费需求进行官方预估（也就是说，按照每个价位，分别预估出全行业来年的轿车总销量），并把这些预估与事业部经理的预测关联起来，同时研判在每个价位里，通用汽车可能取得的合理市场份额。这种集团层面的预估结合了过去三年来的实际销售经验，以及我们对来年整体商业前景的评估。

1924年春季，我们对事业部的生产管控迈出了第一步。布朗先生和我按照前面提到的思路，对全公司和各事业部下半年的销量进行了预估，我们把这样预估出来的销量定义为"指标销量"，它也被视为12个月的销量指南。在指标销量得到运营委员会批准后，我于1924年5月12日给事业部经理发函，要求他们基于指标销量预测下半年的业务量。信的部分内容如下：

> 之前我们请各位提交预估报告（事业部销售预测）的时候，把业务总量的预估这一基础性工作交由各运营事业部独立判断。这次针对下半年的预估，我们将要迈出建设性的一步。运营委员会一致认为，从7月1日开始的生产年来看，预计业务趋势是……这样我们就能提供明确的信息，帮助事业部更准确地预测运营业绩。
>
> ……这是通用汽车第一次站在公司整体的角度，对来年走势发表的明确、合理的见解。当然，市场趋势会发生改变。行情可能转好，我个人相信会是这样。但也可能下滑，尽管我认为这种可能性不大。无论哪种情况发生，我们都会用这种方式对每个月的预估进行调整。这样，我们就能消除生产的波峰与波谷，这也是迄今困扰通用汽车和整个行业的顽疾。

这次数据统计的内部风波说明了什么呢？本质上它是统计术与销售术之间的矛盾，市场在1923年时还顺风顺水，到了1924年很快就陷入经济衰退，于是两者之间的矛盾凸显。当时，销售人员和总经理都幻想着业务能顺势发展。在极度分权的管理模式下，我也允许他们按照自己的想法去做。实际上，这不仅是出于对销售人员的偏袒，还因为我没有令人信服的信息来反驳他们的直觉。正如我之前所说，信息的质量不高且滞后。这体现在信息既不准确也不全面上。它是根据经销商库存和未完成订单推断出来的。这些信息在一段时间内有效，但关键问题是这个期限能有多长。我们对于自己最近五到六周的轿车销量一无所知，因此这段空白就要靠当事人的推断来填补——其中一方是统计人员预测的趋势曲线，另一方是销售人员依靠直觉给出的乐观判断。正如之前所说的，我夹在中间，无法对争辩双方的说法进行判断——这也是首席执行官的窘境。

我们首先要通过车型年的销售预测，来对各事业部的生产进行约束。但由于市场的实际变化很可能与这种预测不符，因此还需要有修正性的回调（或者调高）手段，使我们能够重新调整预测。需要记住的是，汽车行业如果离开了程序与规划将寸步难行。你要尊重前瞻性数据，并把它作为指引。核心要素就是预测和修正，两者同样重要。因为生产计划、模具预订以及其他与实际生产有关的准备工作，都取决于对车型年的预测，而这项工作要在车型年开始前的几个月就做好。在车型年开始后，销量预测（指标销量）尽管还需要经常修正，但仍对未来六到八个月有指引作用。再之后是车型年的结束期，会制订出一个不可更改的最终生产计划。模具当然需要提前设置好，不可更改，但是当车型年开始以后，我们的调控机制就取决于信息获取的准确性和及时性，同时配合其他必要的修正措施。这是我们在1923~1924年收获的经验教训，也促使我们采取了以下行动。

我们在1924年和1925年开发了一套统计报表系统，由经销商每隔10天发给事业部。报表中的核心信息是，10天期间经销商卖给消费者的轿车和卡车数量，卖给消费者的二手车数量，以及新车与二手车的库存。二手车库存是一个重要指标，因为如果二手车积压在了经销商手中，就会妨碍新车的销售。有了这些信息在手，并且每隔10天更新一次，事业部就会对市场情况及时全面了解，事业部和总部人员也就可以采取修正措施，更精准地做出新的销售预测了。

为了进一步提高销售预测的质量，除了经销商提供的10天统计报告以外，我们还引入了与零售相关的独立数据。从1922年年底开始，我们从波尔卡公司那里获取了新车注册的常规报告（行业其他公司也可以获得这些报告）。有了这样一整套程序为基础，公司的生产和规划就变得更严格。运营部门和总部管理层在生产计划中各自担任什么职责也定义得很清晰。

谈到零售需求的预测，我们一直在寻求方法努力精进，分销部门和财务人员在市场分析的方法上已经取得了一些进展。1923年，销售部门承担了一项任务，要基于当时流行的"需求金字塔"理论（由布拉德利先生1921年提出），对整体汽车市场进行全面研究。目的是预测未来几年的市场总规模、不同价位的市场潜力、降价对市场规模的潜在影响、新车和二手车之间的竞争关系，以及所谓的"饱和点"将在什么时候到来。这项研究从结果上看低估了市场发展潜力，但从方法上来说很全面，标志着汽车行业的市场分析方法取得了巨大进步。尤其是根据价格区间对市场潜力的分析，这一重要理念此前发展得不尽如人意，现在则前进了一大步。同时这份研究也清楚地证明，潜在汽车需求与美国收入分布之间存在关系。有了这些知识，我们在制定销售策略和产能计划的时候，对于需求金字塔也就有了更深的认知。

这份研究之所以没能准确预测市场的发展潜力，主要是由于它低估了影响新车销售的两个重要因素。一个因素是持续的产品改进流程，它使得客户花销的性价比不断提高，进而刺激了消费需求的增长。另一个因素是经济的持续增长，以及整体经济形势对行业销量的影响。在后一点上，布拉德利先生后来在研究市场潜力的时候引入了一个概念，他认为轿车销量和整体经济活动之间存在一定的关系。他和他的同事一直在研究汽车行业的兴衰与商业周期之间的关系。他发现，当商业向好并拉动国民收入上升的时候，轿车销售的增长会比国民收入的增长更快；当商业不景气的时候，轿车销售的下降会比国民收入的下降还要快。随着我们拿到更多宏观经济的统计资料，我们进一步改进了研究方法，并充分证明了汽车销售与个人收入之间存在强关联。直到今天，轿车销售与税后可支配收入之间的这种关联性仍然存在。

回到生产管控的话题：一旦某事业部的年度生产总量的预测定下来，事业部经理接下来的问题就是如何把全年的生产计划分配好，以确保产量尽可能保持平稳，同时又能应对销量的季节性变化。做到这一点并不容易。某种程度上来说,汽车是一种季节性商品,特别是在20世纪20年代初期的时候。那时候路况还未得到改善,封闭式轿车很有限,也无法在淡季给经销商提供贴换补助之类的财务激励手段。

从方便经销商和最大程度节省成品库存的角度来说,工厂应该调整产出,以适应季节性的市场需求。这种做法能够帮助经销商和厂商降低产品过时的风险,并降低成品的存储成本。站在厂房和劳动力的有效利用以及员工福利的角度,绝对意义上的均衡生产(或者尽量接近这种状态)才是理想的。节约式经销和节约式制造这两种理念是彼此对立的,因此我们需要进行规划和判断,在两者之间找到合理的平衡点。

总部人员协助事业部经理完成了这些工作,他们对预估的年度销量进行了季节性因素的分析,计算出各事业部最低运营库存的绝对值,以及截至每四个月的预估期,超出最低运营库存的季节性限额。每隔10天,当经销商的报告提交上来后,每位事业部经理会将实际结果与当月的预估进行比较,进而对生产和采购计划进行评估。这是整件事情的核心。如果实际销售低于预估,他就要减产。如果销售行情看好,事业部经理可以在工厂产能的权限之内提高产量。每个月他会对未来四个月的预估进行调整,以反映当前的销售趋势。这样一来,我们不是提前四个月就定好一套雷打不动的生产计划,置实际的消费趋势于不顾,而是用销售结果来提醒管理层,该应变的时候就必须调整生产计划。这样我们就能让生产与零售需求的信号保持一致,同时又能确保事业部和经销商手中的成品库存不少于最低限额。

说到底,最重要的事情并非车型年的指标销量准确与否,而是我们能否通过及时的报告和调整,对实际市场的变化保持敏感。而信息的客观性和系统使用起到了协同总部职员和事业部的作用。它降低了像1924年那样发生非理性冲突的可能性,同时它也是我们控制费用、招聘、投资等因素的基础。

新的预测和规划方法对运营产生了明显的效果。物料库存控制在最低水平。1921年,包括物料、在制品和成品在内的总库存周转率约为两次。1922年,周转率增加到了四次,而1926年接近7.5次。更大的改观是生产性库存的周转率(总库存减去成品库存),到1925年的时候达到了每年10.5次。

我们在稳定就业方面也取得了一些进展。但保持生产平稳的问题至今没有解决，并且很可能以后仍是如此。部分原因是面对不确定的未来，销售预测的准确性问题无法完全解决。其他的问题（包括周期性和季节性的需求变化、车型变化带来的影响，以及公众的购买习惯）也都和平稳生产有关。事实上，即便我们做出了完美预测，可能仍会发现自己和今天一样，无法做到平稳化生产。

生产计划与成品的终端流向形成了更紧密的衔接，这也提高了经销商的库存周转率，并改善了利润状况。1925年，通用汽车全美经销商的新车库存周转率是12次，较之前的任何一年都高出了约25%。

1925年，我们的生产管控系统基本建成，此后的问题就是如何精进了。

分权运营协同控制的关键

我们已经在拨款、现金、库存和生产领域制定了管控方法，但一个整体问题仍然存在：如何对整个公司实施长久控制，同时又和组织的分权方案保持一致？我们对这个悖论从没停止过探索；我们确实需要一套方案，既不放弃我们现实中的分权架构，又能恪守我们的方法理念。关于组织的话题，我在前面的章节里已经谈到过，它是20世纪20年代初，通用汽车结合理论和实践发展形成的。但仅仅这些还不够。要实现协同控制下的分权运营，财务才是最终的必要关键因素。这种关键因素从原则上来说就是，如果我们有办法对运营的效果进行评估和判断，我们就可以放心地把运营的执行交给负责人。这其实是一种财务控制手段，它把投资回报的普遍原则转化成了一种重要工具，来衡量事业部的运营成果。在通用汽车，财务控制的基本要素是成本、价格、产量和投资回报率。

这里要说一下投资回报率，它是业务发展的战略性原则。我并不是说投资回报率对每种经营情况都管用。有时为了保持业务的运转，你必须要支出，不管它的回报率看似如何。竞争是最终的价格决定因素，而价格的竞争可能打压利润，让你被迫接受低于预期的投资回报，甚至是暂时的亏损。当经济出现通货膨胀时，人们在计算投资回报率的时候会低估资产的替代成本。尽管如此，在我所熟知的财务原则中，没有哪一条能比投资回报率更好地帮助我们做客观的商业判断。

1917 年以来，这条原则贯穿通用汽车财务委员会的思维方式，而在此之前，杜邦公司以及美国其他一些企业也是这样思考问题的。我并不知道这条原则的起源在哪里。即使是最普通的投资者在衡量股票、债券或储蓄账户收益的时候，都会考虑投资情况。因此我也想到，每一位企业家在评估利润的时候，也要考虑他的总投资。可以说，这就是游戏规则。还有其他衡量企业经营的办法，比如销售利润、市场份额，但它们都无法替代投资回报率。

问题在于，我们并非只是在短期特定的时间内，使投资回报率最大化。关于这一点布朗先生认为，根本性的思考在于长期的平均投资回报率是多少。按照他的理念，通用汽车的经济目标未必是取得尽可能高的资本回报率，而是与可实现的市场销量相匹配的最高回报。所谓长期的平均投资回报率，就是与企业健康发展相适应的最高预期回报，我们也可以称之为"可实现的经济回报"。○

唐纳德森·布朗加入通用汽车的时候，带来了一套财务标准。这套财务标准针对企业的不同阶段，提炼出了与管理效率相关的事实。比如，库存管控、基于生产需求预估的投资规划、成本控制等。换言之，布朗先生通过这种方式发展了投资回报的概念，使得它既可以用来考核各事业部的运营成效，也可以用来评估一般性的投资决策。他的概念可以表达为一套投资回报的计算公式，迄今仍是杜邦公司和通用汽车对事业部进行绩效评估的手段之一。但本书不会涉及诸如计算公式这样的技术细节。我只是稍微谈一下财务管控的基本概念。

当然，回报率会受到业务环境中各种因素的影响，因此，谁能分辨出每个因素与回报率之间的关系，他对这项业务就会有深刻的见解。为了获得这样的洞察力，布朗先生把投资回报率定义为利润率和投资周转率的一组函数

○ 关于这一点，布朗先生是这样说的：

"垄断行业，或者在特殊情况下的某个企业，或许会维持高价格、实行限量，并一直享受超额投资回报，不惜牺牲业务的健康扩张。而降价可能引起需求的扩大，进而带来销量的增加，尽管投资回报率可能下降，但这样做的好处是巨大的。约束因素是资本的经济成本、提高供应量的能力，以及市场需求对降价的敏感程度。

"因此很显然，管理的目的未必是取得最高的投资回报率，而是取得与最大销量相匹配的最高回报。需要注意的是，我们要确保边际销量的收益，至少要与追加资金的经济成本持平。因此根本的因素是企业资金的经济成本。"（《与财务管控有关的定价政策》，发表于《管理与行政》，1924 年 2 月）

（两者相乘等于投资回报百分比）。如果你对这个概念感到费解也没关系，你只要知道，通过提高销售的资金周转率以及利润率可以提高投资回报率就可以。布朗先生把这两个要素——利润率和资金周转率，都进行了细致的拆分，也可以说是通过对数据的合并与分拆，来理清运营的损益构成。本质上说，这是让事情变得可视化。其独特之处在于，我们可以基于经验，针对运营资本、固定资本需求以及其他成本类目制定出详细的标准和准则。为了制定商业费用和生产费用的标准，布朗先生采用了历史运营数据，又基于未来的规划进行了调整。由此制定出来的标准再拿来和实际的运营情况进行比较。财务管控原则的核心就在于进行这样的比较。比如，布朗先生会列出一些表格来说明，库存规模和运营资金对不同事业部资金周转的影响程度如何，或者销售成本对利润的拖累有多大。

每位事业部经理都要提供运营成果的月度报告。总部财务部门将报告中的数据输入标准化的表格中，以便对各事业部投资回报率的考核建立标准。每位事业部经理都会收到这份表格，里面阐明了他所在事业部的实际情况。这种做法使得很多年来，各事业部都知道自己在集团公司中投资回报率的排名。

高管层常常会对事业部的投资回报率报告进行研究。如果报告结果不令人满意，我或者其他的高管就会和事业部经理谈话，商讨要采取哪些修正措施。在我担任首席运营官的时候，我拜访事业部时会带着一个小黑本，里面系统地记录了各事业部的历史数据和预测信息，其中还包括轿车事业部的竞争情况。这些数据并不能对问题自动作答。它只是让事实得以呈现，可以帮助我们根据事业部先前的运营或预算计划，来判断目前的情况是否与预期一致。

这些早期的投资回报考核表后来做过一些调整，至今仍为通用汽车所用，由此我们开启了对运营人员的培养，帮助他们认识到投资回报率作为绩效标准的意义和重要性。它为管理者的有效决策提供了数量依据，也为通用汽车的一种特质——相互间的坦诚沟通和基于事实的客观思考——打下了基础。

开始的时候，我们的方法有很多明显的局限性。比如，事业部报告在没有定好统一、一致的基调之前，无法进行评估和比较。统一性对于财务管控来说非常关键，因为如果没有统一性，那么这种比较即便有可能，也是很困难的。因此，当前马上着手要做的就是加强对总部和各事业部的会计组织工作，在全公司范围内实行标准的会计制度。1921年1月1日，全公司的账目分类实行了标准化。标准的会计手册于1923年1月1日在全公司生效，并规范了统一的会计程序。为了协同事业部财务部和总部财务人员的关系，我们于1921年重申了事业部审计员肩负双重职责的原则。这项原则于1919年引入，它要求事业部的审计员不仅对事业部总经理负责，而且对总部的审计员负责。

统一会计制度的建立，使我们能够对各事业部的内部情况进行分析，对其运营情况进行比较。但同样重要的是，除个别情况外，这种统一的会计实务为间接费用的记账提供了指引，有助于实际生产成本的核算，以及运营效率评估准则的制定。

标准产量的概念

尽管我们提出了投资回报的经营理念并加以应用，在推动程序标准化方面也取得了一些进展，但在1925年以前，我们对于如何给业绩评估制定指导性目标并不清晰。事实上，受产量波动的影响，我们的业绩每年大幅波动，这就让业绩评估变得尤其困难。因此在1925年年初，我们采纳了布朗先生提出的概念，它把一个明确的长期投资回报目标与多年期的平均或"标准产量"预估联系起来。我们认为，长期投资回报目标是一把标尺，可以评估运营效率以及竞争对定价的影响。有了这种方法，我们就不会忘记长期盈利目标，并能在评估价格的时候，时刻知道竞争因素对我们实现目标的阻碍程度。当然，布朗先生的这个概念只是理论性的，因为无论产量如何，运营成果取决于实际价格和当年总成本的相互作用，而实际价格是由市场竞争决定的。尽管如此，这个衡量标准并不会受到短期产量波动的影响，我们可以由此理清当前运营成果与长期利润目标的偏差程度，进而对造成偏差的内在原因进行全面评估。这一概念很好地彰显了我们的管理哲学，即通过定义一个构思合理的理论框架，来指导我们进行管理的实践。

标准产量的概念体现了一种方法，它可以让我们基于多年期的平均产量，

审视公司及各事业部的长期绩效和发展潜力。1925 年 5 月,我把这项政策作为程序确立下来时这样写道:

> ……我们的股东关心的是每年的回报,而年度回报的平均值能很好地体现出我们业务的发展状况。我们相信,本程序中确立的这些原则能够帮助我们实现这一结果。
>
> 我们必须认识到,在制定价格方面绝无僵化的具体规则可循,我们也绝对无意这样做。但我们认为可以制定出一套标准价格,来适当反映出它与成本、产量和资本回报率之间的关系。这对于指导集团公司在个案上如何决策会非常有帮助。

标准产量的计算方法中包含了这些元素:产量、成本、价格和投资回报率。在给定的产量、成本和价格基础上(虽然有些理论化,但也是基于经验),你可以计算出预期投资回报率。如果预期投资回报率没有达成,则可能是由于竞争导致了价格偏差,或者某些成本超出了预期,这意味着你需要关注成本。你可能会发现由于工厂管理混乱,有 50 个工人正坐在某个屋顶上无所事事。这种情况并不常见,但确实发生过一次。计算预期投资回报率的作用在于,当实际产量比标准产量高或低的时候,我们能够对生产情况加以研判。

布朗先生和布拉德利先生对该领域的主要理论贡献在于,他们考虑到了多年期生产率对单位成本变动造成的影响。只要材料成本和工资成本相对稳定,那么不管产量如何,单位直接生产成本也趋于稳定。每辆轿车的生产都要用一定量的钢材,同时也会用到发动机、轮子、轮胎、电池等。生产和装配汽车也需要一定的工时。我们的生产工程师和成本估算人员能够确定每个部件的采购成本、各种原材料的用量,以及生产和装配所需的工时。

固定间接费用则截然不同。这些固定费用包括监管费、维护费、折旧费、模具开发费、造型设计费和工艺费,还有行政费用、保险和地方税。对于产能一定的工厂而言,不管运营情况如何,它的总固定成本相对稳定。因此,单位产品分摊的固定间接费用与产量成反比,产量下降则单位固定间接费用上升,产量上升则单位固定间接费用下降。为了让这个概念更加精确,还需要把半固定成本的因素考虑进来，也就是不会随着产量提高而自动下降的成本类目。但总的来说，单位成本在低产量的年景里会上升，反之，在高产量的年景里会下降。

既然是把单位成本确定为衡量标准，为了避免产量波动对单位成本的影响，我们就在标准产量的基础上来计算单位成本。标准产量可以定义为，按照正常或者平均年度产能利用率计算的预期产量。这里说的产能必须足够大，能够满足汽车行业周期性和季节性的高峰需求。标准产量将运营中的一些必要因素也考虑了进来，包括产量的参差不齐和生产的长期性。在实践中，通用汽车的标准产量接近于多年期的平均产量，尽管具体年份的产量各有不同。

由于我们在成本核算中引入了标准产量的概念，就能够做跨年度的成本评估与分析，不会受某个工厂产量波动的影响。单位成本的变动只反映工资、材料成本和运营效率的变化，不会受每年产量变化的影响。更重要的是，标准产量的单位成本给我们提供了标杆，可以用来评估我们的成本价格关系。同时，它也给我们提供了具有一致性的单位成本数据，可以用来和实际的单位成本进行比较，进而用于评估我们的月度和年度运营效率。

标准产量的成本核算还让我们针对生产费用制定出了详细的操作标准，这点很重要。有了统一的会计制度，我们能够把间接生产费用（我们也称之为"负担"）分摊到工厂里的各个部门。这些负担通常包括三类成本：第一类，固定成本，比如租金、保险、折旧和摊销。总的来说，这类成本保持不变，不会因运营的变化而变化。第二类，半固定成本，比如监工的薪资，它在一定的生产范围内也是固定的。第三类，可变成本，它与生产水平的变化有非常直接的关系，比如与生产直接相关的劳动、工具切割、包装和运输货物、润滑和维修。这些费用因部门而不同，因此如何基于生产成本的计算来妥善分摊成本，对于任何一家生产企业的成本核算系统来说都是难事。为此，间接成本要与直接创造效益的劳动力挂钩，后者可以基于对劳动时间的研究和薪资水平来确定。而固定成本和半固定成本可以通过标准产量的成本核算法分摊到单个产品中。可变成本（直接劳动力、原材料等）可以基于过去的运营经验、当前的材料成本和工资水平来计算。通过这种方式对生产成本进行分类，可以分辨出哪些费用要由事业部进行管控。当实际结果与设定的衡量标准进行比对后，就会迫使大家为达到成本目标而维持效率。指导原则是让标准既难以达成，又可以实现，我认为这是调动运营人员积极性、聪明才智和能力的最有效方式。

很显然，在材料成本和工资稳定的情况下，如果衡量标准显示单位成本相对于当前价格过高，那就说明我们的效率下降了。考虑到竞争对涨价的阻碍因素，我们维持利润只能通过降低单位成本来实现。当然，如果行业出现材料和劳动力的普涨，那么即便有市场竞争也会有涨价。当消费者对轿车有强烈需求的时候，涨价也会发生。在这些情况下，如果不提高价格，汽车产业就无法持续提供市场所需要的轿车。尽管如此，即使是在这种情况下，个体汽车厂商也会面临降低单位成本的压力，因为市场竞争恐怕不会让整体成本的上升完全通过涨价来弥补。

除了标准产量政策之外，还有一种方法是根据实际或预期的产量，按照实际单位成本来严格定价。考虑到我们的固定成本巨大，这就意味着在高产量时期单位成本会下降，而在低产量时期单位成本会上升。在低产量时期，即便市场竞争允许你通过提价来回补单位成本的上升，也有可能导致销量的进一步下滑，其结果就是利润降低、就业减少、经济遭受打击。在我们这种高周期性的行业里，采用实际单位成本的评估方法无论从经济角度还是社会角度来看都是不合时宜的。但我想澄清的是，我们在任何一年的净收入必然反映所有的实际成本，它受产量的影响非常大。无论业务好坏，固定成本都是我们必须承担的。如果我们的产量低于标准产量，那就只有一部分的总体固定成本可以分摊到单位生产成本里，没有分摊的部分就必须从净收入中扣除。相反，如果实际产量高于标准产量，那么总的净收入就会提高，因为固定成本会被摊薄到更多的产品当中去。

显然从前面的描述可以知道，利润是个剩余值。它取决于制造商在竞争市场上有多大能力，可以把成本控制在售价之下。也就是说，利润就是产品在竞争市场上的售价与总成本之差。它受产量的影响非常大。虽然我们可以非常近似地估算出标准产量下，单位产品的利润是多少，但它和实际产量下的利润还不是一码事。在汽车行业，利润是一个无常的变量。

这次的财务管控因公司危机而起。引入管控手段是为了确保危机不再发生。它的有效性在 1932 年的经济萧条时期体现得尤为明显。当时，通用汽车在美国和加拿大的销量较 1931 年下降了 50%，比 1929 年的高点下降了 72%。但通用汽车并没有像 1920 年的时候那样士气低落，账目上仍然保持盈利。没有多少公司能做到这些。

财务管控让通用汽车得以重新评估公司的运营，高层介入管理运营的必要性也随之减弱。总部的管理者能够知道分权部门的运营状况，并且能够基于事实，对各项业务的前景做出判断。当我们把这套系统的基础工作完成的时候，恰好赶上了汽车市场迄今为止最大的一次变革。

My Years with General Motors

第 9 章

汽车市场的转型

到20世纪20年代中期,通用汽车虽然已经取得了一些成就,但也只是解决了生存和重组问题,其他事情还停留在思想阶段,并没有变成现实。正像我前面所说的,我们清楚轿车业务的战略,也知道怎样管控企业财务,以及如何处理不同岗位的人际关系。但在1924年年底之前,这些想法很少体现在我们的行动中。1921年经济衰退后我们产量的回暖(特别是1923年),与其归功于我们的聪明才智,不如说是整体经济形势的好转,以及汽车市场需求的增加。虽然我们在公司内部取得了很多进展,但从外部来看,我们的变化并不大。就在这个时候,转机出现了。

对我们来说,幸运的是在20世纪20年代早期,特别是1924~1926年这几年,汽车市场的性质发生了变化,进而导致市场行情跟之前相比也不一样了(像20世纪20年代中期这样的行业巨变很少见,纵观历史可能仅有一次可与之相提并论,那就是1908年之后,福特T型汽车的崛起)。我之所以说我们幸运,是因为作为福特公司市场地位的挑战者,我们得到了变革的惠顾。汽车行业的传统做法与我们无关;对我们来说,变革就意味着机会。我们乐于努力顺应变革,充分利用好这次机会。对于此前谈到的许多商业理念,我们也做好了应用的准备。但我必须要说,我们认为这些理念只是我们的做事方式，并不具有普遍适用性，与整个行业未来的发展也无逻辑关系。

为了把情况描述清楚，我从商业角度把汽车发展史分为三个时期。1908年以前是一个时期，当时的轿车价格高昂，服务对象完全是高端市场。第二个时期是从 1908 年到 20 世纪 20 年代中期，大众市场成为主流。福特汽车凭借低价基本交通工具的理念，成为主导者。此后的第三个时期里，大众市场上好车不断涌现。这时可以称之为大众阶层市场，因为需求越来越多样化了。我认为最后一个时期与通用汽车的理念正好吻合。

这三个时期的共同特点是赶上了美国经济的长久发展，每个时期的形成又跟经济的增长状况和扩散效应有关。少数人愿意购买价格高昂、性能不可靠的轿车（按照今天的标准），才使得汽车行业向前发展。当许多消费者都能拿出几百美元的时候，低价 T 型汽车的开发才成为可能（市场可能也在一直期盼着能有 T 型汽车这样的产品问世）。在汽车行业的带动下，美国经济在 20 世纪 20 年代达到了新高，这时一些新元素又促使汽车市场再次发生转变，形成了现在与过去的分水岭。

我将这些新元素大致归纳为四点：分期付款的销售方式，二手车贴换，封闭式车身，以及年型车（如果考虑汽车行业的环境因素，我会加上道路的改善这一条）。今天这些因素与汽车行业的本质已经密不可分，如果没有它们的话，我们几乎无法想象市场会怎样发展。在 1920 年前后，典型的买家都是新车购买者；他们通常用现金支付，或者动用特殊贷款；款式大多是双人敞篷车或旅行车，车型年复一年变化不大。这种波澜不惊的行情会持续好几年，除非高潮期到来，否则变化不会凸显。因为新元素的出现时间、发展速度各不相同，只有当所有元素相互作用时才能导致市场的全面转变。

在第一次世界大战前，汽车行业曾短暂地出现过少量分期付款的做法。这种借款方式也称为逆向储蓄，当它形成惯例后，大量消费者就都能买到汽车这样的贵重商品了。尽管当时的分期付款销售统计不详，但可以确定的是，新车销售的分期付款比例在 1915 年时还很低，到了 1925 年就增长到约 65%。我们相信，随着消费收入的持续增长，消费者将会寻求更高质量的产品。分期付款将推动这种趋势的发展。

当第一批购车者买第二辆车，并用旧车来贴换首付款的时候，交易习惯就开始养成了。这种交易方式不仅对经销商的业务计划产生了重大影响，对于汽车制造和生产的整体特性也有着革命性的意义，因为经销商针对汽车年限未到期的群体进行销售成为常态。

和分期付款一样，1925年以前的二手车交易数据也少得可怜。但我们确信，第一次世界大战以来的二手车交易呈上升趋势，哪怕我们只考虑之前的轿车数量相对较少这个因素。在20世纪20年代初之前，大多数顾客刚开始买他们的第一辆车。1919~1929年，美国轿车的年度运营总量逐年递增，数据大致如下：600万、730万、830万、960万、1190万、1370万、1570万、1680万、1750万、1870万、1970万。这些年里轿车服务于本地和出口市场的产量大致如下：170万、190万、150万、230万、360万、320万、370万、370万、290万、380万、450万。⊖这样的生产规模足以填补市场需求的增长和车辆报废的损耗。二手车在报废之前可能会易手两三次。因此我估计，二手车的折价贴换必然也呈增长趋势。

封闭式车身比较特殊，在第一次世界大战以前主要用于量身定制。1919~1927年，汽车行业销售的封闭式轿车增长率逐年递增：10%、17%、22%、30%、34%、43%、56%、72%、85%。

关于年型车，我后面会详细提到；在这里只需要说明一点，在20世纪20年代初期，年型车和我们今天所知道的不一样，它还没有成为正式的概念，但它和福特主张的静态车型理念正好相反。

1921年通用汽车管理层调整的时候，我们并非不知道这四个元素开始露头。1919年，我们在分期贷款业务领域成立了通用汽车金融服务公司（GMAC）。我们拥有封闭车身制造商费希博德的股份。作为中高档价位的汽车销售商，我们很早就提供了二手车的贴换服务。每年我们都努力使自己的车型更具吸引力。但从今天来看，我们当时对这些元素在整个汽车市场上的发展动向并不清楚，特别是对于它们之间如何相互作用并不了解。那时候我们把它们视为不确定因素、未知因素和趋势，是有待研究的案头数据。尽管如此，我们在1921年的产品方案中制订了行动计划，从逻辑上看，该行动计

⊖ 以上数据只包含轿车。1919~1929年所有车辆（包括轿车和卡车）的总生产数据如下：190万、220万、160万、250万、400万、360万、430万、430万、340万、440万、530万。

划和市场的发展动向日趋吻合。

在我看来，正是1921年的这份计划、政策或战略（不管我们怎么称呼它）成了最重要的因素，它让我们跟上了20年代快速变化的市场步伐，让我们对自己的商业运作充满信心，而不是仅仅依靠撞大运。根据战略原则，这份行动计划有一个最重要的特殊目标，这就是我之前讲过的，要为雪佛兰在低档福特轿车与中档轿车之间博得更大空间，扩大细分市场。尽管该计划对整个市场的思考都很全面，但开始的时候能把这个目标落实就够了。

这个目标在我们处理铜冷发动机的问题时受阻了，因为我们放弃了原先战略计划中的商业思维，去追求某种工程梦想。好在1923年轿车和卡车的销量突破400万辆大关，其中雪佛兰轿车卖出了45万辆，这才把我们从这个愚蠢的错误中解救出来，而1923年我们对增长抱有的幻想在1924年经济衰退后也破灭了。因此我们很清楚，要想让1921年制订的计划有意义，就必须把产品设计的工作做好。

有一些失败经历给我们留下了特别深刻的印象。1924年美国全行业的轿车销售额下滑了12%，而通用汽车的轿车销售额下滑了28%。整个汽车行业销量减少了约439 000辆，其中将近一半来自通用汽车。我们的轿车市场份额按销量计算，由20%下降到17%，而福特汽车的市场份额由50%上升到55%。通用汽车销量下滑的部分原因来自别克和凯迪拉克，当然经济不景气的时候，高价轿车不好卖也是可以预见的（奥兹销量增长了，而奥克兰汽车销量持平）。但销量下跌的主力是雪佛兰，跌幅达37%，而它的竞争对手福特只下跌了4%。当然，这一局面并非完全是由1924年的公司事件造成的，管理不善、当年经济不景气，以及早些年的遗留问题也是重要原因。汽车行业有一点很独特，就是汽车从设计到生产存在时间差。今年出现的问题，往往要从一到三年前做的决策中找原因。因此，1924年雪佛兰轿车销量的重挫，可以归结于在之前三年里，雪佛兰轿车的设计工作进展缓慢。别的不说，汽车尾部的设计就常常遭人诟病，但现在数落这些细节缺陷也于事无补。有意思的是，我们曾围绕造出好轿车的想法制订过计划，包括提供更全面的汽车配件，在基本交通工具的基础上改进轿车功能，还考虑过通过提价，让雪佛兰轿车把客户从T型轿车那里吸引过来。当我们将1921年的这份计划和

1924 年雪佛兰轿车的现实情况进行比较后，发现理想和现实之间的差距巨大。尽管如此，我们并没有改变最初的计划，或许是因为我们比任何人都知道业务下滑的原因。

实际上，铜冷发动机项目在 1923 年夏天被放弃以后，雪佛兰的工程师们在亨特先生的带领下加紧工作，将原有型号重新设计成了一款新型车，也称为 K 型车，并在 1925 年的车型年投放到市场。K 型车的新特征包括更长的车身，加大了腿部空间，采用了杜科硝基漆，在所有封闭式轿车上安装了配有自动雨刷器的单块风挡，在长途旅行车和大轿车上安装了顶灯，装配了克莱克森喇叭，改进了离合器，后桥壳替换后性能稳定了，以前的总爱出问题。虽然新车型的变化远谈不上大，但毕竟比之前的要好多了，特别是上述提到的改进部分，反映了我们最初的真实想法。K 型车借助 1925 年市场增长的行情，一举收复了雪佛兰的市场地位。当年轿车和卡车销量达到 481 000 辆，比 1920 年增长了 64%，比 1923 年的高峰期也多出 6%。

福特汽车 1925 年的销量较上年大致持平，约为 200 万辆轿车和卡车。但考虑到当年市场总量较 1924 年有了大幅增长，因此福特的市场份额相对下降了，由 54% 跌到 45%。如果福特先生当年意识到这一点的话，会知道这是一个危险信号。但他在低端市场上仍然占有接近 70% 的份额，他的旅行轿车售价仅为 290 美元（只是没有启动器或可拆卸轮毂），这在当时市场上似乎是不可战胜的。1925 年雪佛兰旅行轿车的售价是 510 美元，尽管它的附件比福特多，但严格来讲两者不具有可比性。福特四门大轿车（装有启动器和可拆卸轮毂）当时的售价是 660 美元，雪佛兰 K 型车售价 825 美元。雪佛兰给经销商的折扣力度比福特汽车的要大，这也导致两者在交易方面有所不同。

当时雪佛兰的政策内部声明是，我们的目标是赢得公众名声，让他们相信我们比福特性价比更高。事实上，当福特和雪佛兰的产品基于同等配置进行考量时，福特的价格并没有比雪佛兰低很多。而在质量方面，我们提出要向买家证明，尽管我们的轿车成本要多出 X 美元，但它带来的额外好处是 $X+Y$ 美元。我们还提出要定期改进产品。我们预计福特汽车大致上会保持原样。我们把这项计划付诸行动，而实际情况也符合预期。

然而尽管雪佛兰 K 型车取得了成功，但它和福特 T 型车的价格差距毕竟很大，还不足以对福特占领的市场产生牵引效应。我们的想法是持续改进产品，然后随着时间的推移和我们市场地位的稳固，逐步挤压T型车的价位。

我们在1921年的产品政策中提到过，任何一辆车的市场表现，都会受到与之在价格和工艺方面不相上下的其他轿车的影响。因此，当我们审视雪佛兰和价格较低的福特汽车之间的博弈关系时，自然也会想到比雪佛兰价格高的竞争对手可能采取哪些类似手段。1924年，当我们还在筹备雪佛兰1925年K型大轿车的时候，就一直在思考这个问题，这样做是有道理的。

1924年的通用汽车价格清单表明，我们在1921年计划中设定的理想定价表，或者叫理论定价表，还没有实现。当年我们主打的旅行轿车价格清单如下：雪佛兰，510美元；奥兹，750美元；奥克兰，945美元；别克4系，965美元；别克6系，1295美元；凯迪拉克，2985美元。

这里面差距最明显的是凯迪拉克和高端别克6，以及雪佛兰和低端奥兹。为了弥补标准凯迪拉克和别克6之间的价格差，我提议凯迪拉克考虑生产一款售价约2000美元的家用轿车，这也成就了后来的传奇轿车品牌拉塞勒，该款车于1927年投向市场。然而从当时的战略角度来看，最大的隐患是雪佛兰和奥兹之间的价格差。这种巨大的价格差足以形成规模化的需求，进而被雪佛兰之外的竞争对手所抢占，而我们当时又没有与之抗衡的产品。因此，填补这个差距非常重要，可谓攻守兼备；进攻上可以满足市场需求的空白，防守上可以抵御竞品轿车进入该市场后对雪佛兰形成的压制，这和我们计划用雪佛兰来压制福特汽车是一个道理。按照这种推理，我们做出了通用汽车历史上最重要的决定之一，即引入一款售价比雪佛兰高的全新六缸发动机轿车，来填补这个市场空白。从工程角度来说，我们已经相信未来市场会青睐六缸和八缸发动机。但为了确保战略有效，我们填补市场空白的轿车还必须具备量产效益。因为新车的推出必将蚕食雪佛兰的部分产量，进而降低它的经济效益，所以如果新车不具备量产效益，最终会对这两款车型都造成损失。于是我们决定，新车型的实体设计必须要与雪佛兰进行协同，以便共享雪佛兰的经济效益，反之亦然。

有关这款车的想法，最初参与讨论的有亨特先生、克雷恩先生和我，当时我成为公司总裁刚几个月。我们在摸索铜冷发动机和水冷发动机的双用车身和双用底盘的时候，已经学到了一些有价值的东西。我们现在要开发的六缸轿车，其设计将尽可能地在雪佛兰车身和底盘部件的基础上进行。六缸轿车会比雪佛兰四缸轿车行驶起来更加平稳，轴距更长，发动机的排量和马力更大，车重也增加了。克雷恩先生建议，设计中的主要新组件包括加长加深的车架、加重的前轴，以及短冲程六缸侧置气门发动机。

当集团公司的工程委员会着手设计的时候，我仍然不确定应该把这款车划归到哪个事业部。奥克兰的总经理汉纳姆先生给我写信，建议由他的事业部来承担开发阶段的工作。我在1924年11月12日给他做了回复，我站在与雪佛兰协同以及应对竞争的角度，谈了对这款新车的看法。我在信中这样写道：

> 您10月11日寄往底特律的来信，我已经收到了。但关于这款所谓的庞蒂亚克轿车，我还没有一个明确的观点能给出。庞蒂亚克轿车的开发在我看来还是个悬而未决的问题，尽管我把您的信非常仔细地读了几遍，但还是无法给您回复，因为有关最值得采用的政策是什么，我还没有成形的想法。
>
> 我从一开始就完全相信，这样一款车是有市场的，而且，如果通用汽车不进入这个市场，别人迟早也会进入。我不知道这个市场是否会都留给通用汽车，我对此非常焦虑，当然如果都是通用的，那就太幸运了。而我假设不是这样，因此我们必须要权衡一下，别人可能会怎么做。
>
> 我们对这个问题的探讨总会遇到一个大难题，就是大家往往会谈论一些与雪佛兰无关的想法。每次提到这个话题，总有人想发表不同的意见。这样导致的结果就是，如果每个人都按自己的方式做事，那我们就会造出另一款奥兹或者奥克兰汽车，更大的可能性是又一款别克汽车或凯迪拉克汽车。换句话说，除非我们坚持原则，也就是生产一款雪佛兰底盘的六缸发动机汽车，否则我们绝无可能成功。我想您会同意我的观点。
>
> 由此我也明确得出结论，为了让工作的阻力最小，我们唯一要做的

是请雪佛兰工程部门承担开发任务，因为只有这样做，我们才能充分利用雪佛兰的现有能力，而不是采用其他方法——容易出现偏差的做法。毕竟工程师难免会在开发中注入自己的个性和想法，这既正常也合乎情理。虽然这肯定不会对具体的开发造成损害，但它会对轿车业务产生不利影响。因此既然我们要利用好雪佛兰的部件、厂房、装配车间，我们的开发就必须沿着雪佛兰的业务线走，要么一开始就这么做，要么等产量增长到一定阶段的时候。

我一直在和努德森先生讨论这件事，我觉得我们应该把目前取得的工作成果都交给他的工程师亨特先生来处理，让他仔细权衡，让他沿着建设性的路径为我们开发出一款六缸发动机，同时我们和他都要知道大方向在哪里。事实上，雪佛兰自身也需要进行发动机的开发试验，这两件事情可以合在一起做……

同一天，我把我对这个问题的想法进行了提炼，以报告的形式提交给执行委员会，名为《庞蒂亚克轿车之现状》。我摘录了这份报告中的一些段落，内容涉及成本、竞争、协同和集团公司的任务，这些都是决策中最终要解决的问题。

布朗先生已经让他的同事做了一些成本估算。尽管这还不是最终结果，但它似乎表明我们的想法是合理的，也就是说，按照成本的平均分摊法，即使把应付的经常性费用加进来，仍可考虑将价格定为约 700 美元，由此产生的利润将给我们带来非常可观的投资回报。这个估算基于奥兹发动机的数据，我们知道由于奥兹发动机的成本过高，因此我们不大会真的用它。如果从经济成本或股东实际利润的角度来看该项目的开发，结果是非常令人满意的，因此我们确实需要推进这件事。

除了上面所说的情况以外，未经确认的信息显示，我们的一两家竞争对手也在窥探这一市场。由此我们认为，尽管这款车的开发可能会挤占奥兹和雪佛兰的部分业务，但我们自己的事业部竞争，总比市场被竞争对手夺走要强。目前看来，这两种情况都可能会发生。

我们针对这项方案已经工作约一年了,坦率地说目前进展不大。似乎我们每次把它拿出来讨论的时候,执行委员会都对如何实操举棋不定。我可以很明确地说,无论是把它交给一个独立的工程部门,还是让最初的介入者奥克兰事业部来主导,我们都不会踏上成功之路。我更加确信的是,唯一成功的机会是把它交给雪佛兰事业部来进行开发。这样一来,像轿车底盘这些工作的协同就会自然形成,不会因为工程师的个性偏好而导致这样或那样的分歧出现。换句话说,如果我们想经受住考验,就要让事情遵循它应有的逻辑去发展。

这份报告中尤其值得一提的是谈到了轿车之间协同制造的问题。毕竟庞蒂亚克轿车标志着我们在实体产品的制造协同上迈出了重要的第一步。虽说实体产品的协同是大量生产方式的首要原则,但在当时,人们从 T 型轿车的案例中普遍认可的观点是,大规模生产只适用于单一化产品。而庞蒂亚克与其他价位轿车的局部协作证明,汽车的大量生产方式可以与产品的多样化并存。这又和福特汽车的固有理念形成了对立,每当我们遇到这种情况都会保留异议。通用汽车的产品线分布在五个价位,每款车型还设有几个级别,而开发庞蒂亚克轿车对于整条产品线来说意义重大。如果高档轿车能够享受到低档轿车的规模效益,那么大量生产方式就能惠及我们的整条产品线。这给 1921 年的产品计划赋予了新的意义,事实上,通用汽车所有的轿车事业部最终都在这方面进行了不同程度的尝试。

庞蒂亚克在雪佛兰完成了组装和道路测试,然后我们又安排奥克兰全面负责它的后期开发和生产,并作为奥克兰的伙伴车型进行销售。我们计划在 1926 年的车型年推出。

在开发过程中,还发生了一件事情,虽然这件事看似孤立,但它深刻地影响了庞蒂亚克、雪佛兰和 T 型车的命运。1921 年,哈德逊汽车公司的罗伊·查宾(Roy Chapin)推出了埃塞克斯双门轿车,售价 1495 美元,比埃塞克斯旅行轿车(开放式车身)高出了 300 美元。和其他制造商的品类比起来,这样的价格差对封闭式轿车来说是比较小的。到 1923 年,埃塞克斯的 4 型双门轿车的价格降到了 1145 美元。1924 年年初,埃塞克斯 6 型双门轿车替代了 4

型车，市场售价为975美元，比旅行轿车只高出了125美元。当年6月，双门轿车的价格涨到了1000美元，而旅行轿车的价格涨到了900美元。然后从1925年开始，查宾先生把双门轿车的价格降到了895美元，比旅行轿车的售价还低5美元。在此之前，汽车行业从没有过这样的经历，于是埃塞克斯双门轿车一下子就受到了市场的热捧。这表明封闭式车身如果能在量产的基础上定好价，就可以统治未来的市场，甚至包括低端市场。

这种发展趋势无疑不可避免，而埃塞克斯带来的竞争其实在两方面也迅速激发了我们。第一是在封闭式车身整体开发的问题上，第二是在筹备庞蒂亚克轿车上市的问题上。

通用汽车一直在朝封闭式车身的方向转型。1924年9月18日，执行委员会"发表观点认为，应该提醒我们的事业部经理，要审慎对待开放式轿车的生产计划，因为市场潮流似乎正在快速转向封闭式"。10月份，我们把封闭式轿车的生产比例从当年大约40%的水准提高到11月份的75%。一年以后，也就是1925年年底，全公司封闭式轿车的生产比例提高到了接近80%。

我不记得当时埃塞克斯旅行轿车对庞蒂亚克的项目造成过什么直接影响，但它和未来的庞蒂亚克轿车显然是竞争对手。事实上，我们在设计第一批庞蒂亚克轿车的时候，完全采用了封闭式车身，包括一款单排座的双门轿车和一款双排座的双门轿车。

1925年9月30日，我在执行委员会会议上充满信心地说："当庞蒂亚克轿车12月份推向市场的时候，我们此前的工作付出都会得到回报。它是一款价格极低的六缸轿车，采用了雪佛兰轿车的部件。"

在1925年10月21日的执行委员会会议上，我指出市场的整体竞争正在加剧。我从会议纪要上摘录了这样一段话："我们应该注意到的事实是，埃塞克斯正从高档价位上向雪佛兰发起攻势，而在另一端，福特汽车（它现在的政策似乎是提高轿车质量，而非降低价格）是个强大的竞争对手。"

庞蒂亚克轿车在1926年的车型年如期问世了。其双门轿车的售价为825美元，介于雪佛兰双门轿车（645美元）和奥兹双门轿车（950美元）之间。这样一来，我们汽车产品线的价格空白就被填补了。

这件事情奠定了此后数年通用汽车产品线的基本定位。凯迪拉克和别克分别处于价格金字塔的第一位和第二位。雪佛兰总是处在价格金字塔的底部。奥克兰事业部后来变成了庞蒂亚克事业部，负责生产庞蒂亚克轿车，而奥克兰轿车停产了。庞蒂亚克维持原有的规模效应，成了一个有特色的品牌。于是，奥兹的价位就在庞蒂亚克和别克之间。按照价格整条产品线是：雪佛兰、庞蒂亚克、奥兹、别克和凯迪拉克，这和今天的情况大致一样。

关于20世纪20年代我们所有轿车产品线的发展历程，我在这里就不赘述了。我只想说，奥兹和奥克兰发展平平。别克汽车尽管总体上一直表现强劲，但也经历了起伏。凯迪拉克在它的价位里一直表现亮眼，尽管从1925年起它的销售龙头地位一度被取代了。我将这些事业部的逸事暂且略过，着重讲一下在这段时期发生的最重要的变化，也就是在低价格的量产市场里，我们与福特汽车之间的竞争。

我认为，这场竞争中最具决定性的因素就是封闭式车身。它是汽车史上自汽车的机械稳定性问题解决以来，最重要的一次进步。封闭式车身使轿车成为适合全年出行的舒适交通工具，从而扩大了汽车的使用范围，也大大提高了产品的价格。1925年的雪佛兰K型双门轿车和四门大轿车，其售价比双人敞篷车分别高出40%和57%。

尽管埃塞克斯首次展示出，在封闭式轿车与开放式轿车售价相当的情况下，前者的量产前景非常可观，但它这两款轿车的价格仍相对较高。埃塞克斯虽然从高档价位上挤压了雪佛兰，但并没有真正影响到低档价格市场。虽然1925年的雪佛兰轿车售价仍然高于福特，但它在低档封闭式轿车市场上占据了非常有利的地位，部分原因在于它和费希博德建立的良好关系。

这里要稍微说一下费希博德，毕竟大多数通用汽车的车身都是由它生产的。正如我前面提到过的，通用汽车在1919年购买了费希博德公司60%的股份，商定由后者来全力满足通用汽车所有乘用车车身的生产要求。1926年，我们又收购了费希博德剩余40%的股份，这样它就成了通用汽车的一个事业部。我们这样做有诸多原因。早在1925年2月3日，执行委员会就提出，"提请注意一个事实，雪佛兰当前的销售受限于新型车的生产能力，而这很大程度上又取决于费希博德公司对封闭式车身的供应能力"。通过协同车身与底盘的组装，我们可以提高运营效益，而随着封闭式车身成为行业主流，我们把车身运营完全纳入通用汽车旗下似乎也是合理的。我们也非常希望费希尔兄弟能跟通用汽车形成更紧密的合作。

费希尔兄弟演绎了一段了不起的家族传奇，我希望他们有时间能把它记录下来。而我对这段经历的知晓，并非由于我早先积累的人脉，毕竟我进入汽车行业时从事的是底盘业务，而他们是生产车身的。但我知道他们是技艺精湛的工匠，有马车制造的背景。费希博德公司成立于1908年，1910年他们成立了费希尔封闭车身公司，并获得了150辆凯迪拉克车身制造的订单，1912年他们又成立了费希博德加拿大公司。1916年，这三家公司都合并到费希博德公司旗下。费希尔为几家汽车公司供应车身，包括别克和凯迪拉克。我第一次跟弗雷德·费希尔熟识是在1922年，当时他加入了通用汽车执行委员会，是这个早期团队中的重要一员。1924年，他成为财务委员会的一员。同年，查尔斯·费希尔和劳伦斯·费希尔成为执行委员会委员，而在1925年，我任命劳伦斯·费希尔领导凯迪拉克。费希尔家族的其他几个兄弟，包括威廉·费希尔、爱德华·费希尔和阿尔弗雷德·费希尔，仍然在费希博德公司任职，威廉·费希尔担任总裁。劳伦斯·费希尔在通用汽车车型设计的过程中，发挥了至关重要的作用，这个故事我在后面的章节会讲到。

封闭式车身在行业中的需求比重增长迅猛，从1924年的43%跳涨到1926年的72%，1927年达到85%。因此，雪佛兰封闭式车身的生产比例也在不断提高，从1924年的大约40%迅速增长到1926年的73%，到了1927年达到82%。从各个方面来讲，这都是一个巨大的变化。

封闭式轿车的兴起，使得福特无法在低价市场继续保持领先，因为福特先生此前专注于T型车的发展策略，而T型车的车身主要是开放式的，它的轻底盘不适合乘载较重的封闭式车身。在不到两年的时间里，本来就已过时的T型车和封闭式车身比起来，其工程设计便毫无竞争优势可言。最终福特先生还是在T型车上加装了封闭式车身，1924年的生产比例达到了37.5%。尽管此后的三年里，市场对封闭式轿车的需求增长强劲，但福特的封闭式轿车销售比例在1926年和1927年分别只有51.6%和58%，而雪佛兰封闭式轿车同期的销售比例增长到了82%。

1925～1927年，成本的改善使得雪佛兰的降价变得顺理成章，其在福特汽车面前也变得更有竞争力，这和我们之前的预期相符，当时雪佛兰双门轿车的售价从 735 美元一路降到 695 美元、645 美元、595 美元，而福特都铎 T 型车从 1925 年的 580 美元下降到 1926 年 6 月的 565 美元，到了 1927 年跌至 495 美元。可以这样说，我们 1921 年针对 T 型车制订的战略计划完全应验了，只是没想到在细节的设想上也如此吻合。老师傅没能把握住变革。请不要问我为什么。感伤主义者曾把福特视为传奇，说福特先生留给我们的伟大轿车，充分诠释了什么是便宜、基本的交通工具。而事实情况是，他留给我们的轿车即便作为初级、基本的交通工具，也不再是客户的优选。

不难看出，在 1925 年和 1926 年雪佛兰和福特汽车之间的差距越来越小。1925 年，雪佛兰全美工厂售出的轿车和卡车约为 48.1 万辆，同年福特的工厂销量约为 200 万辆。1926 年，雪佛兰轿车和卡车的工厂销量上升到约 69.2 万辆，同年福特的工厂销量跌到约 155 万辆。福特赢得市场地位的根基，也就是量产优势，正在迅速消失。福特无法做到销量继续减少的同时，还保持利润。由于工艺上的落后和市场的变化，T 型轿车衰落了。但令很多观察家始料不及的是，衰落的程度竟然如此巨大和诡异——福特先生在 1927 年 5 月决定，把他胭脂河的大工厂全部关掉，用几乎一年的时间进行设备升级，这就让雪佛兰在这个市场里没有了竞争对手，也给克莱斯勒先生的普利茅斯汽车提供了机会。虽然福特先生在 1929 年、1930 年和 1935 年重新取得了销售优势，但总体上看，市场领先地位已经属于通用汽车了。尽管福特先生早年对汽车行业有许多非凡的见解，但他似乎从未理解，和早年他赖以成名并且熟知的市场比起来，如今的世道完全变了。

现在回顾一下 1923 年，也就是轿车和卡车的销量首次突破 400 万辆大关的时候。从那以后到 1929 年，除了某些年份出现过波动以外，新轿车的销售陷入了停滞状态。然而正如我之前所说过的，二手车的交易量在持续增长。一方面，包括二手车在内的市场总量在扩大；另一方面，新车市场并没有增长。我说过，新轿车的作用在于填补车辆报废的空白和扩大用户增量。而二手车由于价格低得多，因此可以满足不同层次的基本出行需求。福特先生没有意识到，新轿车未必是用来满足人们基本出行需求的。单凭这一点，福特先生的理念就不太符合 1923 年之后的美国市场现实情况。因为在那之后，美国市场的基本出行需求（和欧洲不一样）主要是通过二手车来满足的。

当一手车的车主重回市场，把旧车作为首付贴换新车的时候，他们卖出的是基本出行工具，并希望通过买进新车来满足自己的更多需求。中等收入的买家在汽车贴换和分期付款的帮助下，激发出的需求并非更换基本交通工具，而是希望体验新轿车的功能改进，希望体验它的舒适、便捷、马力和车型设计。这就是美国生活方式的真实潮流，企业适应了这种潮流才会繁荣发展。

我在本章开篇谈到了四个新元素，分期付款的销售方式、二手车贴换、封闭式车身以及年型车，它们相互作用，改变了20世纪20年代的汽车市场格局。到底什么是年型车？

在20世纪20年代，年型车没有作为通用汽车的政策对外宣布，我相信对其他厂商来说也是一样。但我们在政策中提出了每年都要推出更大空间、更高质量的配置。在这样的理念下，必然就需要加强销售能力。

1925年7月29日，我在总部销售委员会的会议上陈述了我们的商业政策，内容如下：

> 我们作为一家大公司，选择了制造高质量的产品并以合理的价格出售这条路，虽然行业里其他的公司并未采取这样的政策，但我相信我们大多数人都认同这种做法。与此同时，我们必须承认这样的政策也让我们的销售部门肩负了更多责任，因为他们要收回我们在质量上的成本投入，并赚取利润。
>
> 公平地讲，我们的销售事实上受到了制约，这和我们某些产品以往声誉不佳有关，但在新一年的生产中，我们的轿车产品线无一例外令我们感到自豪。我相信我们都同意，这些新产品完全值得信赖，并且定价合理，无论从竞争还是从成本的角度来看都是如此。部分降价归结于成本的减少，特别是费希博德增产以后，封闭式车身的生产成本下降了；此外，工艺设计在不影响质量的情况下做出的改进，也产生了节约。但与此同时，我们必须认识到我们的利润减少了。
>
> 为了让大家更清楚其中的含义，我要告诉大家，如果我们把今年过

去六个月的盈利基于新定价和新成本来重新计算（换句话说，基于成本与售价的新利差），并且假设销量保持不变，那么我们的利润会减少约25%。

目前，通用汽车的业务量还没有大幅增长。上半年的成功得益于成本与售价之间的可观利润。我们今年截至目前的消费市场销售额和去年只是基本持平。我们的价格除了少数情况外一直都很合理，但到8月1日的时候，我们的定价无疑应该拉开我们与竞争对手之间的销量差距。事实上在我看来，我们采用新定价的唯一理由就是希望加大产量，而产量的增加意味着我们的销售部门要承担更大的责任。按照现在的定价与产品质量，我们必须认识到接下来就是要解决销售的问题，我们的销售部门义不容辞。

接下来我做了一番鼓舞人心的讲话，谈到了要避免大企业的惰性。我在总结的时候讲到了商务政策，并指出汽车行业已经进入了一个新时代。

与营销相关的事情还有很多，为此我们应该报以更加积极进取的态度。在我看来，通用汽车在销售方面整体偏弱。事实上，整个汽车行业的兴起一直是围绕着机械技术人员，不是商务人员，但我认为我们要意识到，商务对于企业发展的重要作用。

事实证明，我对通用汽车存在惰性的担忧多虑了——就像一名足球教练喜欢苛责他的冠军球队一样。"品质产品、公道价格"这句话说出了销售更大空间、更好轿车的基本政策——这和我们1921年的产品计划是一致的。此外我们还推出一项政策，在各个事业部构建强大的经销商组织。为了更好地进行买卖和交易，我们相信有必要成立一个兴旺、有活力、符合战略部署的经销商团体。关于这个话题，后面有一章会讲到。

这样事情就具有了一致性。开始的时候先制定一项政策，以后即便有意外发生也能理清。对于产品而言，所谓政策就是持续、永恒的改进。我之前描述了对于1925年雪佛兰K型车做出的改进。同一年，我们开始研发新的雪佛兰六缸发动机。1926 年，我们把车型设计作为独立的概念引入凯迪拉克事业部，这也是汽车行业首次将车型设计作为一种专业化工作。1927 年和 1928 年，我们对雪佛兰做了设计改造。1928 年，我们为雪佛兰安装了四轮刹车，并将新的六缸引擎的轴距增加了四英寸⊖。但我们直到 1929 年才推出这款新车型，也就是在福特先生推出他的四缸 A 型轿车以后。

1925 年 7 月 29 日，在刚才提到的总部销售委员会会议上，我们管新车叫"年型车"，但是又尽量避免正式推行这个概念。这次会谈的主题是"年型车还是持续改进"。这次会谈纪要是我保存的唯一一份 20 世纪 20 年代的记录，或许有一些借鉴意义。

斯隆先生：推出年型车有很多不利影响，所以我们都反对年型车，但我不清楚的是我们能怎么办。

（理查德·）格兰特先生（雪佛兰销售总经理）：我反对年型车的想法，我认为与其把我们的改进车型放在每年固定的时间发布，不如循序渐进地做这件事，并且不要进行宣传。

斯隆先生：当然，对于某些改进来说这样做可能是最好的，但如果新车车身变了的话，这样做会很麻烦。

格兰特先生：问题是"我们应该有年型车吗"。我认为"不应该"，我们不应该有年型车。我们所有的改进工作都应该悄悄进行，不要声张。当我们更换产品线或者车身的时候，我认为我们必须要有一款新车型，但我不认为这就应该是年型车。车型引进的间隔期可以是一年七个月，也可以是两年。我不认为我们该把所有的事情都押在 8 月 1 日。此外，我也不认为道奇的政策值得学习，宣称自己永远不出新车型。

斯隆先生：如果采取他们的政策，相当于在说这个行业停止发展了。虽然你可以对产品做一些小改动，但总有一天你必须推出新车型。你可以说还没有这样的打算，但迟早你必须这样做。你刚才提到的政策仅有两家企业成功采用过，那就是道奇和福特。而现在福特准备推出一款新车型了，其原因就是我们刚才所说的。道奇在 1923 年年初的时候也被迫

⊖ 1 英寸 = 2.54 厘米。

效仿。因为31个州的（新车注册）报告显示，此前它们的销量一直在下滑。现在我们也面临同样的情况，而我认为通用汽车的政策太容易受到别人的影响，不敢求变，但我认为这是由于我们的产品不够稳定造成的。

格兰特先生：或许我们对这个问题的表述还不够清晰。如果这个问题的意思是，我们有一款非常棒的新车型可以推向市场，但是没打算去利用，那么我对这种做法并不赞同，但我确实认为应该丢掉年型车这种想法，我们只应在必要的时候才推出新车型，然后充分利用我们的优势进行宣传。我认为那些宣扬永不推出新车型政策的人是在自找麻烦，毕竟产品线和车身都会发生变化。

（林恩·）麦克诺顿（Lynn McNaughton）先生（凯迪拉克销售总经理）：我们应该避免使用车型的名称，这样就可以把公众注意力集中到"凯迪拉克"这个品牌名称上，而不是车型的代号上，并且我们也不准备给新车按照型号命名，只会说这是凯迪拉克轿车的一条新产品线。过去三四个月里，有人问过我们什么时候推出新的V-65，但我们只会让公众知道，这是一条新的凯迪拉克产品线，没有车型名称。我们要宣传的是凯迪拉克，而不是这款车型。

斯隆先生：当然，关于这一点不妨站在费希博德的角度考虑一下。要让他们一次性组织好所有车身模具的生产挑战巨大，几乎难以完成。

格兰特先生：我认为我们应该做的是改变我们的政策方针。当我们积累了足够优势的时候，可以推出新车型，但我不认为应该定8月1日这个日子，我也不认为如果两个事业部都更换车型的话，必须都选8月1日这一天。更好的做法可能是将一个事业部的时间调整到1月1日，就像去年那样。

斯隆先生：必须要在8月1日更换车型，因为选择任何其他的日子都会和销售季撞车。更换车型这件事必须在8月1日和11月1日之间完成。从政策上来说，你肯定不希望到1月1日的时候才推出新车，雪佛兰去年的做法实属迫不得已。

格兰特先生：或许您认为明年1月1日的时机再糟糕不过，但从今年的运营情况来看，1月1日开始换车型可能比较合适，因为我认为到那时我们的库存就不多了。

（丹·）埃丁斯（Dan S. Eddins）先生（奥兹销售总经理）：如果我们在 12 月 1 日投产新车型，就能在春季备好库存，满足春季市场的需求。但在 1 月 1 日到 2 月 1 日这段时间里，工厂的生产还无法到位。此外，其他在 8 月 1 日推出新车的厂商会先行一步，抢走我们的很多生意。

斯隆先生：8 月 1 日到 9 月 1 日是唯一合理的时间，因为如果把时间从 8 月 1 日往前推就会影响到春季的业务，而如果想在 11 月 1 日的时候换车型，那么经销商手里的大量轿车就很难卖出去。你将不得不在淡季的时候做清仓处理。

格兰特先生：我认为我们应该保持政策不变，但需要采取行动尽量避免车型的变化过大。换句话说，我们对于当前政策的落实应该改变方法。

事实上从 1923 年以后，通用汽车在 20 年代每年都会推出年型车，并一直延续至今，但以上谈话记录表明，我们在 1925 年的时候还没有形成今天这样的年型车概念。至于我们什么时候形成这个概念的，我也说不出来，就是一个演化的过程。最终的事实是我们每年都更换车型，也认识到了这样做的必要性，于是它就成了常态。大约在 20 世纪 30 年代，当车型更换常态化以后，我们开始提出年型车的概念。我不认为老福特会对这个概念真的在乎。不管怎样，他在 1928 年推出的 A 型车依然精致小巧。在我看来，这款车同样表达了他追求静态实用车型的理念。

当福特工厂由于缺少新车型设计而关闭的时候，我仍认为我们两家公司的发展政策都有生存空间——福特推出的新型轿车表明，老政策也能适应行业发展的新要求。换句话说，我在 1927 年根本没想到，福特的老政策已被市场淘汰，通用汽车的轿车升级政策宣告胜利，而这种胜利绝不仅仅体现在雪佛兰销量的增长上。

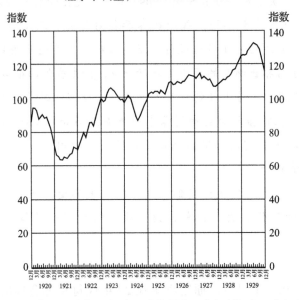

1920～1929年美国联邦储备银行工业生产指数
经季节调整，1923～1925 = 100

资料来源：Data from "Industrial Production 1957-59 Base" (publication of the Board of Governors of the Federal Reserve System), converted to 1923-25 = 100.

My Years with General Motors
第 10 章

政策的制定

　　汽车市场的转型到 1929 年的时候就基本结束了。这是现代经济中非常重要的一年,此时福特先生借助新款 A 型车仍在固守自己的理念,而克莱斯勒突然杀出,对福特汽车形成了牵制。克莱斯勒先生充满活力,他的市场政策和通用汽车的相似。当年美国轿车和卡车的总销量是 500 万辆,其中福特汽车占了近 200 万辆,但这种情况的出现纯属偶然,并不代表趋势。

　　而通用汽车已经从 1920 年那支管理无序的杂牌军变成了一家重组成功的企业。协同控制下的分权管理理念运行得很好。财务管控成为公司习以为常的措施,并且仍在不断演化和创造。轿车产品线既体现了杜兰特先生最早提出的多样性,也从原则上实现了 1921 年产品计划对于价位区间的构想。我还要补充的是,尽管我们当时的出口轿车销量已经创了历史新高,但仍然在海外开辟了一条发展新路,我们在英国(1925 年)和德国(1929 年)设立了自己的生产运营基地。这些都反映出经济趋势对于公司的影响。当然,通用汽车自己也是趋势的影响者。我们在汽车行业取得的进步也影响了美国其他一些大企业,它们学习并采纳了我们的方法,特别是在分权管理和财务控制这些问题上。

　　我并非历史学家,因此这一时期的一般性事件我选择一笔略过,以便继续讲述通用汽车的发展进程。

20世纪30年代初的大萧条尽管导致了经济的紧缩，却并没有对企业的整体特征产生质的改变，但有一个方面例外。经济紧缩要求加强协同的工作。也就是说，面对最困难的经济变化，我们必须找到能快速响应并节约成本的方法。这些需求也促使通用汽车对组织架构进行了最后一次基础性调整。事实上，这种调整在1929年10月的股市暴跌之前就开始了，因为我们预计到需要应对一些新情况的出现，尽管我们并不知道究竟会发生什么。

做出调整的原因之一是随着雪佛兰的巨大成功，我想把它的人才安排到战略岗位上，从而把它的管理方式传给整个公司。1929年5月9日，雪佛兰的格兰特先生和亨特先生当选为集团公司的副总裁，他们分管集团的销售和工程职能。与此同时，曾在德科-雷米任职的威尔逊当选分管制造的副总裁。几年以后，曾任雪佛兰总经理的努德森先生当选集团公司的执行副总裁，负责所有轿车、卡车和车身制造的运营。可以这么说，在这一时期，我们选拔了一批新的管理者进入总部，他们对整个公司的影响无处不在。

当时除了财务部门、凯特灵先生的实验室以及跨事业部委员会以外，职能部门的人数并不多。当我们需要开展一项高级别的工程项目时，我们就成立一个"产品研究小组"，并把它挂靠到某个制造事业部。因此，这些组员的选拔也就成为职能部门的新任务，它最终取代了原先的跨事业部委员会，并发展成为今天的庞大职能组织。有关这些职能组织的故事会在本书后面的章节里提到，我在这里只先讲它们如何在协同过程中发挥作用。

在1929年暮春初夏的时候，国民经济的走势达到了顶峰。在这之后，工业生产急剧下滑，股市先是持续走高，到10月份的时候出现崩盘。[一]7月18日我向运营委员会发表了声明，对于公司能否应对市场的变化感到担忧，并宣布要采用新的协同方式，内容如下：

……我感到我们一直存在一个薄弱环节，就是尽管我们针对拟订的方案和政策提出了诸多建设性建议，但我们的执行还不到位，也可以说这些政策并未贯彻到底。在我们所有人的思维里，变革通常都是让人抵

[一] 有关1920年到1929年的工业生产指数，见第9章结尾。

触的，我认为我们的管理已经受到了指责，因为我们没有坚持变革，把太多时间花在了贩卖点子上，对于存在的问题没能及时有效地解决。正是由于这些原因，过去一段时间里我一直觉得，我们必须要有更加有效和明确的协同方式。换句话说，前进的阻力已经超过了个体的推力，因此进展缓慢。我觉得我们要想保持现在的市场地位（且不说提高），就必须做出改变。我们再也不能做件事情等那么久，因为竞争愈演愈烈，而问题也一天比一天困难。我的这番话并非针对日常工作而言，而是说我们必须认识到，我们要让公司原则变得更好，让推动这些原则的政策执行到位，还要让具体的组织方式更合理、更有效……

1929年10月4日，在股市崩盘前不久，我在公司的一篇通稿中指出，业务扩张期结束了，并颁布了公司新的精简政策。

现在我们有一件非常重要的事情需要各位密切关注，我大致介绍如下：

过去很多年以来，强劲的生产需求使我们的设施一直在饱和运转。我们所有的运营业务，无论是国内还是国外，实际上都是如此。此外，我们的产品特性也有了实质性的改观，这也推动了我们生产设施的部分升级和全面改进。对于管理层而言，这意味着除了日常问题以外，还要负责厂房设施的扩建，并对运营进行有效的组织。

大量资金已经投入到了这些扩建方案中。我们还投资兴建了一些设施来做之前没有做过的事情，即建设新工厂，以生产更多我们在售的产品。这些工作都非常有成效，我们目前取得的成果也充分证明了这一点。我相信，由于我们在这个大方向上取得的成果，我们的市场地位从过去到现在都已大大提升，将来也会更加稳固。

我说这些是为了表明，我认为现在或至少是短期内，我们有必要采取不同的管理方案。在我看来，管理层现在应该集中精力，通过提高工作有效性和削减费用的手段来提升盈利能力。换句话说，在过去几年，增长的驱动力一直是生产更多更好的轿车，持续提高产品的价值。从现在开始，我们仍应努力生产更好的轿车，但针对不同的价格提供什么价值，必须更加仔细地思考。我们以前把大量精力花在了扩建和开发上，现在依照这个方案，就应该把重点转到运营的精打细算上来。

上述观点并非说，今后几年我们将置生产设施的发展需求于不顾。我相信如果能在适当价位上提供优质产品，同时在工程理念上与时俱进，我们的成就将是无限的。此外，业务的年增长率不可能再跟过去几年的水平一样了。我们也应认识到，必须对整个行业的总体发展趋势更加密切关注。对于上面这番话，我并不是说我们之前没有关注费用因素，我知道我们关注了。我想表达的是，未来每个事业部和下属机构都应该着重思考一下，如何把精力从之前的扩建和开发转到节约经营当中去，这也是最具挑战的一项任务。换句话说，公司现在的主题必须是节约运营，而不是工厂设备的扩建。我这里说的"费用"不单是制造费用，还包括与销售成本相关的各项费用。

当然，方案的执行责任在于各事业部和下属机构。为了让我及时了解整体情况，我请布拉德利先生、格兰特先生、亨特先生和威尔逊先生代表职能部门，与各事业部及下属机构的相关部门一起针对当前情况，采取多种方式进行研究，并适时进行概括。这样我们就能共同努力，取得更好的结果。

基于上述想法，我们对新项目的审核将比以前更加审慎，对举证责任的规范将更加明确。按照现在的组织形式，副总裁威尔逊负责对递交上来的新项目进行初审。各事业部和下属机构如果打算扩张，或者觉得有这样的必要性，建议在此之前先跟威尔逊先生咨询。当然，上述建议不会对已批准的项目造成影响，这些项目仍将增添或者更换必要的生产设备，以保证正常运转。

事实证明，我的悲观预期并不过分；事态的发展始料未及，很快就演变成我们能否应对的问题。尽管大萧条并非瞬间发生，但衰退的幅度是巨大的。1929 年，通用汽车的销售额为 15 亿美元，到了 1930 年跌去了约三分之一，为 9.83 亿美元。

1930 年结束后，我在年度报告中（通常都是我自己亲自写）这样写道："这一年里，全世界几乎所有重要消费国的经济形势都非常失衡。对于全世界几乎所有国家来说，公司都是商业活动的重要参与者，其运营也受到了这种经济形势的打压。因此，这就导致公司的管理和政策制定上出现了异常，如果我们要保护股东的权益，就必须积极有效地解决这些问题。机构的未来不仅取决于公众对它的信心（这也是衡量商誉的一种手段），而且要看它未来的经济发展状况，这就需要我们对所有问题进行最彻底的分析……"

于是分析开始了。

像通用汽车这样的公司，它们的管理层在面对灾难性事件的时候是如何进行内部讨论的，这个话题作为背景或许也值得说一下。1931 年 1 月 9 日，我给运营委员会的成员写了以下这封信。

> 考虑到部分成员没来参加周四的运营委员会会议，以及出于提醒本次与会人员的目的，我想指出下次会议的主题之一，是各位委员对刚刚过去的一年发表各自的意见，包括我们存在哪些程序、政策或思路上的问题应该予以解决，以及哪些新想法会对 1931 年的业务有帮助。
>
> 每年辞旧迎新之际，都为我们从心理和现实层面处理这种问题提供了契机。当然，我们的要务是整体的政策原则和发展思路，而不是陷入到具体问题的管理中去。
>
> 为了说明我的观点，下面谈一下我的想法，它们来自我以往对这个问题的一些记录：
>
> 首先，我认为我们过去缺乏勇气处理人事问题，现在可能仍然如此。我们知道有问题存在，但我们对此容忍，过了很长时间以后我们终于做出了改变，然后又后悔为什么没有早点行动。
>
> 其次，尽管公司讲求事实的名声在外，但我认为我们并没有完全做到这一点。我们坐在一起讨论事情的时候并没有基于事实。我认为我们应该摒弃这种做法，当事实还没摆出来，委员会的所有人没有独立判断之前，任何成员都不得擅自对重要问题做决定，否则委员会就是在辜负自己和公司，因为它没有履行应有的责任。

> 最后，我认为我们行事太过表面化了，应该遏止这样的苗头。我们现在面临的问题成堆，时间很有限，而会议有时候开得过长，于是我们自然就感到厌倦了。这些情况以及很多其他因素导致我们在没有充分思考的情况下犯了错误，而这种错误是注定会发生的。草率行事或者没有经过深思熟虑就采取行动，还不如先把这件事情放一放，这样即使某个机会我们没抓住，它迟早也会再次出现，并且我们会因为更加缜密地处理了问题而长期受益。
>
> 以上只是我的一些想法，希望各位能认真考虑相关问题。希望每位成员都能对此做出切实的贡献。

在当时的情况下，这是一份非常温和的声明。但每家企业、每种职业、每一群人都有自己的沟通方式，也常常有他们自己的行话。对高层管理者来说，他们体会到这封信是要求他们对每件事情都能认真思考。此后有长达六个月的时间，大量的会议备忘录堆到了我的办公桌上，涉及的问题类型非常多，其中包括一些观点上的分歧。普拉特先生、穆尼先生和努德森先生感到，我们已经变得太过集权了。

1931年1月12日，普拉特先生写道：

> 在我看来，通用汽车在程序和政策方面的最大弊端，是运营委员会总倾向于探讨事业部的细节问题，而没有坚持既定的原则，即应该由事业部来提出各自的政策方针和问题，并把解决方案呈报给运营委员会进行核查与批准。
>
> 无论有意还是无意，通用汽车过去一年的运营值得警惕，因为运营委员会对所有政策提议和行动方案的管理都出现了集权的苗头。我认为有必要扭转这种苗头。政策提议必须由事业部来负责，而我们的工作是让事业部总经理接受这份提议，而不是由总部来拿出所有的提议。
>
> 我还想建议的是，我们觉得哪里存在问题，就要把这个问题摆到桌面上来坦诚交流，而不要顾忌和谁有关。

毫无疑问，受经济严重紧缩的影响，一些过度集权的行为发生了，而这是错误的。

但另一方面，威尔逊先生、格兰特先生、亨特先生、布拉德利先生，还有所有职能部门的同事对这个问题持相反意见。每人都对增强协作的具体方式给出了建议。威尔逊先生希望能在生产组织、设备和加工方法上，让所有事业部都能达到最先进事业部的标准。格兰特先生针对销售和综合管理给出了相似的建议。但他承认，他不确定如何做才能与分权管理的原则保持一致。"至少目前，"他说，"对于这个问题我只知道一点，就是我们在与各事业部的接触中，要具备很强的毅力、耐心和销售能力……"亨特先生本着工程师的务实作风，建议在轿车产品线中全力拓展可替换车身的方案。他还建议把工程研究的新成果，应用到近期就能上线的轿车性能中。布拉德利先生还指出运营委员会在讨论时，准备工作做得不充分的问题，因此他建议成立下属委员会来保障运营委员会的日常工作效率。

我认为事实上双方都是对的。以前出现的进退两难的情况又发生了。为了应对新形势，公司内部必须要有更多的协同。与此同时，我们绝不能让高层管理者陷入对分权部门指手画脚的绝境。

1931年6月19日，我成立了若干个顾问小组，开始了重新调整的第一步。我在计划书中写道："顾问小组承担集团高管的顾问工作，其目的是全力收集广泛的事实和观点，以确保提交给（运营）委员会的建议以及运营政策审议前后的决策具有充分的建设性和权威性。"

这份计划书的意义在于，它设法在总部管理者、职能部门和事业部之间建立起更加广泛、积极和常规化的联络机制，并且没有给职能部门驾驭事业部的任何权力。有些人曾担心，这一举措会鼓励职能部门的管理者对事业部经理发号施令，但我得说其实结果未必如此。

顾问组是在1931年设立的，但在当年年底以前，我们没有对它的组织问题进行深入讨论，因为大萧条使得美国和全世界的经济都已见底，我们只好先采取紧急措施来确保生存。1929年，美国和加拿大实现的轿车和卡车总产量约为560万辆，零售额约为51亿美元。到了1932年，产量猛跌到约140万辆，零售额约为11亿美元。这是自1918年第一次世界大战结束以来的新低。

正如我在前面几章提到过的,由于采取了财务和运营管控手段,通用汽车躲过了它在1920~1921年衰退时经历的那种灾难。我们在各项事务上都有序地进行收缩,其中包括降低工资和薪酬。1932年,我们美国和加拿大工厂的轿车和卡车销量降到了52.6万辆,而1929年的销量大约是190万辆。考虑到多项费用都是固定成本,这个跌幅堪称巨大(72%)。但与整个行业相比,我们的情况相对较好,事实上,我们的市场份额从1929年的34%,提高到了1932年经济谷底时期的38%。我们的利润从1929年的大约2.48亿美元,下降到了1932年的16.5万美元,仍有盈余。这主要归功于我们的财务管控流程做得好。1932年,我们的产能利用率不足30%。

为了节约成本,我们加强了采购、设计、生产和销售之间的协同,有些协同改进具有长期价值。拿采购和生产来说,我们对部件进行了更加精细的分类,提高了它在事业部之间的可替换程度,其中最重要的是将车身简化成了三种基本的标准类型。最难省下的是商务或销售费用,我们因此采取了最激烈的重组措施。1932年3月,运营委员会召开完三天会议之后,对1921年的产品政策进行了全新修订。委员会决定整合雪佛兰和庞蒂亚克的制造业务,并交由努德森先生管辖。别克和奥兹莫比尔也采取了类似的整合措施。在销售端,别克、奥兹莫比尔和庞蒂亚克的销售工作被整合到一家新成立的销售公司BOP(Buick, Oldsmobile, and Pontiac)旗下,而经销商也可以卖多种轿车了。这样从管理角度来看,通用汽车在一年半的时间里,汽车事业部就从五个减少到了三个。

经济紧缩造成的影响非常严重,随之也波及公司上下并造成了压力,这促使我反思:我们的管理规划能否对这个时代做出适当响应?我们的组织可以自如地收缩和扩张吗?可以在有效协同的同时,还能清晰保持政策与行政管理之间的界限吗?如果我们恢复为先前的五个轿车事业部,那么在新形势下应该怎样协同这些品牌之间的关系?当一家实体企业遭遇像经济大萧条这样一种强大力量冲击的时候,出现一些混乱是不可避免的。1933年11月,我再次就新政策写出我的观点,并在开头就直陈政策这个话题。我说:

> 我觉得对现阶段的通用汽车来说,解决整体组织问题有特别重要的

意义，这并非只是从业务规模的考量出发，而是因为公司的业务性质必须服从某种要求，我称之为"快速变化"。换言之，我敢说和其他多数行业比起来，汽车行业中各个单元"放任自流的现象"要少得多。我在思索我们的情况、展望未来的时候意识到，我们要取得成功，或者说要想保持现有的市场地位，就必须制定一项战略，有了这个战略我们就可以预测，我们功能性事业部的哪些活动值得关注，它们正在发生哪些快速变化，以及今后还将怎样变化，这样我们就能采取足够快速的行动应对这种变化。

我这么讲绝不是说，政策制定后的有效执行和精打细算不重要，我只是试图强调政策制定的重要性，因为如果我们不能充分运用智慧解决这个问题，那么不管我们的管理系统有多强大，我们的发展机会都会受限。我还要说的一点是，今后我们必须更加积极地做好政策制定的工作。保持竞争优势，兼顾利润空间会变得越来越难。今后我们不可能像过去一样再花时间来决定，面对趋势性的市场变化我们应该做些什么……

上述内容是从我的备忘录中摘录的，主要目的是重申，执行委员会的唯一职责就是政策制定。我还说，委员会应该"有能力坦诚积极地处理各事业部的问题，并协调好各事业部之间的关系"。为了尽量做好这一点，我认为该委员会只应由集团高管组成，不应该包含事业部的高管。那么如何让集团管理者获得并使用信息来制定政策呢？我写道："……我们必须采取一些方法和手段，让执行委员会成员能接触到问题，从而能对这个问题做出不仅明智而且独立的判断……"

当然执行委员会事实上一直是公司法定的最高运营机构，但由于它和运营委员会的工作存在交集，并且在进行决策时政策和运营双方的人员都要参与，因此政策制定与运营管理之间并没有足够清晰的界限。所以首要的事情就是明确执行委员会的职责仅限于政策的制定，并且要独立于管理和运营人员来进行。

恢复政策制定的独立性这一点非常重要，因为鉴于轿车市场当时出现的新情况，如果公司按照我的提议恢复为五个事业部的话，会有一些管理问题出现。

当时的情况是这样的：1933 年的汽车市场，低档轿车在行业销量中的份额达到 73%，而 1926 年时是 52%。这意味着对于我们过去的轿车产品线来说，有四条产品线分布在 27% 的市场里，只有一条产品线在 73% 的市场里。布朗先生从节约成本的角度考虑，倾向于保留三个事业部。而我倾向于五个事业部，尽管这会带来成本的增加，但我认为我们可以通过提高销量来收回。1934 年 1 月 4 日，我在给财务委员会的一份报告中提出并部分重申了我对商业政策一直坚持的观点，这些观点后来成为公司的政策，我援引如下：

通用汽车轿车产品计划的基本构想

委员会的部分成员可能还记得，当杜邦先生成为公司总裁的时候，首先做的就是成立一个工作小组，把轿车产品的研究当作非常重要的问题来抓。当时我们还拿不出基本的构想或计划——各事业部的产品之间没有建立明确的关系，也可以说是没有协同。后来大家都认识到，产品之间需要有明确的关联和一定程度的协同，而研究的目的就是确定这种关联和协同应该是什么。所以在 1921 年 4 月 6 日——距离今天快 13 年了，执行委员会达成决议，批准了这项研究（这里说的研究就是之前谈到的产品政策）……

我记录了过去 13 年里汽车市场面对激烈的竞争如何演化，并且注意到，轿车的价值已经开始围绕某些因素聚拢——外观或者样式、技术性能、价格和声誉。我当时的印象是，这些方面的差异比早期时候要小，并且由于所有人都有条件获取新技术，因此从销售角度来说，汽车技术未来并不会导致产品间的显著差异。在这一点上我虽然判断有误，但我的论断总体上还是站得住脚的，也就是汽车销售开始关注消费者的个人偏好了，特别是样式。我这样写道：

人们喜欢差异化的东西。很多人并不希望自己的东西和邻居家的一模一样。任何一款轿车的设计都是艺术和工程技术的结合。没有哪辆车的特色能够讨所有人喜欢。和客户重点关心的特色相比，那些相对微不足道的特色反而会让他们感到扫兴。没有哪个客户会非常理性地去判定，一辆轿车所有的购买因素中，各自的价值权重是多少。消费者的喜好还跟他与经销商的个人关系有关，有的时候无论原因是否合理，他都会不太喜欢某个经销商。通用汽车的销量占行业的 45%，也就是说每卖出两辆汽车就有一辆是通用生产的，因此我们对所有这些问题都负有重要的责任。在这种情况下，获取新客户很难，而老客户一旦流失也很难补上。管理 45% 的市场份额和管理 5% 的市场份额太不一样了。

从工程和生产的角度来说，完全有可能生产这样两款轿车，它们在价格和重量上差别不是很大，但是在外观上有很大的区别，在一些技术性能上也有一些差异，同时它们在一定程度上可以使用相同的基础工具设备来制造。

我们的产量目前都集中在一段狭窄的价格区间，考虑到这些和其他种种因素，公司要把所有鸡蛋都放在一个篮子里吗？还是说我们应该认识到，每个人感兴趣的事情各不相同？我们不可能把所有好的工程设计想法都装进一个单元里，经销商的影响力是一个重要的考量因素……

我写了一份商业政策声明，对这些问题予以答复，内容如下。

……我认为，既然汽车销量日益向低端市场集中，且可能会达到 80%~90%，我们在这个领域就不能只有一款产品。而我们的产品不管是什么，都必须深思如何充分包容核心设计元素之间的差异性，以吸引尽可能多的受众。根据这条原则推导，我承认生产和分销事实上很复杂。很遗憾，我们没有办法生产一款产品让所有人都来买。

在增长潜力看好的市场上，必然有很多经销商拿着相同的产品，在同一领域相互竞争。我认为更好的政策是限制销售相同产品的经销商数量，通过推出不同的产品来增加市场界面，而不是走其他的路。

为了说明这一点，我们假设在一个市场上可以维护 X 个经销商。与其让这 X 个经销商基于相同产品心怀不满地相互竞争，不如让他们中间的一部分，当然我说的是大部分，参与雪佛兰产品线的销售竞争，让其他经销商参与非雪佛兰产品线的竞争。

基于以上原因，我个人认为，执行委员会多年前（1921年）制定的政策应该进行全面修订，建议如下：

鉴于汽车销量越来越向低价领域集中，如何在低价市场上拓展品类将成为公司的发展大计，但当我们这样做的时候最重要的思考是如何让这些增加的品类最大程度地满足消费诉求的多样性，让消费者最大程度地接受我们的产品。

这份声明呼吁公司保持轿车的多样性，建议把事业部的产品销售从拥挤的价格区间中解放出来，而这些都需要新的协调方式。协调工作做得越多，就会在政策中理出越多的问题，这样政策和管理之间的界限也必须越来越清晰。比如，当两个或两个以上事业部采用了相同部件时，那么事业部的独立性必须建立在拥有部件共用方案的基础上。这样必须有人来对这个方案进行协同。随着协同流程的展开，有更多原本属于管理范畴的问题进入政策领域。我一直相信，区别对待政策制定和行政管理很有必要。如果界限不清，那么一家分权管理的组织就会时常对分权这个概念感到困惑。所以，关键问题是政策的制定。这需要一个整体解决方案。我们当时制订的解决方案作为通用汽车的基本决策流程沿用至今。我在1934年10月给执行委员会提交的如下建议中提到了它：

我们已经规定，政策的提出或来自总部权威，或来自运营事业部及下属机构。政策的最终决定权或审批权完全归于总部权威的管辖范围内，并由一个治理委员会来行使。无论政策的提出方是谁，审批方务必对政策方案进行全面了解，包括它对公司当前业务和未来市场地位的影响。如果这项政策会产生重要影响，比如涉及通用汽车的运营，那就有必要集思广益，从尽可能多的角度确立基本的想法、事实和方法。当政策审批流于形式的时候，就会危及公司的市场地位，或者阻碍业务进程。

以上多少有些概念化的论述旨在说明，为什么在政策提案阶段，通用汽车应该制定一个比之前更加全面的管理框架。

这项决策程序首次确立了如下原则：

1. 制定或提出富有建设性和先进性的政策，对于业务的发展和稳定来说有着非常重要的影响。

2. 在通用汽车，政策的制定或提出应独立于政策的执行，并应在合理实用的基础上，通过专业化的提案程序予以认可。

上述政策提案的构想是通过设立新机构来实现的，这些新机构被称为政策组。这些政策组一般都有职能称谓，比如工程政策组、分销政策组等，后来还出现了一些直线业务组，比如海外政策组。这些政策组把公司高管，包括总裁，和职能部门人员组织到一起。每个政策组按照职能，向公司的执行委员会提供政策建议。事业部经理由于要负责业务的管理，因此特意排除在这些政策组之外。这些政策组既没有对事业部的管辖权，也没有最终政策的决定权，但由于成员中包含了公司的主要管理层，因此他们的政策建议常常会被监管运营的委员会采纳。我们在1934年到1937年之间，在工程和分销部门尝试了政策组的方式，1937年又把它扩展到其他职能运营部门，正式定为公司政策。⊖ 它们把我在1919~1920年《组织研究》中首次拟定的管理政策，通过一种更加通透的形式表达了出来，即协同控制下的分权运营。

这时候的公司成立了九个政策组，可以分成两类。第一类是与职能有关的政策组，也就是工程、分销、研究、人事和公共关系——其中大部分，尽管不是全部，跟轿车业务有关。第二类是跟某些集团业务有关的政策组，也就是海外业务、加拿大业务、通用发动机和家用电器。每个职能政策组都会得到总部相关部门的支持。拿工程政策组来说，它会得到主管工程的副总裁及工程部门的帮助。每个与运营有关的政策组也会得到集团主管运营的负责人的支持。

⊖ 通用汽车1937年和1963年的组织架构图见本章末尾处。

政策组成员在公司最高层中起着举足轻重的作用。比如，大部分的政策组成员中都有公司的董事长和首席执行官，只有三个政策组除外，公司总裁也会作为成员，参与两个政策组之外的其他政策组事务。在分销、工程、研究、人事和公共关系政策组中，执行委员会委员以及其他运营管理负责人也是政策组成员。政策组成员涵盖各个部门，汇集了集团管理层的全部精英。因此，他们在统合职能部门和直线业务部门、筹划政策建议，以及支撑管理决策方面发挥了重要作用。

政策组的工作会因政策决议的需求不同而变化。例如，工程政策组定期开会，探讨新的产品方案。⊖在这过程中，总经理们通过个体和组织途径能深入了解政策组的工作，包括进行当面垂询以及通过他们的部门发出请求。正像我刚才所说的，事业部总经理不是政策组成员，因为政策组负责的是政策制定，而总经理负责的是行政管理。

我们通过介绍工程政策组在开发新车型时承担哪些职责，就可以很好地说明政策组的工作内容。任何事业部产品方案的提出都是由事业部的总经理来负责的，他要与自己的工程部门进行合作，当然还要从销售部门的反馈中权衡市场的影响，同时与其他运营事业部的需求进行协同也很重要。如果时间倒退25年或者30年，我们会发现，各事业部提出的产品方案之间几乎没有协同。但随着时间的推移，大量的工作协同成为必然。换句话说，一个事业部的产品方案和许多其他事业部的产品方案已经深深交织在一起，而不是每个方案自成一体，因此，它的开发必须基于公司的视角来进行。任何新的产品方案从构思到最终实施，当时大约需要两年。如果涉及高级工程概念的开发，则很可能要超过两年。在此期间，还会有很多不可预知的变数。因此在产品开发时期，部门之间必须保持持续而细致的沟通，包括各轿车事业部的工程部门、车型设计部、费希博德事业部，或许还有汽车配件事业部——

⊖ 工程政策组成员包括：政策组主席，由工程部的副总裁担任；公司的董事长和首席执行官；公司总裁；职能部门执行副总裁；财务部执行副总裁；汽车及零部件事业部执行副总裁；负责其他运营部门的执行副总裁；主管车型设计、流通、研究和制造的副总裁；还有一些副总裁兼主管业务集群的行政长官，包括轿车和卡车业务集群、车身和装配业务集群、汽车附件集群，以及代顿、家用电器和发动机业务集群。在工程政策组的15名成员中，有八名是执行委员会成员，他们也是执行委员会的全体成员，另有四名是财务委员会成员。

因为它们都要围绕一个共同关心的问题展开协作。这时候，集团工程部门会出面与其他事业部进行合作，来实现必要的协同。这个协同机构（姑且这样称呼）就是工程政策组，它负责对过程中涉及的问题进行传达。它的决策通常会被执行委员会采纳，因为委员会成员在整个过程中都参与其中。

正如我在前面提到的，经济衰退迫使我们通过产品协同来节约成本，而这又导致了新的管理协同方式的出现。随着政策组在1937年纷纷建立，我们在1919～1920年《组织研究》中首次提出的管理计划也宣告完成。

我对政策和管理边界的长期思考，促使我在1937年考虑要更加严格地管理公司治理委员会的组织工作。1937年年初，我提议取消财务委员会和执行委员会，把它们合并成为一个政策委员会来专门负责公司整体政策的制定，还应成立一个行政管理委员会专注于政策的执行。经过多次讨论之后，我们在当年5月采纳了这项建议。财务委员会和执行委员会从此撤销，新的政策委员会形成了。董事会的全体成员当然身在其中，此外，运营高管、财务高管和外部董事也加入了这个高层团体。新的行政管理委员会则全部由运营高管组成。

政策委员会除了接管之前财务委员会的所有职责外，还增添了制定运营政策的责任。从1937年到1941年，政策委员会在很多重要方面制定了运营政策。比如，它确定了劳动政策及方案纲要，并且制定了诸多分销政策，其中特别涉及了经销商关系。国际局势的变化莫测，让委员会把越来越多的时间花在了海外下属公司的政策制定上。随着战争的临近，政策委员会必须处理很多问题，包括原料短缺日益严重，政府关系需要维护，而我们的民用业务也受到了影响，因为政府对于飞机发动机、坦克和其他军需物资的需求上升了。

1941年12月，美国加入了第二次世界大战，这要求我们的委员会组织做出特殊转变。为了迅速转向战时生产状态，我们在1942年1月5日成立了战时紧急委员会，它由六名高层长官组成，绝大多数都来自政策委员会。该委员会每周会见一次，有的时候更频繁。从1942年1月到4月，战时紧急委员会接管了通用汽车的工作。政策委员会和行政管理委员暂时只负责核准战时紧急委员会的工作。但到了1942年5月，当我们进入战时生产模式以后，我们废除了这个战时紧急委员会。我们把由公司所有行政长官和集团副总裁组成的行政管理委员会，改造成了战争行政管理委员会。此后两到三年时间里，战争行政管理委员会负责公司的实际运营。这是因为我们的战时政策都已经定好，公司几乎所有的工作都是围绕战时生产进行的。除了生产技术问题以外，我们的政策决策主要就是如何处理与不同政府部门之间的关系。

等到1945年我们全面规划战后业务时，政策委员会又恢复了它的地位。由于公司的再转型和战后业务发展这两件事情事关重大，因此几乎所有的重要问题，甚至有些涉及业务运营的问题都压到了政策委员会身上。这使得政策委员会的负担过重，也让我们开始重新考虑委员会的结构与职能。

要把政策制定和行政管理分离，成立单独的委员会是一个理想的解决方案。但在新形势下，有两个因素让这个方案变得不现实。首先，公司活动的数量和复杂程度在增加，显然这就要求董事会在财务和运营领域加强责任管控。其次，请有经验的外部董事抽出充分的时间处理委员会的运营和财务政策问题，是件很困难的事情。因此在1946年，我们撤销了政策委员会，取而代之的是先前的两个委员会，它们分别履行财务和运营的主要职能，并改名为财务政策委员会和运营政策委员会。1958年，我们恢复了它们的原名，即财务委员会和执行委员会，并做出进一步调整，增加了它们的成员人数，以提高两个委员会的成员重和度。

这些就是通用汽车政策制定方式的演化历程。我现在想说一下在我的经营哲学里，董事会作为公司的最高决策机构所扮演的角色。和大企业董事会的通常做法一样，董事会的职能很大程度上应由它的委员会来行使。在通用汽车有四个这样的委员会，它们都是由董事组成，并在业务管理和公司事务方面行使董事会所赋予的权利。这些委员会分别是财务委员会、执行委员会、奖金和薪酬委员会，以及审计委员会。我在这里只谈两个涉及政策决策的核心权威机构——财务委员会和执行委员会。财务委员会的绝大多数成员是"外部"董事，也就是说，这些董事并不积极参与公司的管理。成员包括前任运营长官，比如我，还有一些董事除了在董事会任职以外，与公司并没有其他的联系。执行委员会的所有成员都参与公司的管理。两个委员会处理的都是政策问题，而非行政事务问题。董事会对它们的行动有修订权。

财务委员会的核心职责是管好公司的钱袋。它有权根据组织章程来决定公司的财务政策，并对财务事务进行指导。它对所有的资金拨款和新业务拓展都有决策权。对于执行委员会确定的定价政策和流程，它要进行审批。它要审视公司的资本能否满足发展需求，以及投资回报率是否令人满意。此外，该委员会还要针对分红政策向董事会提出建议。

执行委员会负责运营政策的采纳。我之前讲过政策组是怎样制定政策的，其职能是协同运营部门与公司其他决策部门的工作。资金的拨款请求需在执行委员会的监督下进行准备，然后交给财务委员会进行审批。在实际操作中，财务委员会授权执行委员会可以审批100万美元以内的支出。

通用汽车董事会的全体成员通常每月会面一次，在一些特别情况下，还会增加会谈次数。董事会不时会从成员中选举能在上述委员会中任职的人选，也会举荐业务管理的适当人选（即公司的管理者）来落实与董事会有关的法律和综合事务，比如宣布分红政策，或者增发有价证券。

进一步说，根据我的想法和经验，通用汽车的董事会还有另外一个我认为非常了不起的独特职能，即我所谓的"审计"职能。我指的并非通常财务意义上的审计，而是对整个公司的发展状况进行持续的审议和评估。诚然，算上通用汽车所有的分支机构，这是一家业务规模大、技术含量高的企业。因此，我们无法想象董事会成员对于每个需要高层研判或采取行动的技术问题，都具备丰富的知识和业务经验。同时，那些在公司外部承担职能的董事也没有时间对所有这些问题进行检验和决策。这些问题数量太多，类型太多样化，性质又太复杂。然而尽管董事会可能无法解决这些技术运营问题，但它也应该对最终的结果负责。通用汽车董事会可以通过预估业务目标的方式在事前对公司事务进行决策，然后在事后通过报告和其他数据对结果进行评估；在必要的时候董事会还要做好准备，采取适当行动。

为此，通用汽车董事会能接触到企业及其运营的全景信息。执行委员会和财务委员会每月向其提交报告，其他执行委员会也会定期反馈，报告中会涉及行动进展。董事会可以通过一套视觉化的屏幕演示工具，检查公司在每个重要领域的状况，包括财务、统计数据、市场竞争以及近期前景预测；还会辅以解释性的评论，以及对整体商业前景的总结。此外，运营负责人会口述公司在不同领域的业务情况。职能部门的副总裁和开发部门的运营负责人会定期向董事会做正式演讲。然后，董事会成员会提出问题、寻求解释。通用汽车董事会行使的这种审计职能，对于企业和股东来说具有极高的价值。我想不出还有哪个董事会能像通用汽车的董事会一样，对公司的情况了然于心，从而可以根据事实和环境的不断变化，采取明智的行动。

第 10 章 政策的制定

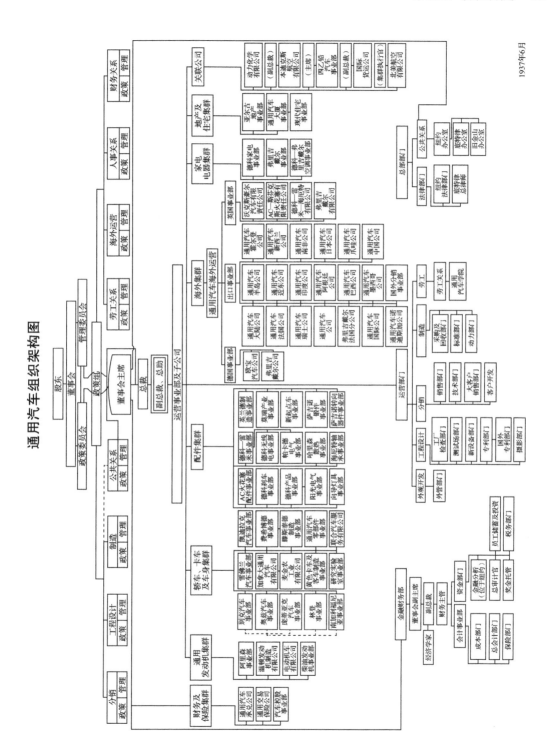

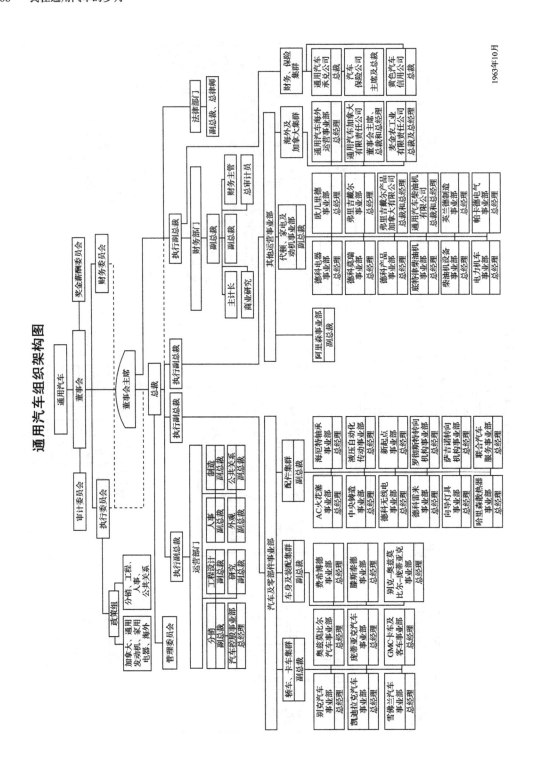

My Years with General Motors
第 11 章

财务增长

通用汽车是一家成长型公司，我所有的讲述也反映出这一事实。在早期的时候，通用汽车的增长并没有整个汽车行业快，但在1918年以后，更确切地说是在采用了现代管理手段之后，公司的增长速度超过了行业，并成为排名第一的汽车生产商。作为行业领导者，我们认为自己是有贡献的。员工、股东、交易商、消费者、供应商（很大程度上还有政府）分享到了通用汽车的成功。尽管通用汽车取得的成绩对所有利益相关者都有帮助，但本章的财务增长故事主要是针对股东而言的。

公司是如何服务它的所有者的？我认为最好的了解方式就是看财务报表——看资金是如何提供或者获取的，以及它们从开始到现在的使用情况。

我们的股东从通用汽车的成功经营中获得了巨大的现金收益，因为我们从创建至今把大约三分之二的利润分给了他们——这个分配比例比绝大多数的企业都要高。股东为了获益也愿意支持公司的发展，把分得的巨大收益进行重新投资，以满足业务发展的资本需求。当然在设施扩建阶段以及运营资金的需求高峰期，这意味着公司派息会低于平均值。股东因此承担了投资未来的风险，投资的回报也不确定，并且早期回报见效慢。当时的金融界总体上对汽车行业及其前景都不看好，包括对通用汽车也是这样。那时候汽车行业有很多家公司都渴望成功，如今却不复存在，股东的投资也蒙受了损失。因此只有把股东投资通用汽车的回报率，与其投资一家未来不确定的企业所承担的风险放在一起比较，才算合适。

广义上说，从财务的角度来看公司的发展可以分为三个阶段。第一阶段是长期业务扩张期，时间从1908年到1929年；第二阶段是从经济大萧条到第二次世界大战时期，时间从1930年到1945年；第三阶段是第二次世界大战以后，公司进入新的扩张期。

在这三个阶段中，还存在扩张、收缩和企稳的子阶段。我已经讲过，杜兰特先生在1908年和1909年的时候，通过整合许多家企业创办了通用汽车公司，其中最重要的是整合了别克、凯迪拉克和一些轿车元件生产商，我也提到杜兰特先生因此在融资上遇到了大麻烦，并导致他在1910年辞去了公司总裁的职务。经过这段最初的快速增长之后，通用的业务在1910年到1915年期间经历了收缩和企稳，银行家们帮助通用汽车重新理顺了关系。公司业务出现了微幅增长，但低于行业水准。然后在1916年到1920年，特别是在1918年到1920年期间，杜兰特先生（当时和拉斯科布先生以及杜邦公司合作）通过多种金融工具，包括债券和股票，拓展了公司规模。

早期扩张时期：1918～1920年

1918～1920年的三年间，公司的厂房和设备投入总计约2.15亿美元。此外，1918年1月1日～1920年12月31日，有超过6500万美元投到了未经整合的下属公司中。因此，三年间的总开支超过了2.8亿美元。这在当时真是一个令人惊讶的数额，因为你要意识到，1918年1月1日时，通用汽车的总资产大约是1.35亿美元，而整个工厂的资产总值加起来只有4000万美元。到了1920年年底，总资产已经达到约5.75亿美元，是1917年年底的四倍多，整个工厂的资产总值几乎达到2.5亿美元，是1917年12月31日的六倍多。

尽管有一些投资项目没有那么幸运（比如萨姆森拖拉机），但是这个时期的扩张奠定了公司在杜兰特去职后的投资原则。正如1920年的年度报告所说的：

公司高管和董事们认为，从事与汽车关系不大的物质生产并非明智之举（也就是说，大部分生产成果没有用于轿车生产中）。有的项目生产的轮胎只有一小部分会给汽车生产商使用，大部分直接卖给了轿车用户，方便他们更换轮胎；还有的项目生产出来的大部分钢板和钢材主要用于汽车之外的其他行业。对于这些领域，我们都没有去投资。通过这样的政策，通用汽车坚守在了轿车、卡车和拖拉机生产直接相关的业务线上，不在与轿车生产关系不大的一般性行业里投入精力。

1918~1920年期间的资本支出对于通用汽车20世纪20年代的快速增长（尽管性质不同）起了重要作用。在1918年年初，通用汽车只有四个轿车生产事业部（别克、凯迪拉克、奥克兰和奥兹）以及一个卡车事业部。当时它没有能力生产一款针对低价市场的小型轿车。它没有形成元配件的供应商联盟（比如车灯、启动点火装置、滚轴和滚珠轴承），也没有研究所。1920年通用汽车轿车和卡车的销量（39.3万辆）几乎是1918年（20.5万辆）的两倍。我们的轿车和卡车年生产能力从1918年年初的22.3万辆，提高到1922年的75万辆，主要原因是对大众车型雪佛兰的设施投入。此外，公司有足够的产能生产自己的电子设备、散热器、减摩轴承、轮圈、转向系统、变速器、发动机、车轴和开放式车身，同时公司通过入股费希博德公司，在封闭式车身刚开始流行的时候就得到了产品供应。通用汽车还建立了自己的研究所。

毫无疑问，这样快速的增长仅仅依靠利润来支撑是不够的。汽车行业尚处于起步阶段，而通用汽车也在夯实基础，为以后的高效生产做准备。为了收购雪佛兰和联合汽车的资产以及费希博德公司60%的股份，通用汽车通过有价证券的方式支付了一些。但大部分的资本支出是通过现金方式支付的，因此公司不得不借助于资本市场。1918年12月31日，董事会批准向杜邦公司出售240 000股普通股，以便为业务的扩张提供新资本。公司在这笔交易中赚取了近2900万美元的现金。1919年5月，公司授权多米尼克及多米尼克纽约公司和威尔明顿的莱尔德公司成立辛迪加，公开出售6%的企业债券（优先股）。杜兰特先生在给承销商的信里这样写道：

> 公司需要追加大量的资金，来抓住发展机会……以拓展业务、获取盈利。公司认为最具有未来意义的融资途径是增发企业债券……并且让尽可能多的人对我们的事业前景感兴趣，一起推动业务往前走，这是最符合公司利益的事情。这就要求我们在当前的自由贷款行动结束后，在三个月的时间里尽可能广泛地发行并募集到面值5000万美元的企业债券……
>
> 如果你们愿意为这次企业债券的发行和募集工作成立辛迪加，并且……同意承接3000万美元的辛迪加计划……我们就同意把这3000万美元的企业债券发放和募集工作交给你们，剩余2000万美元企业债券的全部或部分发放工作，你们也可以获得……

当辛迪加在1919年7月2日结束的时候，售出的企业债券面值只有3000万美元，公司获得的收入为2500万美元。剩余的2000万美元企业债券并没有售出。

募集到的资金不足以支撑工厂的开销，也不能满足运营资金的需求，特别是在库存增长已经超过新工厂和新设备支出增幅的情况下。因此，公司在20世纪20年代初又组织了一次重要募资，宣布利率6%的优先股股东和企业债券持有者有权认购两股利率为7%的新企业债券——可以全部使用现金，也可以一股使用现金，另一股用手头利率6%的优先股或企业债券来兑换。杜兰特先生告诉股东：

> 对未来的审慎预测表明，公司要想继续保持汽车市场的领导地位，就需要大量的资金投入，要满足未来业务成长的资金需求，仅依靠公司利润是不够的，更好的融资方式是发售利率7%的高级别证券，超过先前的6%。这立马会让我们享有机会和特殊待遇，我们可以平价或溢价出售，不必像我们现在发售的那些有价证券一样大打折扣，而我们的高级别证券持有者能继续享受优厚的特殊待遇，认购这种利率7%的新企业债券。

这次新发售行动以失败告终。它表明金融界对于通用汽车内部事务的失控感到担忧。杜兰特先生和拉斯科布先生曾希望通过发售新的企业债券募集约 8500 万美元。实际上他们这次只筹得 1100 万美元。这样一来杜邦公司不得不出面干预，在杜邦的帮助下，通用汽车于 1920 年夏天发售了超过 6000 万美元的新增普通股，之后不久又从银行集团那里贷款超过 8000 万美元。

从 1918 年 1 月 1 日到 1920 年 12 月 31 日的这段业务扩张期，通用汽车的动用资本⊖总计增加了约 3.16 亿美元。其中有 5400 万美元来自企业支付了 5800 万美元红利以后的再投入。剩余部分主要来自有价证券新发售所得的现金和资产。

1918 年年初到 1920 年年底，动用资本增长了 3.16 亿美元的同时，公司花在厂房、设备以及未经整合的下属公司上的开销约为 2.8 亿美元；还有运营资本项目的大幅增长，这其中主要是库存，从 4700 万美元增长了 1.18 亿美元，达到 1.65 亿美元。

短暂的收缩期：1921 年和 1922 年

公司在经历了 1918～1920 年的扩张期以后，进入 1921 年和 1922 年的收缩期。到 1922 年年底的时候，银行的债务已经结清了，库存和厂房资产也进行了保守评估。当我们渡过难关的时候，通用汽车已经具备了年产 75 万辆轿车和卡车的产能，尽管当年我们售出的汽车只有 45.7 万辆。

稳步发展期：1923～1925 年

尽管 1923 年是汽车产量开启增长的标志性一年，但从 1923 年到 1925 年的三年时间里，通用汽车的产能并没有重要突破，因为杜兰特和拉斯科布先前的方案已经为公司应对汽车市场的大幅增长提供了坚实的基础。1925 年，我们的轿车和卡车销售量达到 83.6 万辆，比 1922 年的 45.7 万辆增长了 83%。

⊖ 动用资本是指有价证券持有者对企业的投资。资金来源包括股票（普通股和优先股）、债券、额外资本投入（资本盈余）、留存净利（利润盈余）。动用资本分为两大类别——营运资本和固定资本。

但从 1923 年到 1925 年三年期间，公司在厂房设备的开销不足 6000 万美元，计提折旧接近 5000 万美元。新的管控措施执行得非常好，以至于虽然销量增长了，但同时期的库存反而从 1923 年年初的 1.17 亿美元减少了 500 万美元，降到了 1925 年年底的 1.12 亿美元。同期的净运营资本[⊖]增加了 5500 万美元，增幅为 44%，而销售额从 1923 年的 6.98 亿美元，增长到了 1925 年的 7.35 亿美元，净利润从 1923 年的 7200 万美元增长到了 1925 年的 1.16 亿美元。总之，我们用更经济的手段生产出了更多辆轿车。我们的净利润在 1923 年到 1925 年的三年期间总计 2.4 亿美元。我们把其中的 1.12 亿美元分给了普通股股东，把 2200 万美元分给了优先股股东，合计 1.34 亿美元，占同期净利润总额的 56%。

新的扩张期：1926～1929 年

我们的销量截至 1925 年一直在快速增长，表明我们有追加厂房和设备投资的必要。从 1926 年开始，我们经历了新一期的扩张，并一直持续到 1929 年。扩张的举措很快被证明是对的，因为在 1926 年，我们总共卖了 123.5 万辆轿车和卡车，比 1925 年创下的最高销量增长了几乎 50%。但和之前不同的是，投入的资金来自利润盈余、计提折旧准备金以及发行的新股。在这四年里，我们投入到未经整合的下属机构和其他业务部门的资金累计达 1.21 亿美元，我们还投资了 3.25 亿美元于厂房设备中，包括 1926 年通过收购费希博德公司获得的厂房设备。

扩张计划使我们的设施从几个方面都得到了发展。我们扩大了轿车的产能，尤其是雪佛兰事业部和新成立的庞蒂亚克事业部，其中雪佛兰的销量在这四年里几乎翻了一番。随着轿车装配产能的增长，我们扩大了配件事业部的产能。我们的汽车元件产量也增长了。我们扩展了商品运营的地盘，包括在海外建立装配厂和仓库，这可以让我们的产品离终端消费者更近。1925 年，我们在英国收购了一家小型制造厂沃克斯豪尔，又于 1929 年在德国收购了一

⊖ 净运营资本是指流动资产（现金、短期证券、应收账款和库存）超出流动负债（应付账款、税收、薪酬和其他各种应计费用）的部分。

家更大的制造厂欧宝。我们在其他一些领域也进行了业务拓展，比如冰箱事业部的弗里吉戴尔，还在航空和柴油机领域进行了投资。

总之，从1926年1月1日到1929年12月31日，我们的工厂投资翻了两番还多（从2.87亿美元增长到了6.1亿美元），我们对未经整合的下属公司和其他部门的投资也增加了接近2.5倍，从8600万美元增长到了2.07亿美元。公司总资产从7.04亿美元增长到了13亿美元，我们的轿车和卡车销量从1926年的120万辆增长到了1929年的190万辆，销售总额从11亿美元增长到了15亿美元。

由于财务和运营管控的措施得当，我们依靠利润盈余和折旧准备金，几乎就能满足业务扩张的全部融资需求，并把近三分之二的净利润分给股东。在此期间，我们仅有的一笔对外融资是在1927年发行了利率7%的优先股，价值2500万美元。其他的资金都来自留存利润。不过在1926年，我们收购费希博德公司的差额资产是通过兑换664 720股普通股的方式获得的，其中的638 401股属于新发行股票。净利润从1926年的1.86亿美元增长到了1928年的2.76亿美元（创下了历史新高），1929年净利润回落到了2.48亿美元。总之，我们在1926年到1929年四年间盈利9.46亿美元，其中的5.96亿美元（63%）派发给了股东，余下的3.5亿美元用于公司发展的再投资。这段时期的计提折旧总额为1.15亿美元。

如果我们将这两个时期合在一起，也就是1923年到1925年的稳步发展期，以及1926年到1929年的新扩张期，并与1922年的情况进行比较，就会看清这段创纪录的成长轨迹：

通用汽车在美国和加拿大的轿车与卡车销量从1922年的45.7万辆增长到1929年的189.9万辆，增长了三倍多。同期销售额增长了两倍多，从4.64亿美元增长到15.04亿美元。1922年以前出现过的库存失控问题在这期间没有再出现，我们在取得产量和销量巨大增长的同时，库存仅仅上升了60%（净运营资本从1922年12月31日的1.25亿美元增长到1929年年底的2.48亿美元，其中包含的现金和短期证券也从2800万美元增长到1.27亿美元）。工厂总资产从2.55亿美元增长到6.1亿美元。动用资本增长了一倍多，从4.05亿美元增长到9.54亿美元。在这七年间，我们的累计利润达到11.86亿美元，其中 7.3 亿美元（62%）派发给了股东，4.56 亿美元作为公司的留存利润。

业务衰退和复苏期：20 世纪 30 年代

到 20 世纪 30 年代早期，业务开始出现衰退，此后在 30 年代中期出现了企稳和回暖迹象。等到 30 年代末，第二次世界大战的备战又对行业的走势产生了影响。

随着经济大萧条的到来（从 1930 年到 1934 年），通用汽车的业务也出现紧缩。和 1920～1921 年不同的是，尽管这次的衰退程度更严重，但我们对业务的紧缩处理有序。当然，在此期间某些年份的派息较少，但公司每年仍然保持盈利并进行了分红。1931 年和 1932 年，公司给股东派发的红利超过了当年盈利，我们在业务景气时期积累下来的资本也因此减少。

纵观 20 世纪 30 年代，我们支付的红利累计达到净利润的 91%，因为在经济环境普遍不好的情况下，我们很难为手头的资金找到能够盈利的投资途径。

当然，最困难的年景当属股市崩盘后的三年时期。我前面提到过，1929～1932 年，美国和加拿大的轿车和卡车产量重挫 75%，从 560 万辆直降到仅有 140 万辆，而同期的销售额降幅更甚，零售额从 51 亿美元暴跌至 11 亿美元，跌幅达 78%。然而通用汽车在这三年间仍然盈利 2.48 亿美元，并给股东派发红利累计 3.43 亿美元——超出公司盈利 9500 万美元。尽管派发的红利超过了公司盈利，但净运营资本只减少了 2600 万美元，而公司的现金和短期有价证券实际增长了 4500 万美元，涨幅为 36%。可以说这是个资产清算的好案例。

在很多耐用品生产商已经倒闭或者濒临破产的时期，通用汽车却创下了非凡的纪录，这是什么原因呢？这并不是说我们有任何先见之明，因为我们和其他人一样，也没预见到经济危机的来临。我们只是学会了如何更快地做出反应。这可能也是我们的财务和运营管控系统带来的最大好处。

由于我们在销售刚开始下滑的时候就快速反应，因此能做到让库存的下调与销售的跌幅保持一致，同时也能控制成本，确保盈利。我们的销售额从 1929 年的 15.04 亿美元，猛跌了 71%，到 1932 年只有 4.32 亿美元，但我们的库存也减少了 60%，合计 1.13 亿美元。虽然我们 1932 年的销售额减少了 10 多亿美元，净利润也下降了 2.48 亿美元，但我们当年仍然盈利 16.5 万美元，还派发了 6300 万美元的红利。

正如前面所说，在 20 世纪 30 年代初的时候，我们觉得无须在新厂房和新设备上大量投资。在 1930~1934 年的五年时间里，我们在这方面的开销总计 8100 万美元，1932 年我们只花了 500 万美元。此外，我们在这几年里关闭了一些多余的厂房设备。等后来需要的时候，我们才将它们部分恢复生产。

等到 1935 年，美国和加拿大工厂的轿车和卡车销量已经恢复到超过 150 万辆，约占 1929 年产量高峰期的 80%，三年时间里增长了近两倍。1936 年，我们在美国和加拿大的轿车和卡车销量接近 1929 年的历史大关，1937 年的销量创下了历史新高 192.8 万辆。但 1937 年的净利润只有 1.96 亿美元，低于 1929 年的 2.48 亿美元和 1936 年的 2.38 亿美元。这是由于 1937 年年初的工人六周罢工[一]以及成本的增加拖累了公司的盈利。比如 1937 年，通用汽车的美国时薪工人在正规工作时间里，平均薪酬比 1936 年和 1929 年分别高出了 20% 和 28%。但由于我们的投资相对很少，因此我们在 1936 年派发的红利总计 2.02 亿美元（创历史最高），而 1937 年也达到 1.7 亿美元；在这两年里，派发的红利占到了公司净利润的 85%。

产销量的快速复苏意味着我们的生产设施再次捉襟见肘。正像我前面提到过的，我们重新启用了那些没有因为产品和技术进步而落伍的闲置厂房。我们也开始考虑建设一些新设施。随着 1935 年产量的迅速提高，我们对公司国内外的设施性能做了一次全面考察，目的是结合未来的销售前景来评估我们的生产能力。我在 1935 年的年度报告中写道：

> 由于车型每年都在改进，汽车行业的生产加工也在无时无刻地快速演化，导致生产设施很快就过时了。当然，工具和机器设备的更新数量

[一] 发生在 1936 年年末至 1937 年年初弗林特工厂的静坐大罢工。——译者注

要和下一年的销售前景相匹配。因此，在经济大萧条时期，我们削减了工厂现有产品的实际产能。此外，考虑到在多个市场上占有一席之地的必要性，我们推出了越来越多的车型，这进一步制约了我们的产能。而轿车的样式变化和新技术特色增加了生产的复杂性，这对产能的制约也有着重要影响。

还有一个重要的事实，汽车工人的每周工时一直在不断减少，而在经济大萧条时期，我们也被迫减少了工人的每周工作时长……姑且不论工时的减少是否合理，由于我们无法维持往年的年均产量，因此这些年我们的产能也较往年下降了。

这样一来，公司在1935年批准了一笔经费，对生产设施进行重组、重调和扩建。最终总投资超过了5000万美元。

随着产量和销量的继续猛增，我们在公司里又组织了一次考察，了解与当前和未来产品需求相关的运营设施情况。我们对影响产能的三个特别因素予以了考虑：工人每周工作时长缩短的趋势，运营效率降低的概率，劳工问题引发停产的可能性。我们对后两个因素的预测在1937年得到了验证。

由于这些因素的存在，雪佛兰事业部的产能显得不足。在过去三年里，该事业部每年都无法满足市场的产品需求（1935年和1936年，雪佛兰的轿车和卡车产量都超过了100万辆）。一些其他的事业部也遭受了产能不足的困扰，尽管程度要轻一些，而通用发动机板块和家用电器板块在开发新产品过程中，已经把扩建视为有效运营的关键因素。此外，产能不足的问题并不是由于局部环节出现了瓶颈，公司已经对生产设施的布局做了很好的平衡。但这也表明，产能的根本性提高需要全方位的投入。因此，我们批准了一项计划，拿出超过6000万美元来扩大产能，同时斥巨资进行厂房设施的现代化改造和更替。这个扩建项目于1938年完成。

到1937年下半年和1938年上半年，经济急转直下，之后又很快扭转并迅速回升。美国的汽车消费基本上也遵从这样的经济趋势。1939年上半年，经济一度停滞，然后在下半年受欧洲战争爆发的影响继续上扬。

20世纪30年代，公司在新厂房设备上投入了3.46亿美元。考虑到那时候企业清算的情况比比皆是，这笔花销在当时堪称大手笔了，不过它跟我们20年代的投入相比数额还很小。尽管如此，我们的资本总支出要比我们的计提折旧少4600万美元。1930～1939年，我们给股东支付了11.91亿美元的红利，占公司盈利的91%，而在20年代这一数字是7.97亿美元。我们做到这些的同时，并没有降低公司的资本流动性。相反，净运营资本从1930年1月1日的2.48亿美元增长到了1939年12月31日的4.34亿美元，现金和短期证券从1.27亿美元增长到2.9亿美元，动用资本从9.54亿美元小幅增长到10.66亿美元。

第二次世界大战：1940～1945年

在这六年时间里，通用汽车获得了大量的生产订单，并且在我看来，我们和大多数美国企业一样，表现优异。第二次世界大战爆发的时候，通用汽车迅速从美国最大的汽车生产商转变为美国最大的战争物资生产商。当战争结束的时候，通用汽车又迅速投入到和平时期的生产，这种应对能力来自我们的管理体系和周密规划。

但在1940年，轿车和卡车的产量实际上仍增长了32%，这是因为国防计划刺激了全国经济的购买力。那一年通用汽车的军用生产订单只有7500万美元（相比之下，民用销售额达到17亿美元），但到当年年底的时候军用订单快速增长，到了1941年1月底，我们与美国及盟国政府签订的军用订单总计6.83亿美元。1941年我们的军用生产超过4亿美元（民用销售额为20亿美元），珍珠港事件发生后，军用产品订单达到了每天交付200万美元的程度。

当美国成为参战国以后，我们的精力自然也就全部投入到了战时物资的批量生产上。1942年的军用生产总值达到19亿美元，民用生产总值为3.52亿美元。到了1943年，我们的工程和生产能力满负荷运转，军用生产总额达到37亿美元。1944年，军用生产总额微幅上涨到38亿美元，创下了战时最高水平；对应的实物产量涨幅更高，达到15%，而产值增长只有3%，这是因为随着产量的扩大，我们降低了价格。在欧洲战场宣布胜利以后，随着军用订单的取消，我们开始向民用业务过渡，而在对日战争取得胜利后，我们的业务转型全面启动了。因此，在 1945 年，我们的战时生产总值降到了 25 亿美元，而民用生产总值小幅升到了 5.79 亿美元。战争期间通用汽车生产的军品总共加起来接近 125 亿美元。从 1940 年到 1944 年，我们为了应对如此大量的军用物资生产，动用了全部现有的生产设施，对它们进行改造并做了很多扩建，总共花费超过了 1.3 亿美元。我们还对政府机构耗资 6.5 亿美元建成的工厂进行了运营管理。

在战争年代，公司的收益和红利并不高。尽管我们的销售额从 1939 年的 13.77 亿美元猛增到 1944 年的 42.62 亿美元，但公司收益并没有增长。早在战争初期和利润再协商法案通过之前，我们就制定了政策，要求军用业务的税前利润不得超过 1941 年民用竞争性业务的一半。我们签署军品生产订单的时候，会尽可能地采用固定价格，而当我们能降低成本时，也会约定俗成地降价。因此，1940~1945 年，我们在累计销售额达到 176.69 亿美元的情况下，总盈利为 10.7 亿美元。我们把其中的 8.18 亿美元作为红利派发给了股东。在 1940 年和 1941 年时，我们面值 10 美元的流通普通股可以派发 3.75 美元的红利，而在 1942 年和 1943 年，这个数字降到了每股 2 美元，到 1944 年和 1945 年为每股 3 美元。

尽管在 1940~1944 年股东累计收获 77% 的公司净利润，但公司的资金流动性增长良好，因为战时物资的短缺和业务的优先级决定了，我们不可能像正常时候那样更换设备。在这五年里，我们的资本支出为 2.22 亿美元，比计提折旧要少。因此，在 1940 年 1 月 1 日到 1944 年 12 月 31 日这段时间，我们的净运营资本从 4.34 亿美元增长到 9.03 亿美元，现金和短期证券从 2.9 亿美元增长到 5.97 亿美元。1945 年，我们的资本支出提高到创纪录的 1.14 亿美元，净运营资本降到 7.75 亿美元，现金和短期证券降到 3.78 亿美元。

公司财务的这段历史是当时的商业周期和我们投资决策的缩影，而这两股力量虽然有时候单独在起作用，但更多时候是合在一起影响了我们，现在随着这个旧时代的终结，我们迎来了第二次世界大战以来的大发展时代。在我继续讲述以前，还有几件事情有必要指出来。

企业金融的战略要务在于如何优化财务要素。在具体做法上，大家仁者见仁，但我认为我们都同意的是，从原则上来说，债务会增加股东的投资回报率，同时也会增加投资的风险。我相信我们都看到了，杜兰特先生和拉斯科布先生有强烈的投资意愿，对于债务的限制并不多。杜兰特先生把这种想法在通用汽车用过了头，导致公司在1918～1920年的业务扩张期埋下隐患，拖累了公司此后六年的发展。即便如此，如果公司在1918～1920年的时候能够采用管理和财务控制手段，那么就有可能在拓展业务的同时避免公司危机的发生。就杜兰特先生个人而言，显然在1920年的经济衰退中，债务问题也给他带来了灾难。关于这一点就说这么多。

同样显而易见的是，从1921年到1946年，公司避免了长期负债。我自己对债务是有抵触情绪的，这可能和我的个人经历有关，但我必须得说，公司当时并没有制定反对举债的政策。事实表明，我们在不举债的情况下也能做得不错。我们在1926年之前花费都很少；从1926年到1929年我们在派发适当比例的红利后，用留存收益来支持业务的发展也不难。换句话说，在20世纪20年代，我们除了短期有过银行贷款以外，其他时间都可以在不举债的情况下，兼顾资金的清偿和业务的发展。到了20世纪30年代，即便业务进入收缩期，债务的问题也没有出现。等到第二次世界大战的时候，我们通过政府申请了10亿美元的银行信贷额度，用于支持应收账款和库存。但该条款下的借贷额度有限，最大借贷额是1亿美元，偿还时间不超过一年。

尽管如此，当我们进入战后发展期，我们在资金流动性充足的情况下仍然遇到了财务问题，包括必须计提大笔资本支出，以及通过债券和股票发售来融资。

战后时代：1946～1963年

从1946年到1963年的17年时间里，我们的工厂支出超过了70亿美元。这几乎是1946年工厂估值的7倍。但这个比值并不代表实物产量的提高，因为通货膨胀导致了设备和建筑成本的上升，并在战后工厂支出中占有较大的比例。在这17年里，净运营资本增长了27.53亿美元（从7.75亿美元增长到35.28亿美元）。工厂总支出中，有43亿美元，约合61%，来自计提折旧。其余部分要么来自公司留存利润的再投资，要么来自新资本，或者两者兼而有之。在这 17 年里，通用汽车的净利润累计 125 亿美元，留存利润超过 45 亿美元，约合 36%——留存利润比例的提高是因应业务发展的需要。即便如此，为了能跟上业务发展的计划，我们不得不借助于资本市场——这也是自 20 世纪 20 年代初以来，刨去极个别情况以外的头一回。在 17 年的时间里，我们总共融资 8.465 亿美元，其中有 2.25 亿美元的债务我们在 1962 年年底以前偿还了。此外，我们发售了大约 3.5 亿美元的普通股，主要用于 1955~1962 年的员工持股计划。借助于留存利润的再投资和新证券的发售，公司这段时期的动用资本从 13.51 亿美元跃升到 68.51 亿美元。

早在战争结束以前，我们就对战后的业务发展进行了全面规划。1943 年，我在向全国制造商协会发表主题为"挑战"的演讲时，谈到了战后发展的理念。我在演讲中说，战后的市场将释放出巨大的产品需求，企业应该基于这种假设进行大胆的规划。为此我驳斥了一些经济学家的观点，因为他们预言战后经济将一蹶不振，而我想说的是，在我看来这个问题的辨析利益攸关。换言之，我们意识到当战争结束的时候，将迫切需要把工厂尽快从战时的生产状态转向和平时期的生产状态，从而满足消费者需求，提供战后的就业，履行我们对股东的责任。所有这些需求同时也是机会。因此，我们让同事开始对市场需求展开长期的研究，并基于整体的经济前景、消费需求的可能性，以及我们的产能和财务实力预测了我们未来 5~10 年的市场地位。

在这些研究的基础上，我公布了斥资 5 亿美元的战后发展计划。这项金额巨大的声明引起了强烈的反响。它的开销要远多于公司在 20 世纪 20 年代或 30 年代在新设施上的投入，比 1944 年年底的工厂净资产也要高出四分之三。

我们在 1944 年的年度报告中，对这项计划总结如下：

……我们将对工厂、机器和其他设施进行重整与重组，为和平时期的轿车、卡车和其他产品的生产做准备。这要求我们对战时出售的设备进行升级。我们要实现设备的现代化，并且替换掉所有在战时超载使用的破旧工具。我们还要扩建厂房设施，以满足战后的市场需求，所有这些投入都要兼顾短期发展和长期前景……

因此在距离战争结束还有两年的时候，通用汽车就在为轿车和卡车重回大规模生产时代做准备。每个事业部都有详细的扩展计划。我们还针对数以千计的供应商和转包商制订了和平时期的伙伴关系延续计划，他们在第二次世界大战以前就和通用汽车做生意，很多人在战时生产中也和我们保持往来。比如每当遇到适当的机会，我们就建议这些战前供应商，一旦战况允许，马上对某些和平时期的物资做好生产计划。这就使他们能制订自己的战后计划，减少了他们再转型所需的时间。

在我们制订战后计划的时候，我们预计公司的留存利润、折旧准备金和其他储备资金就可以支撑发展。比如，我们在1941年、1942年和1943年转向战时生产的时候，拨备了7600万美元，作为厂房设施日后从战时生产转回民用生产的预估成本。并且我们为日后再次购买新厂房和设备，积累了大量的流动资产。因此，1944年年底的时候，我们的净运营资本达到9.03亿美元，其中现金和短期证券总计5.97亿美元。

如果考虑到建筑和新资本货物的通货膨胀因素，我们在战争时期对战后扩张计划的成本预估是非常准确的。生产设施的再转型成本是8300万美元，而我们的储备金是7600万美元。1945~1947年，第一次大规模扩张计划基本完成的时候，工厂支出总计5.88亿美元，我们此前的预估是5亿美元。

但我们对战后运营资本的需求低估了。这不仅是因为战后我们业务的体量变大，更是因为通货膨胀居高不下。在1935~1939年的战前时期，我们年终的净运营资本平均为3.66亿美元，库存为2.27亿美元。从1946年到1950年的战后五年间，每年的净运营资本平均增长到10.99亿美元，库存增长到7.28亿美元。

等到1945年年底，由于联合汽车工人组织的罢工，公司绝大多数工厂都关闭了。我们的现金和短期证券缩水2.19亿美元，跌至3.78亿美元。等到1946年3月13日罢工结束的时候，公司的资金流动性更低了。部分工厂的劳资纠纷又持续了60天，而其他行业的罢工导致原材料出现短缺，从而使我们解决完劳资纠纷后，仍然无法提升产量。因此在公司的再转型初期，尽管市场需求巨大，但利润表现并不令人满意。1946年我们的盈利仅有8750万美元，比我们的分红还要低2140万美元。

在罢工尚未结束的时候，公司已经确信融资可能是必要的，并要求就融资的可行性出一份研究报告。到了 1946 年年中融资方案完成，我们向八家保险公司筹借 1.25 亿美元，发放利率 2.5% 的 20 年期和 30 年期票据。其他的融资方案我们也研究过，但这些机构投资者有足够多的长期资本，能够提供期票的私募配售，这似乎是我们最便捷、最便宜的融资方式。私募配售的谈判协议很快就达成了，无须像公开发售那样提交申请文件，并等待审批。

1946 年 8 月 1 日，这笔贷款到账，这也使公司在应对资金需求的增长时更加游刃有余。但财务政策委员会认为，公司还需要更多的永久性资本，并在 1946 年 8 月 5 日授权布拉德利先生和承销商谈判，"就新发售 1.25 亿美元优先股的可行性定下一个基调"。委员会也曾考虑过其他募集永久性资本的办法。我们决策时考虑的一个因素是通过发售优先股，可以在一定的条件下随时回购这些股票，无须履行在某个时间点必须收回的义务。但实际情况是，公众市场并没有像我们期待的那样认购足够多的优先股，而有些认购虽然完成了，但我们认为条件非常苛刻。因此，我们不得不把募集金额降到 1 亿美元，即发行 100 万票面价值为 3.75 美元的优先股。股票在 1946 年 11 月 27 日进行发售，公司在扣除承销折扣及佣金后收入 9800 万美元，这是公司近 20 年来第一次公开发售股票，并且非常成功。

在公司的再转型期间，有些事实反映出我们的资源已经透支，1946 年，尽管我们新募集了 2.23 亿美元的资本，但我们的净运营资本减少了 700 万美元，我们的现金和短期证券减少了 4200 万美元。如果我们没有在资本市场上募资的话，我们的净运营资本当年将减少 2.3 亿美元。

有了这些新资本，扩张计划准备就绪，公司也就做好了拓展的准备。截至 1948 年，美国和加拿大工厂的轿车和卡车销量增长到 2146 万辆（几乎和 1941 年战前的产量高点持平），净利润为 4.4 亿美元，和 1947 年的 2.88 亿美元以及 1946 年的仅 8800 万美元相比有了大幅增长。1949 年尽管整体商业不景气，但我们的销量创下历史新高，我们的利润也在增长，净利润达到 6.56 亿美元。我们还大幅提高了库存周转率：销售额每增长 10 亿美元，库存反而减少 6500 万美元。并且由于我们的扩建计划已经完成，因此工厂的开支也相对温和——在 1948 年和 1949 年为 2.73 亿美元，只比我们的计提折旧费用高出 6400 万美元。事实上，我们资本状况的改进如此迅速，致使我们决定在 1949 年 12 月提前偿还 1.25 亿美元的借款票据，从而结清了我们的债务。我们还提高了资金流动性，并支付了丰厚的红利。

我们此后的一次大规模扩张跟朝鲜战争有关。我们从以往经验中已经知道，战争会导致被抑制的需求不断堆积。经过仔细考虑后，我们认为轿车市场的长期潜力要求我们大幅扩建生产设施，而公司将资金投入到新的军用厂房设施中也是值得的，毕竟它们最终会转为民用。1950 年 11 月 17 日，我在给财务政策委员会成员的一封信中罗列了我的观点，并给出了如下建议：

1. 我们正在做一项调查，我认为这项调查很有必要，因为它可以对未来 10 年的消费趋势进行定量评估，尤其是今后五年的趋势。我们尤其要考虑可能出现的消费高峰，因为在军备重整的背景下，民用汽车的产量会缩减，进而导致需求的延期满足。

2. 根据这种判断，我们应该制订一份整体生产计划纲要，来应对未来产量的提高。纲要中应包括执行扩张计划的最佳方法和手段，还应包括在公司当前的诸多生产类目下，每类产品的潜力及生产规划。随着我们对事实的进一步了解，这份纲要还应有更多内容……

3. 我们将响应军备重整的要求，发展军用厂房设施。该生产需求会与整体生产计划纲要合为一体，这样我们在时机允许时，就可以更加快速高效地采取行动。如果我们想更好地依照我们的整体生产计划来掌控长期发展，就应该用公司资金进行军用新厂房的建设。在折旧加速和税收高企的情况下，直接投资这种方式也更加可行。我们要避免进行厂房的改造，我们的政策应该是扩建。

于是公司政策就围绕扩建进行了。在 1950 年到 1953 年的四年时间里，我们斥资 12.79 亿美元用于新厂房和新设备的建设——其中三分之一用于军用设施。但在这段时期，我们的盈利受到了超额利润税的限制，同时我们的政策也规定军用业务利润要低于民用业务利润。总之，我们在支付 16 亿美元的红利，约 65% 的净利润之后，将 8.7 亿美元用于业务的再投资。这些留存利润，再加上积累下来的 5.63 亿美元折旧准备金，比我们 12.79 亿美元的工厂开支仅高出 1.55 亿美元。也就是说，我们只有 1.55 亿美元可以满足其他需求，比如，给钢材供应商的预付款和军用生产的工具装备费用。通胀导致的成本增加对公司的资本结构也造成了影响。1949 年 12 月 31 日～1953 年 12 月 31 日，尽管我们的销售额按美元计算增加了 76%，进而产生了增资的需求，但我们的净运营资本略微减少了。

1954 年年初，在财务资源饱受压力的情况下，我们宣布了一项工厂投资的远期计划，准备在两年时间里投资 10 亿美元。这项计划旨在为我们的汽车事业部增加产能，以满足市场扩张的需求，同时对现有设施进行现代化改造。我们还必须大力加强对自动变速器、动力方向盘、动力刹车以及 V-8 发动机等生产设施的投资。

鉴于该项工厂投资计划的规模和通胀产生的成本压力，显然如果我们仍想把每年的大部分盈利通过红利方式付给股东的话，就必须募集新资本。到 1953 年年末，财务政策委员会对这个问题进行了审议，并认为以发债的方式融资为佳。但和 1946 年的情况不同的是，保险公司和其他机构投资者此时没有多余资金了，它们只能承诺未来某个时间可以买进。于是 1953 年 12 月，我们在公众市场上发售 3 亿美元、利率 3.25% 的 25 年期企业债券，净得（扣除承销商费用和佣金）2.985 亿美元。这也算得上非常成功了。

但光有这些仍然不够，1955 年 1 月，我们的工厂投资计划从 10 亿美元扩大到了 15 亿美元（后来又增长到 20 亿美元）。在分析了我们未来的资金需求之后，我们决定必须募集更多的外部资本。正如时任公司总裁科迪斯先生当年 3 月向美国参议院银行货币委员会所说的那样：

> 我们最近决定继续寻求外部融资，这是源于对远期资本需求的分析。分析是基于对经济走势的展望以及对充分竞争的汽车市场的前景预测。我们得出了这样的结论，通用汽车要想从国家的经济发展中分一杯羹，满足市场对我们产品需求的增长，同时维持合理的分红政策，就需要再募集 3 亿～3.5 亿美元的永久性股权资金。

因此在 1955 年 2 月，我们向普通股股东提供认购 4 380 683 股新股（票面价值 5 美元）的权利，每 20 股持有股可以换一股新股。每股新股的定价是 75 美元，等到发售结束的当天，新股股价涨到了 96.875 美元。股票发售是由 330 个承销商组织起来进行的，但承销商们只能认购其中的 12.8%。公司在支付承销费用和佣金后，净融资额约为 3.25 亿美元。这是当时美国最大的一次工业普通股发售，成果堪称显赫，也证明我们对市场的评估是正确的，因为当时有很多专家认为，如此大规模的股票发售风险巨大。

股票和企业债券的发售，使得我们在执行好扩张计划的同时，能够继续推行丰厚的分红政策。从 1954 年到 1956 年的三年扩张期，我们在新厂房和新设备上投资了 22.53 亿美元，工厂总资产增加了 74%（从 29.12 亿美元增长到 50.73 亿美元）。计提折旧累计 8.74 亿美元，而在派发总计 16.2 亿美元的分红，约合公司净利润的 57% 之后，我们的再投资总额为 12.22 亿美元。尽管这一时期公司的资本开销很大，但我们的净运营资本反而增长了 5.1 亿美元，我们持有的现金和短期证券（其中不包括用于支付税务的证券）几乎翻了一番，从 3.67 亿美元涨到 6.72 亿美元。1957 年我们的资金流动性仍在增长，因为随着大型扩建项目的完工，资本支出以较快的速度减少，而计提折旧的累积金额还在增加。

我们度过了这个重要的扩张期，并且财务状况比以往任何时候都好。从 1957 年到 1962 年，有两年时间出现了衰退（1958 年和 1961 年），也有一年创下过以美元计的销售和盈利历史新高（1962 年）。我在回顾这段经历时，感到它毋庸置疑地证明了我们财务管理的成熟度。在 1958 年的经济衰退时期，通用汽车在美国生产的轿车和卡车销售额较前一年减少了 22%，但单位销售额的下降对盈利造成的加速冲击被有效缓解了。1958 年公司每股盈利 2.22 美元，仅比 1957 年的 2.99 美元减少 25%。这些成果很大程度是由于我们多年来在公司建立起了有效、及时的财务管控措施。

1958~1962 年，包括海外扩张项目在内的工厂支出总计 23 亿美元，和我们在 1954~1956 年大规模扩张时期的开销差不多。尽管如此，累积的计提折旧足以支撑美国本土的工厂开支，而我们在德国的扩建则通过当地贷款得到了部分落实。因此在这一时期，公司派发的红利达到 33 亿美元，占公司盈利的69%，净运营资本增加了17亿美元。

纵观战后时期，通用汽车的股东回报颇丰。尽管我们的工厂总资产以美元计价的增长超过了6倍（从1946年1月1日的10.12亿美元，增长到1962年12月31日的71.87亿美元），并且融资来源于留存利润和计提折旧储备金，但我们仍然支付给股东总计79.51亿美元的红利，约合净利润的64%。在这一时期，分股调整后的每股红利从1945年的0.5美元增长到1962年的3美元，股价从12.58美元增长到58.13美元。

通用汽车的财务史就是一部成长史——产品和服务、员工人数、实体厂房设施、财务资源都在增长。从1917年8月1日老的通用汽车公司正式组建为通用汽车集团开始，到1962年12月31日这段时间里，员工人数从2.5万人增长到超过60万人，股东人数从不到3000人增长到超过100万人。美国和加拿大产的轿车、卡车销量从1918年的20.5万辆增长到1962年的449.1万辆，此外通用汽车海外工厂生产的轿车、卡车销量达到了74.7万辆。销售额的增长更快，从1918年的2.7亿美元飙升到1962年的146亿美元，总资产从1.34亿美元增长到92亿美元。这也表明了通用汽车作为一家机构，在美国经济活动中扮演着重要角色。

但从经营的角度来说，企业价值的衡量不能仅限于销售或资产的增长，还有股东的投资回报率，毕竟股东的资本在经受风险，而私营企业做业务规划时首先应对股东利益负责。我相信通用汽车创下的纪录表明，我们的工作非常值得股东称道，并且也没有辜负我们对员工、客户、经销商、供应商和社区的责任。

我在1938年的年报中，是这样阐述我的财务增长理念的：

> 受经济需求拉动的影响，行业在经历了发展演变后，体量已经变得越来越大。这是由于随着产品用途的增强以及价格的持续降低，市场对于汽车产品和服务的需求也在持续扩大。因此在行业的演化过程中，尤其需要在大量生产方式下提高流程整合的能力。这就要求引入更多资金，来充实资本结构。

通用汽车的财务增长就是遵循这样的路径。公司总的动用资本从1917年的约 1 亿美元增长到如今的约 69 亿美元，并且公司或股东没有因此背上沉重的负债，因为增长主要来自利润的挖掘。在增加的 68 亿美元动用资本中，大约有 8 亿美元来自扣除债务清还因素后在资本市场上的募资。另有 6 亿美元是通过发行新股，其中的 2.5 亿美元用于收购现有公司的股份，另外 3.5 亿美元用于员工持股。其余所有动用资本的增加（总计接近 54 亿美元）来自留存利润的再投资。然而和一些快速成长企业做法不同的是，留存利润的再投资并没有以牺牲股东的分红为代价。在长达 45 年的时间里，我们的分红总计接近 108 亿美元，占公司总盈利的 67%。

通用汽车动用资本的增长反映了公司的发展历程。在竞争性的经济环境下，我们表现得尽可能理性，我尝试着对我们管理手段的发展进行了详细描述。应该指出的是，美国经历的经济蓬勃发展对有志于追求卓越的企业来说不仅提供了机会，也提出了非常严格的要求。我们的成果是通过日复一日地为社会生产和流通提供有用的产品得以展现的，我也乐于看到人们对通用汽车取得成果的肯定。

通用汽车
净销售额、税前净收入及

年份	轿车及卡车销量——美国和加拿大	净销售额（美元）	税前净收入		美国及国外所得税[2]（美元）	税后净利润	
			金额（美元）	销售占比（%）		金额（美元）	销售占比（%）
1917[1]	86 921	96 295 741	17 143 056	17.80	2 848 574	14 394 482	14.84
1918	205 326	269 796 829	34 939 078	12.95	20 113 548	14 825 530	5.50
1919	391 738	509 676 694	90 005 484	17.66	30 000 000	60 005 484	11.77
1920	393 075	567 320 603	41 644 375	7.34	3 894 000	37 750 375	6.65
1921	214 799	304 487 243	(38 680 770)	(12.70)	—	(38 680 770)	(12.70)
1922	456 763	463 706 733	60 724 493	13.10	6 250 000	54 474 493	11.75
1923	798 555	698 038 947	80 143 955	11.48	8 135 000	72 008 955	10.32
1924	587 341	568 007 459	57 350 490	10.10	5 727 000	51 623 490	9.09
1925	835 902	734 592 592	129 928 277	17.69	13 912 000	116 016 277	15.79
1926	1 234 580	1 058 153 338	212 066 121	20.04	25 834 939	186 231 182	17.60
1927	1 562 748	1 269 519 673	269 573 585	21.23	34 468 759	235 104 826	18.52
1928	1 810 806	1 459 762 906	309 817 468	21.22	33 349 360	276 468 108	18.94
1929	1 899 267	1 504 404 472	276 403 176	18.37	28 120 908	248 282 268	16.50
1930	1 158 293	983 375 137	167 227 693	17.01	16 128 701	151 098 992	15.37
1931	1 033 518	808 840 723	111 219 791	13.75	14 342 684	96 877 107	11.98
1932	525 727	432 311 868	449 690	0.10	284 711	164 979	0.04
1933	802 104	569 010 542	95 431 456	16.77	12 217 780	83 213 676	14.62
1934	1 128 326	826 672 670	110 181 088	12.77	15 411 957	94 769 131	10.99
1935	1 564 252	1 155 641 511	196 692 407	17.02	29 465 897	167 226 510	14.47
1936	1 866 589	1 439 289 940	282 090 052	19.60	43 607 627	238 482 425	16.57
1937	1 927 833	1 606 789 841	245 543 733	15.28	49 107 135	196 436 598	12.23
1938	1 108 901	1 066 973 000	130 190 341	12.20	28 000 334	102 190 007	9.58
1939	1 542 545	1 376 828 337	228 142 412	16.57	44 852 190	183 290 222	13.31

集团公司
税后净利润、分红历史数据

优先股分红（美元）	普通股可分配净利润（美元）	普通股分红		业务留存收益（美元）	面值为 $1\frac{2}{3}$ 美元的普通股所得	
		金额（美元）	普通股净利润占比（%）		收益（美元）	分红（美元）
491 890	13 802 592	2 294 199	16.6	11 508 393	0.15	0.02
1 920 467	12 905 063	11 237 310	87.1	1 667 753	0.07	0.10
4 212 513	55 792 971	17 324 541	31.1	38 468 430	0.30	0.10
5 620 426	32 129 949	17 893 289	55.7	14 236 660	0.14	0.09
6 310 010	(44 990 780)	20 468 276	—	(65 459 056)	(0.19)	0.09
6 429 228	48 045 265	10 177 117	21.2	37 868 148	0.21	0.04
6 887 371	65 121 584	24 772 026	38.0	40 349 558	0.28	0.11
7 272 637	44 350 853	25 030 632	56.4	19 320 221	0.19	0.11
7 639 991	108 376 286	61 935 221	57.1	46 441 065	0.47	0.27
7 645 287	178 585 895	103 930 993	58.2	74 654 902	0.73	0.42
9 109 330	225 995 496	134 836 081	59.7	91 159 415	0.87	0.52
9 404 756	267 063 352	165 300 002	61.9	101 763 350	1.02	0.63
9 478 681	238 803 587	156 600 007	65.6	82 203 580	0.91	0.60
9 538 660	141 560 332	130 500 002	92.2	11 060 330	0.54	0.50
9 375 899	87 501 208	130 500 001	149.1	(42 998 793)	0.34	0.50
9 206 387	(9 041 408)	53 993 330	—	(63 034 738)	(0.03)	0.21
9 178 845	74 034 831	53 826 355	72.7	20 208 476	0.29	0.21
9 178 220	85 590 911	64 443 490	75.3	21 147 421	0.33	0.25
9 178 220	158 048 290	96 476 748	61.0	61 571 542	0.61	0.38
9 178 220	229 304 205	192 903 299	84.1	36 400 906	0.89	0.75
9 178 220	187 258 378	160 549 861	85.7	26 708 517	0.73	0.63
9 178 220	93 011 787	64 386 421	69.2	28 625 366	0.36	0.25
9 943 072	173 347 150	150 319 682	86.7	23 027 468	0.67	0.58

年份	轿车及卡车销量——美国和加拿大	净销售额（美元）	税前净收入		美国及国外所得税②（美元）	税后净利润	
			金额（美元）	销售占比（%）		金额（美元）	销售占比（%）
1940	2 025 213	1 794 936 642	320 649 462	17.86	125 027 741	195 621 721	10.90
1941	2 257 018	2 436 800 977	489 644 851	20.09	287 992 343	201 652 508	8.28
1942	301 490	2 250 548 859	260 727 633	11.59	97 076 045	163 651 588	7.27
1943	152 546	3 796 115 800	398 700 782	10.50	248 920 694	149 780 088	3.95
1944	278 539	4 262 249 472	435 409 021	10.22	264 413 156	170 995 865	4.01
1945	275 573	3 127 934 888	212 535 893	6.79	24 267 778	188 268 115	6.02
1946	1 175 448	1 962 502 289	43 300 083	2.21	(44 226 228)	87 526 311	4.46
1947	1 930 918	3 815 159 163	554 005 405	14.52	266 014 032	287 991 373	7.55
1948	2 146 305	4 701 770 340	801 417 975	17.05	360 970 251	440 447 724	9.37
1949	2 764 397	5 700 835 141	1 124 834 936	19.73	468 400 704	656 434 232	11.51
1950	3 812 163	7 531 086 846	1 811 660 763	24.06	977 616 724	834 044 039	11.07
1951	3 016 486	7 465 554 851	1 488 717 641	19.94	982 518 081	506 199 560	6.78
1952	2 434 160	7 549 154 419	1 502 178 604	19.90	943 457 425	558 721 179	7.40
1953	3 495 999	10 027 985 482	1 652 647 924	16.48	1 054 528 446	598 119 478	5.96
1954	3 449 764	9 823 526 291	1 644 959 366	16.75	838 985 469	805 973 897	8.20
1955	4 638 046	12 443 277 420	2 542 827 439	20.44	1 353 350 357	1 189 477 082	9.56
1956	3 692 722	10 796 442 575	1 741 414 610	16.13	894 018 508	847 396 102	7.85
1957	3 418 500	10 989 813 178	1 648 712 588	15.00	805 120 153	843 592 435	7.68
1958	2 712 870	9 521 965 629	1 115 428 076	11.71	481 800 000	633 628 076	6.65
1959	3 140 233	11 233 057 200	1 792 200 149	15.95	919 100 000	873 100 149	7.77
1960	3 889 734	12 735 999 681	2 037 542 489	16.00	1 078 500 000	959 042 489	7.53
1961	3 346 719	11 395 916 826	1 768 021 444	15.51	875 200 000	892 821 444	7.83
1962	4 491 447	14 640 240 799	2 934 477 450	20.04	1 475 400 000	1 459 077 450	9.97

①截至1917年12月31日的前五个月数据。
②从1917年到1920年，包括计提的特殊支出。
()表示亏损。

（续）

优先股分红（美元）	普通股可分配净利润（美元）	普通股分红		业务留存收益（美元）	面值为 $1\frac{2}{3}$ 美元的普通股所得	
		金额（美元）	普通股净利润占比（%）		收益（美元）	分红（美元）
9 178 220	186 443 501	161 864 924	86.8	24 578 577	0.72	0.63
9 178 220	192 474 288	162 608 296	84.5	29 865 992	0.74	0.63
9 178 220	154 473 368	86 992 295	56.3	67 481 073	0.59	0.33
9 178 220	140 601 868	87 106 758	62.0	53 495 110	0.54	0.33
9 178 220	161 817 645	132 063 371	81.6	29 754 274	0.61	0.50
9 178 220	179 089 895	132 066 520	73.7	47 023 375	0.68	0.50
9 782 407	77 743 904	99 158 674	127.5	(21 414 770)	0.29	0.38
12 928 310	275 063 063	132 167 487	48.0	142 895 576	1.04	0.50
12 928 315	427 519 409	197 845 688	46.3	229 673 721	1.62	0.75
12 928 316	643 505 916	351 380 264	54.6	292 125 652	2.44	1.33
12 928 315	821 115 724	526 111 783	64.1	295 003 941	3.12	2.00
12 928 313	493 271 247	350 249 851	71.0	143 021 396	1.88	1.33
12 928 313	545 792 866	349 041 039	64.0	196 751 827	2.08	1.33
12 928 312	585 191 166	348 760 514	59.6	236 430 652	2.24	1.33
12 928 309	793 045 588	436 507 196	55.0	356 538 392	3.03	1.67
12 928 305	1 176 548 777	592 245 497	50.3	584 303 280	4.30	2.17
12 928 302	834 467 800	552 853 282	66.3	281 614 518	3.02	2.00
12 928 300	830 664 135	555 453 812	66.9	275 210 323	2.99	2.00
12 928 298	620 699 778	558 940 800	90.1	61 758 978	2.22	2.00
12 928 296	860 171 853	561 838 126	65.3	298 333 727	3.06	2.00
12 928 293	946 114 196	564 190 599	59.6	381 923 597	3.35	2.00
12 928 292	879 893 152	707 383 013	80.4	172 510 139	3.11	2.50
12 928 290	1 446 149 160	850 465 125	58.8	595 684 035	5.10	3.00

My Years with General Motors

第二部分

My Years with General Motors
第 12 章

汽车的演变

在汽车工业早期，工程师和发明家的造车目标是可靠能用——只要自己能开到某个地方再返回就行了。很多不错的造车想法最后以马拉车、绳拖车或者是哄堂大笑而收场。尽管汽车成长的代价有些高昂，但美国车主欣然为此买单。他们出于拥有个人出行工具的渴望购买了轿车，对可靠性没那么在乎，这就给轿车的试验和生产提供了大量的风险资本来源。能够得到客户如此青睐的产业并不多。在此后的 20 年，汽车的可靠性就当时的路况来说显得还不错。机械化的个人交通工具作为人类历史上最伟大的发明之一，已经成为日常生活的一部分，因此受到每个人的喜爱。

尽管自 1920 年以来，工程技术已经有了长足进步，但我们今天用的机械装置和汽车行业头 20 年用的基本一样。我们的汽车仍在使用汽油发动机。发动机的核心仍然是汽缸里的活塞，活塞的运动通过汽油和空气混合物的燃烧来完成，而火花塞产生的电火花对油气混合物进行间隔、持续的点火。活塞由此产生的冲力带动曲轴转动，再通过传送机械装置带动后轮。弹簧和橡胶轮胎的作用在于减缓驾驶员和乘客的颠簸，刹车则通过对轮胎施加阻力来使轿车停下来。

但是自 1920 年以来，汽车各个方面的性能都有了显著的改善：发动机的效率大大提高，燃料用量相同的情况下，发动机的产出功率更高、更稳定——当然，燃料的效率也大大提高了。变速器经过复杂的演变之后，已经实现了全自动化。悬挂系统和轮胎也经历了相同的演变，它们给车主带来的驾驶感受是40年前无法想象的。车主还可以通过其他的动力系统进行刹车和转向控制，并能操控车窗、座椅和广播天线。车身配有不同的颜色，通常用钢材制成，并装有安全玻璃。汽车的发展使得它对日常生活来说变得非常重要，并对道路提出了更高的建设要求。很难想象假如20世纪20年代初就有今天这样的路况，那将会对汽车的发展产生怎样的影响。

今天的司机肯定会对1920年生产的典型车型嗤之以鼻。四缸发动机的曲轴、连杆和活塞之间失衡的问题一直存在。通常这些车是两轮刹车、后轮制动，前轮没有独立的弹簧支撑，有一个滑动齿轮传动器，发动机功率低。车身经常震动和摇晃，刹车的时候经常会转向，有时候还会失控滑行，车开起来的时候很费劲，离合器分离不彻底，齿轮变速经常发生碰撞，并且由于发动机功率低，车在经过陡坡的时候必须换挡。好在这些车既不能开快，也不能开远，因此很多毛病还不至于被严重诟病。这些车和当时的环境大致相适应——至于车的主要部件，如果姑且不论集成度和效率水准的话，彼此之间的匹配度还不错。

汽车开发的难点在于提升效率，这通常也意味着要加强车的集成度。今天的汽车不再是50多年前那样的部件机件拼装，而是一台非常复杂并紧密协同的机器。如果不是近几年机械工艺的发展，我们根本无法做到集高性能、易操控和舒适度于一体。

通用汽车的研究实验室和工程部门在过去50年的汽车开发过程中扮演了主要角色，并且仍处于工程开发的前沿。要想把通用汽车和行业的所有重要历程都讲出来是不可能的，那需要另写一本书。我在这儿只讲一些重要且相关的进程。

乙基汽油和高压缩发动机

汽车工程的核心问题一直是如何使燃料和发动机的关系更融洽。活塞发动机的效率（燃料的有效使用率，也就是一定用量的燃料最多能转化为多少能量）取决于它的压缩。压缩的概念很简单，但普通读者需要多了解一点。活塞的一个位置在它所能到达的发动机汽缸的底部，另一个位置在它所能到达的汽缸的顶部。做功冲程中活塞运动到底部的时候，汽缸里就充满了燃料——雾化的油气混合物。当它移动到顶部的时候，燃料就被压缩。随着火花的点燃，燃料开始燃烧，产生的热气就会膨胀，并对活塞产生向下的推力。这种下行推力又会带动曲轴，并把能量传送到车轮。压缩比就是汽缸在活塞达到底部时的体积，与它达到顶部时剩余体积的比值。这一比值只比较了燃料未压缩时的体积和压缩后的体积。在20世纪早期，平均的压缩比大约是4∶1。

正如我所说的，要想在一定尺寸下设计一款更高效和更大功率的发动机，就要增加压缩比。但有一个严重的问题摆在了面前——发动机爆震。油气混合物应该燃烧得比较慢，才有利于推动活塞下行。如果油气混合物被引爆（烧得太快了），那么活塞下行就不会很快，由此产生的推力也就得不到充分的利用。事实上，爆震不仅造成了能量的损失，而且这种突然爆发的力量会对发动机部件造成严重的冲击，这也会损害发动机。

获得高压缩比的关键是找到方法，减少爆震。但爆震的原因是什么呢？人们早期使用汽车的时候，发现可以通过调节火花放电的时间来减少爆震。多年以来，很多车都有手动的火花调节杆，以便让司机针对不同路况设定最佳的点火时间。人们学会了在行驶上坡路段的时候延缓点火，以防止发动机在压力下出现爆震。

在通用汽车，对发动机的爆震首先进行重要研究，并且找到了问题解决突破口的关键人物是查尔斯·凯特灵，他长期以来就对点火、燃料等相关问题抱有兴趣。今天的汽车和飞机所用的往复式发动机，都得益于凯特灵先生开创的抗爆震燃料的研发。他把对这个问题的早期认知带到了通用汽车，并在担任通用汽车首席研究员的时候找到了解决方案。这个方案总体来说就是使用乙基汽油，并在其中添加四乙铅。

第一次世界大战以前，人们把爆震的原因归结于点火过早，导致火花放电过于提前。在第一次世界大战后不久，人们发现还有另外一种爆震原因，可称之为"燃料爆震",这是因为人们仅仅通过更换燃料以及燃料的配比,就可以在不调节火花的情况下,让爆震程度减轻甚至消除。研究这个问题的人物之一是小托马斯·米德格利(Thomas Midgley Jr.)。他曾在代顿工程实验室担任过凯特灵先生的助手,20 世纪 20 年代初期的时候被提拔成为通用汽车研究公司燃料部门的负责人。印第安纳标准石油的前任董事长罗伯特·威尔逊博士是米德格利的好友,用他的话说:

……(米德格利)已经确凿地证明他的观点和别人的正好相反,爆震和过早点火是两件事,爆震是由燃料的化学性质引起的。他指出,苯和环乙烷混合物的爆震程度要远小于汽油,而汽油的爆震程度要远小于煤油,后来他在代顿实验室成功研制出了苯和环乙烷的混合物。

几乎每次我见到汤姆的时候,他都会冒出一些关于爆炸或者抗爆机制的新理论,而我则出于职业性对此表示怀疑。尽管接下来试验常常证明这些理论并不值得相信,但它们总能令汤姆感到倍受鼓舞,并产生一些重要的发现。这方面最显著的例子是在他早期工作时,曾试图从理论上说明为什么煤油爆震的程度会大于汽油。他看到了两者在挥发性上的明显差异,并假定,这可能是因为大部分的煤油在燃烧开始之前是液滴状态,燃烧开始后它们非常迅速地气化,进而导致过快爆炸。如果这个解释是正确的,他推断通过给煤油染色,就可能让煤油液滴吸收燃烧室散发的热量,从而更快地气化。

假如汤姆是一名优秀的物理学家,那么他肯定会通过计算发现,这个理论站不住脚。但幸好他是机械工程师,他知道与其进行计算还不如尝试一下。于是他到储藏室去找一些可溶于油的染料,而储藏室没有这种染料。弗雷德·蔡斯(Fred Chase)给出建议,说碘可以溶于油,并且也能给煤油染色。于是汤姆迅速将大量的碘溶解在煤油中,并用较高压缩比的发动机进行了测试,然后他高兴地发现爆震现象消除了。

汤姆立即动身前往代顿,搜集了所有可溶于油的现成染料,当天下午他对不同的样品进行了连续快速的测试,却没有得到想要的结果。当他最终把一种无色的碘化合物添加到汽油中的时候,爆震停止了。由此,先前关于爆震的理论解释显然行不通了，而随着这个理论的失效，诞生出了一个化学家汤姆，此后数年他孜孜不倦地学习各个化学分支领域，他希望化学能够帮他解释自己的发现，进而研制出新的合成物作为抗爆剂……

当时汤姆一度对苯胺的使用饶有兴趣，每当他有关于新抗爆剂的发现时，都会去改进生产方法，降低成本，让试剂具有经济上的可行性。如果当时能够找到足够的碘，他对合成的第一个乙基化合物碘乙烷也抱有希望……

1922年1月，在纽约举行的汽车工程师协会的年度会议上，汤姆带着非常激动而神秘的神情，向我展示了一个装有少量四乙铅的试管，并告诉我解决所有问题的答案就在这里。他说，这种试剂的效率要远远高于他之前发现的任何化合物，并且以前试剂方案中存在的难题现在似乎都解决了。当然，他当时还没有意识到试剂的毒性作用和沉积问题。

由此经过凯特灵先生、米德格利先生和通用汽车研究公司多年的试验，我们有了这项发明。但拥有发明是一回事儿，如何把它推向市场是另一回事儿。长话短说，1924年8月，我们成立了一家推广四乙铅抗爆剂的公司，取名为乙基汽油公司。该公司由通用汽车和新泽西的标准石油公司合伙成立，各占50%的股份。乙基液起初是由杜邦公司签订合约进行生产，直到1948年乙基汽油公司才开始自行生产全部产品。

四乙铅只是高压缩发动机开发的必要一步。尽管它可以提高燃料质量，但在20世纪20年代初期，燃料本身的质量差别很大。事实上当时并没有公认的办法，能够衡量出哪种燃料对汽油发动机的使用价值更大。

通用汽车对这种情况进行了研究，并开发出一套方法来衡量燃料的抗爆性，也可以说是发动机在高压缩状态下对燃料的接受度。这种方法是根据燃料的"辛烷值"按比例进行衡量。辛烷属于几乎不会发生爆震的燃料，因此就当时的工程技术而言，评级为100的辛烷实际上就被认为是完美的燃料了。乙基汽油公司的格拉汉姆·埃德加博士在1926年构想了辛烷指标的概念，而凯特灵先生和研发工程师们开发了第一个单缸、可变压缩的测试发动机，可以用辛烷值来测量燃料的质量。后来出现的一款测试发动机采用了这种可变压缩的原则，并成为汽车和石油行业的测量标准。

当然，提高辛烷值的一种办法是添加四乙铅，但还有一种办法是改进原油的冶炼工艺。人们在对原油中的碳氢化合物进行分裂和"重组"方面，已经取得了巨大进步，既提高了每桶原油的汽油产出，也提高了四乙铅添加前的辛烷值。这本身是另一段颇具戏剧性的研发经历，而凯特灵先生和他的同事在开创这项研究上起了非常重要的作用。在 20 世纪 20 年代初期，汽车加油站提供的商业汽油辛烷值是 50～55，现在则增长到了 95 甚至超过 100（航空汽油的辛烷值更高）。这对燃料利用率的提升产生了立竿见影的效果，其衡量办法是在标准性能下，轿车每消耗 1 加仑燃料所行驶的英里数。由此也极大地提升了我们今天使用石油资源的效率。㊀

减少爆震的另一个因素是发动机的设计。我们今天知道，燃料的爆炸会在发动机的燃烧室里产生非常复杂的冲击波。这些冲击波会让燃料的温度急剧上升，从而导致爆炸和爆震的发生。对不同燃烧室头部形状和轮廓的研究表明，某些特定形状能够确保压缩比最高的时候，受到的爆震最小。

我在这儿要再补充一个有关发动机设计的问题，它虽然跟燃料没什么关系，但严重制约我们开发出更强大的发动机。通用汽车的工程师在这个问题的解决上做出了重要贡献。这就是发动机的震动问题，它总是很烦人，而随着轿车的速度和功率的提升，这个问题也显得越来越重要。因为这时候，发动机里的失衡转动部件和往复部件会引发毁灭性的震动，还会制约汽车的整体行进。

震动的主要来源之一是曲轴，它是"发动机的骨干"，当曲轴出现任何失衡的问题时，整个发动机和整部车都能感受到。通用汽车研究公司在 20 世纪 20 年代初开始对发动机的平衡问题进行研究，他们研发了一部曲轴平衡器，并把它首次用于 1924 年的凯迪拉克发动机中。如今这部机器已经在全世界范

㊀ 通用汽车在乙基汽油公司所承担的职责于 1962 年宣告结束。这是由于通用汽车和标准石油公司把它们的股份都卖给了弗吉尼亚州的里奇蒙雅宝纸业制造公司。通过这项出售，通用汽车处理掉了最后一家部分持股的投资企业。目前，通用汽车所有的运营业务都是通过事业部或全资持有的下属机构来进行。

围内广泛使用，它是通用汽车独家开发的产品，让我们在发动机的平衡方面确立了长久的行业领先地位。我们按照自己技术领先时常采取的做法，把这种设备卖给了其他的发动机生产商。平衡性的增强对于减少汽车的整体磨损非常重要，也加快了大功率、高速度发动机的普及和应用。

随着我们对爆震现象认识的加深，高压缩发动机的开发成为可能。发动机的压缩比已经从20世纪20年代初期的4∶1，提高到现在的10∶1甚至更高。燃料和发动机的研发出现了跳跃式发展：高压缩比的发动机需要有更高品质的燃料，而更高品质的燃料又催生了更高效的发动机。在汽车工程师的敦促下，石油行业不断研发可以广泛使用的高辛烷值燃料。通用汽车给石油行业提供了很多高压缩比的试验发动机，帮助他们开发出更高辛烷值的燃料。

有了四乙铅和高辛烷值燃料的发展，内燃发动机的长期改进成为可能。

变速器的发展

我想几乎所有人都知道，变速器的目的在于把动力从发动机传递到轿车的车轮，这其中涉及发动机和车轮之间速度关系的变化。发动机动力的产生取决于若干因素，但主要和发动机曲轴的转速密切相关。老式低功率轿车的车主驾驶爬坡路段时都知道这一点，通常需要发动机加大提速，并且挂到低挡来获取所需的动力。早在20世纪20年代的时候，三速齿轮箱的手动换挡常常会产生严重的齿轮咬合噪声，除非司机驾驶员有高超的车技。

自打1920年通用汽车研究公司成立的时候，变速器就是一个重要的研讨课题。起初我们关注了不同类型的电气传动技术，因为最早加入的工程师大多数有机电背景。我们开发了一种电力变速器，其中一种曾用于通用汽车生产的公共汽车上。在汽车发展史上，人们很早就尝试过电气传动技术（比如哥伦比亚电动车和欧文电磁客车），最终这项技术在大型车辆领域有了重要的商业应用。这种特殊的传动技术今天用在了我们的柴油机车中。

从1923年开始，我们的研究部门对于电气传动技术在客车上的应用少了些兴趣。我们开始广泛研究各种类型的自动传动技术，包括"无级变速"类型（可以不间断地进行变速，而不是像标准变速器那样，只有少数几个固定变速级）和可以自动选择固定变速级的级比变速器。早在20世纪20年代中期，我们还研究过一种有涡轮机叶轮的液压传动技术。因此我们对制造全自动变速器的大部分基本原理都已掌握，并进行了仔细的考察，这距离自动变速器正式应用于汽车生产的时间要早至少15年。

在20年代后期，通用汽车开发了同步啮合变速杆。有了它，几乎所有司机在转换速度挡的时候，都不会出现齿轮咬合的情况。

1928年，凯迪拉克把这项重要的开发成果投入到了生产。通用汽车其他轿车事业部的工程师也纷纷采用了它的原理，而我们原有的曼西产品事业部针对大规模生产的要求对它进行了进一步开发。到1932年，我们已经能将同步啮合技术由高向低延伸到通用汽车的整条产品线，包括雪佛兰轿车。

等到1928年，研究实验室对一种自动变速器的开发规格取得了共识，认为它能满足市场要求。这是一种无级变速器，采用了钢/钢摩擦传动技术，它的机械原理类似于滚珠轴承。由于总部当时没有工程参谋部，因此安排了别克事业部开发这种变速器。经过许多次的制作和测试，公司最终于1932年确定要生产这种无级变速器。然而尽管我们已经付出了最大努力，可仍然没能解决所有的问题，因此虽然这款无级变速器经过了测试轿车的多次试验，但它从未在市场上的通用汽车轿车中出现过。这次经历让我们对当时的无级变速器存在哪些问题有了很深的理解，但事实证明钢/钢摩擦传动技术并不能解决这个问题。由此我认为照这样下去代价太高昂，便否决了应用到我们轿车中的想法。

我们的研发和工程人员继续研究不同类型的自动变速器。到1934年，凯迪拉克事业部的一群工程师终于找到了办法，他们制造出了第一台适用于轿车，并且可量产的现代化液压自动变速器。1934年年底，这个专业设计小组调入公司总部的工程参谋部，成立了变速器开发组。当时他们研发的变速器属于级比变速类型，而不是无级变速类型，但它在扭矩的作用下可以自动变速，这和今天所有的自动变速器一样。该小组还针对传动器的不同尺寸准备了生产计划，以满足各款通用轿车对动力和负载的差异化要求。

一批试验车型经过制造和测试后，交给了奥兹莫比尔的工程师。从1935

年到 1936 年，不同的试验车型在美国各地之间进行了数千英里的测试。1937 年，奥兹莫比尔和别克（1938 年型车）推出了半自动变速器轿车（半自动变速器提供一定范围内的级比变速，包括一个或若干个的手动变速和自动变速）。这些车由别克事业部来生产，仍需使用一个主离合踏板来完成起步和停车。这时候我们的工程师发现，有了变速箱里的液力联轴节，主离合器和它的踏板就用不上了。这一功能连同全自动控制的研发宣告了液压自动变速器的诞生，它的生产方是新组建的底特律变速器事业部。1939 年 10 月，该变速器正式发布，并借 1940 年的奥兹莫比尔年型车首次亮相。凯迪拉克事业部也紧随其后，将这种新型变速器用于它 1941 年的年型车中。

与此同时，吉姆西卡车和长途汽车部门的工程师开发了另一种自动变速器。它被认为是闭路式流体涡轮的转矩变换器。该设备包含一组叶轮，叶片按照一定的角度进行设置，这样当发动机转动时，第一个叶轮受力的作用就能把流体抽吸并注入到与驱动轴相连的第二个叶轮里，从而给驱动轴带来转力。可能还会有些其他的叶轮，它们的作用是改变流体的流动特征，从而形成发动机和驱动轴之间的速度差——或者说，是两者之间的速度比。在流体转矩变换器中，该比例变化得细微而缓慢，并非按步骤来实现。因此，最终的驱动效果非常平稳。

通用汽车工程师最初采用的流体转矩变换器设计来自欧洲。他们后来设计了一套更符合美国公交汽车操作标准的方案。1937 年，我们首次在我们生产的公交汽车上安装了这种变速器，并很快得到广泛应用。1941 年 10 月，在第二次世界大战爆发前夕，我们工程部门的变速器开发组正在研究，如何把这种流体转矩变换器应用到客车中。

随着美国的参战，我们对客车自动变速器的前沿开发中止了，但是自动变速器又为我们开启了一片机会无限的新天地。对于客车司机来说，自动变速器的价值在于它操控便利和简单——司机驾驶时顾及的事情少了。对于公交汽车、卡车、坦克、拖拉机等现代军用巨型运输车辆来说，也需要自动变速器来实现平稳行驶。早在 1938 年，军事工程师就敦促我们考虑为大型车辆设计变速器的问题，比如 M-3 和 M-4 坦克。当时，这些车辆是由操纵杆来控制方向的，有些情况下驾驶员不得不松开一个转向杆来换挡。当他这么做的时候就会暂时失去方向控制。并且车辆在换挡的时候，速度会迅速降下来，还有可能会出现急停，这会使它成为静态的攻击目标。

工程部的变速器开发组为这些坦克设计了一种重型的液压自动变速器。但军方还有一些更重型的坦克正在规划中，其需要装载更大口径的炮管和更厚的装甲，对于这些装备我们尝试了流体转矩变换器的可能性。在美国参战后不久，工程部就研制出了流体转矩变换器的试用型号，它解决了发动机和车辆的速度比发生变化时，车辆保持移动的问题。在第二次世界大战时期，这种变速器大多数是由通用汽车事业部制造的。

我们的变速器开发组还设计了一种专用的坦克变速和转向系统，被称为交叉传动。它能让驾驶员相对轻松地对超过50吨的大型车辆进行精确的控制，包括转向、刹车和自动驾驶。这些交叉传动系统还应用到了火炮运输车、水陆两用和常规货物运输车，以及其他重型车辆，战后我们在这个领域的研发工作还在继续。

战争结束后，工程部开展了一项深入的研究项目，希望把流体转矩变换器应用到客车上。这个研究项目很成功，进而推动别克于1948年推出了流体动力变速器，以及雪佛兰于1950年推出了动力滑翔变速器。其中流体动力变速器是第一个大规模用于客车的流体转矩转换器。

这样到了1948年，经过许多年的研究和工程开发，通用汽车给大众提供了两种不同类型的全自动变速器——液压自动变速器和流体转矩转换器，它们可以经济高效地投入生产，供低档轿车使用。从一开始，那些购车一族就对自动变速器青睐有加（而我们所有的轿车车型都配有自动变速器），这一点从他们乐于额外支付费用的行为中就能看出来。其他汽车生产商也加紧在汽车中使用了自动变速器——有些自动变速器是由通用汽车为它们提供的。1962年，美国售出的74%的轿车（其中包括通用汽车的轿车）装有自动变速器。而通用汽车售出的轿车中，67%的雪佛兰轿车、91%的庞蒂亚克轿车、95%的别克轿车、97%的奥兹莫比尔，以及100%的凯迪拉克轿车都配有自动变速器。1962年，汽车行业的自动变速器总销量为500万台，其中大约270万台装配在了通用汽车轿车上。这种可选部件由此成为美国汽车的主流配置。

低压轮胎和前轮悬挂

如何提供更加平稳、舒适的驾车体验，这是汽车工艺自始以来最复杂的问题之一。由于轿车比马拉车快得多，因此路面的任何不平整都会给乘客带来强烈的颠簸。而内燃机的震动也增添了不舒适的乘车感受。因此，减缓司机与乘客乘车时的颠簸很有必要，而随着车速的提高，这种需求也越发明显。

解决这个问题的一个基本方法是通过轮胎。早期汽车使用的是实心橡胶或者是通气的实心橡胶轮胎。这些很快就被充气轮胎取代了，但在这段时期，橡胶的材质和制造方法都不是特别好，长途旅行也必然会遇到无休止更换轮胎的烦心事。

到20世纪20年代初期，橡胶公司已经掌握了很多知识，包括制造方法、化学原理、橡胶的硫化，以及材料的选择。轮胎的质量变得好多了，而工程师也开始考虑使用低压轮胎的可能性，因为低压轮胎可在车轮下面形成更加轻柔和富有弹性的气垫。很多问题都需要解决，尤其是那些涉及转向和驾驶的问题。工程师必须处理前端的不稳定性、胎面的划痕、转弯时发出的长声尖叫、驾驶时的急刹车。还有一种特别的情况，即车轮晃动，它是质量分布不均的车轮旋转起来后，产生的不平衡状态。这些现象直到车主们开始高速行驶、长途跋涉之后，才突显为主要问题。

在开发现代化低压轮胎的过程中，通用汽车的工程师们做出了重要贡献，因为他们在不同的路况下进行了大量的测试。综合技术委员会从一开始就和轮胎行业保持密切联系，在尺寸标准化，以及确立轮胎的最佳类型、胎面和断面上进行了合作。

另一个提升驾驶体验的基本方法工程复杂性更高，它依靠的是悬挂系统，也就是车轮和底盘的连接。

在我早期的一次海外旅行中，我注意到了欧洲轿车生产中采用的一项工程技术——独立前轮悬架。在当时，独立前轮悬架还没有用于美国的汽车生产，而这一技术的应用显然会极大地提升驾驶舒适度。

我在法国联系了一位名叫安德烈·杜本内（Andre Dubonnet）的工程师。

他对这个问题有很深的研究,并且获得了一项和独立悬架有关的专利。我邀请他来到美国,并安排他和我们的工程师接洽。

无独有偶,当时的凯迪拉克事业部总经理劳伦斯·费希尔也曾找来一位曾在劳斯莱斯任职的工程师——莫里斯·奥利(Maurice Olley)。他也对提升驾驶体验这个问题感兴趣。奥利先生后来在给我的一封信中回顾了独立悬架的开发经历,我将他的这些话援引如下:

> 您曾让我回顾一下通用汽车轿车独立悬架的开发经过……以下记述中带有浓重的个人色彩,可能会让人感觉独立悬架的开发是一场个人秀,对此请您务必原谅。事实远非如此,这项技术的开发很大程度上要归功于亨利·克雷恩、欧内斯特·西霍姆(Ernest Seaholm)(凯迪拉克的首席工程师)、查尔斯·凯特灵,以及很多凯迪拉克和别克的工程师,还有费希尔的宽容和一贯的支持,他曾批评我是通用汽车第一个斥资 25 万美元只造出了两辆试验车的人!
>
> 您应该还记得,我是在 1930 年 11 月从劳斯莱斯加入凯迪拉克的。坦率地说,我惊讶地发现劳斯莱斯如此受人欢迎。此前一辆劳斯莱斯轿车刚刚在新的通用汽车试验场完成了异常测试,并进行了拆卸检查……
>
> 劳斯莱斯过去数年一直专注于提升驾驶体验。这家英国生产厂之所以对这项工作着迷,原因是它发现在国内路测中获得认可的轿车出口以后远远不够达标,即使是出口到路况有所改善的美国也是如此。我们开始意识到,这不是由于……美国的路况更糟糕,而是因为道路起伏的形态不同。
>
> 劳斯莱斯的大量工作围绕着轿车的摆动来进行,我们从车上方的中心点来测量转动惯量……测量底盘框架和车身的刚度……并测量安装在实际轿车上的弹簧悬架刚度。这家生产商还开发出了第一批实用测震仪,用来测量车辆在不同速度下行驶一定路程时,车内开口容器中水的损失程度。
>
> 1930 年,这种工作实践在凯迪拉克开展了起来。很快,我们也能通过摆动轿车的方式,测量弹簧安装刚度等指标。我们还按照劳斯莱斯的

方法，建立了自己的"颠簸试验台"（底特律的第一家），从而可以在一部静态轿车上合成驾驶效果。

1932年年初，我们建造了"K^2试验台"……它包括一部完整的七座豪华轿车，我们可以通过移动重物来改变前后弹簧的相对挠度，也可以获得我们想要的惯性矩。我们在这个试验台上的测试不需要任何测量工具。在亨利·克雷恩的帮助下，我们检验工作成果时只需要问一下自己，在哪种情况下获得的驾驶体验最佳。

这是最好的检验办法，因为我们当时并不知道，并且到今天也不知道什么是好的驾驶体验。但我们不妨花一天的时间来驾驶这辆车，并对驾驶参数进行很多大胆的调试，这样的话我们的体验感才是鲜活的，也才有可能对它们进行直接比较。

就在这个阶段，也就是1932年年初，我们开始感觉到急需发展独立悬挂技术。K^2试验台明确显示，如果我们采用比后弹簧更轻柔的前弹簧装置，那么创造全新的平稳驾驶体验是有可能的。但您应该还记得，之前有过在传统前轴上使用极度柔软的前弹簧经历，但都以惨败告终，原因是摇晃……以及缺乏操控稳定性……

因此在K^2试验台之后，接下来就是建造两部凯迪拉克试验轿车……它们拥有两套不同的独立前轮悬挂……（其中一套是由杜本内先生开发的，另外一套"叉骨"型是我们开发的。）我们也使用了一个独立后轮悬挂，因为我们意识到要尽快弃用传统的后轴技术（在我看来，这种改变早几年前就该做出）。

公司的很多工程师都乘坐过这两辆车。显然我们在改进驾驶体验和车的操控性方面有一些特殊办法。我们也遇到了一些常见的难题。其中最主要的就是在转向时无法避免摇晃，尤其是采用了叉骨型悬挂的那辆车。

我们不得不对转向装置重新设计了好几次……

1933年3月，我们终于为全面汇报做好了准备。3月初的时候，综合技术委员会来到凯迪拉克工程大楼，试乘了我们的两辆试验车，以及一辆没有安装独立前轮悬挂，但是装有I.V.（无级变速器）的别克轿车……

我记得您和格兰特先生当时乘坐了其中一辆（叉骨型）轿车，而欧内斯特·西霍姆和我在另一辆车里陪同出行，我们在胭脂河的一个交通路灯处停在了你们旁边，我们看到您坐在后座冲着迪克·格兰特（销售副总裁）开心微笑，手掌时而上下、时而水平地比画着什么。车从凯迪拉克工厂驶出不到两英里，平稳的驾驶感受就已经令人心动了！

委员会一行乘坐这三辆车到达门罗后，返回到凯迪拉克工厂进行座谈，而西霍姆和我在一个不显眼的位置等待着结果，我们真心希望凯迪拉克能比其他事业部提前一年使用这种新的悬挂装置。

我记得亨特（工程副总裁）起了个头，他问格兰特先生对于新自动变速器的看法。

您应该记得1933年3月的时候，美国没有一家银行是开业的，那些农场主应该感激，至少他们还能有口吃的。在这种情况下，迪克·格兰特的反应并不令人惊讶。他拒绝了花费上百美元安装（自动）变速器的想法，因为别克的客户很可能不愿意为此花这笔钱。"但是"，他说，"如果能有刚才展示给我的这种驾驶体验，并且只需要花15美元的话，我会想办法凑出这笔钱。"

荷兰人鲍尔（Dutch Bower，别克的首席工程师）之前已经表态支持新的前轮悬挂，奥兹莫比尔和庞蒂亚克的工程师也似乎决定要在11月份的纽约车展上展示它。

最后比尔·努德森（雪佛兰的总经理）做了简短声明，他说新应用也要算上雪佛兰一份。亨特试图说服他全美国还没有足够多的无心磨床，能为雪佛兰磨削螺旋弹簧的线材。但努德森态度坚决地说，机床行业多年来一直经营不力，但它们即将生意兴隆了——至少明年就会如此。而雪佛兰在11月的纽约车展发布的1934年型车中，确实使用了杜本内的悬挂系统。庞蒂亚克也从雪佛兰那里采用了这种悬挂，而另外三个事业部采用了叉骨型悬挂。

这次会议在我脑海中挥之不去，因为它用行动完美诠释了什么叫美国的企业精神。面对当时的市场情况，公司毅然斥资上百万美元进行研发，这本身就是一种勇气的体现，也是我的一次全新经历。我仍然记得凯特灵说过的话："在我看来，我们承受不起不这样做的后果。"

就这样，我们同时引入了两种不同的独立前轮悬挂。但叉骨型悬挂经过进一步的改进后，很明显它的造价更低、制造更便利，并且在运营中遇到的问题也更少，因此很快我们所有的轿车产品线都采用了它。

杜科车漆

白天俯瞰美国，每个停车场都色彩斑斓。这和20世纪20年代初的汽车外观形成了鲜明对比，当时的福特、道奇、欧弗兰和通用在大量生产方式下只使用黑色的面漆。外表面漆是大众当时普遍抱怨的话题。人们曾把马车行业的做法直接搬到汽车生产中，没有做大改动；汽车在问世的头25年里，用的是马车的油漆和清漆。客户不能理解的是，为什么马车的表面漆能维持很久，而买了轿车之后油漆有时很快就脱落了。这是因为汽车经常要承担更加艰巨的任务，它要面对不同的天气，而发动机产生的热量会让轿车的各个部件升温——这对表面漆会造成严重的影响。

如果我们能开发出一种表面漆，它在各种天气情况下不褪色、不掉漆，那该是一件多么美妙的事情。我们也开始意识到，优质、快干的表面漆能对我们的开发进度以及与之相关的生产成本产生革命性影响。

当时的表面工艺使用的是油漆和清漆，这个过程既缓慢又麻烦。一辆轿车从准备上漆到完成上漆，需要2~4周的时间，具体取决于温度、湿度等因素。不难想象，这也造成了严重的库存问题。

有一段时间，很多制造商为了能解决这些问题（至少部分解决），用烘干的面漆来替代油漆和清漆。比如，道奇兄弟的敞篷轿车就全部采用了面漆，而没有使用油漆或清漆。这是一种黑色沥青面漆，并且非常耐用。但烘干上漆只是一种过渡性做法——这个问题有更有效、更省钱的解决办法。

1920年7月4日，杜邦的一家实验室观察到了一个化学反应，而这个观察促进了日后被称为杜科硝基漆的开发。观察发现，生成的硝基漆基料能在悬浮状态下携带多种颜料，并能产生更加明亮的颜色。此后经过三年的试验和研发，新产品中存在的技术问题得以解决。这是由凯特灵先生领导的通用汽车研究公司与杜邦实验室开展的合作项目。通用汽车在1921年成立了油漆和面漆委员会（具有讽刺意味的是，油漆和面漆很快都被替代了），第一辆使用硝基漆的车身于 1923 年生产下线，这就是奥克兰 1924 年的车型"真蓝"。

这种名为杜科的硝基漆新产品在 1925 年面向整个汽车行业供应。此时仍有很多问题需要解决，而杜邦和通用汽车研究室的研究工作也在继续。研究中很重要的一部分是开发内涂层，因为最初开发的杜科车漆黏性并不强，有时会从金属表面脱落。杜科车漆还需要使用天然树脂，而这种材料数量有限，并且品质各异。好在合成材料的发明让我们及时摆脱了对这些质量参差不齐的天然产品的依赖。

在油漆—清漆时期和之后的面漆时期，汽车外表面有些颜色可供选择，但成本高昂，并且选择面很窄。杜科降低了汽车表面的着色成本，极大地扩展了颜色的选择面，并做到了成本低廉，从而让颜色与样式并重的现代汽车时代的到来成为可能。此外，其快干特性解决了大量生产方式中最重要的一个瓶颈，让车身的生产速度可以极大地提高。今天一辆轿车可以在八个小时的工作时间里完成漆面处理，而在油漆—清漆时期，这要花上两到四周的时间。

仅考虑空间节省这一项：以前每天生产 1000 辆轿车需要 18 000 辆轿车的库存空间——20 英亩①的室内面积，因为每辆车平均需要三周完成漆面处理。今天我们每天生产 15 000 辆甚至更多的轿车，大家可以想象一下这种生产速度意味着什么。

自从 20 世纪 20 年代初期硝基漆问世以来，人们一直在研究改进方案和降低成本的办法。1958 年，通用汽车引入了基于丙烯酸树脂的新外表面漆产品线。这也是我们的实验室与树脂生产商合作八年多的研发成果。丙烯酸树脂漆比硝基漆更加耐用，并能造出更多令人喜欢的颜色。

通用汽车还在很多其他重要改进上发挥了关键作用。在 20 世纪 20 年代，曲轴箱通风技术解决了发动机损坏的一个大问题。1959 年，通用汽车开始了"内部"曲轴箱通风的开发，减少了空气污染，并于 1962 年在汽车行业推广应用。四轮制动和液压制动技术的开发，极大地提高了汽车的安全性和使用有效性。虽然四轮制动技术不是由通用汽车独家开发的，但我们参与了这项

---

① 1 英亩≈4046.856 平方米。

技术的改进，并帮助它实现量产，我们还成立了一个专门的部门，来为我们的轿车生产这种设备。通用汽车还在机动刹车、动力转向、轿车空调以及许多其他的汽车工艺改进方面占据领先地位。以上只是一些重要成果的精选，而这些成果得益于数以千计的研究人员、工程师和其他员工富有创意的劳动和不知疲倦的工作，也得益于他们对开发高效、舒适的个人交通工具的职业热忱。

My Years with General Motors
第 13 章

年型车的变化

年度车型在美国人的生活中耳熟能详，以至于很少有人能够想象到，在这背后我们在管理上付出的心血。我们设计一款普通美国轿车的程序，和设计国外轿车以及国内特定轿车的程序相比，是非常不同的。

每年我们必须推出一类轿车，它要具有先进的工程设计和外观，在价格上有竞争力，能够满足零售客户的需求。这类轿车必须有一些共同的外观特征，要具有"通用范儿"，但同时彼此之间又必须有明显的区别。它们在价格上要相互补位，也就是说，在生产之前必须对自身成本以及竞争价格的变化趋势做出清楚的预估。

在通用汽车有数以千计的人参与推出新车型，除生产工人外，还包括外观设计师和工程师、科学家、财务和营销专家、不同事业部的技术人员、公司高管以及技术专家，更不用说还有我们的外部供应商。协同好他们的各种活动是一件非常复杂的事情。

一般说来，从我们最初决定生产新车型开始，到这辆车出现在经销商的展厅里，大约需要两年的时间。这两年期间的作业顺序主要取决于车身生产的要求。当然车身每年通常会有很大的变化，因而车身制造所要花的时间最多。底盘部件虽然也会持续更新，但一年当中我们只会偶尔对所有底盘部件

（车架、发动机、变速器、前轮和后轮悬挂）进行全面更换。

概括起来，车型发展的第一年专注于确立新车型的基本工程和外观特征，第二年专注于解决工程问题，以确保能将轿车进行全面生产。其中任何一项工作想要在远少于一年的时间里完成，都是很困难的。如果我们压缩外观概念设计的时间，有可能会在未能满足零售客户要求的情况下就"锁定生产"。而如果我们压缩工程—生产的时间，我们就要支付大笔的加班费用，滋生出库存问题，并可能延误投产时间——这也就意味着轿车的上市会推迟，还会造成销售损失。

此外，增加新车型的生产时间也不可取。当然从原则上说，我们提前三到五年开始做新车型规划也不无道理（事实上我们也会提前这么长时间来做些思考），但有一个现实的困难，就是计划制订者这时候离市场现实还很远，而工作成果是在市场上检验出来的。即便是现在采用的两年规划期，也对公司准确评估市场的能力有着非常大的挑战。这个问题可以这样看：和其他汽车公司一样，通用汽车必须要投入上百万美元来设计新产品，但这种新产品必须经过较长一段时间后才能销售。在此期间，消费者的口味、收入和消费习惯都有可能发生急剧的变化。因此，我们甚至不能确定最初设想的新车型是"对"的。人们对设计草图和调研问卷的反馈通常也不值得信赖。按照市场调研的法则，汽车客户在看到真正的产品前，并不知道对它的喜爱是否达到愿意购买的程度。但当我们有一款产品能够进行展示的时候，就必须全力销售这款产品，毕竟我们付出了很多。每家汽车生产商都出现过被消费者误导的情况，尽管如此，就事情的本质而言，我们为了向市场推出新车型，必须要计划和协调好我们的工作。

这种非常特别的协调方式，来自我们多年的规划经验。我已经讲过通用汽车在1921～1922年发生过的灾难性事件，这次事件的发生正是由于我们没有明确的协同程序，无法让不同管理部门就新车型的项目一起工作。有了上次的经验教训，我们逐渐把系统和方法引入公司车型的开发中。1935年，我们明文规定了新车型的生产程序，这在我的印象中尚属首次。它是一本手册，旨在"针对需要提交的关键数据，提供一套明确、有序的方法，便于对新车型相关的经济、财务、工程和商务状况做出评估；也可以对项目从审批通过到投产这期间的进展,进行全面了解"。产品审批程序在1946年经历过大的修订,并且某种程度上一直都在更新。这里要强调的是,这些书面程序并非车型开发必须遵守的"时间表"。

我刚才提到车型开发的平均期限大约是两年,但这并不意味着我们每款车型的开发都是从头起步。比如我们的外观设计部,他们一直在对前沿车型的外观创意进行试验,任何时候都能拿出一堆可以采用的外观新创意,其中一些创意很常见,还有一些则具有革命性。同时,每个汽车事业部还在持续研发各种新特色,主要是针对底盘。有些研发工作是从研究实验室、工程部或其他配件事业部那里承接过来的,然后由汽车事业部对它进一步改进,直到能够投入生产;还有一些则完全由汽车事业部自己的工程部门和实验室来开发设计。

通常在召开新车型的首次正式会议之前,会有很多次非正式的讨论。比如,轿车事业部的管理层会和外观设计部一起,审视过去生产方案的优劣势,他们会研读客户调查报告和市场分析,讨论新轿车的整体尺寸和造型设计。有些事情需要总部的工程部、费希博德以及集团高管参与一起讨论。

虽然新车型的一些重要开发工作都是在总部进行,但我们多数人认为在工程政策组召集会议之后,新车型项目才算"启动"了。读者应该还记得,工程政策组直接汇报给执行委员会,成员中包括公司的董事长、总裁和总部的主要高管。该政策组的主席由主管工程部的副总裁担任。由于政策组的职责是公司宏观政策的把控,因此成员中不包括各轿车事业部以及费希博德的总经理,但这些事业部的总经理及首席工程师经常会应邀参加由政策组召集的项目审议会议。

这类启动会议的主要任务就是确定我们的造型设计和工程方案纲要,也就是要确定轿车的整体外观和尺寸特性,并且指明造型改进和事业部研发的方向。座椅宽度、头部和腿部空间,以及外形的长宽高这些必要因素都会考虑到。外观设计部会展示全尺寸的造型设计图,这样与会者就能够对外观、尺寸和空间特点有直观的感受。配合草图我们一般还会展示全尺寸的仿真座位安排,通常也被称为"座椅架",它用于模拟轿车的内部空间。这个"座椅架"可以让我们对进门情况、车内视野、室内空间以及座椅位置进行核对。

可以说，政策组成员这样就可以快速检查外观设计师提供的方案了。

配合我们在启动会上形成的想法，外观设计部接下来会为我们产品线的每一款轿车开发出几套全尺寸的造型设计图、全尺寸的黏土模型和座椅架。而外观设计部要实现方案的预期目标，同时与工具和制造的要求保持同步，就必须在启动会议后与轿车事业部和费希博德紧密合作数月。总之，外观设计部的职责就是要确定每种车型的基本外观。也就是说，它要设计出通用汽车车型的基本外观——通常的工作次序是大轿车、双门小轿车、金属顶盖式汽车、旅行车、敞篷车。每个事业部在外观设计部都设有自己的工作室，工作室的职责是设计出自家轿车的个性特征，比如那些能够区分雪佛兰和庞蒂亚克轿车的个性特征。

在项目开始的前几个月，很多黏土模型都会经历持续的更改和优化；在每个阶段，座椅安排要按照黏土模型的造型进行调整。许多改动都得益于外观设计部开发的草图和小型黏土模型，有了它们，我们就可以对更新颖、更有吸引力的概念进行尝试。

与此同时，轿车事业部和费希博德的工程部门也要与外观设计部保持合作，从而能就底盘的规格达成一致，也就是轴距、离地净高、胎面以及发动机和传动装置所需的空间。对这些基本规格达成一致是非常必要的，因为这可以帮助外观设计部把新车型的概念进一步"落实"。

在启动会召开大约两个月之后，外观设计部会给工程政策组提交一份有关大轿车更进一步的外观设计建议书，配以全尺寸的黏土模型和座椅架构（在此之前，这份建议书需要得到相关轿车事业部和费希博德的认可）。随后的工程政策组会议将每月至少召开一次，会上也会展示除大轿车以外的其他车身设计方案，但审批次序并不会事先设定好。接下来进行方案评估和改动的时间可能长达四五个月，很有可能双门小轿车的外观方案比大轿车的外观方案更早获得普遍认可。尽管如此，工程政策组至少需要在投产前的18个月就完成对大轿车黏土模型的审批，以便外观设计部接下来向费希博德公司发放设计图。

当黏土模型获得批准后，外观设计部就要制作一个廉价的外观塑料模型。该塑料模型对于检验外观设计的概念很有帮助。毕竟黏土模型看起来要比真轿车更加笨重，而塑料模型经过喷漆以后，和成品轿车一样有光泽，如果再给它安上玻璃和模拟镀铬材料，那么塑料模型的外观看起来就和成品几乎一样了。

在投产前的大约18个月，我们就可以对车型成本进行大致计算。这时候轿车的尺寸和预计重量都已知道，而费希博德也开始整理与生产—工程成本有关的信息，也就是模具、夹具、固定装置等相关成本。费希博德通常会在黏土模型获得工程政策组批准以前，就开始预估这类成本。这个时候，它可以对某些产品特征的卖点及其开发成本进行权衡，必要时会调整设计方案。近些年，加工成本有所下降，部分原因是通用汽车采用的一些车身结构和内侧板可以为不同车身所共用。

当工程政策组、费希博德和轿车事业部对黏土模型和初始塑料模型审批通过后（通常会做一些修改），外观设计部就开始着手制造更加精细的新塑料模型。该模型和未来生产下线的车型从内到外都是一致的。这种增强塑料车型最初是出于经济便捷的考虑，用于摩托拉玛汽车展和其他一些试验场合。后来我们用它是为了能够在轿车投产前看上"最后一眼"。在采用增强塑料模型以前，我们只能用木头和金属制成的模型，而制作一个这样的模型要花12～14周的时间。增强塑料模型只用四五周的时间就可以造好，这也给了我们更多时间来生产工具和模具。

在这之后的大约六个月时间里，新车型的协同工作变得非常复杂。在最终塑料模型建造的同时，外观设计部会把主要钣金表面图纸，以及诸如车门把手和模具切面等细节图纸发给轿车事业部和费希博德。费希博德得到该信息后，会尽快开始生产工具的设计，首先从大一些的复杂部件着手（比如，前围上盖板、车门、车底、顶篷），然后设计小一些的简单部件。

在投产前的大约12个月，工程政策组必须对最终的增强塑料模型进行最后一次审批。审批通过后，费希博德就能对工具的最终设计方案定稿，并准备开始生产。

工程政策组的终审通过，意味着轿车的整套生产线方案得到了总体认可。从这时起，轿车事业部要和外观设计部直接协同，针对具体细节开展工作，比如，车身成型件、装饰件、仪表板，以及各事业部工作室针对车身前部、侧面和后部的设计方案。这些细节方案也会提交给工程政策组进行审批。与此同时，轿车事业部要手工制造出能用于测试的试验底盘，并给费希博德提供底盘的细节图纸。

换句话说，在轿车出现在经销商展厅大约一年以前，车型政策的主体就已定好了——如果一切顺利进行的话。工程政策组、费希博德的代表、外观设计部和轿车事业部都对最终的塑料模型进行过评估。可以想见，这些模型此时已通过审核。从这时候起，如果再对车型进行任何大的改动，都会导致高昂的模具再开发成本、各项额外的加工成本，以及严重的时间浪费，会造成准备过度和生产成本超支的局面。但有些时候，这种变动又不可避免，因为一年以后的评估有可能会发现开发计划中的一些严重缺陷。在轿车产品全线展出之前，事业部的管理层和公司总部的高管们会进行审核，把它们和现有的通用汽车产品以及竞品进行比较。很有可能有些车型在草图阶段看起来很好，做成黏土模型或初始塑料模型时仍看着不错，但到这个时候才发现需要修正。虽说这个阶段的改造成本很高，但是和开发出一款不受欢迎的车型，进而导致销售受损比起来，这种代价又不算太高昂。我们曾经不止一次不得不做出这样的彻底改变。

概括说来，在车型开发一年之后，距离上市还有一年的时间点上，我们的情况如何呢？外观设计部这时候已经完成了车型的基本设计工作。一些增强塑料的车身看起来跟成品轿车别无二致。外观设计人员仍在对新座椅、仪表面板、内饰和新材料进行设计。但他们可以暂时推迟对装饰材料和颜色选择等方面的决策，因为这样做能让新车型推向市场的时候，更加贴合消费者的品位。费希博德在加紧进行工程制图，以及模具等生产工具的设计。事业部工程部门开发的新底盘也接近完工，底盘原型测试准备就绪。从这时候起，费希博德和轿车事业部必须紧密合作，以确保车身和底盘工作的有效协同。

这时候准备进入生产加工阶段了。轿车事业部的总经理通过工程政策组把最终的"产品方案"提交给公司总裁。这些方案对新车型特征进行了描述——性能特点、规格、预估重量，还有预估成本，其中包括工厂重新布置的费用、加工费用和设备成本。工程政策组会进一步将这些轿车的规格与竞争对手的当前车型进行比较，然后权衡产品的吸引力及生产成本。公司总裁、董事长以及工程政策组的其他成员会对新车型方案进行全面评估。当方案获得通过后，事业部要申请款项，申请需要得到该事业部上级集团长官的认可，并通过分管制造的副总裁的审核，然后还需要得到集团执行副总裁、公司总裁，以及行政管理委员会、执行委员会和财务委员会的批准。这之后就开始制造生产工具了。

这时候，轿车事业部的工程部门开始公布大量的新轿车部件设计图。这些图纸会送往技工长所在的部门，并由他们来决定这些部件应该自己生产还是采购（有些事业部由一个"购买或生产"委员会来决定）；会送往生产加工部门，以帮助他们准备一份流程表，详细说明部件生产的操作次序；会送往标准化部门，以决定每项操作中直接劳动的限定时间；还会送往成本部门，它需要制定包含所有人工和材料成本的成本报表。生产部门和技工长、工厂工程部一起，来决定生产线应该如何搭建（需要什么样的新机器和新设备，把它放到哪儿）以及哪些工厂必须重新布置。

生产加工此时也已真正启动——在外部供应商和内部公司里同时进行。一旦我们通过了新车型的最终方案，就会立刻和我们的多家供应商商议（它们提供车轮、车架、橡胶等各种产品），推动它们的工程开发，并帮助它们制订好生产计划。

在距离新车型上市七八个月的时候，费希博德会完成第一个车身原型的制作，其中包括很多手工制作的部件。这时候我们可以组装出一辆完整的原型车进行测试。我们一般会在投产前大约三个月，在费希博德的试验生产线上给每种车型制作许多车身。由于这些车身是由生产模具制造出来的，因此试验生产线可以检测这些生产模具和工具，同时提供培训生产监督员的机会。很多试验生产线的车身会安装到原型底盘上，并且会在试验场以及事业部的工程部门那里接受附加测试。最后，这些从试验生产线下线的轿车会被销售和广告部门用于推广活动，比如向经销商进行提前展示。

新车型的投产在新车出售前大约六周的时候才开始。当新车型正式对外发布的时候，我们的工厂生产已经在全速运转，数以千计的轿车已经交到了经销商的手里。新车型的开发方案就此结束，而我们会把全部注意力集中到未来一两年需要交付给经销商的车型上。

因此整个新车型的开发分为三个阶段。外观设计是第一年的主要工作；工程设计在为期两年的项目开发中几乎贯穿始终，直到批量生产开始时才结束；设备和工具的开发在外观设计结束前就开始了，它包含了生产一辆车所必须实际遵循的各种细致程序。这里的关键点或许是在整个开发进行到一半的时候，也就是第一年工作结束时，这时候新车型的设计获得了认可，而我们准备开始"锁定生产"了。

这就是我们新车型开发的程序，而我们大部分的新车也确实是这样生产出来的。尽管如此，我们对现实情况的"蓝图规划"没有变化来得快。近些年的竞争态势常常要求我们在不到两年的时间里就开发出新车型。与此同时，竞争的加剧也迫使通用汽车和其他生产商加快了新设计和新工艺的开发速度。当一辆新轿车需要呈现出更多"新东西"的时候，自然会对它的设计流程和备产造成更多压力。

我们一直在制造更好的新轿车道路上精进。尽管在漫长的开发周期中，从新车型的概念设计到执行落地涉及的步骤很多很复杂，并且成本巨大，但这些都是值得做的。因为年型车的推陈出新是汽车行业发展的本质之一，正是由于新车型的开发，才推动了汽车工业的进步。

My Years with General Motors

第 14 章

技术员工

通用汽车是一个工程组织。我们的运营方式就是通过切割金属来创造价值。公司有大约 19 000 名工程师和科学家,其中 17 000 人在事业部任职,2000 人属于总部技术人员。我们的很多高管包括我自己,都是工程背景。因此我们天然就知道,我们的进步和技术的进步联系在一起,我们为此付出的努力也永无止境。我在 1923 年成立综合技术委员会的时候,就这个问题宣布了一项政策:通用汽车的研究工程部门与运营部门处于同一组织层面。

在汽车行业,研究和工程的永恒动力来自加速技术进步,把科技成果应用到产品与制造中,以及缩短产品开发与生产的时间差。为了实现这些目标,我们在很早以前就把职能部门和运营部门进行了区分,我们在 20 世纪 20 年代初组建了研究部,大约 10 年以后又组建了工程部。今天通用汽车除了运营部门以外,有四个技术部门:研究实验室、工程部、制造部和外观设计部。⊖ 这些部门都在底特律附近的通用汽车技术中心办公,彼此之间位置临近,这座大楼是通用汽车斥资 1.25 亿美元建成的,环境宛如一所现代化的大学。

我们将这些技术部门的办公位置安排在一起是有原因的。他们的工作都

⊖ 部门组织图,参看本书附录 2。

具有一定的创造性,都属于科技领域,他们的兴趣和活动也有交集,需要进行协调。

研　　究

通用汽车当前采用的研究方法经过了演变。公司最早的研究可以追溯到近 50 年以前。1911 年,亚瑟·利特尔成立了一个通用汽车实验室,主要进行材料的分析和测试。但通用汽车的主流研究来自代顿工程实验室,它是 1909 年由查尔斯·凯特灵(和迪兹)单独成立的(那时凯特灵还没有加入通用汽车),这个实验室的目的就是从事汽车领域的开发。

在通用汽车研究工作的发展进程中,凯特灵先生无疑是个杰出人物。很多年来(在我掌管公司期间),他是公司技术领域的带头人。1912 年,在他还没有加入通用汽车之前,他就开发出了实用的电动自动启动器,创造了汽车行业的历史。他所属的公司之一,也就是代顿工程实验室,购买了启动器的零部件并开始组装运营,进而成为一家成功的制造商和研究实验室。三年以后,有 18 家企业提供电动启动器设备。凯特灵先生把它公司名称的首字母组合到一起,形成了今天的著名商标德科。1916 年,当德科和我的公司海厄特一样,并入联合汽车公司的时候,我跟凯特灵先生开始熟悉起来。

凯特灵先生是一名工程师、国际知名的发明家、社会哲学家,并且也是一名超级销售员,他花了大量的时间和精力,对自己感兴趣和有想法的诸多领域进行了研究。在 1919 年加入通用汽车以前,他的实验室已经开始针对内燃机进行研发。1920 年,通用汽车收购了他的公司,并把它与其他研究工作进行了合并,在俄亥俄州的莫瑞成立了通用汽车研究公司,凯特灵先生担任总裁。1925 年,我们把研究公司搬到了底特律,并把通用汽车的所有综合研究工作都划归到凯特灵先生旗下。凯特灵先生在 1947 年退休,他的职务由查尔斯·麦丘恩(Charles McCuen)接任,他是一名从奥兹莫比尔提拔上来的出色工程师。麦丘恩先生沿用了先进的工程研发方法,他在通用汽车的很多重要领域都颇有建树,一直到 20 世纪 50 年代退休。

1955 年,通用汽车的研究开启了一个新篇章,公司任命杰出的核能科学家劳伦斯·哈夫斯塔德（Lawrence Hafstad）担任研究副总裁。哈夫斯塔德博士并非一名训练有素的汽车工程师，他此前也从未与一家汽车公司搭上关系。他的到任反映出，研究实验室的工作重心正朝着对新问题的广泛研究稳步前进。

今天研究实验室的工作主要分为三类。第一，它要解决公司生产中遇到的技术麻烦，运用专业知识来提供必要帮助，比如消除齿轮噪声、检测铸件的材料缺陷，或者减少震动。第二，它要从解决问题的视角出发，创造性地进行工程改进。这些问题既包括诸如传动液、轴承、燃料等方面的改进，也包括高端的应用研究，比如燃烧研究、高压缩比发动机、制冷剂、柴油发动机、燃气涡轮、自由活塞发动机、铝制发动机、金属与合金钢、空气污染等问题。第三，它要推动开展一些深入的基础研究。

科学在近些年取得的巨大成就，令每个人都心存遐想，并使整个工业步入了"研究时代"。工业中关于"研究"这个词有很多种含义：它可以表示科学发现，或者是先进的工程技术，甚至有人把传统意义上的日常产品改进也视为研究，这显然是一种误用。对于研究我们一直难以找到一种界定方法，能把更加基础或根本性的研究和应用型研究区分开来。一项研究客观上要有多"基础"才能被称为"基础研究"，对此人们还没有形成严格的共识。似乎普遍认同的观点是，基础研究只是追求探索新知。从这个意义上讲，我们这个国家做得还很不够。

这个问题的解决主要在于大学和政府，但近些年它引发了对于民营企业角色的思考。显然，主要工作必须由大学来承担，大学对于知识的探索有学术洞见，有追求，有传统，有氛围，也有这方面的人才。我的这个想法通过阿尔弗雷德·斯隆基金会得以体现，我们资助了大学的一个物理学基础研究项目。这项研究的基础性在于，基金会并非寄望于项目的成果，而是希望能培养人才，他们选择的研究领域多是基于自身的兴趣、意愿和能力。

同样不言而喻的是，如果基础研究所要求的设施独特且昂贵，超出了大学的资源条件，那么政府当局就应担负起责任，比如标准局，以及近些年的原子能委员会和美国国家航空航天局（NASA）。

至于产业界参与的基础研究，可以分为两部分：产业组织内部的研究，以及组织资助的外部研究。我认为，由于基础研究成果是知识转化为产业应用的基础，因此产业界对大学的基础研究进行资助既合适，也体现了开明的自利。换句话说，产业界应该这样做，因为从长期来看，它将有助于产业的发展。我认为，股东和管理层原则上会同意我的这个看法。

至于产业组织内部应在多大程度上从事基础研究，这是一个复杂并且尚未解决的问题。我想象不出企业如何能适当地腾出精力，并且很可能是放下手头的实际项目来这样做。如果说基础研究就是为了探索新知，那么显然它不是产业界主要该做的事儿。

但这并不是说，产业界一点儿基础研究的事情都不做了。从某种程度上来说，我认为应该做。需要有个折中方案。科学家主要是为了探索新知，产业界则是希望把知识转化为最终的应用。然而，产业界不妨涉足一些能让知识成果（无论机会大小）最终转化为产业应用的特定领域，这也可以称为一种科学复兴。换句话说，产业界可以适当地聘请科学家从事行业领域的基础研究，科学家的研究兴趣与产业界的研究兴趣要一致，即便各自的动机不相同也没关系。

比如，某个科学家可能会说："我主要的研究兴趣是个体金属属性与合金属性的关系。我并不关心其应用是什么，我想知道的是为什么。"合金生产商免不了会对这样的研究结果产生兴趣。只要科学家和产业界在动机上没有成见，他们之间就可以建立起工作关系。折中并非针对动机而言，而是说双方感兴趣的目标领域是一致的。科学家眼里的"基础研究"可能就是产业界的"探索性研究"。我认为像这样的基础研究是值得产业界参与的，因为无论科学家的公心和动机如何，我们对于研究的应用都抱有合理期待。为了避免研究活动受到某种约束，我们需要产业界和学术界并肩合作。

总结下来，我的观点就是：基础研究是为了探索新知，它主要是大学应承担的职责；产业界应该对大学的基础研究给予支持；对于产业界和科学界共同关心的基础研究课题，产业界参与其中有着特殊的意义。基础研究的成果转化比以前要快，因此产业界内部建立基础研究小组的做法有助于掌握自然科学界中有价值的信息。企业可以聘请在基础研究领域成果丰硕的科学家，他们能够提升产业实验室和企业的士气与声望。

工 程 部

工程部是研究实验室和事业部工程职能之间的桥梁，负责衔接中间环节和中期任务。它主要从事新工程概念及设计的开发，并对它们的商业应用进行评估。

在 1931 年以前，公司并没有一个部门或者科室叫"工程部"，但构成该部门的诸多人选和职能都已具备。其中一部分可以追溯到 20 世纪 20 年代初期。例如在 1924 年和 1925 年，亨特先生和克雷恩先生在雪佛兰事业部孵化庞蒂亚克新轿车时，临时成立了一个特别运营小组。1923 年成立的综合技术委员会，让我们朝着工程部的概念又迈进了一步。那时候我们各事业部的工程实务差别很大，工程质量也参差不齐。我们有些产品设计得很好，有些则不怎么样。我之前已经讲过，那时候事业部之间缺乏信息交流，也缺少确保这种信息交流发生的手段，为此我们组建了综合技术委员会，把研究人员、事业部工程师和集团高管组织到一起。综合技术委员会的发展源于我们在铜冷发动机上的教训，它标志着通用汽车从此开始了工程项目的全面协同。该委员会成立后，公司有了第一个常规测试项目。那时的轿车是在公路上进行测试的，因此我们不太容易判断，测试车上的驾驶员是否曾在路边停过车、打过盹儿，然后为了挽回落下的里程以超过测试要求的速度行驶。有一次我们的一位工程师发现一辆测试车在舞厅外面被千斤顶举起，而发动机为了达到里程表要求的里程数还在空转。

我们在 1924 年建立了通用汽车测试场，这是我们对测试程序进行标准化改进所采取的最重要步骤，在汽车行业尚属首次。当时的想法是，我们需要有一片维护好的大场地，并且完全不对外部开放。它应设有不同类型的路况，能够检验我们对汽车的所有要求，包括高速路段、不同的斜坡、平坦路段、崎岖路段，以及涉水路段——在暴雨情况下，这往往是必然要求。这样我们就可以在受控条件下，证明我们的轿车在生产前后的合格性，我们还可以对竞争轿车进行全面测试。

这一想法得到了批准，所需资金也筹集到位。接下来的问题是我们在哪里可以找到这样一个场地。我们希望找到一个地形结构多样化的地方，它应位于我们在兰辛、弗林特、庞蒂亚克和底特律几家工厂的中间位置。密歇根的地势比较平缓，一开始我们难以找到一片足够大的地方，满足我们所有的多样化要求。但美国几乎每一英尺①的地形都被勘测过，而勘测记录就在华盛顿。于是我们前往华盛顿，并从地质勘测地图上定下一个看似满足我们要求的地方。接下来总部高管、各事业部的工程师和我自己花了一天的时间到那个地方考察。我们走遍了所有的地方，在树下吃了顿户外午餐，最后得出结论：这个位于密歇根州米尔福德，面积1125英亩（现在扩展到了4010英亩）的地方符合我们的要求。

我委派我的一位行政助理戴维森负责开发这个试验场，他任命霍尔登为首位驻场经理。此后不久，霍尔登自己提出要去奥克兰汽车，他在试验场的职位由克罗瑟（一般叫他"Pop"）接任。这三位对于这个项目的成功都做出了巨大的贡献。

土地经过了丈量；直线跑道已经布置好，便于我们测量风对速度的影响；修了一条拐弯处路面内倾的车道，这样当轿车以每小时100英里或者更快的速度行驶时会比较安全。工程大楼也建起来了，这样就可以配合室外同时开展室内测试了。总部的工程师们有自己的办公区和设施。后来各事业部的工程部门也有了自己的办公区和修理厂，这样他们在测试时可以保持各事业部的自主权。比如像雪佛兰，除了接受总部的车辆测试以外，也可以安排自己的测试计划。我们还修建了一个俱乐部，能够为在测试场工作的人员提供食宿等生活便利，毕竟这个地方距离任何一个有餐饮设施的城镇都很远。

在那段时间里，我经常每隔一周就会到测试场来考察，花上一天一宿的时间，有的时候还会更长。我会仔细查看通用汽车和竞争对手的轿车工程技术。我会检查我们测试未来产品时采取了哪些方法。所以说，测试场给我的同事和我本人提供了绝好的机会，可以从工程角度了解汽车行业的动态。有了这块初始场地，我们后来又在亚利桑那州的梅萨修建了一个专用的沙漠测试场，在科罗拉多州的马尼图斯普林斯（派克峰）增加了一个山路测试场，并建成了服务于测试车辆的修理厂和车间。

在我们的印象里，20世纪20年代的综合技术委员会除了对全公司的工艺

---

① 1英尺 = 30.48厘米。

程序进行协同和标准化外,在测试场也扮演了类似董事长的角色。此外,它还要对其他一些总部职能部门进行管理,比如专利处、新设备处(负责对外部人员提交给公司的技术设备进行评估),以及对外工程联络处。

但综合技术委员会没有自己的工程技术人员。在20世纪20年代,那些公司级的前沿工程项目要么是由研究实验室负责,要么是由各事业部的工程部门来承担。我们有几年把对于公司发展具有长远意义的项目交给了各个事业部,此后就将这种做法常态化了。在20年代初,各事业部的工程部门就是如今工程部的前身。这样的安排并非最好,因为事业部只对它资助的产品负责。由于事业部每年都要推出新车型,因此经常会碰到新问题,而解决这些问题就成了它的主要职责。在这种情况下,当你硬塞给某个事业部一项长期研发任务时,它会因为自己手头的工作而忽略关注。正是基于这种认识,我们成立了工程部,由它对总部负责。

我们在工程领域的巨大进步始于1929年。这一年,雪佛兰公司的亨特先生成为通用汽车主管工程的副总裁。此后,亨特先生接替我成为综合技术委员会的主席,并负责协调全公司前沿工程的开发任务。在亨特先生的指导下,各事业部的前沿工程划归为集团职能。过去综合技术委员会的一些职能则逐渐分给了公司其他部门。比如产品研究小组,它的创建旨在解决一些重要问题。产品研究小组是由工程师组成的"特别工作组",接受具体任务的指派。尽管在很多情况下他们在事业部办公,但接受的是集团公司委派的任务,并由集团公司的预算来支持。总部的运营领导小组希望找到轿车发展的主要方向。因此我们选出了一位有能力的工程师,并为他配备人手来解决某个具体问题。我们在1929年成立了第一个产品研究组,目的是把雪佛兰的工程技术融入英国的沃克斯豪尔轿车中,这个小组还为德国的欧宝和其他小型轿车设计车型。此后,我们在凯迪拉克事业部(后来还包括奥兹莫比尔事业部,以及吉姆西卡车和长途旅行车事业部)成立了悬挂产品研究小组和变速器产品研究小组,在别克事业部成立了发动机产品研究小组。第一个研究小组负责开发独立前轮悬挂;第二个研究小组负责为轿车开发全自动液压自动变速器,为大型商用车开发相关部件;第三个研究小组负责对轿车发动机进行多项改进。随着时间的推移,产品研究小组不再是从运营事业部抽调出来的特别工作组,它变成了一个长期独立的组织，从事四个重要领域的持续研发和测试——动力开发、变速器开发、结构和悬挂开发，以及新式轿车的设计。最终，我们把这些研究小组从事业部中调离出来，划归到了工程部，并把它们称为开发小组，它们也成为今天工程部的核心。

工程部与工程政策组的关系紧密，两者都通过主管工程的副总裁进行协调，因为他既指导工程部的工作，也是工程政策组的主席。由于工程部要评估新车型开发的主要步骤以及当前工程实务的主要偏差，因此它会密切关注运营事业部的工程进展。这样一来，工程部的最佳想法就能直接对事业部的工作产生影响，而事业部也能直接影响工程部的研发。我相信，这种组织方式能确保工程技术的新概念最快被发现，并应用到汽车生产中。

制 造 部

我们整个工程设计按逻辑可以分为两部分：一部分围绕着产品，另一部分围绕着生产流程。制造部会和推测性概念、实验性概念以及测试模型概念打交道；当这些概念证实能成功解决问题后，就会以生产工具改进、设备和方法改良的形式，纳入我们常规的生产运营中。该部门的主要工作涉及制造的方方面面，涵盖从材料进厂到成品出货的全流程，包括机器和工具的设计、厂房布局、材料处理、工厂维护、设备维护、工作标准、方法研究、材料利用、加工流程和加工设备的开发，以及总装和产品测试。㊀ 制造部的总体目标是改进产品质量，提高生产效率，降低制造成本。

主张将这些工作划归到一个部门的是我们的一位高管，孔克尔（B. D. Kunkle）。他在 1945 年提出，应借鉴产品研究小组在产品开发方面的做法，在生产领域也设立一个机构来承担同样的职能。汽车制造的流程变化得很快，并且越来越复杂，需要持续研究新材料、新机器和新方法。因此我们才有了组建专家团队，开发制造工艺的想法。从逻辑上说，这是一项职能工作，并且最好由总部机构而非某事业部来承担。

制造部的技术工作主要集中在流程工艺方面，其中包括自动化的问题，

㊀ 制造部还有一些其他职能，涉及地产、工业摄影、生产控制和采购。

这些都是由下设的生产开发处负责。流程工艺中必然包含自动化运营。有了半自动化和自动化机器，半自动化和自动化工厂的场景也隐约出现——所有这些尚不确定的领域都被概括为"自动化"，以至于我们常常难以辨别其中哪些是科幻，哪些可以实际应用到制造中。制造部在这些方面所扮演的角色对通用汽车来说至关重要。生产自动化程度应该有多高，这是个难以回答的问题，必须由公司的最高决策层来定夺。和其他生产商相比，通用汽车及其制造部在这方面显得更加谨慎。尽管有一种普遍的观点认为"自动化必定好"，但我们的经验表明并非总是如此。

针对这个问题，当时负责流程开发的罗伯特·克里奇菲尔德（Robert Critchfield）提出了公允的观点。他在通用汽车1958年的工程及科学教育者大会召开前发表了一份报告，其中谈道：

> 近年来，我们都听到过很多有关自动化的讨论。在我看来，多数讨论只会让太多的人对这个词的真实含义更加混淆，包括部分工程师从业者。正如你们所知，自动化不是新事物，这个名词的新近出现只是为了说明一种流程，而这种流程在制造业已经存在了大半个世纪，甚至可以追溯到伊莱·惠特尼成功为美国大陆军批量生产步枪的年代。我记得通用汽车35年以前就有自动线和其他一些自动生产设备了，这些都比"自动化"这个名词的出现要早得多。我们的误解似乎源于现实中有太多文献充斥着这样一种观点——如果要对涉及高重复性人工操作的部件或产品实现量产，自动化是不言而喻的解决方案。但事实远非如此。是否对生产流程或操作实行机械化，绝不只是看它有多少重复性操作，还取决于很多经济基本面因素……
>
> 所谓经济解决方案，是指对问题的解决能够提供最好的资本投资回报率。当然，生产出来的产品也要符合规格和质量要求。而之所以说"最有效地使用人力和机械要素"，是想表达，即便流程或操作实现了机械化，人工操作也未必会完全消失。
>
> 虽然工厂实现完全自动化会是一件非常有趣的事情，但眼下仍有许多实

际的工作要完成，比如降低生产成本、制造更好的机器、改进厂房布局，以及设计更好的工厂，制造部在所有这些领域里都做出了重要贡献。

通用技术中心

通用技术中心于1956年竣工，它因优雅的建筑风格和心旷神怡的街景而闻名，毫无疑问，他的设计者伊莱尔（Eliel）和埃罗·沙里宁（Eero Saarinen）创造了一件独特的作品。它位于底特律的东北部，占地900英亩，距离通用汽车大厦大约有12英里。在这片场地的中央，有一个22英亩的人造湖，湖的三面环绕着建筑群。北侧是研究实验室。东面是制造部和工程部大楼。南面是外观设计部大楼，其中包括一个别致的穹顶礼堂，礼堂可以容纳相当多的人，也可以展示技术人员的工作成果。整个通用技术中心现在有27栋楼，大约容纳了5000名科学家、工程师、设计师和其他专家。中心南面和西面的林地使得技术中心免于受到其他地产开发的影响，同时能够保留独特的"校园气息"。

当然，通用技术中心的主要任务是完成工作，这和通用汽车的所有设施都一样；事实上，它真正的伟大之处或许就在于不仅功能强大，而且不失优雅。读者要想理解为什么通用汽车的这笔投资值得，为什么投入1.25亿美元很划算，需要先知道这件事情的起源。

早在第二次世界大战结束前，我们的设施就已明显捉襟见肘了。当时，技术部门分散在底特律的不同地方办公，很多地方属于将就着用。尤其让我感到惊讶的是，外观设计部的工作条件令人心烦。他们的设计车间在老的费希博德大楼里，距离总部还有好几英里。这栋大楼和我们的一些重型工程部门紧挨着，特别是柴油发动机部门，因此厄尔先生的部下饱受噪声干扰。尽管如此，他们仍没有足够的办公地点可用。

战争还没结束的时候，各技术部门就开始为战后的办公设施制订计划了。考虑到这个问题对于研究与工艺来说关系重大，我们开始有了为所有技术部门预留并开发一片办公区的想法。这当然也意味着要进行一些组织调整。1944年3月29日，我在给凯特灵先生的一封信中探讨了这些变化方案，并首次提议新建一个员工中心。

> 尊敬的凯特灵先生：
> 我一直在对那些影响我们事业长期发展的问题进行着思考，其中有一个问题，我恳请听取您的意见。
> 我无意向您赘述技术进步的重要性。我们都意识到，它是我们未来保持竞争优势的关键所在。我们这些年的研发工作保持了科学研究与工程应用的完美平衡……我在想，我们取得的这种完美平衡未来能否得以保持……我大胆猜测，未来10~20年里，通用汽车的研究将比现在更专注于科研领域……我所说的"科研领域"……是指那些与我们利益直接相关，或者可能间接相关的问题，但绝不是工程这个词的通常含义。
> 现在我想起您经常跟我提到，并且我也认同的观点，也就是从工程方面来说，缩短从研究开发到产品应用的周期，是一件既困难，又重要的事情……
> 为了加快我们产品的工程进度，这些年来我尝试过一些不同的办法。首先，让各事业部的工程部负责开发某些前沿设备，比如同步啮合变速器……这之后，您也知道我们成立了产品（研究）组，接受工程部负责人的指导……通过这种方式，工程开发变得更加实用了，在此之后，我们可以根据情况的需要，确定它的加工或者生产办法……
> 我认为我们应该在集团公司，由主管工程的副总裁……来建立一套正当、可信的中央职能，从整体上管理轿车的工程研发……
> 我设想开发一个实体来承载这些职能，它的位置要在底特律附近，但不在市内。试验场[⊖]……恐怕又太远，不便联络……我认为这个实体……能够缩短我们将前沿研究应用到产品上的时间。
> ……并不需要对现在的工程和科研工作做任何变动，现在科研……是处理……如果未来我们的研究工作打算更多专注在科学领域，那么我们就应建立一个机构来弥补这方面的过失……

⊖ 试验场位于密歇根州的米尔福德，距离底特律西北方42英里。

凯特灵先生用一份计划对这些建议做出了回应。他提出扩大研究设施投入，并把除机床和模型制造车间以外的所有设施都搬到新址。他把这份计划发给了亨特，亨特又转给了我。1944年4月13日，我给亨特先生写了一封信，其中部分观点如下：

> 首先，我认为我们都同意……无论付出的成本如何，它和我们未来的收获相比微不足道……毕竟加大设施投入在我看来可以说是终极需求了……我们只能卖……技术上可靠、称心且先进的产品。
>
> 其次，我相信我们需要增加研究设施的投入……目前的设施不仅无法帮助我们达到想要的结果，而且地理位置很不合理。我绝不想以后再花钱去做同样的事情……我相信，只要我们修建一个全新的场所，让运营变得更加符合我们的要求……未来这个项目就是可靠称心的。

我在这封信的结尾对凯特灵先生的计划提出了修改意见，并且提议：

> 让我们把这个修建的场所称为
> **通用汽车技术中心**
> ……我说的这个中心包括凯特灵先生提议的扩展后的研究职能，此外还有工程职能，其中包括哈利·厄尔的车身设计，这样我们就把工程职能的扩展与我们在底特律的产品扩展对应起来了……

1944年年底，我认为这份计划已经到了可以提交给行政管理委员会进行讨论和审批的阶段。我援引1944年12月13日委员会的如下会议纪要：

> 斯隆先生向委员会提出，他正在拟订一项在底特律邻近地区建立技术中心的计划，以响应公司有关提升技术实力的政策。他说计划还处于试探性阶段，完整的数据将在以后提交。他建议该中心接纳现在的研究事业部和艺术色彩设计部门；同时还要有总部的工程研究职能，它类似于总部工程部从事的产品研究，既有别于研究事业部现在的工作，也不

涉及事业部工程项目组的工程开发。

委员会主席征求意见时,与会人员表示对技术中心的提议热烈支持。

此时仍然存在的一个大问题就是技术中心的选址。经过一番讨论,大家同意技术中心的位置应该在高度拥挤的地区之外,离铁路近,从通用汽车大楼驱车25~30分钟就能抵达,并且邻近住宅区。大家还认为每个职能部门都应保留各自的标识。到1944年12月中旬,我们锁定了一块满足这些要求的土地,也就是技术中心今天的所在地,接下来我们看中的是底特律东北部华伦镇9区西半部绝大部分土地,所有相关方都认为这个地方令人满意。

还有一个问题是关于我们应选择什么样的建筑和美学标准。哈利·厄尔从一开始就主张,应该建造一个地标性建筑,并且这个技术中心要别具一格。其他一些人则认为,强调美学上的高标准可能会让技术中心的实际运营打折扣,因此他们希望由通用汽车自己来设计和规划这个项目。就在这场争论进行的时候,我碰巧去了趟底特律的乙基公司实验室,它当时刚竣工不久。美观的建筑设施给我留下了非常深刻的印象,因此我倾向于采纳厄尔先生的意见。

一些人担心,美学导向的技术中心其效果究竟如何,这其中也包括拉默特·杜邦先生(Lammot Du Pont)。他非常恳切地指出,除非自己能对某些观点的解释感到满意,否则他就没有尽到作为董事的责任。我在1945年5月8日给他写了一封信,陈述了聘用外部设计师的好处。5月17日他回信说,对于这些观点感到满意,信中的部分内容是这样说的:

> 整体布局和对准备工作的描述让我感受到,美学设计,或者我称之为"装扮这个地方",从一开始就是一个重要因素。我之前对这种项目的外观重要性表示质疑,唯一的理由就是它要拿得出技术成果才可以。正是由于这一点,我在发表意见时首先谈到了建筑公司的布局规划,而按照我的设想,它应该由一家工程公司或者通用汽车自己的工程师来设计才更加合适。
>
> 我从您的来信中得知,我们并不会让外观妨碍到技术方案,也不求

大量增加项目成本。有了这两条确认，我对该项目的仅有疑问已得到了答复。

我们请厄尔先生去寻找能为技术中心提供设计的合适建筑师。他拜访了很多顶尖的建筑设计学校，并向这个领域里的见多识广者征求意见，最终他发现，几乎所有的推荐人选都指向了同一人。于是我们选择了沙里宁。

1945年7月，我们拿到了建筑师的初步规划、一个精心制作的比例模型，以及艺术家设计的各幢楼的建筑效果图。7月24日，我们对外宣布该项目，也收到了新闻界的广泛赞誉。到10月，我们对这块土地进行了初步平整，并完全围了起来。后来项目被迫延期，这主要是由于1945年秋季到1946年3月的战后大罢工。此外，在战后市场蓬勃发展的情况下，我们认为扩建生产设施比其他任何建筑需求都来得迫切，包括技术中心。1949年，建筑项目重新动工，1956年，通用技术中心正式开放。我很欣慰我们做了一个正确并且深得人心的决定，为我们的技术人才提供了这样一个优雅独特、功能完善的场所。

My Years with General Motors
第 15 章

外观设计

随着年型车的演化以及汽车工程技术的日新月异,外观设计近些年成为汽车市场的主角。汽车的外观设计作为一种组织职能,最早是在20世纪20年代末由通用汽车发展起来的。1928年以来,外观设计和工程开发之间持续互动、共同演化,从而形成了今天通用汽车的风格。

在汽车行业发展的前30年,也就是直到20世纪20年代末以前,轿车的全部设计都是由工程师说了算。亨特在给我的一封信中总结了早期的情形:

> 最初连舒适性都是次要的事儿,而外观、经济性这些因素受到的关注,可以说少之又少……工程技术就是所有工作的焦点,而工程师通常是说话管用的那个人,他甚至经常会无理、固执地要求别人对他的设计想法一字不差地听从,而不顾及时间和金钱上是否可行,或者维护是否容易。甚至连广告和销售也是主打工程师的观点,比如称心如意的轿车功能和特色……

我们在20世纪20年代的时候有两种工程师——一种从事产品开发,另外一种从事生产,他们彼此间的关系有些紧张,而这必然也会影响到汽车的设计。生产工程师要解决的问题是找到大量生产的方法,因此他经常希望减少产品的设计变动,否则对他来说是件头疼的事儿。但到了20年代中期,产品工程师更多地受到销售人员的影响。他们开始听从市场的想法,但很大程度上仍是从工程设计的角度出发。随着时间的推移,产品工程师将工程技术不断完善,在当前汽油动力的轿车中达到了性能优异、技术成熟的水准。这时候他们腾出主要精力,来解决外观设计师提出的问题。今天的消费者很看重外观设计,会想当然地认为,市面上所有轿车的工程技术尽管有别但都属上乘,因此其购买行为受到外观变化的强烈影响。当然,汽车设计不是纯时尚,但要说巴黎时装设计师的"定律"影响了汽车行业的发展也不为过——哪家公司如果忽略了这一点就会承受灾难。

作为生产商,通用汽车与这种行业趋势和消费者喜好的变化保持了一致。在第二次世界大战结束时,我们就预言在未来某段时期里,产品的主要卖点将依次是外观、自动变速器和高压缩比发动机,事实也证明了这一点。

如何处理每款车型在一段时间里的外观变化程度,这是一个非常微妙的问题。新车型的外观要有足够的新鲜感和吸引力来创造出新的价值需求,换言之,客户在对新老车型进行比较后,会对老车型产生某种不满,然而同时还要确保当前车型和老车型在二手车的庞大市场上仍然令人满意。每条轿车产品线都应保留自己的外观特色。这样别人一眼就能分辨出,哪辆车是雪佛兰、庞蒂亚克、奥兹莫比尔、别克或者凯迪拉克。轿车的设计必须要有市场竞争力。而这些复杂的外观设计要求离不开精湛的技术和艺术感。通用汽车的外观设计部有超过1400人从事这项工作,他们对成功产品的打造负有非常大的责任。

大量生产方式自然会给外观设计带来某些限制。由于发布新车型耗资巨大(有几年一度超过了6亿美元),因此我们必须权衡每项设计变动的成本。通用汽车在一定程度上降低了新设计的再加工成本,这是因为我们基本车身的主要结构性部件可以共用。我们还尝试将主要设计的变动周期限定为两到三年,从而降低了模具制作成本。

外观设计师的设计把控需要多方协调。他们要和轿车事业部、费希博德,以及技术部门的工程师进行互动,他们的工作必须与工程政策组的整体决策协同一致。尽管在过去,新车型的设计会受到轿车事业部工程条件的限制,但今天我们对它的评估更多是看视觉吸引力。工程技术和生产会根据外观设计的要求做出调整,这和当初外观设计要适应大量生产方式的要求是一个道理。

在美国早期的汽车中,不同部件的规格之间保持着某种固定关系,并且多年来几乎每家轿车厂商都遵循这种做法。比如散热器必须要与前轴对齐,后座必须位于后轴的正上方,这也决定了那个时期的轿车高度。车轴与车身的这种固定关系自然意味着老式轿车非常高。但这并不要紧,因为20世纪20年代中期以前,汽车行业主要生产敞篷轿车。

在敞篷车年代,曾经出现了一些令人满意的设计。1919年生产的轿车中,90%都是敞篷旅行轿车或者二人敞篷轿车,外观明快整洁。车身表面光滑,车门平整,引擎罩又高又长,是整部车最显著的特征。这反映出当时的轿车主要用于体育和娱乐,而不是每日的出行和商务。主要的问题当然是天气。在长达20年的时间里,我们为了抵御坏天气用过不同的橡胶雨衣、帽子、围毯以及其他临时用品。出于某些原因,我们花了很长时间才意识到,要保持轿车内部干燥,只要把车身内部和外界隔绝就可以了。随着封闭式轿车的问世,才有了我们今天的外观设计。

通用汽车在1921年的产品政策方案中强调,"外观设计对于销售具有非常重要的意义"。但直到1926年,当封闭式车身成为市场主流的时候,我才开始解决外观设计中的实际问题。封闭式轿车的外观在当时还有很多不足。早年的汽车曾以外观优雅著称,它们都是手工制作,传承了马车的设计特点,只是距离现在的年代久远,几乎被人遗忘了。敞篷轿车已经发展成形,差不多快要过时了。新的封闭式轿车车身很高,样子笨拙,车门狭窄,在高耸的引擎罩上方有一条高高的腰线(位于车窗和车身下半部分之间的一条线)。拿通用汽车1926年的封闭式轿车为例,车身高达70~75英寸,而1963年的车高只有51~57英寸,并且由于车身和车架不吻合,因此车身很窄——1926年车的宽度只有65~71英寸,相比之下,1964年车型的整体宽度约为80英寸。车的质量不错,但高度不理想。随着发动机效率的提高,轿车的行驶速度越来越快，因此车身离地面的重心越高，危险就越大。

导致轿车外观笨拙的部分原因跟设计流程的性质有关。总体上来说，当时有两种完全独立的生产活动，一种从事轿车车身的生产，另一种从事底盘的生产，其中包括与汽车外观相关的部件。当时，通用汽车的轿车事业部把底盘作为一个独立单元进行设计和生产，包括前罩板、挡泥板、踏板和引擎罩。然后由费希博德对车身进行设计和生产，包括车门、车窗、座椅和车顶，这些也是独立组装。接下来再把车身安装在底盘上。轿车的最终外观反映了这两种生产活动彼此独立。

1926年7月8日，我在给别克总经理巴塞特的一封信中谈到了我的总体看法，我认为需要制订一个外观设计方案。

尊敬的哈里：

……我给自己的第一辆凯迪拉克轿车……买了个小型钢丝轮，以便能让轿车更贴近地面。我作为汽车从业者一直不理解，既然这件事情对于提升轿车的外观帮助最大，为什么我们似乎不愿意做。克莱斯勒在推出他的第一款轿车的时候，显然充分利用了这一点，而且我认为他的成功很大一部分……是由于他做了这件事。慢慢地，我们肯定会……降低我们的轿车距离地面的高度……这在某种程度上当然属于机械特征范畴，但它也跟轿车的外观有关。

我相信我们都意识到……外观与销售的关系有多大；当所有轿车的机械性能都不错的时候，外观就成了决定性的诉求，并且由于我们的产品非常强调个性魅力，因此外观对我们未来业务的繁荣也有着巨大的影响。谈到车身设计，我相信我们都对费希博德车身的质量、精湛工艺和结构等各方面非常认可。产品质量不言而喻……

但尽管如此，有些问题还是存在——从设计美学、线条和谐度、色彩方案以及设备的整体轮廓来看，我们的水平能跟我们在工艺和其他机械化领域达到的成就媲美吗？这是我要提出的问题，并且我认为这是一个非常根本性的问题……

现在，我们正在对一条非常重要的产品线进行外观整改……

我在这封信中最后一行提到的整改行动，后来开创了外观设计的历史。当时的凯迪拉克总经理劳伦斯·费希尔跟我一样，都相信外观的重要性。他在全国走访过一些经销商和分销商，其中包括加利福尼亚州洛杉矶的唐·李（Don Lee）。唐·李除了汽车销售业务外，还有一个定制车身的生产车间，这些车身在外国轿车和美国轿车的底盘上都可以装载，是专门为好莱坞影星和加利福尼亚州的有钱人生产的。费希尔先生对这些加州轿车的外观印象深刻，并走访了定制车身的生产车间。在那里他遇到了年轻的首席设计师及车间负责人哈利·厄尔。

厄尔是个马车制造商的儿子，曾在斯坦福学习。他在他父亲的马车生产车间里接受过培训，后来唐·李买下了这块业务。他的做事方式是费希尔先生此前从未见过的。他用黏土来制成各种汽车元件的形状，而不是当时常用的木质模型和手打金属部件。他还设计整车，塑造车身、引擎罩、挡泥板、前车灯和踏板的造型，并把它们组装成好看的整车。这也是一项新奇的技术。费希尔先生注意到，厄尔先生把车架切开后再插入额外一块板材，就可以增加轴距。结果，这种加长、变低的定制车身受到许多著名影星的喜爱。

这次会面很重要，因为费希尔先生对这位年轻人才华的欣赏，使得从20世纪20年代末到1960年期间，超过5000万辆通用汽车的外观发生了改变。费希尔先生邀请厄尔先生去东部的底特律，加入凯迪拉克事业部与他共事。费希尔的心里有一个特别的项目：设计一款质量上跟凯迪拉克齐平，但是售价更低的轿车。我们感觉市场对于这类轿车的需求正在增长。我们想用一种新的理念来进行设计：外观上把轿车的各个部件统一起来，把一些明显的拐角磨圆，车的外形要更加矮小。我们想通过量产的方式，做出和当时定制轿车一样美观的汽车。

1926年年初，哈利·厄尔来到底特律并签署了一份特殊协议，担任费希尔先生和凯迪拉克事业部的顾问。他和凯迪拉克车身工程师一起设计新轿车。这就是我在给巴塞特先生信中提到的整改车型。这款轿车取名为拉塞勒，1927年3月首次亮相时就引起了轰动，它也成为美国汽车历史上意义非凡的一部轿车。拉塞勒是第一部以量产方式取得成功的时尚轿车。要想了解这款新车的设计效果，不妨把它与1926年的别克大轿车比较一番。拉塞勒的车身看起来更长、更低，它的"飞翼"挡泥板比以往的车型都要深，侧窗比例经过了调整，腰线也用了一种新造型，明显的拐角被磨圆了，此外还增加了其他一些我们认为有助于整体外观的设计细节。

厄尔先生的工作给我留下了深刻的印象，我决定把他的才华在其他轿车事业部中也派上用场。1927年6月23日，我提交给执行委员会一份计划，建议成立一个特别部门来研究通用汽车产品的艺术和色彩组合问题。这个部门将由50人组成，其中10人是设计师，其余是车间工人、事务人员和行政助理。我邀请厄尔先生领导这个新部门，我们管它叫艺术色彩处。厄尔先生的职责是指导整体的车身设计，并针对一些特别轿车的设计进行研发。艺术色彩处的经费是通过费希博德划拨的，但它隶属于总部。我曾担心事业部如何能接受这样一个新部门，并觉得厄尔先生需要凯迪拉克事业部总经理费希尔先生的全力支持和背书。此外，我作为公司的首席执行官也给厄尔先生提供了个人支持。他曾向我回忆起，当初他刚到总部工作的时候，我对他说："哈利，在我知道他们如何对待你之前，我认为你最好先为我工作一段时间。"有了费希尔先生和我的支持，我希望这个新部门能够被轿车事业部接受。

厄尔先生要解决的第一个问题，是按计划召集到设计师。1927年的时候，行业里有一些汽车外观设计师，比如，纽约市勒巴朗公司的雷·迪特里希（Ray Dietrich）和拉尔夫·罗伯茨（Ralph Roberts），他们在20年代后期分别为穆雷公司（Murray Corporation of America）和布里格斯制造公司（Briggs Manufacturing Company）工作，还有在康涅狄格州布里奇波特机车公司任职的威廉姆斯（R. P. Williams）和理查德·伯克（Richard Burke），以及其他一些设计师。但这个行业当时还不普及，不足以吸引在高级汽车设计领域有着精湛技艺的年轻人。

艺术色彩处成立后不久，费希尔先生和厄尔先生去欧洲出差，学习欧洲的轿车设计。当时很多欧洲轿车在外观和机械性能上比美国轿车要好，当然其产量也相对较少。我突然想到，我们的新部门可以通过聘请外国设计师来提高实力。1927年9月9日，我给费希尔先生写了一封信，建议他考虑这种可能性：

既然您和哈利·厄尔都在国外出差，我建议你们不妨跟那些在艺术色彩领域有想法的人试着联系一下。乍一听这么做可能不切合实际，毕竟观点各有不同。但我认为未来我们要解决的一个大问题，就是要让我们的轿车彼此之间具有差异性，并且年年都要有不同。当然，哈利·厄尔在这方面有非凡的才华，但我们也必须认识到，即便如此，考虑到我们事业的巨大潜力和运营规模，我们需要竭尽所能地网罗更多人才……

厄尔先生不时将欧洲的轿车设计师邀请到他在底特律的工作室。同时，他花了数年时间建起了一所美国轿车设计师学校。外国轿车的设计和美国家用轿车的设计是非常不一样的。通常欧洲轿车的行李厢空间很小甚至没有，车内可以乘坐两到四人。车的经济性也不相同。马力税和高额的汽油税使得欧洲轿车采用了小功率发动机和更省油的设计。而美国这个大市场需要更大、动力更强的发动机，更多搭载乘客的空间，足够大的行李厢空间，以方便旅行。这些功用上的基本差别，也造成了欧洲轿车和美国轿车在外观设计上的不同。

尽管市场对 1927 年发布的拉塞勒轿车很快就认可了，但公司内部对新成立的艺术色彩处接受得比较慢。外观设计师作为变化的倡导者，难免会让生产部门和工程部门的管理者一开始感到不安。销售处也有其担心。这些轿车以后会不会看起来一样？1927 年 12 月 5 日，销售处的负责人克特尔在信中写道："有些人担心，如果我们的艺术色彩处是由某个人来主导的话，可能导致未来我们的轿车看起来都差不多……"我给克特尔先生回复如下：

……新机构（艺术色彩处）的具体工作计划还没有完全定下来，但就我的想法而言，我希望尽我所能来建立一个具有艺术设计能力的组织。虽然从运营角度看，这个组织是由一个人来负责，但在组织内部还有很多个体设计师，足以产生多样化的创意。要是在以前，一个人往往不知道保持事物的差异性有多重要。但厄尔先生对这个问题非常清楚，他知道自己不可能每年对八九条产品线的轿车进行设计改动，还要让它们持续变得更好、更有艺术美感，同时又各不相同——至少凭他自己无法做到这一点。我们还考虑将色彩和装饰设计纳入这个部门的任务中。过去……这方面的很多事情都还没做。

除了以上所述，我还考虑在各事业部或多或少、小范围地建立一个类似组织，确保我们时刻保持竞争优势……

后来我们在事业部尝试这么做了，但没有产生实际效果。不过我们保留了在外观设计部中，为每一个事业部建立独立工作室的做法，从而保持了各事业部的独立性。

但销售业绩才是最终决定艺术色彩处能否获得认可的关键因素。轿车市场给出的信号很明确，外观带来了销量。克莱斯勒通过色彩设计取得了好业绩，而我们的轿车但凡经过这样的设计后，业绩也很好。此外，我们成立艺术色彩处是在1927年，也就是福特T型轿车接近停产的那一年。据说福特先生曾经说过，人们可以对T型车的颜色随意挑选，只要是黑色就行。因此，外观设计的"闪亮登场"，也意味着旧时代的终结和新时代的开始。

1927年9月26日，我给费希博德的时任总裁威廉·费希尔写信说道：

总之，我认为市场对未来通用汽车的衡量将由车身的吸引力来决定，包括陈设的奢华程度、外形和色彩上的视觉吸引力，以及与竞争对手的差异化程度。

渐渐地，公司内部对如何发挥艺术色彩处（有时也管它叫"整容院"）的作用，不再心存疑虑。艺术色彩处接到的第一份来自凯迪拉克事业部之外的任务，是为亨特先生负责的1928年雪佛兰年型车做"整容"，亨特先生对于艺术色彩处在公司内部威信的建立也帮助很大。

在公众眼中，第一辆全部由艺术色彩处进行外观设计的轿车堪称败笔。这就是1929年的别克年型车，它于1928年7月引入市场，很快就被大众讥讽为"怀孕的别克"。这辆轿车采用了当时最先进的工程技术。但1929年该车销量不佳，表明这款设计没有被市场接受，于是当它的替代设计方案一出来，该车型就迅速停产了。这款车备受争议的设计是腰线正下方的略微突起或卷起，也就是从引擎罩开始延伸到车尾的流线设计。实际测量下来，这条流线外形只是较腰线加宽了 $1\frac{1}{4}$ 英寸。它没有得到消费者的青睐，说明这种喜好和特定的时期有关。在现代轿车里，我们可以忍受加宽 3~5.5 英寸的流线设计。1929 年"怀孕的别克"是一个经典的案例，它说明和突变式设计比起来，大众通常更容易接受渐变式设计。

对于这次事件，厄尔先生从艺术设计师的角度给出了解释。他在 1954 年时说：

……我设计的 1929 年别克年型车，在两边腰线的突出部分略微加宽了流线造型，然后就投产了。不幸的是工厂出于生产的考虑没有按设计的要求做，把侧板底部向内多移了一部分。此外，它还把垂直高度增加了 5 英寸，结果两侧车身的弧度和我原本设计的相比都变形了，导致线条的位置很别扭，看起来很臃肿。

那时的外观设计部也没有像现在这样，能跟公司其他的运营部门整合起来。我在看到成品轿车出厂以前，还对这些事情一无所知。我当然气得像一只文图拉海狮一样咆哮起来，但已经无法阻止客户戏谑它是怀孕的别克了。

有很长一段时间，艺术色彩处都在位于底特律的通用汽车大楼副楼办公。这个办公场所的焦点是一间有黑板的会议室。费希博德和各轿车事业部的高管们都曾到这间会议室来开会。他们和设计师、工程师、木工、黏土模型师在一起热烈讨论，侃侃而谈，不时对黑板上的设计方案进行比较和指点，黑板及其周边的黑色天鹅绒幕布与板书上的白色车身线条形成了鲜明对比。

在 20 世纪 30 年代初这样一个催人振奋的环境下，你会看到很多头头脑脑都来过这里，其中有雪佛兰的努德森先生、奥克兰（现在的庞蒂亚克）的阿尔弗雷德·格兰西（Alfred Glancy）或者欧文·罗伊特（Irving Reuter）、奥兹莫比尔的丹·艾汀斯、别克汽车的爱德华·斯特朗（Edward Strong）、凯迪拉克的费希尔先生，有时候他在费希博德的一两位兄弟也一同前来。

我们在艺术色彩处的"销售"展厅里流连忘返，只看不买。艺术色彩处会提出新的外观设计理念，展示新概念的草图，以及销售进展。随着时间的推移，越来越多的想法变得可行起来。当公司里越来越多的人接受了这样的设计理念以后，新的事业部客户形成了。此外，我们还聘请女性担任汽车设计师，以表达出妇女的观点和主张。我相信我们是行业里第一个这样做的，今天我们在行业里拥有最多的女性设计师。

哈利·厄尔和他的艺术色彩处要解决的一个主要问题是，必须确定轿车外观设计的发展主线。如果我们对于汽车外观的设计如何或者应该如何演化有了概念，那么接下来的小改动就可以按照年型车的要求，年复一年地进行；消费者也就能逐步对外观设计的更大变化予以适应，就有可能避免犯1929年别克年型车那样的错误，或者是1934年克莱斯勒的过失，当时它出的一款车（气流设计）被市场认为过于流线型了。

哈利·厄尔对轿车外观设计的发展主线是确信无疑的。他在1954年提道："我这28年来的主要目标就是，要让美国汽车的车身长一些、矮一些，有时我们确实会这么设计，至少是让消费者看上去有这种感觉。为什么？因为我对比例的感觉告诉我，长方形要比正方形更能吸引人……"

在这条外观设计主线之外，还有一条副线——需要把轿车的突出部分融合到车身设计中。在外观设计处成立的这35年里，厄尔先生及其部门推动了外观设计的演化，这是他们的主要成就。在20世纪30年代，我把艺术色彩处改名为外观设计处。按照汽车行业的术语，现在大家都把车型的外观工作统称为"外观设计"，把设计师称为"外观设计师"。

1933年的车型中，我们为雪佛兰提供了首批A型车身，它在设计上有一些重要的改进。车身的围度更大，从而包住先前一些难看的突出部分，同时底盘仍然部分露出来。油箱被包住的部分，外观设计师取名为"海狸的尾巴"。散热器藏在了格栅的后面。在1932年的车型里，传统的外部遮阳板已经被弧线形的挡风玻璃取代，而在1933年的车型中，只起到遮挡作用的前裙板（从门底到脚踏板之间的面板）高度调低了。最后一处改动是增加了挡泥板裙，它有助于挡住挡泥板下方的硬壳。

厄尔先生尝试降低车高的努力遇到了工程技术上的挑战。正如我曾指出的那样，20世纪20年代末的车身还不能像今天这样降到前后轮之间的程度，它仍然要架在车轴上，因此车身非常高，乘客需要一个脚踏板或一级台阶才能进入轿车里。厄尔先生希望加长轴距，把发动机从前轮后面的位置挪到前面去，这样车架和车身的高度就可以降低，乘客也可以坐在后轮的前面，而不是它的正上方。但如果车身降低到这种程度，引发的问题就是变速器该放到哪里。工程师的反对意见还包括，加长车身会增加车重，而调整发动机的位置会改变车重的分布标准，所有这些都会产生新的难题。

克服这些问题的办法有很多，其中一种办法是"降低车架"，也就是让车架在车轴之间的地方略微下沉。艺术色彩处做了一次戏剧化展示，来证明如何通过"降低车架"的方式调低车身整体高度。有一次在展示台上，工人将一个凯迪拉克底盘和一个独立车身在我们面前按照传统方式进行了组装。然后一些工人把车身从底盘上抬了下来，再用乙炔焊炬把底盘的车架切割开。接下来他们非常快地把车架重新焊接到一起，并确保整个高度降低了足足三英寸。当他们重新把车身安装到这个临时改装的车架上时，他们已经证明了一点——不仅车身高度降低了，而且摆在新位置上更好看。

车顶也引起了外观设计师的注意。通用汽车的车身在外表面使用了金属薄片，但构造主体仍是木质结构，只有车顶例外。车顶的中央部分是合成橡胶，与钢制侧板接缝，但雨水、泥土等累积在这些接缝处，会导致车顶逐渐腐蚀。在高盐的环境下，这个过程还会加速。费希博德为了保修更换而倍感压力。除此之外，外观设计师也非常讨厌这种"一半对一半"的车顶造型。

随着现代高速热轧带钢技术的完善，首次出现了80英寸宽的薄钢板，这使得我们能够生产出全钢结构的车顶。公司里有很多人非常反对这项创新。有些老员工还记得，早期全钢结构的车顶会有敲鼓的噪声，因此表示了反对。但过去的车顶是方形的，像一个盒子，而新车顶的设计则是一个大气的王冠形，周边的弧线也有助于降低"鼓声"。这种新轮廓符合汽车外观的整体发展。

但新车顶引发了公司业务高管的激烈讨论。当一个事业部的首席工程师把噪声问题归咎于设计的时候，另一个管理者说造成这个问题的原因不是设计，而是发动机内部的震动。但最终接受新想法的意见占了上风，1934年公司推出了1935年型车，它的车顶是全钢结构，也就是现在著名的"炮塔车顶"。这是一次开创性的行动，也是轿车设计、轿车安全和制造方法上的巨大进步。所有的车顶噪声问题迎刃而解。

在20世纪30年代早期，艺术色彩处提议将行李厢作为车身的一部分，这和当时的普遍做法非常不同，那时的行李厢是独立系在车架上的。这种创意在1932年的凯迪拉克年型车和其他一些奢侈轿车中进行了测试，此后，我们在1933年的雪佛兰量产车型中采用了这种设计。内置行李厢并加长承载行李厢的汽车甲板，这两点设计具有重要意义，因为它改变了轿车的整体形状，使车身变得更长且看起来更矮了。并且内置行李厢也给备胎提供了储备空间，从而又消除了轿车的一个突出部分。这也又一次证明了外观设计的变化会招来一些人的不高兴，因为这些变化意味着行李厢车架、轮胎罩等配件业务的销量会明显受损，特别是当时的配件业务利润丰厚，但这就是进步的代价。

第一辆使用延长甲板的大轿车是1938年的凯迪拉克60—特别版。这辆车在外观设计史上具有重要地位。这是第一款"特别版"轿车，它引入了新功能，售价也更高，这种做法后来被福特汽车的林肯大陆轿车和其他一些特制轿车效仿。它是通用汽车的第一辆没有踏板的现代化量产轿车。踏板的弃用不仅让车身的突出部分又少了一个，还让基本车身的宽度与整个轮距持平成为可能，这样标配轿车就可以容纳六位乘客了。这辆车尽管属于大轿车范畴，但它第一个做到了在外观风格上与敞篷汽车相似，它对于1949年别克汽车、奥兹莫比尔和凯迪拉克推出并热卖的"金属顶盖"轿车而言，称得上是开路先锋。这款车在市场上反响很好，并证明了外观设计的价值，因为消费者宁可让自己的旧车估价低一点，也要购买这辆车。

1940年9月3日，哈利·厄尔成为公司副总裁，这项任命彰显出外观设计的重要性在提升。放眼其他任何重要行业，他是首位担任副总裁的设计师。

第二次世界大战期间，汽车的外观设计陷于停滞，因为没有新车型需要生产，并且外观设计部也忙于军用伪装设备的设计工作。正如我前面所讲到的，到战争结束时我们得出结论，消费者将会把外观设计的需求排在第一位，自动变速器排在第二位，高压缩比的发动机排在第三位。但在战争刚刚结束的那些年，我们没有对汽车设计进行全面改动，因为所有生产商的第一目标都是要先满足市场上积压已久的巨大需求。尽管如此，通用汽车战前这些年在外观设计上建立起的长期优势取得了成效。通用汽车成立了第一个外观设计部，并且在很长时间里是汽车行业中唯一的一家。在战后，福特和克莱斯勒建立起了外观设计系统，并把外观设计整合到了汽车生产中，这和通用汽车最初做的一样，而他们的设计部门中，有一部分人曾跟哈利·厄尔学过外观设计。像草图次序、全尺寸图、不同大小的微缩模型、全尺寸黏土模型和玻璃纤维强化塑料模型，这些曾由厄尔先生和外观设计处开创的做法，现在已成为全行业的标准。

随着竞争的重新升温，外观设计在行业中的作用也变得举足轻重。在20世纪40年代末以前，每隔四五年变化一次车身，其间做一些车身"整容"，是习以为常的事儿。但随着市场对于新车身的外观需求变得更加明显，车身更新换代的周期普遍缩短了。

造成外观设计变化加快的一个因素是试验车。第一辆试验车"Y-job"，是由外观设计部和别克事业部在1937年制造的。我们之所以制造试验车，就是想在一辆完整的新轿车上测试新的外观设计和工程创意。我们在战后把一些造好的新试验车展示给了公众，测试他们对于前沿创意的反应。成百上千的参观者对于这些所谓"梦幻轿车"的反应表明，公众需要并且愿意接受在外观和工程方面更加大胆的设计。

还有一些试验车在设计理念上非常领先，以至于外观设计部不认为会对未来数年的轿车生产有影响。比如XP-21火鸟Ⅰ型轿车，它是美国的第一部燃气涡轮客车，于1954年与研究实验室合作开发。

事实上，外观设计在20世纪40年代末到50年代的快速发展，对很多人来说有时显得过了头。新的外观特征远离了实用性，但它们在博得公众好感上确实很有效。战后时期的汽车最明显的一个特征就是"尾鳍"，这种设计首次出现在1948年的凯迪拉克轿车上，虽然一开始销量并不好，但此后几乎出现在所有主流轿车的产品线里，并且造型都很夸张。关于尾鳍的故事始于战争期间，哈利·厄尔的一位空军朋友邀请他去观摩新型战斗机，其中一架是P-38，它有一对阿里森发动机、一对机身，还有一对尾鳍。厄尔先生看到这架飞机后就问，能否让他的一些设计师也来看看。获得许可后，设计师们就过来参观了。他们和厄尔先生一样，对这架飞机留下了深刻的印象，几个月以后，这些设计师的草图中就开始出现尾鳍的痕迹。

有一个新趋势很重要，就是市场对于专用轿车的日益重视，包括跑车、客货两用车、金属顶盖车，以及其他一些高价的专用轿车。多年的经济繁荣使得很多家庭都可以拥有两辆甚至三辆轿车，因此，他们在购买第二辆或者第三辆轿车时，不再选择标准的大轿车。出于这个和其他一些原因，小型轿车的需求量也在上升——这样市场从底部到顶部的选择区间就扩宽了。人们对于休闲活动的日益重视，也导致市场对于休闲类轿车更加青睐，这和汽车早年发展时一样。对此哈利·厄尔曾说过："你可以设计一辆轿车，每次进入车内的时候都有一种轻松感——你能暂时度个小假期。"今天，外观设计部设计了各种不同的"假期"体验。与此同时，汽车也成为美国有史以来最重要的地面交通工具。

My Years with General Motors
第 16 章

分销和经销商

每当汽车市场从买方市场转向卖方市场,或者从卖方市场转向买方市场的时候,行业就会发生激烈震荡,进而扰乱生产商和经销商。为了应对这种变化,大家必须做出一些调整。其中一些调整方法司空见惯,但历史不会简单重复,总会遇到一些新事物。我们当前的经销商分销系统及其发展历程就说明了这一点。

我在担任通用汽车首席执行官的时候,把大部分注意力都用在了经销商关系上,甚至可以说几乎达到了专业程度。我之所以这样做,是因为早在20世纪20年代的时候,我们现在遇到的汽车分销问题就已经初见端倪,而这段经验告诉我,稳定的经销商组织是汽车企业进步和保持稳定的必要条件。

在20年代早期,行业的普遍看法与此相反,认为制造商应该关注产品、价格、广告和推广,至于剩余的分销要素交给经销商来解决就可以。有些人还尽量弱化经销商的作用。他们认为,客户在进入经销商展厅之前,就基本明确购买意向了,因此并不重视发展稳定的经销商组织。至于个体经销商经营状况的好坏,以及经销商组织内部和市场情况的复杂性,这些都不是生产商所关心的。

通用汽车在全美有超过13 700家经销商,投资总额约为20亿美元,因此公司必须重点关注这些经销商的福祉。当你有一群可靠富足的经销商作为商业伙伴的时候，你的分销专卖体系才有意义。如果一种商业关系不能让所有的相关人得到实惠，那么我对这种商业关系不会有兴趣。我认为，每个人都应该在关系中有自己的诉求，并且得到相应的回报。

在汽车分销中，经销商的意义有两点。首先，和很多行业一样，经销商与客户直接联系，开发并完成轿车交易订单。生产商的联络人是经销商，而不是客户，当然生产商向大众做的整体宣传除外，比如广告、汽车展览和其他传播方式——我要补充的是，在街道和高速公路上行驶的轿车对消费者很有说服力。

其次，在汽车行业，经销商有特许经营权。什么是特许经销商？如果你把美国的零售分销类别想象成一张图谱，你会发现在图谱一端的商家（比如街头零售商）会卖很多制造商的多种产品，产品之间通常存在竞争关系，而这些商家与制造商之间只是传统的买卖关系。在图谱另一端的商家（比如汽车加油站的老板），它们是某个制造商的代理人，甚至有时候是制造商的一个分公司或者下属机构。在这张图谱里，特许经销商与制造商之间的关系介乎这两种情况之间。从法律关系上看，特许经销商并不是制造商的代理人。然而在特许经销商的经营社区里，它被视为制造商的产品代表。一般来说，它会获得一片区域的销售经营权，但这并不妨碍它在其他地方销售产品，而其他经销商也可以在它的地盘上销售。

个体特许经销商通常是当地社区有影响力的商人，他们往往以邻居的身份去拜访客户，和他们达成交易，并对售出的产品提供服务。他们作为本地商人要有人品、人脉以及经销商的身份，这是特许分销模式的基础，也是汽车行业约定俗成的做法。我们整体的销售方法就是基于这种个人出资的商户体系，我们基于通用汽车的特许经营模式，给他们提供潜在的挣钱机会。

经销商和制造商在契约关系中，都要承担特别的权利和义务。经销商和制造商会签署一份有条件限定的销售协议，换句话说，经销商和制造商之间的关系依照特许经营来管理。经销商同意提供资金、经营场地、充足的销售人员、服务机制等，其负责发展责任区域的市场，还要负责零部件的进货和销售等工作。与特许经营的义务相对应，制造商几乎只通过特许经销商来销售。经销商群体获得商标产品的销售权，在销售过程中还会得到制造商整体推广活动的支持。制造商会在年型车的生产加工与工程研发上做大量投资，以确保产品受到市场的喜爱。特许经营系统的一个特别之处，在于制造商给汽车经销商提供的支持力度和种类，其中既有技术支持，也有针对经销商各业务阶段的支持方案，帮助经销商做好运营，比如销售和服务、广告、业务管理，以及专业化的工厂培训项目。

汽车和客户日常购买的"现成产品"不同，它是一种高度复杂的机械产品。对于普通买家来说，车是一笔大开销。客户可能每天都要使用汽车，然而他对机械知识的了解很可能没有或者很少。他需要经销商来为他提供产品维护等服务。

因此，经销商不仅要在场地、产品陈列和销售的组织上进行大投入，还必须组织好产品的售后及使用年限里的服务，并提供配套设施。此外，必须应对以旧换新和车辆维修的问题，一般每卖出一辆新车，就会卖掉一两辆二手车，经销商需要根据交易行情来转手买卖。

制造商和特许经销商都要承担一定的经营风险，两者之间相互关联，经销商的风险是销售及服务设施的投资，制造商的风险是生产设施的投资，其中包括工程开发和每年高额的加工成本。双方都要依靠制造商的产品吸引力，以及特许经销商的销售效率和服务能力。

我们分销上的两个目标能得以实现（产品的经济性，以及特许经销网络发展的稳健性）得益于多年来我们进行的很多思考和实践，其中牵涉的问题很复杂，并且会随着情况的变化而有所改变，而解决问题的方案并非总会马上出现。一段时间里令人满意的政策和做法，有可能之后就不是最佳方案了。可以说，经销商关系的"新模式"需要不断进行开发。

在 1920 年以前，汽车的销售主要是由分销商—批发商根据权限，把汽车销售分包给经销商。但在发展过程中，多数制造商接管了批发职能并进行深耕细作，而特许经销商仍然保留了零售职能。

可能有人会问，为什么汽车行业采取了这种分销模式。我认为部分答案在于，如果汽车制造商自己销售产品的话，困难重重在所难免。在 20 世纪 20 年代,当二手车的以旧换新成为大势所趋的时候,汽车的推销就不再只是普通的销售诉求,而更多是一种交易诉求。汽车交易流程复杂,相关的从业机构至少数以千计,对制造商来说,它很难对这些机构进行组织和监督;此外,交易需要技巧,不太容易纳入组织管控的常规形态中。因此,零售汽车业务就随着特许经销商的组织模式兴起了。

1923~1929年,市场对于新轿车的需求饱和,从而导致行业重心由生产转向了分销。对于销售而言,这意味着销售由易到难。经销商要开始面对完全不同的销售问题了。

为了应对这种情况变化,我在20世纪20年代和30年代初期,把对经销商的个人拜访作为例行工作。我把一辆私人轨道车布置成办公室。在公司几位同事的陪伴下,我们走遍了美国几乎所有城市,每天拜访5~10家经销商。我会去他们的办公地拜访,坐在他们"交易室"的桌子前与他们谈话,寻求建议和批评,包括他们与公司的关系、产品的特点、公司的政策、消费需求的趋势、他们对未来的看法,以及很多其他与业务有关的话题。我仔细记录了所有谈话要点,并在回去以后仔细研究。我这样做的原因是我意识到,不管我们常规的组织运行多么有效,建立个人联系具有特殊的价值,并且我作为公司的首席执行官,关注点主要是在公司的整体政策上。对于当时的情况来说,这种解决问题的办法虽然费时费力,但非常有效,因为我们当时对市场上的分销状况一无所知。很多的访谈收获后来都在经销商的销售协议中有所体现。我们还通过顾委会以及其他一些方式,把跟经销商的沟通纳入常态,某种程度上这也是出于同样的考虑。

从我们的现场调研中,我能看到在20世纪20年代中后期,市场正在发生历史性的变化。经销商的经济地位变得不如以往,而我们的特许经营需求也在减少。显然我们必须采取行动,这不仅和经销商的利益攸关,而且也符合企业的整体利益。我们的分销必须要在所有人都感到合理、经济的基础上进行。

1927年9月28日,我在密歇根州米尔福德测试场的一次会议上,针对《美国时报》汽车编辑的提问发表了讲话,其中谈到了在市场变化的情况下经销商的困境。在谈到行业以往的普遍做法时,我说:

生产尽可能多的轿车，然后销售部门强迫经销商买进并付款，而不顾这样做在经济上是否合理（我的意思是，不顾经销商的推销能力），这显然是错误的，这种做法在哪个行业都是错误的。商品越快从原料端到达终端，在所谓的"流通"中占用的货物或其他物资越少，整个行业就越有效和稳定……要求经销商买进超出其能力范围的轿车，这种做法绝对是违反通用汽车政策的。当然，每当年型车的清仓季到来时，我们的经销商必定也会帮助我们。经销商理解自己的责任，也从不反对这样做……

这份1927年的政策声明开辟了通用汽车与经销商关系发展的新路，它基于这样一种认知：公司和经销商之间是相互依存的利益共同体。

汽车分销的核心问题最早出现在20世纪二三十年代，今天依然存在，这与它的业务性质有关。一般来说，这些问题包括市场渗透力、年型车的尾货清算、经销商的经济状况，以及厂商和经销商之间就业务进行双向沟通时的常见困难。

我们的想法自然是尽可能有效地占领市场，而既然我们最终要靠经销商落实这个想法，就必然要发展数量适当的经销商，并确保每家的规模和区域都恰到好处。难点在于如何决定这些区域。在20世纪20年代，我们并没有像今天这样对汽车市场那么了解。于是，我们开始对市场的经济状况进行研究，并对人口、收入、过往表现、商业周期等因素进行研判。

有了这样一些信息，我们就可以解决如何根据市场潜力来安排经销商的问题了。例如，在有几千户居民的社区里，这个问题很简单。一个经销商就可以完成占有市场的所有工作，而我们和经销商可以基于我们的研究成果判断，它的目标应该是什么，以及它相对于这些目标的表现如何。但如果是在一个有着百万人口的城区，这个问题就变得复杂了。

于是我们对更大的社区进行了研究，首先从整体上判断任意一款轿车的购买潜力，然后划分街区，以确定每块街区的潜力。有了这些信息，我们就可以主要依托于街区的潜力来安排经销商。当然，经销商必须要有与经营这片区域相适应的资本、场地、管理费用和组织能力。

这种理性解决分销问题的办法给我留下了深刻印象。它为经销商和制造商都提供了基本便利。正如我之前所说，经销商在其地盘上是专家，对当地的风土和人员情况比任何人都更了解。对于客户来说，从很多方面讲，客户和本地商人打交道通常都会更方便，包括服务。这种办法也让制造商可以从微观层面了解分销中的问题。当然，我们希望经销商能首先专注于在其当下的市场上取得佳绩。

清理老车型，为新车型让路（并把库存损失降到最低）这个问题是汽车行业的永恒问题，卖方市场强劲的年代除外。这个问题首次引起重视是在20世纪20年代末。它的出现是由于经销商当时必须基于未来的市场需求，提前三个月做订单预估。公司按照经销商的预估，制订最终的生产计划。这些都必须提前数月确定好，如果预期需求因为情况的变化而被打乱，那么清理现有车型的库存就会出现异常。但不管它是正常还是异常，这个问题都必须要解决。

在20世纪20年代早期，当新车型发布时，经销商必须自掏腰包清理库存轿车。我们经过大量的研究后得出结论，公司跟经销商共担清理责任才算合理。我记得早在20年代中期以后，我们就给年末老车型提供库存清理津贴。1930年，我们颁布了一项政策，在车型年末要帮助经销商处理剩余库存。而对于"完成了合约"的经销商，我们会给一笔津贴，用于补贴新车型发布时的未售新车库存。津贴适用于超过经销商预估新车订单量3%的库存部分，预估新车订单详见公司与经销商的销售协议。津贴金额由通用汽车来决定，它的数额和计算方法不时会发生变化。目前的津贴政策是产品市面价格的5%，适用于新车型发布时还没有售出的停产新轿车。

我相信这项政策在行业里是个创新。它反映出我们愿意保护经销商，避免其承受不合理的产品贬值损失，也反映出我们愿意在车型年的后几个月里，让事业部管理层承担起合理制订生产计划的责任。不管何种原因，只要车型年里出现了轿车过度供应情况，该政策就会通过自动评估的方式，对工厂进行惩罚。

人们可能会认为，年度产销循环的理想模式，是确保新车型发布的时候，经销商手中已经没有库存了。但从厂商和经销商的角度来说，这样做既无可能性，也不值得提倡，其中有几方面原因。从竞争上来说，我们一年中每个月都必须尽量把业务做大。而到了车型年年底，随着新轿车的上市，我们分销管道中的库存必须要清空。此外，在新车型推出的早期，市场常常对一些旧款轿车还有需求。由于这些原因，库存问题会一直存在。

尽管20世纪20年代，通用汽车在获取自身经济信息方面取得了很大进步，但我们当时还无法获得经销商的经济信息，也就无法想清楚经销商的问题。当经销商的利润不达标时，我们无法判断，这是由于新轿车的问题，还是老轿车的问题，是服务问题、部件问题，还是其他什么问题。缺少这些事实，我们就无法把分销政策有效落实。

在我前面提到的在测试场发表的讲话中，我就这个问题提出了以下观点：

> ……我想向你们大概说一下，我所认为的今天汽车行业存在的巨大缺陷，以及通用汽车正在如何纠正这一点。
>
> 我几乎在美国的每一座城市都跟通用汽车的经销商坦诚沟通过，我说我非常担心这样一个事实，很多经销商，即便其经营效率还不错，也并没有获得应得的投资回报。我知道通用汽车的经销商在过去两三年里取得了长足进步，但我作为通用汽车的管理层关注从购买原材料到最终购买消费的每个步骤，也深知这个链条的强度取决于它最薄弱的环节。我对我们经销商组织的整体运营状况毫无把握，但愿这种感觉是无依据的。我相信一旦我们扛起解决这个问题的重任，就必定能消除所有的不确定因素，我们的经销商就能对其运营情况有清晰科学的了解，其程度不亚于我之前提到的我们对通用汽车运营情况的掌握。
>
> 这让我们重新想起了……两个词——妥善记账。我们很多的经销商和其他机构的经销商一样，有很好的会计系统。还有很多经销商的会计系统看上去很一般，我还遗憾地看到，其中有相当一部分经销商压根就没有会计系统。很多经销商虽然有会计系统，但由于建立得不完备，因此也没能有效使用。换句话说，这些会计系统并没能告诉经销商业务的状况如何，漏洞在哪里，应该采取什么样的改进措施。正如我之前说的，必须消除不确定性。不确定性与高效率之间，就像从南极到北极一样遥远，如果我能挥舞一下魔杖，让每一个经销商组织有一套适当的会计系

统，对自身的业务情况有所了解，进而可以明智地处理与业务有关的诸多细节，那我愿意为此支付一大笔费用，我觉得完全值得这样做。而且我相信这将是通用汽车做过的最好的投资。

因此在1927年，我们成立了一家公司，取名为汽车会计公司。我们开发了一套适用于所有经销商的标准化会计系统，并派员工实地去帮助经销商安装，同时建立了一套审计系统。后来，随着经销商对于财务的处理经验更加丰富，再加上迫于经济萧条的压力，我们调整了审核流程。我们开发了一套审计抽样系统，可以对所有样本进行横向分析。为此，通用汽车自己仍需定期审核大约1300家汽车经销商（约占10%的经销商数量，或者30%的汽车销量）的会计记录。此外，通用汽车从83%的经销商那里获得月度财务报表，约占当月96%的销量。这项工作任务繁重且代价不菲，但它使通用汽车的各事业部和总部能对分销系统的全貌、每家经销商和每个组别都看得一清二楚，并判断出哪儿有不足以及如何解决。此外，经销商不仅可以厘清自己的业务头绪，还能将其运营信息按照组别，逐项和平均值进行比较。这时候经销商就能及时发现软肋，并在它造成伤害之前进行修正。

当然，软肋有时候也会自己显现出来。在20世纪20年代后期，通用汽车投入大量资金对一些濒临破产的战略经销商进行拯救，并因此损失了20万美元。但当我们对这种做法进行总结后，新的想法接踵而来。我们意识到，更大的目标不仅是通过企稳措施来降低经销商的流失率，而且要扶持那些有能力，但是缺少资金的个体成为通用汽车经销商的所有者并能挣到钱。时任通用汽车金融服务公司的副总裁阿尔伯特·迪恩（Albert Deane）和唐纳德森·布朗一起，把这些想法变成了一个实施方案。1929年6月，我们启动了这一方案，成立了汽车控股公司，迪恩先生成为首任总裁。1936年，这家下属公司成为汽车控股事业部。它的职能是给经销商提供资金，并需要临时承担经销商股东的权利与义务。一开始我们给这家公司注资250万美元，试验期结束后我们意识到，这是我们迄今在分销领域最好的创意之一。我们还认识到，它的真正价值不在于拯救濒临破产的经销商，而在于扶植那些有能力的人——不仅为其提供资本，还提供有关经销商合理化运营的管理建议和培训。

汽车控股公司开发的管理技巧提高了经销商盈利的可能性。它要找到合格的运营人才,给他们提供充足的资金支持,并帮助他们挣到足够多的利润,这样它就可以回购汽车控股的股权,成为一家独立机构。

我们那时候就是这样处理的,如今尽管有一些财务细节的变化,但方式依然如此:潜在经销商把其手头的钱投到经销商项目里。汽车控股支付剩余所需的资金(经销商通常的支付比例不低于25%)。当协议关系确立后,经销商除了工资以外,还将获得奖金,这笔奖金是汽车控股放弃了本可累积到投资中的部分利润后,提供给经销商的。它等同于汽车控股扣除8%的投资利息后,所占盈利的50%。汽车控股公司在它的股份被全部回购以前,会保留对该经销商的投票控制权。

此后几年,奖金的分配有一些变化。现在的奖金是由经销商直接支付给运营者,因此属于经销商的直接成本。它等同于扣除15%包含票据在内的资金利息后,公司利润的33.3%。最初我们要求,经销商把全部的奖金都用来回购汽车控股的股份。后来我们发现由于经销商的所得税问题,这项规定难以执行。而现在,经销商只需把50%的奖金用来回购汽车控股的股份就可以了,当然经销商要拿出全部奖金来也是可以的。这样随着盈利的增加,经销商就占有了这家公司的全部股份。事实上,由于经销商对汽车控股提供的帮助赞誉有加,因此常常会拒绝购买汽车控股的最后一部分股权。

从成立之初到1962年12月31日,汽车控股在美国和加拿大投资超过1.5亿美元,合计1850家经销商,其中多数是在汽车领域。在这些经销商中,1393家已经回购了汽车控股的所有股份,到1962年年底,我们在457家经销商的投资总额接近3200万美元。截至1962年,仍在运营的经销商大约565家,其中很多已经成为美国和加拿大名列前茅的经销商。还有一些运营人才各方面的条件都满足,唯独缺少启动资金,我们通过汽车控股计划帮助他们有了自己的公司。有些人起初投资非常少,后来成为百万富翁。这项计划对于通用汽车来说也是盈利的。

和通用汽车其他有相似潜质的经销商相比,汽车控股的经销商业绩与之不相上下。这一点用销售和净利润就可以佐证,由此我们设计这项计划时的一个最初目标也得以实现。

汽车控股在美国和加拿大投资的 1850 家经销商项目中，因为运营低于正常水准而必须清算的只有 198 家，其中 62 家发生在 1929~1935 年经济衰退时期，另外 136 家发生在这之后。

尽管汽车控股经销商的新轿车销量从没有达到过通用汽车总销量的 6%，但它们自 1929 年以来（汽车控股投资期间）已经卖出了超过 300 万辆新轿车，奖金派发前的总利润超过了 1.5 亿美元。

集团公司授权汽车控股持续追加美国和加拿大经销商项目的投资，1957 年 5 月，汽车控股获得授权的最大投资额增长到 4700 万美元，其中 700 万美元用于投资房地产。

借助于汽车控股，通用汽车与经销商形成了紧密联系，对它们的问题也有了更清晰的了解。汽车控股也给集团公司提供了有关零售市场和消费者偏好的更多有用信息。最重要的是，它对于我们发展并维系一个强大、管理妥善、资金充足的经销商团体非常有帮助。

我相信在美国和加拿大的产业界，通用汽车开创了对小企业主开展股权"个性贷款"的先河，同时通用也最早认识到，经济的最大诉求之一就是对小企业进行风险资本扶持。通用汽车的两家竞争对手现在也实行了相似的计划，福特在 1950 年开始推出，而克莱斯勒是在 1954 年。正如汽车控股的前任总经理赫伯特·古尔德（Herbert Gould）所说："竞争对手的效仿，不啻一种商业勋章。"

在 20 世纪 20 年代末，制造商和经销商之间最需要建立的莫过于更好的沟通方式和健康的契约关系。当然，我们有片区和区域性高级管理者，他们会就每天的业务问题和经销商保持经常接触。但还有很多问题涉及整体的公司政策，需要双方更密切地接洽并交换信息，才能达成某些具体的合作。正如我所说，我和其他一些高管经常去拜访经销商。这些拜访让我们了解到，经销商跟事业部负责人进行接洽的同时，也想跟总部直接联络。同样可以确信的是，经销商希望除了这些偶尔拜访以外，还能有些更实质性的沟通。因此，我们从这些早期的实地考察中产生了一个想法，就是把经销商代表邀请到通用汽车来开会。这种想法在 1934 年得以实施，这一年我们创建了通用汽车一个重要而独特的机构——通用汽车经销商顾委会。

经销商顾委会最初由 48 位经销商组成，他们分成了四组，每组 12 人。他们和通用汽车的最高层管理者一起开会。我们成立这个顾委会，就是希望能就分销政策进行持续的圆桌讨论。很多年来，我每年都会选出不同的经销商组成小组，他们代表了各个轿车事业部、全国各个销售区域，以及不同的投资体量。他们给顾委会带来了各种各样的问题，并提供了不同的思路。

作为公司总裁，我兼任顾委会主席，负责分销职能的副总裁以及通用汽车的其他高管也是顾委会成员。顾委会的第一项工作涉及制定整体政策来改进经销商关系，这个流程很长。我们的会谈解决的是政策制定问题，而不是政策的管理。

经销商顾委会的具体工作主要就是针对政策的制定组织讨论，目的是确保经销商的销售协议能更加公平。这份销售协议一旦达成，将对通用汽车的特许经营很有帮助，近些年通用汽车的特许经营每年支撑的零售业务规模高达 180 亿美元。

1937 年 9 月 15 日，我在经销商顾委会的一次讲话中回顾了以往的会议经历，内容如下：

> 过去三年来，我们举办的顾委会小组会议已经成为运营中的亮点。我高度珍惜由此发展起来的个人交往和友谊。在我看来，仅这一点就足以证明这项计划的合理性。何况我们还有机会讨论这么多有趣的问题。它激发了我们的思考，并且我相信也让我们进步更快了。每位委员在处理这些问题时都有很多方法，这给我留下了特别深刻的印象。大家一致希望能从根本性上去解决问题，而不是采用简单省事的权宜之计，对此我也倍受鼓舞。特别是现在，当简单省事似乎成为全民思维基调的时候，这一点尤其令人鼓舞。在第一次会议上，当大家提到要寻找根本性的解决方法时，尤其打动我。我们当时刚刚从经济萧条中走出。产业界几乎每个人都蒙受了重大损失——经销商团体也不例外。对未来盈利前景的焦虑，自然成了顾委会的主要话题。大家提出了很多建议，并进行了分析和讨论。令人欣慰的是大家一致认为，我们在解决利润这个核心问题的时候，不应该从提价的角度去考虑，而应该让我们的业务发展有序，

并找到办法消除我们现有的可扣除成本——换句话说就是提高效率，而不是把我们的无效通过提高零售价格的方式转嫁到市场上。后来的经验已经证明了这种决策的正确性，最终分析也将证明这一点。

作为顾委会主席，我在我们所有的会议上都试图让委员们相信，对于任何能推动我们双方关系的事宜，公司高层都真诚希望能积极解决，并且越快越好。当然像通用汽车这样一家大企业，由于我们有很多的部门必须要先征求意见、协调观点，因此进展必然会慢一些。我担心的是，可能一些顾委会成员以及我们的很多经销商并不了解我们在做的事情，因此觉得我们应该行动得再快一些。他们有这样的感受是很自然的。如果我们只用寥寥数语制定一条政策，这相对来说比较容易，但从管理上来说，在美国这样大的一个国家和我们这样的运营体量下，政策的应用必然是一个演化过程，耐心是关键。对于这一点，无论怎么强调都不过分。凌驾在这些实际困难之上的还有一个最大的难题，就是如何让一家大机构意识到它做事的方式需要改变。我们都知道人类思维的惰性有多强大。

经销商销售协议是业务合作关系中的一项开创性工作。这些年它在技术细节上有了很多发展，其中有些细节还比较复杂，还有一些重要条款的产生是为了解决汽车行业的个性化问题。

销售协议的取消，对于经销商和制造商来说自然都是一件严重的事情。如果经销商在他的职责区域里没有做到该做的工作，没有完成这个区域的合理业务量，或者出于别的原因运营效率低下，应该如何进行调整呢？我们必须记住，经销商通常把自己的大量资金都投入到了这项业务中，经销商有二手车、零部件、展厅和产品标识。

按照行业早期的做法，直接取消经销商的特许经营权，然后任命新的交易商，就万事大吉了。清算的问题留给经销商来处理。在20世纪30年代，行业里的通行协议是无限期条款，规定制造商可以提前90天无理由终止协议，经销商如果提出终止则要提前30天。协议中还规定，制造商可以有理由取消特许经营权，当然理由的合法性要通过法院来判定。

正如我前面所说的，我们在考虑这个问题时必须意识到，经销商可以变卖经营资产，但是不能变卖特许经营权，因为经销商没有这种权利。因此，我们有必要制定一项明确、开明的政策，保护经销商遇到协议取消时能够避免财产的损失，哪怕协议的取消是源于其运营无效。我们的政策包括如下做法：公司会按照经销商所付的价格，收回其手头所有新轿车。公司会收回一些产品标识和专用工具。公司会收回经销商手头的汽车部件，只要这些部件不是用于超过使用年限的车型。如果经销商的租赁协议不能转移给别的经销商，并因此导致清算时的损失，公司会参与补偿。事实上，公司是给经销商的无负债资产和一部分租赁债务提供了一张支票。

1940 年，我们了解到一些经销商抱怨，说他们的销售协议有时候会在销售旺季即将来临之前被取消。导致的结果就是，这些经销商在协议结束前，大部分时间都在做着低利润甚至是不挣钱的买卖，而新经销商一接手就能遇到好挣钱的销售旺季。于是我们在销售协议中增加了一条规定，大意是提前三个月的无理由终止的书面通知只能在 4 月、5 月或 6 月发出，而实际生效的月份分别是 7 月、8 月或 9 月。1944 年，通用汽车引入了设有具体期限的销售协议，规定协议期限为战后恢复生产后的两年（实际期限超过了三年）。此后，协议条款修改为一年。如今，每家经销商都有权选择一年期协议、五年期协议和无限期协议。所有这些协议的终止只能在有理由的条件下发生，但协议到期后，双方没有续约的义务。

通用汽车另外一个特别的经销商机构是在 1938 年 1 月成立的，这就是经销商关系理事会。它承担了审议机构的角色，能够让经销商把抱怨直接反馈给公司高层。我是该理事会的第一任主席，理事会中还包括公司的其他三位高管。有时我们会全天听取某个案例的情况汇报，当我们从经销商和事业部那里获得了完整报告之后，我们就结合通用汽车的责任做出决定。该理事会带来的主要好处就是防微杜渐。事业部必须确保汇报的情况能站得住脚，并且针对经销商采取的措施也遵守了所有的公平原则，毕竟需要接受高层审议的除了经销商，还有事业部自己。

我不由自主地想到一件事，也想怀着一份自豪把它讲出来。1948 年，当我从首席执行官的位置退下来之后，三位通用汽车的经销商来到我的办公室对我说，全体经销商希望对于我为发展经销商组织所做的贡献，表达他们的感激之情。他们知道我对癌症研究有兴趣，因此想创建一个基金来帮助我。一年以后他们回来了，递给我一张 1 525 000 美元的支票捐给阿尔弗雷德·斯隆基金会，从那以后，经销商又给这个基金捐助了更多笔钱。这个基金后来被称为"通用汽车交易商癌症医疗研究感恩基金"。我把这笔基金主要投到了通用汽车的普通股，现在原始基金的价值超过 875 万美元，每年的收益超过 25 万美元。

现在我想把几条思路进行汇总，理清从当时到现在遇到的问题。从 1939 年到 1941 年，通用汽车及经销商经历了景气增长。此后，战争的到来让我们所有人都经历了新的生活方式。在战争期间，美国不再生产轿车，库存的新轿车只能在政府监管下出售。一些经销商主动清算了自己的业务，有许多人纷纷参了军。虽然有一部分经销商承接了战时生产的外包合同，但大多数仍在从业的经销商提供的主要业务是服务和二手车交易。当人们意识到战争时期保持车况的重要性时，服务的业务量就有了巨大增长。于是我们也在政府许可的范围内，为经销商生产功能性部件。这使得经销商可以为美国汽车交通系统的运转，提供有价值的服务。

美国的宣战使得经销商团体陷入了一阵恐慌。美国宣布参战后不久，我就给经销商发表了一份特别声明，列出了若干政策决定，主要目的是维系经销商组织和提振经销商士气。这些政策包括：

（1）如果经销商选择返还（在一定限制范围内）新轿车、新部件和新配件，通用汽车可以回购。这样就保护了那些应征入伍的经销商，以及无论出于何种原因希望终止销售协议的经销商。

（2）如果经销商和事业部双方就终止业务的条件达成了一致，那么战后公司重新聘用经销商时，会对这批经销商优先考虑。

（3）对于在战争时期维持业务运转的经销商，公司会在生产恢复后，为其制订一项为期两年的新车分配特别计划。

在战争期间，通用汽车全美的经销商数量从 1941 年 6 月的 17 360 家，减少到了 1944 年 2 月的 13 791 家，其间实际减少了 3569 家。多数经销门店的关闭发生在较小的社区。现有经销商的区域布局也显得不再合理，这是因为战后人口的分布情况变了。人口从城市向郊区转移，还有很多人从东部、中部的一些州搬到了东南、西南和太平洋海岸。我们根据长期分销政策，对每个地区重新进行了调查。我们发现，有些地区可以支撑不止一家经销商的业务。我们对新经销商的招募一直按要求进行着，直到1956年才宣告暂停。这项限令直到1957年年底才结束。尽管如此，由于大城市里经销商数量的减少以及其他一些原因，1962年年末通用汽车的轿车经销商总数大约13 700家——虽然汽车市场的规模增长了，但经销商的数量和1944年时差不多。

在经销商数量减少的同时，通用汽车的运营轿车数量从1941年的大约1170万辆，增长到1958年的约2460万辆，净增长1300万辆，涨幅111%。此后这一增长势头还在继续，1962年运营轿车数量达到了约2870万辆，比1941年增加了1700万辆，涨幅为145%。每家经销商的平均业务量也有了如下提升：

1941年是战前销量最好的一年，通用汽车经销商一年平均卖出约107辆新车。1955年，经销商平均卖出222辆新车，比1941年增长107%。1962年可以卖269辆新车，比1941年增长151%。

1941年，通用汽车每家经销商服务的运营轿车平均为710辆，该指标体现了经销商的总体服务潜力。到了1958年，这一数字增长到1601辆，涨幅为125%，而到了1962年，这一数字已经增长到2095辆，涨幅为195%。⊖ 自1960年以来，按照定值美元计算，经销商的平均业务量是1939～1941年平

⊖ 今天，通用汽车的轿车和卡车经销商雇用了275 000名机械师、销售员和其他员工，而1941年时，这一数字为190 000名。经销商的设施包括销售展厅、办公场所，以及零部件和服务区，总占地2.27亿平方英尺，而战前时期的总面积只有1.17亿平方英尺。很多经销商的设施不仅面积变大了，而且实现了现代化。此外，面对战后轿车和卡车日益复杂的机械问题，经销商处理起来也更加得心应手。

随着战后汽车拥有量的增加，以及我们产品技术的进步（比如自动变速器、高压缩发动机、动力转向、动力刹车，以及空调系统），市场再次对训练有素的机械师产生了强烈需求。1953年，我们实施了一项重要的新政策，和经销商展开实际合作，在我们建成的30个永久服务培训中心为经销商的员工提供服务和销售培训。培训中心设施齐全，并配有专门的培训师，能为机械师提供产品维修与服务的最新信息。机械师能够挣到更多的钱了，而服务质量在得到改善的同时，也能够满足市场的新要求。中心还有针对销售人员的培训设施，并可以用来召开经销商会议。1926年，超过187 000人在中心接受培训，涉及的技术话题有很多，还有大约26万人参加了有关销售和其他非技术性话题的会议。

均业务量的 2.5 倍。其资产净值超过 20 亿美元，按定值美元计算，是 1941 年的 2.7 倍。这表明，个体经销商也在伴随着美国经济和通用汽车一同成长。

战后不久，市场情况发生了剧烈的变化。战争时期的停产以及车辆的报废，导致市场上巨大的积压需求爆发，对此我们必须予以应对。原材料短缺是生产的限制因素。通用汽车意识到，客户、经销商和厂商都面临着严重问题。客户面临的问题是需要交通工具。通常他们愿意为此支付额外费用，也关注交付方式。制造商面临的问题是如何给经销商分配产品。经销商的问题是如何把轿车配额卖出去。

1942 年 3 月 2 日，通用汽车针对经销商的轿车分配制订了一项计划。这项计划被称为"斯隆计划"，因为它是我颁布的。该计划的实施从 1945 年 10 月开始，一直到 1947 年 10 月 31 日结束，事实表明它既公平合理，又令各方满意。这项计划在各经销商 1941 年业绩的基础上，制定了合理的轿车配额，并把分配不公的投诉降到了最低。它为我们提供了一套避免局面失控的规则。

在经济短缺时期，市场竞争的情况基本不存在。我们建议的零售价格要远远低于顾客愿意支付的价格，而我们的零售商总会制定自己的零售价。但在这种需求紧缺的情况下，不可避免会有二级市场或者"灰色"市场的出现。经常出现的情况是，客户从经销商那里刚买一辆新车，开出来还没过第一个红绿灯可能就有某个二手车经销商开车赶到，愿意以很高的溢价从客户手中买下这辆车。这是战后伊始分销出现的新问题。

最棘手的问题之一是"非法销售"，也就是特许经销商把新轿车批发给二手车商。这种现象无论在产品供应充足时期，还是第二次世界大战结束后的物资短缺时期都会存在。按照当时的情况，一直到 1953 年下半年，有些轿车产品线的供应才刚好能满足需求。我要强调一下是"刚好"，因为很多产品的供应直到 1954 年仍然短缺，而凯迪拉克直到 1957 年都是如此。

大约从 1950 年开始，一些恶劣的推广手段开始盛行。有些手段在第二次世界大战前就有，但在 40 年代的时候一度销声匿迹。还有一些则是由战后早期的异常情况导致的。比如非法销售，它在第二次世界大战前只在某些地区零星出现过，但如今在新法律气候的庇护下，呈现出蔓延之势，并且影响恶劣。

我所说的这种法律新气候出现在 20 世纪 40 年代末，它是对法院裁决的一种解读，司法部后来也对法院的裁决补充了一些观点。这些法规称，我们销售协议中有关非法销售和区域保障的条款，过于限制经销商的自由了。㊀ 1949 年，在法律顾问的坚持下，这两项条款被迫从销售协议中剔除。尽管这种做法的效果当时还未显现，但我们预感到会对经销商的发展造成严重影响，因为经销商当时能获得的轿车数量有限，要满足自己正常客户的需求都很困难。

到了 50 年代初期，"非法销售"的情况愈演愈烈。在新车型还没开始量产，经销商用于展示和销售的库存还没备好的时候，黑市上就已经有这些新车了。公司敦促经销商不要把轿车卖到黑市上。公司还向司法部建议，应该在销售协议中增加一项新条款，要求经销商在将轿车卖往黑市之前，先由通用汽车回购。司法部部长的意见大概是"司法部无法免除对于这些合约条款的法律诉讼，毕竟如果这些条款在通用汽车的销售协议中，我们就要审核它的合法性，因为根据反垄断法，这样做会引发一些重要问题"。

这样一来，我们通过协议从经销商手中回购多余轿车的路就堵死了。接下来通用汽车向经销商提议，在 1955 车型年的余下时间里，"经销商手里如果有过剩的新车或者尚未使用的轿车，通用汽车准备自己或者安排其他区域的经销商来回购，交易价格按照正规分销商或经销商的购买原价执行"。这样做的目的是让经销商能够通过正规渠道清理多余的轿车。接受这个提议的经销商寥寥无几，经销商要么已经没有多余库存了，要么就想卖到黑市上获取少量利润——我认为从整体上看，这和经销商的自身利益是违背的。给黑市提供轿车的正是特许经销商，因为黑市除了通过某些特许经销商进货外，无法获得我们的轿车。我们只能通过对市场和竞争局面的如实评估，来调整生产计划。

多年来，我们尝试过很多种抑制非法销售行为的办法，但由于一些我们无法掌控的现实因素，这些办法都效果不大。尽管如此，到了 50 年代中后期，非法销售的现象大幅减少。我们相信特许经营的分销系统，也提供了帮

㊀ 1948 年，美国的三大汽车公司（通用、福特、克莱斯勒）遭到法院起诉，称它们利用自己管辖的金融公司胁迫经销商遵守交易条款。1949 年，美国司法部的反垄断司法局建议制造商撤回相关条款。——译者注

助优质经销商发展的机会，但它的持续繁荣必须得到特许经销商和公司的共同支持。早在20世纪20年代，通用汽车上一代的伟大销售主管理查德·格兰特和我们另一位高级销售负责人威廉·霍勒（William Holler）就发起成立了"通用汽车优质经销商计划"，该计划在对销售区域进行分析的基础上，对经销商进行了妥善布局。只是这样的政策难免会理想化。好政策往往需要根据外界不可控因素的影响而做出调整。

另外一种曾经反复出现的做法也违背了优质经销商的原则，并且明显对顾客不公平，那就是"价格打包"。所谓价格打包，就是经销商在制造商建议的产品零售价基础上再加上一些东西。这就使得经销商在二手车的以旧换新交易中，可以提供看似更多的补贴。经销商只要能够标好新车价格，就可以在二手车的交易中随意补贴。这种做法既不合理也不可取，我在跟经销商谈话时也经常讲到这一点。但仅靠谴责无法杜绝这种做法，特别是我们并不具备管控能力。我们曾试图抵制价格打包，但市场上容忍这种做法的力量太过强大。最终我们得出结论，只有当经销商自觉自愿采取行动时，这种不当的做法才会消除。

1958年，国会制定了一项法案，要求制造商在每辆配售给经销商的新车车窗上附加一个标签。标签上要详细说明构成建议零售价的各项参数。后来有大量事实表明，正是这项法案使得我之前说的价格打包的行为销声匿迹了。

从1954年到1958年，汽车行业从卖方市场转向买方市场，大量的"闪电战"或高压销售方式随之出现，这让市场行情变得更加错综复杂。或许行业各方在转型时本可以更平稳一些。或许因为公众表达出的愤怒与不满，让大家意识到了适应新形势的必要。但在我看来，经销商与制造商之间实现平等合作，其责任不在立法机构。它是经销商和制造商的共同责任。我们从事的是竞争性业务，一旦失去竞争地位就会面临困境，有时候甚至难以东山再起。

1955年，通用汽车针对新形势做了一项研究，并制定了新的销售协议，该协议于1956年3月1日生效。我只做一下重点介绍：经销商可以选择五年期、一年期或持续经营协议（1962年，99.2%的经销商选择五年期协议）；放宽了政策权限，允许经销商在他去世或者失去能力时，由他指定的合格人选接手他的业务；阐明了经销商销售业绩的评价基础，以及在当前条件下，改进经销商经济状况的一些措施。

尽管在长期销售协议中设有业绩不合格就提前 90 天通知解约的条款，但像五年期这样的协议由于时间跨度很长，因此我们必须考虑到很多重要的分销因素，比如人口的流动、产品的潜力、经销商的经营效率、经济发展趋势以及竞争——虽然这些通常都在不断变化，但在此期间将被锁定。至于这个政策对于经销商组织的效率和积极性有何影响，只能由时间和经验来评价了。

通用汽车分销政策的其他重要变化还包括，我们任命了一名外部的中立仲裁员，他是一名退休的美国地区法院法官，负责代替经销商关系理事会来听取经销商对事业部决定的申诉，并进行仲裁。另外一个重要变化是各事业部经销商委员会选举办法的调整。经销商首先在片区进行选举，片区经销商代表再选出该地区的经销商代表若干，这些地区经销商代表召集地区会议，选出一位地区代表，各地区选出的经销商代表就构成了全国经销商委员会。

而通用汽车顾委会，也就是现在的总裁经销商顾委会的经销商成员，一直是由通用汽车来任命的，而非通过选举产生。由于通用汽车组织结构特殊（包括五个轿车事业部和一个卡车事业部），因此我们觉得，如果顾委会的交易商也采取选举方式，安排起来就会非常复杂。顾委会不同组别的成员反映了经销商的业务规模、所在社区的规模、地理位置，以及各事业部的经销商数量。

我们取得了很多成就，也有很多事情仍待完成。有些问题如果仍不解决，很可能意味着特许经营体系的终结。但有什么替代方案吗？据我所知只有两条路：一是建立由制造商所有，并由经理人运营的经销商模式；二是把轿车销售开放给所有人，就像香烟的销售模式一样——制造商来负责维护服务体系。我对这两种方案都持怀疑态度。特许经营体系在汽车行业盛行已久，我也相信它对于制造商、经销商和消费者来说是最好的选择。

My Years with General Motors
第 17 章

通用汽车金融服务公司

对汽车行业历史陌生的人可能会好奇，通用汽车怎么会拥有一家全美最重要的金融机构，并通过它来进行消费金融服务。

首先说一下相关事实。通用汽车金融服务公司（GMAC）作为通用汽车的下属公司，在过去几年办理了全美国 16%～18% 的与轿车销售有关的信贷业务。GMAC 的业务只来自通用汽车经销商，并且要与银行、其他销售金融公司、信用合作社以及当地的信贷机构竞争。我之所以说"竞争"，是因为它不是一项封闭性业务，通用汽车的经销商可以自由选择任何金融服务，对其零售顾客来说也是如此。目前，GMAC 全年零售信贷的业务总量大约为 40 亿美元，用于扶持经销商的批发信贷业务量大约为 90 亿美元。

我们在 40 多年前进入这个行业，当时汽车分销商的融资需求刚开始兴起。大量生产方式也使得消费者需要有更广泛的融资渠道，而银行当时对此并无兴致。它们忽视了（也可以说拒绝）这种需求，因此，汽车业要想卖出大量轿车的话，就必须找到其他路子。1919 年，当 GMAC 刚成立的时候，全国性的消费金融服务还没有出现。我记忆中最早的商家会为房子、家具、缝纫机、钢琴等物件提供分期付款，因为这些物件都非常昂贵，大多数人无法用现金支付，我想银行肯定也为一些人提供过借款。

因此，消费信贷本质上并不是一个新创意。我知道莫里斯计划（Morris Plan）银行大约在 1910 年就开始提供汽车购买的信贷服务，此后这项业务开始增长。但 1915 年的时候消费信贷在汽车行业中并不常见，那时候我的朋友约翰·威利斯（John Willys）是威利斯－奥弗兰公司的总裁（这家公司是当时最成功的汽车生产商之一），他劝我担任担保证券（Guaranty Securities）公司的董事，这家公司为威利斯－奥弗兰和其他品牌的轿车销售提供信贷服务。这如果不是第一家，至少也是最早的一批汽车信贷机构，它填补了常规信贷机构留下的空白。这也是我第一次了解到什么是分期采购计划。当时我对于这件事并没有太大兴趣，毕竟我那时还在海厄特，并且这件事跟生产或销售汽车无关。通用汽车财务委员会的主席约翰·拉斯科布对于 GMAC 的创建至关重要。而我当时是执行委员会成员，对这个想法也予以支持。

1919 年 3 月 15 日，杜兰特先生给 GMAC 的第一任总裁艾默利·哈斯凯尔写了一封信，这也标志着 GMAC 正式宣告成立。杜兰特先生在信中写道：

> 业务规模的增长带来了融资的新问题，而现有的银行机构似乎在解决这个问题上缺乏灵活性。
>
> 经销商销售能力的提升以及我们产品质量的提高带来了业务量的增长，而随着市场对于产品需求的持续提升，特别是对轿车和商用车需求的增长，经销商在销售旺季最需要资金周转的时刻，却愈发难以获得银行贷款。
>
> 这一事实让我们得出结论，通用汽车应该提供帮助来解决这些问题。因此我们成立了通用汽车金融服务公司，它的职能就是作为地方贷款的必要补充，帮助我们的经销商实现业务的全面发展。

在这里要说一下当时银行业和制造业在想法上的差异。我相信对于汽车，银行家想到的是巴尼·奥菲尔德⊖（Barney Oldfield），或者是周日驾驶着仿敞篷汽车在林荫大道郊游；换句话说，他们把汽车当作一项运动或者是一种休

⊖ 巴尼·奥菲尔德是美国最早的汽车赛车手，他曾被誉为"地球上驾驶速度最快的人"。——译者注

闲，没有意识到它是自铁路以来最伟大的交通革命。他们认为把消费信贷发放给普通人风险太大。他们甚至从道德层面反对贷款购买奢侈品，似乎认为鼓励消费就是反对节俭。因此，消费者当时主要是以现款购买汽车的。

于是经销商必须找到自己的融资渠道，主要来源是其自有资本，还有一部分是顾客的存款和银行信贷。早期的汽车信贷进行得不错，因为经销商负责的销售区域很广，并且是采用现款销售。因此对经销商来说，应对资金上的需求并非难事。但随着业务的增长，并且生产商持续要求款到发货，经销商没有那么多钱来支撑库存，更不要说满足消费者的分期付款要求了。

1915年，距离汽车行业跃居全美行业销量排名第一还有大约八年时间，汽车业的分销系统还没有一套日常的零售信贷体系，常规的银行渠道虽然可以提供这些，但范围非常有限。汽车行业必须依靠自己来发展这套信贷体系。

今天，美国经销商相当高比例的库存是由信贷方式在支持，有大约三分之二的新车和二手车是通过分期付款方式购买的。事实证明，人们对于消费信贷合理性的质疑和焦虑毫无依据。

就GMAC而言，从1919年到1929年，分期付款的零售损失大约为同期零售额的0.33%，这里指的是GMAC的损失，不包括轿车被收回后经销商所遭受的损失。1930年，该比例上升到0.5%，1931年为0.6%，1932年为0.83%。到了1933年，大约为0.2%。由此可见，在经济萧条最糟糕的时期，损失比例也从来没有超过1%——这充分表明，零售信贷系统是安全的，顾客是可信的。

当我们首次系统性地采用零售信贷的方式来分销和销售通用汽车产品的时候，我们并不知道这种信贷体系会经受经济衰退的严峻考验，也没想到它能如此出色地经受住考验。但我们相信，如果能对风险加以正常防范，那么批发信贷和零售信贷业务就能激发汽车的合理需求，解决由于信贷缺位造成的市场瓶颈。

今天的GMAC在美国、加拿大和许多海外国家直营，或者通过下属机构开展业务。和初创时一样，GMAC仍是专门满足通用汽车经销商和分销商的信贷需求，它的业务也仅限于为经销商分销和销售新车与二手车提供信贷。

GMAC为批发交易和零售交易均可提供融资计划。批发融资计划是针对经销商提供的，经销商可以在信托收据或其他担保条件下，贮备通用汽车的产品。经销商在承担相应付款义务的情况下，就拥有了产品的经营权，进而可以从事零售活动。如果经销商未能按照要求承担付款义务，或者违反了协议中规定的其他条款和要求，那么GMAC有权收回产品。

从1919年到1963年，GMAC为分销商和经销商超过4300万辆新轿车以及其他产品的销售提供了融资。与此同时，它还为消费者提供了超过4600万辆轿车的零售信贷，其中2100万辆是新车，2500万辆是二手车。

零售信贷也被称为"GMAC分期付款计划"，它在消费者和经销商达成事先拟定的零售分期销售协议后，由GMAC从经销商那里购买。但GMAC并没有义务购买经销商提交的每份协议，而经销商也没有义务把协议的购买权都交给GMAC。交易对于双方来说都是自愿的。GMAC有权拒绝它不愿承担的风险。经销商也可以把协议卖给对自己有利的买家。如果经销商把协议提交给了GMAC，并且所有信贷因素令人满意的话，GMAC就会购买这份信贷协议。接下来会由GMAC，而非经销商，负责向客户收取所有付款。

在美国以外的地区，当地的法律和一些环境因素可能会导致GMAC的贷款计划在技术和操作层面上有些变化。除此以外，美国的零售信贷和批发信贷计划的模式都争相为世界各地所效仿。我们的经验是，对通用汽车产品销售和分销实行审慎的零售信贷和批发信贷，这种做法在美国和世界各地都行得通。有记录表明，在世界各地，汽车信贷业务的风险水平都很低。

GMAC的基本政策是在1919年到1925年间制定并完善的。我们起初的动机主要有两个，建立这套制度的有效性，并为顾客争取合理的利率。我们有意把它变成一项盈利业务，同时我们也看重与客户的长期友好合作，并保护他们不必支付高贷款利率。

消费信贷的风险主要在于逾期不还、违约车的收回，以及二手车交易这几个方面。因此管理好预付定金、还款期限、购买者的支付能力很重要，还要确保信贷结构中违约车的回收价值可以抵扣逾期未还款。经销商作为客户债务的背书人，很重要的一点是要获得抵押担保，这样在必要的时候，就可以收回抵押物并以合理的价格转售。如果没有这样的抵押物，经销商的财务压力就会非常大。

有一项对消费信贷的多年研究让我们备受鼓舞，它是杰出的经济学教授塞利格曼（E. R. A. Seligman）在我们的资助下完成的。他在1927年出版的《分期付款销售经济学》是他研究的结晶，也是这个领域的标杆著作。我认为，这项研究对于帮助银行家、商人和公众接受分期付款这种销售形式，有着重要的影响。

塞利格曼教授的一些结论尽管今天已被公认，但在当时还是新鲜事物。他认为，分期付款的信贷方式不仅增强了个人的存款动机，而且提高了他们的存款能力。它不但促进了消费需求的提前，还通过经济的往来增强了实际购买力，它使得生产稳中有升，进而让收益所得超过了融资成本。

我们早期必须回答的一个问题是，经销商应该承受多大的财务负担。经销商实际上会为消费者的债务协议做无限背书，由此引发的风险程度应该如何评估，我们并没有经验。收回的抵押物存在转售贬值的风险，此外还有一种风险，那就是该抵押物，也就是轿车本身，可能由于消费者的更换或者政府的没收而销声匿迹，也可能因为一次全面或者局部的撞击事故而变得不再值钱。

1925年，当时的GMAC副总裁迪恩做了一番详细调研，此后我们对计划进行了修改，限制了经销商的风险范围。根据修订后的计划，在客户第一次未履行还款义务90天的期限内，如果抵押物不能以合理的条件返还给经销商，GMAC同意承担零售交易中的任何损失。此外，它还规定在GMAC的信贷利率中设定一个比例，用来建立一个储备基金，当经销商收回的抵押物出现转售亏损的风险时，可以用这笔钱来弥补损失。这样在很大程度上经销商就无须担心，信贷销售的损失可能影响到利润了。

与此同时，通用汽车的另一家下属公司——通用交易保险公司，可以针对火灾、盗窃和撞车事故提供风险保障服务。该公司为有需求的客户提供物理损伤险（并不保类似于公众责任和财产损失）。这对于经销商很重要，因为当时提供汽车保险业务的公司给出的条件非常苛刻，客户并非总能获得保单，而这又往往是信贷融资的前提。金融公司提供物理损伤险的想法很快被大家接受，并在经过一些修订后，成为金融公司与经销商之间的标准合作模式。今天为分期付款消费者提供物理损伤险服务的是汽车保险公司，它是GMAC

的下属机构。

在当时，客户如果未履行零售信贷交易中的还款义务，一些金融公司并不要求经销商对未支付的尾款承担责任。这种"无追索权"的制度有一个弊端，就是经销商不再有兴趣核查客户初始的信用资质。并且显而易见的是，这种运作方式成本更高。特别是金融公司在转售收回的产品方面，价格不如特许经销商公道。最终，顾客会因为融资成本的提高而支付额外费用。

一开始，GMAC 就没有遵循所谓的无追索权路径。这有几方面的原因。其中之一就是这会增加消费者的成本。GMAC 认为，免除经销商在零售分期付款交易中的一切责任，这种做法并不可取。信贷计划可以做到在确保抵押物收回的前提下，对经销商给予必要的保护，并让消费者的融资成本最低。此后的经验证明，这一论断是正确的。尽管如此，受竞争压力的影响，GMAC 后来在它的服务中还是增加了无追索权计划。

金融成本本身就是轿车费用中重要的一部分，这些年通用汽车和 GMAC 都在强调这一事实。GMAC 曾经指出，如果还款期限过长、首付比例过低，就会导致消费者增加不必要的成本。GMAC 一直反对收取过高的金融成本——我认为公平地说，GMAC 在这方面也是行业领导者。与 GMAC 关联最紧密的莫过于小约翰·舒曼（John Schumann Jr.）。他于 1919 年加入 GMAC，从 1929 年到 1954 年，他担任 GMAC 总裁长达 25 年。他是一名讲求操守的坚强领导者，他的个性也给这个组织打上了深深的烙印。他笃信诚实和公平交易的经世准则，并以一种不妥协的方式，推动了政策和实践的发展。

在 1937 年通用汽车的年度报告里，我对舒曼先生的政策表示支持，其中写道：

……向消费者收取超过最低合理水平的费用与通用汽车的政策不符，因为我们提供服务的目的就是要以最低的合理价格，让公众能够从经销商那里充分得到实惠。

在这方面，一些有趣的历史事件也陆续发生了。1935 年，GMAC 宣布了所谓的"6%计划"。它想告诉公众，对于首期未支付的余额款，可以申请年利率6%的信贷——这是计算金融成本的通行方式，也为衡量竞争对手的融资成本提供了比较的基础。尽管按照真实利率计算，实际的付款利率当然会比这个高，但GMAC仍按照通行的做法进行了宣传。GMAC认为，"6%计划"能够给顾客提供一个简单明了、耳熟能详的指标，便于顾客对实际金融成本进行衡量，但竞争对手不喜欢GMAC的"6%计划"。它们向联邦贸易委员会（FTC）抱怨称，这个计划是"不公平的行业行为"，会误导公众认为里面说的金融成本只是简单利率。而我认为我们在广告里已经完全清楚地表明，"6%"是一个乘数（也就是说，不是利率），但联邦贸易委员会裁决，GMAC必须终止使用"6%"这样的字眼——在我看来，这一裁决帮助了那些收取高费率的金融公司，却损害了消费者的利益。

1938年，政府向通用汽车和GMAC发难，指责我们强制要求通用汽车的经销商使用GMAC的金融服务。通用汽车否认提出过这样的要求，强调我们的关注点仅限于保护顾客利益，并说服经销商遵守我们的政策，为客户提供低费率的服务。

最终政府在印第安纳州的南本德市向通用汽车、GMAC、两家下属公司和18位高管提起了法律诉讼。审判于1939年秋天进行，并以一种罕见且自相矛盾的方式结束。法院判定个人被告全部无违法行为，而四家企业全部有违法行为。此后，政府向通用汽车、GMAC以及那两家下属公司发起了民事诉讼，仍然指控我们要求通用汽车的经销商接受GMAC的金融服务。1952年，经过与司法部反垄断司法局的漫长拉锯战之后，我们达成了和解协议，这份协议也为通用汽车和GMAC如何管理与经销商之间的关系奠定了基本规则。我们在这些规则的指导下运转良好。GMAC仍是一家独立经营的公司，仍与其他融资服务公司展开竞争。

到1955年年底，参议院反托拉斯和垄断下属委员会在华盛顿举行了听证会，我与通用汽车的部分高管被要求出席。这次听证会主要是跟"大"这个问题有关，人们针对GMAC进行了详细讨论。有些人认为，通用汽车应该剥离GMAC的业务。我关注到该下属委员会的报告结论中说到，通用汽车比其他轿车生产商具有竞争优势的原因在于，它有一家销售金融公司，应该强制它分拆这项业务。

可是何出此言呢？其他轿车厂商也都资金不菲。GMAC给通用汽车带来的优势在于两者之间形成了相互支撑的关系，进而保障了消费者的公平权益。并且我要高兴地说，GMAC为消费者和经销商提供了经济实惠的同时，也为通用汽车建立了一项盈利业务。

在那些和我们多少有些相似的行业里，也有许多企业认识到设立销售金融下属机构的价值。比如，通用电气旗下有通用电气信贷公司，国际收割机公司旗下有国际收割机信贷公司。这种以消费者利益的名义，剥夺通用汽车或其他任何公司的销售和分销工具的提议让我感到匪夷所思，也和我们的想法相去甚远。在我看来，它只会来自当初为了自身利益而攻击我们的那些团体，这些团体对GMAC富有远见、为公众着想的行为展开攻击，同时还反对GMAC在服务及服务成本上善待公众的政策主张。

1955年，GMAC的时任总裁查尔斯·斯特拉德拉（Charles G. Stradella）给下属委员会写了一封信，我对他陈述的基本事实表示赞同。他说：

> 或许GMAC会因为和通用汽车的关系具备一定的优势。一些经销商很可能会因此对服务的连续性、共同利益、公平待遇等方面感到放心。GMAC的贷款方也会对充足的资本、良好的管理，以及保守的金融政策和实务感到放心。但这些优势如果没有GMAC的业绩和它对优秀实践孜孜不倦的追求做保障，那么这些关系在利益相关方的眼里也用处不大。

GMAC推动了早期消费金融的形成。它在设定合理保守的首付比例及还款期限的问题上，也发挥了作用。在规范客户费率的合理性方面，它所产生的影响逐渐被立法机构所接受；超过一半的州现在已经立法设定了最高费率。我相信，所有的州都设立费率法案的日子不会太远。我个人认为，各州设定合理的低费率上限符合消费者的利益，是正确之举。

尽管立法对于有效控制公众分期付款的费率上限可能是有益的，但我从不认为经销商与消费者之间的其他交易条款，比如首付款和付款期限，需要通过法律来规范，除非是在国家紧急状态时期。这并不是说我对一些问题还没意识到，包括消费信贷过度扩张的危险。GMAC 的一贯做法就是不鼓励过低的首付比例，并把付款期限保持在合理范围。我还想补充的是，保守的信贷方式对于汽车行业的健康发展来说非常关键。一个人如果首付比例过低，或者还款期限过长，那他短期内往往不会有钱来买新车。

1955 年年末，很多地方都非常担心，消费信贷的规模有些过大，我们对首付款和还款期限的控制过于松散。在我看来，这样的结论站不住脚，但通过立法来控制消费信贷、抑制通货膨胀的呼声甚嚣尘上。美国总统在他 1956 年 1 月的经济报告中提出这样一个问题，如果永久授权一些政府机构能对消费信贷采取应急控制，是否会有助于现行的通胀企稳措施。总统把这个问题的研究通过经济顾问委员会交给了联邦储备系统委员会。在研究过程中，我们和很多人一起接受了问卷调查，并陈述了我们的看法和理由，我们认为由政府机构永久性地对消费信贷进行应急控制没有必要。通常来说，消费信贷的控制权可以放心交给消费者和借贷方来处理，除非国会认为有特殊情况发生，需要另行规定，或者国家进入了紧急状态，需要总统采取行动。1957 年，联邦储备委员会颁布了一项声明，其中说道"在经济快速增长、充满活力的情况下，消费信贷分期付款的波动幅度基本处于可容忍的范围内""设立一个和平时期的专门机构来管控消费信贷的分期付款，目前看来没有必要"，并称"如果我们采取整体性的货币措施以及合理的公众及私人财政政策来应对可能出现的信贷失衡，就能服务好广大公众的利益"。我对这些看法表示认同。

简而言之，我想说 GMAC 提供了一项与产品有关，并且符合消费者利益的服务。在我看来，它为客户、经销商和公司带来的好处显而易见。

My Years with General Motors
第 18 章

公司的海外业务

1962 年，美国和加拿大以外的自由市场上的轿车和卡车销量为 750 万辆，1963 年超过了 800 万辆。通用汽车在海外市场占有非常重要的地位，1962 年的海外汽车总销量为 85.5 万辆，1963 年预计为 110 万辆。我们今天的海外运营事业部是一家大型的国际机构，资产超过 13 亿美元，有大约 135 000 名员工。它要负责我们在海外 22 个国家的生产、组装和仓储业务，以及我们在美国和加拿大的产品出口，还要为美国和加拿大以外的大约 150 个国家提供产品的分销和服务。1963 年，该事业部的销售额预计为 23 亿美元。

回顾这个事业部过去 40 年的快速成长，人们可能会以为，我们海外业务的增长很自然，并且不可避免地会基于本国的发展路径进行延伸。事实上，这种不可避免的情况根本不存在。我查阅了很多资料，这些资料都是关于通用汽车过去数年来制定的海外政策。它们让我回想起政策发展的漫长、复杂历程，也提醒我当初在发展过程中做出的艰难决定。因为海外市场并不只是美国市场的延伸。我们在建立海外运营事业部的时候，几乎从一开始就得回答一些重大、基本的问题。我们必须要决策是否以及在何种程度上存在一个海外的美国轿车市场——以及如果存在，哪一种美国轿车的增长前景最看好。我们必须要决策，我们是希望成为出口商还是海外生产商。当我们弄清楚必须从事海外生产的时候，接下来的问题是我们应该在当地成立自己的公司，还是去收购和发展当地的一家企业。我们必须设计一些手段，来应对限制性的法规和税务。我们必须制定出一种适合海外市场的特有组织形式。20世纪20年代，在基本政策确定后，我们就在公司内部花了数年时间就这些问题进行了全面思考。

今天，通用汽车通过两种方式参与海外市场的发展，一种是作为美国轿车和卡车的出口商，另一种是作为小型外国车辆的海外生产商。例如，在1962年，大约59 000辆轿车和卡车从美国和加拿大以SUP的方式出口，我们称之为单件包装（single-unit pack）。它是指这些车辆出货的时候已经完全组装好，只需稍加调整就可以行驶上路。另外46 000辆通过CKD的方式出口，也就是全散装件（completely knocked down），必须在通用汽车海外装配厂完成组装（通常，CKD出货并不包括某些部件，比如车辆装饰和轮胎，这些可以在当地供应）。总计有超过105 000辆通用汽车的轿车和卡车从美国和加拿大出口，这些都是美国的产品和车型，来自公司的所有事业部。

此外，在1962年有大约75万辆轿车是在海外设计和生产的，1963年预计会有100万辆。1963年的增长得益于欧宝推出了一款新的小型轿车。通用汽车在海外的三家从事轿车生产的主力下属公司是德国的欧宝、英国的沃克斯豪尔，以及澳大利亚的通用汽车—霍尔登（Holden）。每家公司生产的都是相对小型的轿车（按照美国标准），这种小型车几乎主宰了整个海外市场。这三家公司都是通用汽车全资所有，各自都有成规模的出口业务，并面向全球各国市场。近些年，我们在巴西建立了工厂，1962年生产了19 000辆卡车和商用车，我们在阿根廷的工厂最近也启动了，它负责生产完整的发动机和冲压制品。

公司的海外业务主要取决于我们的海外生产设施。1962年，通用汽车海外销售的轿车中有大约88%是在海外生产的。这一比例一直在上升，并且在接下来几年还会提高，因为我们海外工厂的主要扩建方案已于近期完成。此外，美国和加拿大的出口量并不比20世纪30年代的时候高，事实上还要低于20年代末的水平（1928年是出口达到高峰的一年，当年从美国和加拿大出口海外的车辆接近29万辆）。

美国人容易忽视海外市场的欠发达程度，实际上在世界很多地方，汽车时代才刚刚到来。大量的地区还没有修好公路，即便是在西欧的工业化国家，汽车的使用率也远远落后于美国；整个欧洲，大约每9人拥有一辆汽车，而美国是每3人拥有一辆汽车。现在通用汽车在海外市场的销量，相当于1926年时的美国本土销量。

早期我们探索海外业务政策的时候，便敏锐感受到民族主义的问题。从汽车工业早期开始，美元储备少的国家就对进口的美国轿车（和其他美国产品）征收高额关税，严格限制配额。这种民族主义导致海外很多国家要求实现本地化生产，哪怕是本国的市场规模难以支撑起一个有效、完整的汽车行业。

1920年，整个海外市场的轿车和卡车销量大约为42万辆，其中一半销往西欧的四个工业化国家：英国、法国、德国和意大利。西欧是最富有，同时也最难进入的市场。英国、法国、德国和意大利这四个国家加在一起，市场的四分之三由自己生产的汽车占领，并且它们下定决心要把美国的竞争品牌拒之门外。另外一半的海外市场散落在全球各地相对欠发达的国家。在这个"二级市场"上，美国生产商通常可以自由进入。

尽管我们对待每个国家会有不同的策略，但20世纪20年代的时候，我们从海外运营中找出了一些模式。我们逐渐认识到，在海外市场上主要是面对两种营销局面。第一种主要限于西欧市场。表面上看，我们在欧洲大陆的出口业务似乎很兴旺，但从长期来看，我们的欧洲出口和分销体系越来越明显地受到经济民族主义的威胁。我们继续在这些市场上全力推动出口，并且在几个欧洲国家建立了装配厂予以支持。装配厂可以利用当地的管理者和劳动力，让我们与地方经济更加紧密地结合。此外，随着我们对当地的供应状况越来越了解，我们会增加当地资源的利用，比如轮胎、玻璃、汽车装饰等产品。换句话说，如果经济上划算，我们从美国出口未组装的轿车时就不用包括这些物件，直接在当地购买和安装就可以。这和出口整车相比还有另外一个优势，就是税负会较轻（今天美国汽车在通用汽车的比利时、丹麦和瑞士工厂进行组装）。但有一种呼声日益强烈，就是未来我们应在欧洲当地建厂生产。出口公司的负责人詹姆斯·穆尼对于这一点慷慨直言、非常坚持。尽管如此，在20世纪20年代末之前，由我担任主席的执行委员会对这种做法持怀疑态度。

在欧洲以外的大部分地区——这些地方还没有实现高度工业化，普遍存在的是另一种营销局面。这些地方未来很多年都无法进行生产运营。因此我们只能依托出口，其中包括SUP和CKD。我们今天在欧洲以外的装配厂分布在南非、秘鲁、墨西哥、委内瑞拉、澳大利亚、新西兰和乌拉圭。

尽管自1925年以来，我们的海外销量增长超过了八倍，可是我认为，我们的运营特点和基本的海外营销策略可以说是在20世纪20年代的时候就确立好的。

在欧洲获得生产基地这个问题上，我们首先想到了法国的雪铁龙公司。从1919年夏天到初秋，我们花了好几周的时间商谈收购雪铁龙一半股份的事宜。正如之前所说，那一年杜兰特先生派了一群通用汽车的高管去考察欧洲的汽车产业，而这群人也参与跟雪铁龙的实际谈判，其中哈斯凯尔先生担任主席，成员包括凯特灵先生、莫特先生、克莱斯勒先生、钱皮恩先生和我。安德烈·雪铁龙（Andre Citroen）是一位干劲十足、富有想象力的商人，他正好也有兴趣出售他的公司。我们直到快要离开法国的时刻，仍然不确定是否值得做这笔交易。我记得在我们准备乘船回国的前一晚，我们在克利翁（Crillon）酒店的一个房间里一直坐到天亮，就这个问题展开了深入的讨论。总的来说，我们支持收购，但也存在一些具体的困难。首先，法国政府不希望看到由美国股权来收购一家曾在战争中做出重要贡献的本国企业。其次，它的生产设施对我们也没有吸引力，如果我们要运营雪铁龙，需要的资金显然会远远超过最初预估的成本。还有一点，这家公司当时的管理条件并不完善。那天晚上我们探讨过一个方案，就是请克莱斯勒先生或者我搬到法国来运营这家公司。我自己对这项建议不感兴趣，并且我说，总的来讲我们自己在国内的管理都还捉襟见肘，因此无法提供一个能掌管雪铁龙运营的人选。

有时我也在想，如果克莱斯勒先生或者我同意代表通用汽车来掌管雪铁龙的运营，那么汽车行业的历史又将会是什么样。当时，这个行业还很新，正处于爆炸性增长的阶段，行业前景也就由少数的领导者来塑造，通常都是资本去追逐这些人才，而非相反。不管怎样，在离开法国前几个小时，我们决定放弃购买雪铁龙。这家公司后来被米其林公司收购，并且经营得非常好。通用汽车还从未在法国成立过一家汽车生产厂，不知怎的，时机和环境似乎总是不太合适。但我们在法国有一个大型的冰箱生产厂，我们在当地还是火花塞和其他汽车元件的重要生产商。

接下来，我们把打造海外制造基地的目标瞄向了英国。在20世纪20年代早期，美国轿车在英国市场上的销售前景很黯淡。所谓的麦肯纳税收为所有的外国轿车设置了高得可怕的关税壁垒。此外，汽车牌照的费用是以单位马力来进行计算的。这种依照马力数计算费用的办法，对小缸径、长冲程的高速发动机非常有利，对美国的发动机不利，因为美国汽车的汽缸口径与冲程的长度基本相等。而保费的多少通常又跟牌照费用相关，这就让美国轿车的车主遭受双重损失。1925年，一辆雪佛兰旅行车在英国的牌照费、保险费和维修成本加在一起，大约为每周一英镑（约合一年250美元）——不包括正常的运营成本。相反，一辆英国奥斯汀（Austin）轿车的车主，其固定开销大约为每周11先令（约合每年138美元），其初始成本也更低。

虽然把美国轿车出口到英国遇到了上述情况的阻碍，但英国的制造商也有自己的困难。20年代中期，英国的汽车行业出现了大量的生产商，但其轿车和卡车的生产总量加起来也只有16万辆，其中还夹杂着各种不同的设计和价位。英国工厂不像美国工厂，有大规模生产带来的经济效益，其价格也长期受到打压。因此，我们要想在这儿建立一个制造基地，就必须从长期发展上来考虑，想获得巨大的短期利益是不可能的。

我们的第一项行动是尝试收购奥斯汀公司。这家公司1924年生产了近1.2万辆轿车，这个生产规模在当时的英国属于相当大了。在1924~1925年期间，时任通用汽车出口公司（现在的海外运营事业部）副总裁的穆尼先生就收购奥斯汀公司的前景问题，跟我以及公司其他的一些人进行过几次讨论。我们看到，即便是在麦肯纳保护性税收被临时取消的情况下，奥斯汀仍然实现了产量和利润的双增长（该项税收于1924年8月1日取消，然后又于1925年7月1日恢复）。1925年春季，穆尼先生对奥斯汀的设施进行了考察，并写了一份报告建议我们收购。7月，公司派出一个委员会前往英国，对问题做进一步考察。委员会中包括佛瑞德·费希尔、唐纳德森·布朗、约翰·普拉特，当然还有穆尼先生。8月份，委员会给我发来如下电报：

> 委员会一致认为，这家英国公司将会提振通用汽车出口公司的业务。我们认为可以出资100万英镑买下奥斯汀的所有普通股，无须购买已公开发行的160万英镑优先股——后者需支付133 000英镑（总计5 495 050美元）红利。我们认为，这项投资的收益率至少在20%，它能保护我们本土生产商的利益，还能增加其盈利。保守预计，扣除债务后的净资产将达到200万英镑，此外还有60万英镑的商誉资产（总计1261万美元）。鉴于我们内部对此表示了一致认可，是否授权我们去达成这项协议呢？

当天我给他们回了一封电报：

> 财务委员会在6月18日的会议中已经声明，对执行委员会做的任何建议都会予以批准。如果你们委员会已达成共识并且无所顾虑，认为这项收购有利且价格合理，我们乐于继续推动并授权你们这样去做。我们这里不可能就收购的适当性及其金额做出任何判断。交易达成后，请电报告知，便于我适时发布公告。这边的情况一切都好，祝好。

这项交易后来没有完成。我在这儿就不再重述谈判过程中遇到的所有障碍了，只想说双方的主要分歧与奥斯汀的资产评估方式有关。9月11日，穆尼先生给我发来电报，说我们已经取消了收购要约。

我回想起当时听到这条消息的时候，实际上有种如释重负的感觉。因为在我看来，奥斯汀的很多问题跟六年之前雪铁龙所处的困境是一样的，它的实体工厂当时条件很差，管理很弱。并且我也怀疑，我们的管理层是否具备弥补奥斯汀不足的能力。事实上，随着海外及国内业务的拓展，管理能力的持续弱化是20世纪20年代我们一直面临的问题。

读者可能会问，在这种情况下，为什么我会先授权，让英国的考察团去完成奥斯汀的收购。从根本上说这是因为，我总是试图通过协商而非胁迫的政策方式来运营通用汽车,当大多数人反对我的想法时,我通常会做出让步。我还要说的是,涉及这项工作的通用汽车高管都有着非凡的才华和坚定的信念,我觉得作为总裁,应该尊重他们的判断。但请注意,在我给他们的电报中,我把达成交易的责任也同样交给了他们,他们必须有效地履行责任。

在奥斯汀谈判破裂后不久,我们开始了收购沃克斯豪尔汽车公司的谈判,在英国它是一家小得多的汽车厂商。这项收购于1925年下半年完成,在通用汽车内部的异议也小得多。沃克斯豪尔生产一款相对高档的轿车,车身大小和别克差不多,年产量只有1500辆。它绝不是奥斯汀的替身。事实上,我把这项收购当作海外制造的一次试验,但这项试验似乎很有吸引力,而且我们的投资只有2 575 291美元。

我们接管沃克斯豪尔后的头几年,它的业务一直在亏损,渐渐地我们知道了,如果想在英国市场上获得更大份额,我们必须生产一款更小的轿车。穆尼先生非常希望能尽快开始研发,他想把沃克斯豪尔作为先例,为日后的生产运营向其他国家扩展铺好路。我当时对于海外运营前景的感受远没有他那么清晰,总的来说,我认为在我们制定出一个清晰的海外运营政策之前,我们在未来几年里还是应该缓慢谨慎地行事。

一个特殊的情况是,尽管我们已经表示,我也曾说过要在海外发展生产,并且我们收购了沃克斯豪尔公司,但执行委员会还没有达成一项清晰明确的海外政策。1928年,公司就这个问题展开了一次决定性的讨论。1928年1月,我在尽量保持灵活立场的同时,给执行委员会提出了如下初步设想:

> 执行委员会认识到,通过追加资本来提高公司盈利、发展业务机会是有效之举,因此会根据原则支持公司利用资本,在海外的制造业国家从事生产业务,投资方式既可以是独资,也可以是与外国制造商联合出资。

由此我表达出原则上希望发展海外制造业的愿望。我的这种想法在1月26日的执行委员会会议上进行了充分讨论并记录在案,只是没有任何实质行动。显然,我们仍然在进行政策的摸索。这时候的宏观政策议题聚焦到了几项具体问题上：我们应该扩建沃克斯豪尔，还是应把它作为一笔不良投资注销？我们真的有必要在欧洲从事制造业吗？或者如果推出一款从美国出口的雪佛兰改良版，这款车能在欧洲市场上有竞争力吗？我们尤其不确定如何在德国采取行动。如果我们决定在那里进行生产，我们是应该把柏林的装配厂扩建成一个制造厂，还是应该和其他一些生产商联合？我们从事海外运营的同事，特别是穆尼先生，倾向于扩建自己现有的设施，而我则倾向于与一家德国生产商联合。当然，这两种观点的背后都有非常充分的理由。

海外生产的问题在 3 月 29 日的执行委员会会议上又被提及，此后在 4 月 12 日的会议上进行了再次讨论；在后面一次会议上，我们特别讨论了是否应在英国和德国生产小型轿车的问题。事实上在 1928 年，执行委员会几乎一直都在讨论这个问题。当时有一种强烈的情绪，认为我们的出口部门只负责把美国的产品销往国外就好了，不应该介入海外制造。同时，我对于一项提议也颇有兴趣，就是我们在美国成立一家机构，设计一款"小缸径"的改良版雪佛兰轿车，从而避免英国和德国的高额马力税。我认为如果这一建议可行的话，我们或许就不必在沃克斯豪尔开发一款新的小轿车了，也无须去德国建厂了；或者，即便有必要在海外生产这样一款轿车，我们至少有了车型设计的方案。不论我们接下来会在哪个国家采取行动，我都希望在此之前能够找出一些令各方满意的事实来。

在 1928 年 6 月 4 日召开的执行委员会会议上，我强烈建议每位成员单独跟穆尼先生进行讨论，我希望这样的讨论能够帮助我们厘清思路。7 月，穆尼先生给我发了一份很长的备忘录，详细陈述了他对于所有问题的看法。几周以后我把这份备忘录转给了执行委员会，其中还包括我对穆尼先生一些观点的评论。或许描述争论的主题以及还原讨论情景的最简单方式，就是从他的备忘录中摘录一些内容。

穆尼先生首先提出，继续拓展出口公司业务的做法很可取。他指出："在过去五年，出口事业部的销售额已经从 2000 万美元增长到 2.5 亿美元……我们的总体问题……是要在尽可能短的时间里，把出口额从现在的 2.5 亿美元提升到 5 亿美元，并且找到能在未来持续增长的方法……"

穆尼先生进一步指出："……我们今天在全球市场上售价最低的产品，也就是雪佛兰，其用户采购成本大约要比美国用户的采购成本高出75%，但全球市场的用户购买力只有美国市场用户购买力的大约60%。因此，雪佛兰在全球市场上并不属于大众型轿车，而是售价相对较高的品类。"

穆尼先生又从以下方面，阐述了扩建沃克斯豪尔的主张：

（1）我们已经启动了一项制造方案，方案中提出要以增加一款车型的方式来进行扩建。

（2）我们在英国的分销体系规模庞大且不断增长，因此我们在沃克斯豪尔工厂的投资必须予以保障。

（3）我们在把英国当作出口市场源头的时候，必须要考虑一个重要事实，即大不列颠帝国占据了除美国和加拿大以外全球38%的市场份额。

讨论接着转到了我们未来如何处理德国业务，穆尼先生就这个问题提出了以下鲜明观点：

（1）我们在柏林已经建立了一家机构，它是通用汽车的装配工厂。

（2）我们建议利用这家工厂来制造一款轿车，而不是去购买欧宝汽车公司的股份。

（3）由于德国的汽车工业还处于形成阶段，我们现在建立一个成功的制造基地恰逢其时。

（4）我们现有的投资必须予以保护。

（5）德国不仅国内市场潜力巨大，而且在向邻国出口方面也占据优势。

我对他的一些主要观点表示认同。至于其他一些观点，正如我之前提到的，坦率地说我并不确定。我跟穆尼先生之间一个明显的分歧在于，我们在德国的政策究竟应该怎样。我对这个问题的观点大致是：如果我们想生产一款小型轿车，并且比雪佛兰要小得多（我们假设这是一件划算的事儿），那么我们最好直接跟欧宝合作。我感觉这会让我们一开始做起来更顺利，总比在一个我们还不太熟悉的国家，单枪匹马地和别人竞争要好。

在之后的六个月里，我们在德国的政策最终确定了。1928年10月，我去欧洲考察，通用汽车的法律顾问约翰·托马斯·史密斯（John Thomas Smith）和查尔斯·费希尔与我同行。我们走遍了我们在欧洲的出口企业和装配厂，也拜访了欧宝汽车公司。这次访问进一步激发了我收购欧宝的兴趣，以至于我谈成一项由通用汽车收购欧宝的购买权协议。该购买权协议将于1929年4月1日到期。我们同意，在对欧宝公司进一步调查后，通用汽车如果决定收购欧宝会支付大约3000万美元。

1928年11月9日，我把这一情况汇报给了执行委员会。委员会对于收购欧宝的想法基本认同，并且同意进行深入调研。在1928年11月22日的委员会会议上，我们决定成立一个调查组负责这件事。调查组最终的成员包括史密斯先生，他担任调查组的负责人，还有公司的财务助理主管阿尔伯特·布拉德利、别克汽车的生产负责人德拉姆（C. B. Durham），以及工厂布局和物资流转方面的专家温纳伦德（E. K. Wennerlund）。在调查组出发前，我发给史密斯先生一份正式备忘录，里面概括了我对于形势的看法。我请他记住这些问题：

1. 如果有一天美国出口的轿车只能进入高价位市场或区间，真正的大众市场被当地轿车统治，我们是否会后悔现在没有竭力避免这种局面？

2. 如果能在欧洲大陆、英国和海外其他市场生产一款比现有的雪佛兰配置更简单，并且经过设计和开发售价也低得多的车型，那么会不会出现巨大的市场机会？

3. 如果刚才说的第2点是正确的话，哪怕现在还没实现……那么我们是不是可以认为，随着德国工业的发展，很快制造成本的差异就会小于关税和其他进口支出，这个巨大的市场机会是不是就会呼之欲出呢？更别说马力税这个不利因素，想想看它会对海外进口业务造成多大的影响。

4. 如果对海外制造业的投资能够获取丰厚回报，那么公司是不是就有机会借助欧洲大陆和英国市场的运营，捍卫组织的规模、销量和利润，并保护海外其他地方的业务发展不受损失？

我在总结时给出了如下告诫：

……作为主席，我特别想对委员会的每位成员和您说的是，不要对任何事情想当然，要用一种"开放的心态"去研究和接触每种观点，不要带有成见，我们唯一的目的就是获取事实，不论这些事实会把我们引向何处。事实上，这是自管理层扎根于企业管理领域以来，公司在资本投资和组织发展领域迈出的最重要的一步。通用汽车涉足海外制造这件事必然会在行业内和政府部门间引发广泛的讨论，因此，我们善于以建设性的方式做建设性事情的名声，也会面临风险。委员会对这个问题的分析负有重要责任，这不仅仅是为它自己，也是为了整个公司。

调查组大约于 1926 年 1 月 1 日启程。我于 18 日向财务委员会汇报了欧宝的情况——事实上，还有海外生产的全部情况。财务委员会总体上对欧宝的收购表示认同，并且一致通过了如下决议。

> 决议：执行委员会下属委员会已奉命奔赴海外，就通用汽车对德国欧宝汽车公司价值 1.25 亿马克的重大股权收购或购买权延期事宜展开可行性调查。公司充分授权他们在保证通用汽车利益最大化的基础上，对该项事宜做出决定；公司认为，如果欧宝的部分股权仍然保留在其管理层手中，将会对公司有利，因为通用汽车之后可以在最初报价和累积利润的基础上，再次提出收购（如果今后公司在欧洲有运营扩展计划，并希望采取这种行动的话）。

以上记录清楚地表明，执行委员会和财务委员会达成了一致。授权完成欧宝交易的下属委员会成员有福瑞德·费希尔、一位公司董事、一位执行委员会和财务委员会成员，以及我自己。我们三月初前往欧洲，并在巴黎和调查组进行了会面。调查组交给我们一份日期为 1929 年 3 月 8 日的报告，里面有他们对欧宝的调查结论。报告内容很完整，给出的建议干脆具体。我还收到了调查组的一封附加信，信里写道："我们强烈建议根据修改的条款，行使购买权。"这份报告的相关结论可以总结如下：

（1）德国国内的汽车市场发展状况，大概和美国 1911 年的时候一样。

（2）德国是一个天然的制造业国家，有丰富的煤矿和铁矿储备，有大量的熟练工人。为了发展国内经济,德国必然要生产并出口剩余商品,同时实现低成本制造。因此,要想在德国汽车市场取得成功,就必须在德国制造。

(3)欧宝公司是德国最大的汽车制造商;它在低价轿车市场上居于领先,1928年在德国产的轿车销量中占44%的份额(占德国轿车市场销量的26%)。

(4)欧宝公司在吕塞尔斯海姆有一家汽车厂,生产装备和建筑设计都很好。70%的机械是在过去四年里精心采购的。它的所有专用工具几乎都已被注销。工厂的柔性很好,可以适应新车型开发。高级工人的储备也很丰富。

(5)欧宝有736家销售网点,拥有德国最好的经销商组织。

(6)除了欧宝公司的有形净资产(1800万美元)之外,计提的商誉估值(1200万美元)很合理。如果我们自己要在德国建一个新厂,至少需要两年的时间才能让运营做到有效率、能盈利。而我们支付给欧宝公司的净资产溢价,用不了这么长时间就可以回本。

(7)收购还会让通用汽车拥有欧宝的经销商组织,并且我们会获得一个"德国背景",而不必以外资的身份从事运营。

在费希尔先生和我看来,调查组的建议显然得到了这份详尽报告的充分佐证。于是我们决定批准这项收购,并前往欧宝的总部吕塞尔斯海姆。不久之后,我们便达成了一项协议,它和我之前获得购买权时的协议版本只是稍有不同。在最终协议中,我们以25 967 000美元的价格收购欧宝80%的股份;此外我们还获得了剩余20%股份的购买权,价格为7 395 000美元,而欧宝家族获得了"出售选择权",它可以在未来五年里,把20%的股份按照一定的价格卖给我们。1931年10月,欧宝家族执行了该选择权,通用汽车因此获得了欧宝公司的全部股份,合计成本33 362 000美元。

尽管欧宝公司运转良好,但它并非没有管理问题,尤其是在高层政策的制定方面。我们还看到,公司与其经销商之间也存在问题。很多经销商都有精心打造的机器加工店,可以生产自己的汽车零部件。欧宝公司此前还没有开发出一套通用部件。当客户需要某个零部件时,分销商只好量身定做一个,或者即便从工厂拿到一个部件,也必须进行改造。而通用汽车习惯了基于通用部件的大规模生产方式,因此我们觉得这种做法并不合理,就着手改正了这一点。

欧宝公司的收购使我们在德国市场上占据了有利位置。该公司1928年的轿车和卡车产量只有43 000辆，以美国的标准来看规模还很小，但我们大张旗鼓地制订了扩张计划。在收购交易达成后不久，欧宝公司总裁格海姆拉特·威尔海姆·冯·欧宝召集所有的经销商和分销商到法兰克福举行了一次大会，大约五六百人到场，他们来自德国和附近的出口国。我向大家讲了通用汽车的政策，我对他们说，虽然德国是一个高度工业化的国家，但它的汽车生产水平相对于美国来说还很低，并且我预计，欧宝的产量有一天会达到年产15万辆。当我的这番话被翻译成德语时，受到了众多人的嘲讽。他们认为我不过也是一个不切实际、好高骛远的美国佬。而就在我写这段话的时候，欧宝的产能已经达到65万辆。

我们在收购欧宝后不久，就任命罗伊特（I. J. Reuter）担任董事总经理。罗伊特先生曾是奥兹事业部的总经理。作为一名运营高管，他既有优秀的工程背景，也有很好的生产和销售经验。他还是德国后裔，并且能说比较流利的德语。为了让罗伊特先生接受这份差事，我做了大量的工作，最终他同意了；1929年9月，他、我以及为他选定的几位助手人选启程前往吕塞尔斯海姆，举行了正式的任命仪式。

虽然在德国市场的政策制定上，我的观点总的来说起了主导作用，但在英国的政策制定上，穆尼先生的建议最终被采纳。到1929年的时候情况已经很明朗，我们要么扩建沃克斯豪尔，要么放弃英国市场。穆尼先生主张沃克斯豪尔应该开发一款更小型的轿车，并成功说服了大家。1930年，一款售价更低的六缸车型诞生了。当年同样值得关注的是沃克斯豪尔首次进入了商用车市场。这家公司的卡车业务颇具竞争力，但在轿车市场上的表现仍然令人失望。于是在1932年年初，我任命了一个委员会前往英国，就产品方案提供报告和建议。委员会主席由当时的财务副总裁阿尔伯特·布拉德利担任，委员会建议，沃克斯豪尔终止现有的轿车产品线，转而制造并销售一款更小、更轻的六缸轿车，以后可以再出一款四缸轿车。这款新型的"轻六"轿车于1933年引入市场，而一款马力更小的四缸轿车也于1937年推出。委员会的建议对沃克斯豪尔产生了深远的影响。目前该公司每年的轿车和卡车产能已经达到395 000辆。

在收购欧宝和扩建沃克斯豪尔的过程中，通用汽车经历了一次重要变革。它从一家国内制造商转变成为一个具有国际视野的制造企业，它伺机寻找市场空间，并且在时机成熟时，对这些市场提供制造和装配设施以及组织资源的支持。公司在高层的政策制定上也明确了方向。

对我们来说，能在20年代末收购沃克斯豪尔和欧宝是很幸运的事。因为当席卷全球的经济危机于1929年爆发的时候，我们的出口业务急剧下滑——和美国其他生产商一样。通用汽车美国和加拿大的出口车辆从1928年的29万辆暴跌至1932年的4万辆。此后，出口量开始回升，但我们海外产量的增长速度更快。1933年，沃克斯豪尔和欧宝的销量首次超过了美国产通用汽车的海外销量。战前海外市场销量（包括本国和国外产的轿车）最大的一年是1937年。当年我们从美国和加拿大出口18万辆汽车，而海外生产的汽车销量为18.8万辆。

第二次世界大战爆发以后，我们所有的海外业务前景自然打上了很大的问号。即便最终轴心国失败了，我们仍然难以确定世界的主体政治和经济情况会怎样。1942年，在我的建议下，我们在公司内部成立了战后计划政策小组，它肩负着评估未来的全球政治局势，并对通用汽车的海外政策提供建议的重任。我担任这个政策小组的主席。通用汽车副总裁、海外运营事业部总经理爱德华·赖利（Edward Riley）负责汇集战后海外政治和经济局势的最佳见解，为我和政策小组提供详尽的总结报告。其中的大部分结论都包括在他于1943年2月23日寄给我的一封信里。我要从这封信中引用比较多的内容，因为在战争年代，它就是我们思考未来海外运营的主要指引。

……我得说我们相信（赖利先生写道）……美国在这次战争后，将取得比第一次世界大战后更强大的地位。我的意思是，不管我们国内的政治局势如何发展……美国在经历了过去25年来的世界变化以后，不会再把自己孤立于世界问题和活动之外，因为这些问题和活动如果没有美国的指导、干预和支持，任凭其自由发展，可能会再次背离我们的利益……

在英国……我们已经发现了一些昭示未来的事件。

我们今天看到的端倪之一，是英国决心在一些重要市场通过高效生产实现低成本，在此基础上以全球贸易国的姿态参与竞争。这和它在战前对基础产业实行卡特尔保护的定位不同，那种方式下必然导致生产成本高企，进而需要对市场采取保护措施。

英国另一个明显的发展趋势是越来越多的人确信，捍卫英联邦未来安定与繁荣的最佳方式，是与美国形成更加紧密的政治联盟。

……就目前掌握的信息来看，我们认为，苏联政治思想的主线仍将是和平发展，而不是通过侵略性的战争手段对外扩张……

苏联的影响力不仅指向西部的欧洲国家，而且也发展到了它的南部和东部地区。波斯、印度、中国甚至日本过去都感受到它的影响力……战后苏联仍将全面维护它的影响力。

我们感到……苏联的社会和政治哲学……将会超越其边界，进而在那些条件适合的地区得到认可和发展……阻碍苏联哲学传播的最有效方式是对适合其发展的条件采取预防或者缓解措施，并且证明像美国和英国这样的生活制度带给大众的恩惠绝不会少，甚至更多……

综上所述……未来可能会在苏联的西部、南部和东部形成某条鸿线，在这之内的地区，苏联的思想将占主导，而在这之外，美国和英国的思想将占主导。

……基于过去的经验，在战后苏联影响力强的地区，可能不会为我们的业务带来多少机会。

尽管这些只是"理论上的猜测"，但事实证明它总体上说得有道理。我想我可以把我们战时的观点总结为，我们预测到会有某种"冷战"的情况发生，但同时我们完全相信，战争结束后我们的海外业务将会在世界很多市场上兴旺发展。

海外政策小组在研究了赖利先生的报告以及很多其他资料以后，在主席阿尔伯特·布拉德利的领导下，于1943年6月采纳了一项有关公司海外拓展计划的声明。海外政策小组当时需要回答的一个重大问题是，我们在战后是否需要收购新的制造企业。这项声明提到了世界各地的工业化趋势，并认为这种趋势将会加速发展。声明还说，通用汽车将会在那些拥有海外运营公司的地区参与并支持工业化的发展。"但是，声明中说，"对于在战前不具备轿车及卡车完整生产设施的国家，通用汽车不认为它们在战后或者战后一段时间内就能具备这种基本条件。但澳大利亚是个例外……"换言之，除了澳大利亚以外，我们预计战争结束后不会收购其他主要制造基地了。

战后我们面临的最大、最急迫的问题是欧宝的资产。战争开始后，这些资产就被德国政府控制了。1942年，我们对欧宝的总投资约3500万美元，而根据财政部出台的有关资产被敌方掌控时的规定，我们可以将这笔投资冲抵纳税所得。但这项规定并没有终止我们对欧宝拥有的股权或责任。随着战争接近尾声，我们了解到我们仍被认为是欧宝的股东，并且作为股东，我们还要履行相应的责任。

此时，我们对于是否重掌欧宝有些犹豫不决。我们并不知道欧宝的实体状况如何，相关的税务情况也很不明朗。负责对这个问题进行研究的委员会在1945年7月6日给海外产品小组写了一份报告，内容如下：

1. 由于缺乏与该资产相关的信息，因此目前无法决定是否应该处置这项股权投资……

2. 不应错误认为，如果现在以名义价值出售了该项股权，就可以避免缴纳因资产恢复而产生的更多税费……

3. 目前正在起草的战争损失法案在财产恢复的税率、税收限制、财产恢复日期和评估方法等方面都还很不清晰……

让事情变得更复杂的是，苏联方面要求把欧宝作为战争赔偿交给他们接管，而这项要求一度就要既成事实了。但在1945年下半年战争结束以后，美国政府坚决反对这么做。我恐怕得说一下，通用汽车在关于欧宝作为赔偿资产的可行性谈判中，压根儿没起任何作用。事实上，我一度感觉我们不可能把欧宝当作盈利业务了。我在1946年3月1日给赖利先生的一封信中写道：

> 无论正确与否，我个人认为在目前的情况下……根据我们的观察，倘若通用汽车仍然承担第二次世界大战前的那些运营职责，那么从盈利角度来讲无论如何都是不值当的……在我看来，既然您在假设中也提到这里的市场机会有限，那么也就不值得我们投入其中……

或许我的悲观论调很大程度上反映了战争及其灾难性的后果对情绪造成的影响，当然有关欧宝的大量未知因素也加剧了我的担忧。随着未来局势的明朗以及事实的水落石出，这种情绪发生了变化。在这之后的两年里，通用汽车一直和在德国的美国区盟军政府进行谈判。美国军方总督卢修斯·克莱（Lucius Clay）将军向我们明确表示，他支持我们尽快收回欧宝的资产。他强调，如果我们在这件事情上无限期拖延，那么该资产就必须交给德国指定的监护人来负责。

1947年11月20日，运营政策委员会向财务政策委员会建议，通用汽车应收回欧宝的控股权。这项建议与海外政策小组的结论一致，该小组也曾建议收回控股权。

1947年12月1日，财务政策委员会考虑了这项提议，并指派了一个调查小组对欧宝当时的所有情况进行审议。该小组由公司当时的总裁威尔逊任命成立，主席是具有丰富经验和能力的运营长官孔克尔。其他成员包括海外运营部门的霍格伦（E. S. Hoglund）、主管财务的副总裁弗雷德里克·唐纳、公司法律顾问亨利·霍根（Henry M. Hogan），以及副总裁埃文斯（R. K. Evans），他深谙工程和生产，并且有着多年的海外工作经验。

调查小组于2月11日离开纽约，3月18日返回。在此期间，他们仔细审查了欧宝的财务状况，访谈了驻柏林、法兰克福，以及威斯巴登的军政府代表，并且和很多德国人进行了会面，包括欧宝的高管、重要的德国供应商、德国政府的当地代表，以及欧宝工会的官员。在调查小组得出调查结论前，还联系了英国、荷兰、比利时、瑞士的实业家、银行家和政府官员，并且和华盛顿的美国国防部及军方代表也接触过。

1948年3月26日，调查组把调查结论提交给了公司总裁。报告内容以资产负债表的形式呈现，并给出了重掌欧宝控股权的优缺点。报告本身的建议是，我们应该重掌欧宝公司的控股权。但财务政策委员会在1948年4月5日的会议上，对通用汽车当时收回欧宝的运营职责是否合理提出了质疑。部分会议纪要内容如下：

> 收到了由总裁任命的特别委员会提交的一份报告，报告日期为1948年3月26日（#580）。该报告检视了我们收回西德运营业务的合理性。
> （财务政策）委员会的结论是，考虑到这项资产的运营还有很多不确定因素，公司此刻不宜收回运营责任……

海外政策小组在1948年4月6日召开会议，讨论了财务政策委员会4月5日所做的会议结论。大家对特别研究小组提交的报告进一步思考后，认为财务政策委员会之所以对收回欧宝的运营控制权不支持，主要是由于一些委员对其中某些重要的因素感到不确定。海外政策小组认为，这些不确定因素可以归结为几个基本问题。我在会中力陈，如果能用一份简要的备忘录，把大多数不确定因素明确列出并予以澄清，就可以为我们跟财务政策委员会重新商讨恢复控制权的问题打下基础。我建议由赖利先生起草备忘录中的基本资料，并表示，资料完成后如果大家觉得其中的观点足够翔实、有理有据，那么我愿意再提交一份报告，要求财务政策委员会重新考虑整件事。

威尔逊先生在1948年4月9日给我的一封信中指出，自从上次的财务政策委员会会议后，他一直在思考欧宝这件事，信中内容摘要如下：

> ……周一的时候我惊讶地发现，除了唐纳先生以外（毕竟他作为特别调查小组的成员也同意并支持他们的一致建议），我是（财务政策）委员会中唯一一个愿意恢复这项德国业务的成员……
> 但我认为，这件事情显然不能像现在这样长期搁置，财务政策委员会必须要再次审议。我不认为评审应该安排在意大利选举后，或者要等沃尔特·卡彭特和阿尔伯特·布拉德利能参与讨论和最终决策的时候再进行……

我在1948年4月14日给威尔逊先生回了信，信中部分内容如下：

　　……您说周一的时候，您很惊讶自己是委员会中除了唐纳先生，或许还有布拉德利先生之外，唯一愿意恢复这项德国业务的成员。这并不正确，我一直都对恢复德国的业务表示支持。

　　我参加财务政策委员会时，曾希望我们能根据您的假设确定一些具体原则。我强烈建议大家对此予以考虑。但由于这些原则没有形成，我只能违背我的看法，接受了相反的意见……

　　您认为目前的情况令人不满，对此我也同意。我在周一会议结束后就有这种感受，周二我参加完后续讨论后，这种感觉更加强烈了。因此我在周二的会议上再次强烈要求大家对我周一时的提议予以考虑，我们应起草一份详细的计划书，并指明在何种条件下，可以恢复在德国的运营。我非常确信，如果我们能这么做，那么财务政策委员会将有可能改变看法。不管怎么说，成事在人。

接下来赖利先生和我进行了一系列讨论，对一些不确定性因素予以澄清，并从运营角度设置了一些海外运营事业部可以接受的，又符合现实情况的约束条件。在这之后，我起草了一份报告，并在1948年4月26日提交给财务政策委员会，报告中我强调了以下几点。

　　1. 必须认识到，这次的问题和1928年财务委员会遇到的问题不一样。它不是关于我们是否应该进入德国市场开展运营的问题。我们的业务已经开展起来了。总的来说，问题源于我们主要政策制定中一项非常重要的原则，我在后面将会提到。更具体来说，1928年的问题有：我们要向海外输出巨额的资本，我们不确定能否在一个海外国家组织起完整、高技术含量的生产运营，如果新开发的产品线跟已有产品线既有关联，又有差异，市场前景如何，盈利的可能性多大，等等。而现在我们不必考虑任何资本输出……

　　2. 当然，报告中提到了当地经济几乎陷于停滞，而经济是企业发展的根基。但我们还有别的选择吗？自从战争结束后，整个德国经济一直处于这种状况，急需启动积极有效的重建……

3. 关于通用汽车是应维持国内企业的定位，在本土制造，然后把产品卖给有需求的海外市场，还是应该成为一家持续扩展的国际化机构，伺机寻找海外制造的机会，以支持或者独立于本土的生产运营，这一问题早在20世纪20年代后期已有定论……我相信通用汽车必须积极奉行这条政策。至于具体的问题，我认为唯一要考虑的是从业务的长期发展来看，它的盈利机会是否值得我们冒险。

我具体给出了如下建议：

1. 建议委员会重新考虑4月5日的会议决议，并就这份报告做进一步讨论。

2. 建议委员会批准对欧宝公司恢复管理职责，并试行大约两年。试行期过后，再根据当时的状况进行评估。

3. 恢复管理职责的条件应在以后界定。这样做并非想让某个权威来对这些条件做出承诺，也不是想由某个权威来对它负责。它只是我们撤出管理职责的先决条件，也就是说在两年期的试运行过程中，当我们的管理当局认为运营情况已经无效或无以为继的时候，就应随时撤出。

我在第4点中阐明了第3点中提到的条件：通用汽车不应再冒险向欧宝追加投资，可以安排信用贷款。我们应在人事政策和行政管理上有完全的自主权。管理层对欧宝的产品生产具有完全管辖权，而如果政府当局要对定价进行管制的话，则应确保合理的动用资本回报率。

在1948年5月3日的会议上，财务政策委员会审议了欧宝的情况，会议纪要如下。

委员会收到了阿尔弗雷德·斯隆先生于1948年4月26日写的一份报告（#606），报告建议委员会有条件地批准，恢复对欧宝公司的控制权。委员会一致认为，结论应基于以下假设：①通用汽车不会向欧宝追加投资，也绝不会向后者做出这一保证；②恢复对欧宝的控制权不会改变通用汽车在美国联邦所得税上的待遇。

此后，我们针对通用汽车的税务问题展开了讨论。霍根先生和唐纳先生认为，在这个时候恢复对欧宝的控制权，并不会对通用汽车的联邦所得税有负面影响。

经过提议和附议后，委员会一致达成如下决议：

财务政策委员会认为，收回对欧宝公司的控制权无须通用汽车向欧宝追加资金，也不需要以任何方式向后者做出追加资金的保障；并且

财务政策委员会认为，此时恢复对欧宝的控制权，并不会对通用汽车的联邦所得税待遇产生负面影响。

因此，

决议：财务政策委员会告知运营政策委员会，在此基础上，并不反对收回对欧宝公司的控制权；并且

决议：鉴于上述内容，恢复对欧宝的控制与管理，必须在运营政策委员会认为适当的条款和条件下进行；并且

决议：将阿尔弗雷德·斯隆先生于1948年4月26日撰写，主题为欧宝公司的报告（#606）拷贝发给运营政策委员会，以供参考。

公司的立场现在很明确了。它的目的就是要按照财务政策委员会设定的条件，恢复对欧宝公司的控制权，同时还要遵循通用汽车在与美国军方政府谈判时厘清的诸多重要细节，其中包括欧宝资产的归还，以及允许通用汽车对其恢复控制管理权等问题。所有这些工作最终得以完成。1948年11月1日，通用汽车发布了新闻稿，内容如下：

通用汽车宣布，从今天起恢复对欧宝公司的管理控制权，欧宝公司位于德国美因河畔法兰克福附近的吕塞尔斯海姆。爱德华·茨杜内克（Edward W. Zdunek）被任命为该公司的董事总经理，他此前曾任通用汽车海外运营事业部的欧洲区域经理。欧宝公司的董事会在本周选举产生，

由九名通用汽车的美方代表组成，通用汽车海外运营部的助理总经理埃利斯·霍格伦担任董事会主席。

到 1949 年，欧宝的轿车和卡车销量增长到 4 万辆，此后依然发展迅速，和西德其他产业的强劲复苏保持一致。1954 年，欧宝的销量接近 16.5 万辆，一举超过了战前的最高水平。

战后初期，我们在商讨欧宝问题的同时，还在澳大利亚收购了一个新的生产厂。早在 20 世纪 20 年代早期，我们就已涉足澳大利亚市场。澳大利亚当时对美国汽车宠爱有加，有些年份美国汽车的市场份额甚至超过 90%。但澳大利亚政府在进口美国车身的问题上设置了很多障碍。旅行轿车的车身关税达到 60 英镑——在当时接近 300 美元。这项关税起源于第一次世界大战，当时运输舱位属于稀缺资源，后来它又有了一个耳熟能详的理由——为了鼓励本地工业的发展。由于有这样的高关税存在，通用汽车在 1923 年决定从霍尔登车身制造公司那里采购轿车车身，这家公司位于阿德莱德，以前生产皮具，第一次世界大战期间开始生产车身。我们与这家公司建立了紧密的商业合作，在 20 年代后期几乎采购了它的全部产量。1926 年，我们成立了通用汽车（澳大利亚）公司，开始在澳大利亚建装配厂和我们自己的经销商组织。1931 年，我们收购了霍尔登公司的全部股份，把它与通用汽车（澳大利亚）公司合并组建了通用汽车—霍尔登公司，开始从事许多种汽车元件的生产。这样在第二次世界大战结束时，我们已经有了在澳大利亚的制造经验和经销商组织，并且对当地市场很熟悉。

在战争还没结束的时候，我们就决定要把霍尔登发展成为一家全面制造型企业。正如我在本章前面提到的，1943 年 6 月，由布拉德利先生担任主席的海外政策小组已经通过了一项声明，指出在战后建立新的主要生产基地的问题上，澳大利亚可能是我们唯一考虑的国家。到了 1944 年 9 月，海外政策小组进一步决定，有必要在澳大利亚实现整车生产。事实证明，这是一项及时的决策，因为当年 10 月，澳大利亚政府正式邀请通用汽车和其他感兴趣的各方参加该国轿车生产项目的投标。由于我们在这方面的思路已经基本清晰，因此我们很快就采取行动接受了投标邀请。1944 年 11 月 1 日，一份得到海外政策小组认可的报告提交给了管理委员会，其中提到了在澳大利亚建生产基地的建议。报告中指出：

（1）我们已经在那里从事了部分制造业务，因此，有关全面发展制造的决定只是程度问题。

（2）澳大利亚有熟练的劳动力、低成本钢材和其他适合汽车生产的经济基本面，并且气候宜人。

（3）如果不采取本地化制造，那么在一个受保护的市场里，我们的份额无疑将会萎缩。

1945年3月，澳大利亚政府当局与通用汽车—霍尔登达成了一致。此后一直到1946年，通用汽车在底特律成立了一个大约30人的小组，给他们讲解如何启动新生产运营，组员中有美国的工程师和生产工人，也有澳大利亚的后备人员。这个小组在离开美国之前制造了三辆原型车。1946年秋天，这些人和他们的家人（加在一起大约75人）离开底特律，乘坐租用的加拿大太平洋火车公司的专列抵达温哥华。他们还带走了测试车辆、所有需要的工程数据、数吨重的图纸和印刷品，以及热情洋溢的底特律精神。1946年12月，他们乘坐一艘租用的轮船从温哥华出发，抵达澳大利亚。1948年，他们为澳大利亚生产的第一批轿车卖出了112辆，到了1950年产量提高到20 000辆，1962年的产量为133 000辆，而产能扩大到175 000辆。

My Years with General Motors
第19章

非汽车产业：柴油电力机车、家用电器、航空业

通用汽车不仅生产轿车和卡车，还生产柴油电力机车、家用电器、航空发动机、运土设备以及许多其他耐用品。总的来说，我们的非汽车产业大约占民用产品销售额的10%。然而，产品的多样化终归有个限度。除了"耐用品"以外，我们从不生产其他产品，并且我们的产品几乎都与发动机有关。即便杜兰特先生进行过很多业务拓展和多样化的尝试，他也不建议涉足那些明显超越我们边界的领域，而这条边界已经被我们的公司名界定了（General Motors，Motors 既有汽车之意，也有发动机之意）。

我在这里不打算逐一介绍非汽车产品的详细发展史。本章主要讲的是我们如何开拓柴油机业务，如何开发弗里吉戴尔冰箱产品线，以及我们航空业务的发展。

当然，如果能找出通用汽车进军非汽车业务的清晰模式，那就再好不过了，但发展过程中的各种机缘巧合使得我们很难做到这一点。当然，我们有意通过业务多样化来规避汽车业务下滑所带来的风险。但我们从没制订过一个非汽车业务的总体计划，我们只是出于各种原因涉足了这些领域，并且我

们在一些关键时点上非常幸运。比如我们进入柴油机领域是因为凯特灵先生对柴油发动机非常有兴趣，早在1913年的时候他就开始进行柴油动力试验，想为自己生产的农场照明发电机找到一款合适的引擎。而通用汽车涉足冰箱领域是因为杜兰特先生，不过若不是一系列巧合事件使然，我们早就放弃冰箱业务了。而我们进入航空领域是因为，我们认为小型飞机将成为汽车的重要竞争对手。

我认为值得指出的是，这些业务在我们最初投资的时候都属于比较新的品类。那个时候还没有柴油机车能为美国的干线铁路服务，电冰箱只是一种花哨的机械装置，而航空业的未来还在人们的遐想之中。换句话说，我们并非只是用财务和工程资源来"收割"汽车领域之外的新产品。我们早早就涉足其中——早在45年之前，并且帮助它们发展。尽管我们在这些领域的业务有所发展，但近些年我们没再进入新领域，除了1953年收购了欧几里得道路机械公司（生产运土设备），以及从事过军需物资的生产以外。

柴油电力机车

通用汽车是在20世纪30年代早期，小规模地进入机车行业的。当时的美国铁路业仅对专用调车机车感兴趣，对柴油机车毫无兴趣。然而在不到10年的时间里，柴油机车的销量就超过了蒸汽机车，而通用汽车的销量比其他机车制造商的销量总和还要多。由于我们引领了柴油机的革命，帮助铁路业节省了巨额资金，因此今天的电力机车事业部得以占有机车市场的大量份额。

我认为，这种巨大成就的背后有两条主要原因。首先，我们在生产适用于长途运输的轻型、高速柴油发动机问题上，比别人更有决心。其次，我们把汽车行业的某些制造、工程和营销概念带到了机车行业中。在我们生产柴油机之前，机车业一直采取定制的方式，它们向生产商提出具体要求，涉及的细节之多使得铁路业几乎没有两辆机车是一样的。但我们几乎一开始就向铁路业提供标准机车——可以做到较低价格的批量生产。此外，和蒸汽发动机比起来，我们能做到在保障发动机性能的情况下，每吨英里的净成本更低，我们还设有服务部门，提供标准化的可更换部件，从而让这种保障更加可靠。

这些做法对机车行业产生了革命性的影响，也巩固了我们的行业地位。

当然，通用汽车起初感兴趣的柴油发动机，其工作原理并无新奇之处。最初的专利是德国发明家鲁道夫·狄塞尔（Rudolph Diesel）于1892年获得的，他在1897年成功生产出了一部单缸25马力的发动机。早在1898年，美国生产出了60马力的双缸柴油发动机。这些早期设备运用的压缩—点火原理与现代柴油机车发动机是一样的。

四循环柴油发动机的工作方式是这样的：在活塞第一次吸气冲程中，发动机只吸入空气。在下一次活塞冲程中，空气被压缩到大约每平方英寸500磅⊖的程度，温度约1000华氏度。在压缩冲程即将结束之前，柴油在极高压力下被喷射到燃烧室。于是热空气点燃了柴油。活塞的第三和第四冲程分别是做功和排气——这和汽油发动机一样。但柴油机既不需要汽化器，也不需要电子点火装置，因此在使用的便利性上比汽油发动机有优势。

如上所述，柴油机直接把燃料转化成了一种能量。在这方面它和蒸汽机不同，蒸汽机的燃料只是用来产生蒸汽的，它和汽油发动机也不同，因为汽油发动机在点火之前需要先将燃料气化。这两种发动机的效率都不如柴油机高——事实上，柴油机在我们日常使用的热机中，热转化效率最高。现代柴油机使用蒸馏石油，在过去则使用过其他的燃料。鲁道夫·狄塞尔自己曾想过用炭粉，但他的同事一开始就说服他使用石油，以避免划痕问题。后来，其他人试着按照狄塞尔最初的想法用炭粉进行试验，还有一些别的燃料也做过尝试，但石油一直是标准的柴油机燃料。

尽管柴油机的效率很高，但多年来它的实际应用非常受限。柴油机几乎无例外都很大、很沉重，并且运行缓慢，因此它们最多的应用领域在发电站、泵站和船舶工业。每马力的发动机重200~300磅，而这实际上就是问题的核心——如何制造一个体积较小、功率大，并且高速运行的柴油发动机。

我已经说过，柴油发动机从原理上讲没有什么秘密。或许我还要补充的是，通用汽车柴油机车生产的任何元件，都不涉及未知的原理。当时缺乏的只是解决实际问题所需的想象力、主动性和才华。

欧洲人从20世纪第二个10年期开始就在做这方面的研发，并且到1920

⊖ 1磅 = 0.453 592 4千克。

年时，一些柴油轨道车和机车已经投入运营。到 1933 年，一些美国柴油机生产商成功地生产了一批柴油发动机，并用于调车机车服务中。由于柴油机在重量上相对于调车机车很轻，在运行上比蒸汽机更经济，因此取得了一定成功。生产商也曾尝试把柴油发动机应用于本国的干线客车和货车运输上，但没有取得成功，毕竟在这些领域里，发动机的重量、功率和体积都非常重要。如何把柴油发动机的规格比例降到一个可控范围，实现单位马力重量的低比值，就成了我们工程师的主要课题。

在通用汽车这种大型组织里，我们很难把某项重大任务的开拓归功于或者归咎于某一个人。但在柴油机的问题上，查尔斯·凯特灵先生几乎就是整部发展史。早在 1921 年，通用汽车研究公司，即现在的通用公司研究实验室的前身，就开始在凯特灵先生的密切关注下测试柴油发动机。1928 年 4 月，凯特灵先生给自己买了一艘柴油动力的游艇以后，就把主要精力放在了柴油发动机上。了解他的人大概都猜得到，当他乘坐游艇时，花在发动机舱里修修补补的时间往往比他在甲板上休息的时间还要多。他早就认为，柴油发动机没必要过于大而沉。

大约在同一时候，我开始关注通用汽车柴油发动机的发展前景。如果我没记错的话，有一天我来到底特律的研究实验室，对凯特灵先生说："凯特，既然我们都知道柴油机的循环效率高，为什么它没有得到更广泛的应用呢？"凯特灵先生以他特有的方式说，那是因为发动机不愿按照工程师所希望的方式去做。然后我对他说："非常好——我们现在进入柴油发动机业务了。您来告诉我们发动机应该怎样做，我来设法找到生产设施资助这个项目。"当然，"我们进入柴油发动机业务"不过是一种说辞，我的意思是，我会在公司内部支持他。

1928 年，凯特灵先生和研究实验室的一个工程小组找到了当时多家厂商提供的柴油机，开始对它们进行一系列的全面测试。通过对测试结果的分析，以及对当时柴油发动机科学文献的详尽研究，凯特灵先生最终得出结论，问题的解决方案就是所谓的双循环发动机。双循环发动机在当时并非新鲜事物。事实上，该结论真正的高明之处在于，凯特灵先生确信双循环原理可以完美地适用于小型柴油机。尽管人们此前对此进行过深入探索，但得出的结论是它只适合体积大、速度慢的发动机，在其他领域基本上不可行。

在双循环发动机中，新鲜空气的吸入和燃烧后气体的排放同时发生。它每两次冲程就做一次功，而四循环发动机则是每四次冲程做一次功。其结果是，在输出功率相等的情况下，双循环发动机的重量只有四循环发动机的不到五分之一，体积则不到后者的六分之一。但这种更小的设备也产生了巨大的工程问题。其一，凯特灵先生开发的双冲程发动机要求燃料喷射系统的精度必须很高。具体来说，研究实验室要求生产出（最后也确实做到了）一种单体喷油器，它的零件间隙只有十万分之三到十万分之六英寸，而为了能把油从直径为0.01~0.013英寸的喷油嘴小孔中喷射出去，它的喷射泵要承受每平方英寸3万磅的压力。其二，双循环发动机还必须有一个外部气泵。这成为另一个大的开发项目，但最终研究实验室交付了我们想要的结果：一个小型轻便的设备，只需3~6磅的压力就能抽吸大量空气。

到1930年年底的时候，双循环发动机的实用性已经显而易见，而凯特灵先生也在柴油技术领域取得了重大突破。我曾向他许诺负责找到生产设备，显然这个承诺现在也该兑现了。我们四处寻找符合要求的专业设施。我们的设施开发主要通过两家公司的收购来完成：温顿发动机公司和电动机车工程公司，两家公司都位于俄亥俄州的克里夫兰。

温顿制造的柴油机主要用于海上轮船（凯特灵先生的第二个游艇发动机组就是由它制造的），它还制造某些大型汽油发动机。电动机车是一家工程、设计和销售公司，它本身没有制造设施。这两家公司已经紧密合作了近十年。那时候，它们已经在汽电轨道车的设计与销售上发展了大量业务并且颇有名气，其产品主要应用于短途运输。在20世纪20年代的大多数时间里，为轨道车生产发动机主要是温顿的业务。但和蒸汽机车相比，汽电轨道车的运营规模持续萎缩，到了20年代末，电动机车工程公司发现汽电轨道车的销售难以为继，这也影响到了温顿公司。

在这种情况下，两家公司大约从1928年和1929年开始，认真研究将柴油机应用到铁路中的可能性。当时，电动机车的总裁哈罗德·汉密尔顿（Harold Hamilton）同样遇到了困扰凯特灵先生的燃料喷射问题。汉密尔顿先生也试图开发一种小型柴油机。在当时的技术条件下，他能生产的最小柴油机也有每马力大约60磅重。他认为,机车的发动机不能超过每马力20磅,而曲轴转速要达到每分钟约800转。尽管有一些柴油机接近这样的规格,但汉密尔顿先生认为它们的性能和稳定性达不到铁路应用的要求。此外汉密尔顿先生还意识到,他的柴油机需要有金属管和金属接头,这样即便需要承受每平方英寸6000~7000磅的油压,也能够长时间使用。温顿无法进行这种冶炼,而汉密尔顿先生也不知道行业里该找谁。最终他得到的结论是,大约需要1000万美元的风险资本来解决他和温顿的这个问题——其中需要大约500万美元来攻克技术难关,另外的500万美元左右用于提供制造所需的厂房设备。

很快汉密尔顿先生和温顿的总裁乔治·科德灵顿(George Codrington)就明白了,他们无法从银行筹到这笔钱,并且在铁路业也根本没有这样的风险资本(因为铁路运营商和汽车生产商都对柴油机缺乏兴趣,不愿意从事必要的研发)。但大约在这时候,凯特灵先生为他的第二艘游艇订购了温顿发动机,由此也结识了科德灵顿先生。凯特灵先生之所以买这台发动机,只是因为科德灵顿勉强同意为他安装当时新研发的一种燃料喷射装置,这是当时温顿一位工程师的杰作,而凯特灵先生对此很看好。我不知道谁先提议温顿加入通用汽车的,反正我们在1929年的夏末启动了正式谈判。到10月的时候,收购温顿的协议就基本达成了,而当时经济危机的爆发还一度让人对这项交易感到疑惑不解。

但在我们看来,收购温顿绝对是笔好买卖。我们当时对美国汽车市场的发展前景并不确定,毕竟在20世纪20年代后期,市场始终没有增长。因此,任何企业只要在我们的业务领域内,又能提供合理的多元化发展机会,我们自然都有兴趣。

1929年10月21日,公司副总裁约翰·普拉特在给运营委员会和财务委员会的一份备忘录中,提到了收购温顿的建议,内容如下:

> 在过去一段时间里,我们就收购俄亥俄州克里夫兰温顿发动机公司的可能性进行了思考。在前几次会议上,我们也就这个话题进行了非正式讨论。

我们认为，美国的柴油机产业已经到了商业化应用的阶段，并且接下来可能会有非常大的发展。温顿发动机公司在美国无疑是一家杰出的柴油机生产商……

温顿发动机公司的管理团队很有能力，也不需要我们现在给它增援人手。按照我们的预计，如果它的业务继续增长，我们可以考虑给它增派一位能干的管理者，或许担任助理总经理或销售经理的职务……

……通过收购这家公司，我们可以更好地利用我们在发动机领域的研究成果，并将极大地帮助我们在柴油机的研发领域保持领先。这项业务的盈利性也很看好，如果它的业务如我们大多数工程师所想的那样，能够继续扩展，那么我们将会从温顿发动机公司的收购中获得良好的投资回报……

最终在1930年6月，温顿并入通用汽车，科德灵顿先生继续担任总裁。温顿的主要市场仍然是大型船用发动机。⊖ 在收购温顿五个月以后，我们收购了电动机车工程公司，并且仍由先前的公司管理层来负责运营。在收购电动机车公司的谈判中，汉密尔顿先生和凯特灵先生继续就轻型柴油机所面临的挑战进行了多次的长时间交流。汉密尔顿先生在他1955年给参议院下属委员会的一份证词中，描述了凯特灵先生对于开发柴油机的巨大热忱："……就像朝一匹火马摇响了铃铛一样。"事实上汉密尔顿先生说得很清楚，通用汽车吸引他的并不只是公司的巨大财力。"……我们在通用汽车所拥有的比这更多。"他这样说道。"……那时候我所知道的公司很多都财力不菲，但它们对于这个问题还没调整好心态，而这一点在当时非常必要，并且它们也缺乏勇气去伴随这个事业一同成长，直至成功。至少这是我们对这件事的看法。"

有一段时间，温顿和电动机车公司的运营跟以前差不多。汉密尔顿先生和凯特灵先生都觉得，要制造出一个具有商业可行性的铁路柴油机，还需要花很长的时间。与此同时，凯特灵先生花了大量精力来完善双循环发动机。

⊖ 1937年，温顿公司的名字改为克里夫兰柴油机事业部，并于1962年与电动机车事业部合并。同样是在1937年，我们成立了底特律柴油机事业部，生产船用和工业用途的小型柴油机。尽管多年来这两项业务之间存在部分重合，但总的来说，底特律柴油机事业部专门从事小型发动机的生产。

到了 1932 年，凯特灵先生决定开发一款双循环八缸发动机，输出功率约为 600 马力。由于凯特灵先生的新发动机相比现有的 600 马力四循环发动机更有优势，特别是它的单位马力重量比值，因此这款柴油机似乎值得开发。

当时，我们正为 1933 年在芝加哥召开的世界博览会——"一个世纪的进步"做布展策划。我们希望推出一项生动的展览——一条实际运营的汽车组装线生产雪佛兰轿车的场景。我们的组装线需要有动力支撑，因此我们决定把凯特灵先生提议的两组 600 马力柴油机派上用场。

起初我们考虑用新柴油机为这次博览会提供动力时，只是想好好观察它的实际运行表现。我们主要想证明凯特灵先生的基本设计合理并且实用，我们并没有想到它的商业应用会来得这么快。但还没等展出用的机器造好，我们的这种想法就发生了急剧的转变。

促使我们改变的原因主要是一家铁路公司的总裁——伯灵顿公司的拉尔夫·巴德（Ralph Budd）突然对柴油机产生了兴趣。巴德当时想生产一辆新式、流线型的轻型客运列车，在外观和运行效率上都要有显著变化。1932 年的秋天，他在克里夫兰做了停留，拜访了汉密尔顿先生，汉密尔顿先生向他介绍了通用汽车柴油机的试验，并让他和凯特灵先生取得了联系。巴德先生对合作前景感到非常兴奋。

于是他前往底特律，拜访了通用汽车研究实验室。凯特灵先生给他展示了双循环发动机的试验品，但也告诫他八缸发动机还没造好，并且肯定需要经过大量的研发工作以后，才会认真考虑能否作为机车的动力设备。巴德先生也得知通用汽车计划在博览会上测试这种发动机。

当博览会开幕时，我们的柴油发动机组透过平板玻璃窗清晰可见，任何有兴致的人都可以对它们进行仔细观察。只是我们仍有些不放心，我们严格要求展会宣传人员只字不提发动机组的事——即便从某种意义上说，它们才是我们此次展会的最大亮点。于是这些发动机组参展的事情没有被通报，不过整个展会期间，巴德先生密切关注着它们的表现。他非常清楚，这些发动机组在哪些问题上困扰着我们。他知道每天晚上都要有一两名工程师来进行维护，以确保它们第二天还能正常运行。他知道凯特灵先生的儿子尤金（Eugene）的看法。尤金负责维护运营，根据他后来的评价，"这台发动机唯一正常的部件是量油计"。

尽管如此,巴德先生继续向我们施压,他想把柴油机用到他的伯灵顿西风列车上。1933年,当联合太平洋(United Pacific)铁路公司公开宣布了生产流线型列车的计划时,巴德先生的这种想法也变得更加迫切。联合太平洋计划生产的只是一种小型三厢列车,并没有真正的机车牵引——它的动力车头本身就是列车的一部分。它的动力来自温顿生产的12缸600马力的汽油机。这列列车并没有重大的技术创新,但列车的外观图已经广泛传播开来,公众的反馈非常好,一下子全国都对这种流线型列车趋之若鹜。所有这些更让巴德先生渴望推出自己的流线型列车,但他仍然希望使用柴油机。

我们本想再花上一两年的时间,先把凯特灵先生开发的柴油机中的小故障处理掉,但巴德先生的执意坚持最终说服了我们。1933年6月,我们同意为他的先锋西风列车生产八缸600马力的柴油机。1934年4月,当这部发动机投入试运行时经常发生故障,这也正是我们所担心的。但这些故障逐渐被解决了,1934年6月,巴德先生又为他的特温西风列车订购了两部被称为201A的通用柴油机。与此同时,联合太平洋公司并没有坐等流线型列车的交付。在这之前,它已经在1933年6月底向温顿开出了新订单,为它的铰接式六车厢卧铺列车配备一个12缸的900马力柴油机,并在1934年2月为它的"城市"系列的旅客列车订购了六部1200马力的柴油机。

这些早期的柴油动力流线型列车取得了巨大的成功。伯灵顿西风列车的运行测试值得纪念,它从丹佛行驶到芝加哥平均时速78英里,总共只用了13小时10分钟。联合太平洋的"城市"列车从西海岸到芝加哥的运行时间由60多小时缩短到不到40小时。铁路的运营成本降低了,而旅客的乘车次数则大大提高。于是这两个客户立即要求我们生产更大功率的发动机,这样它们就可以加长列车的车身。1935年5月,我们开始向联合太平洋公司交付1200马力的柴油机,我们给伯灵顿也提供了两部1200马力的发动机。这些发动机可以拉动12节列车车厢。

1934年年初,凯特灵先生和汉密尔顿先生找到我讨论柴油机的问题。汉密尔顿先生跟铁路从业者打交道很多,他告诉我那些人觉得我们的发动机造得很成功。但他们想让通用汽车生产多用途的柴油动力机车,而不只是动力车的发动机。凯特灵先生示意,他愿意承担柴油动力机车的试验和开发。我问他需要多少钱,他表示可能最多需要 50 万美元。我告诉他,根据我开发新项目的经验,这么点儿钱绝不可能造出一个新机车来。"我知道,"他亲切地回答,"但我想如果我们花了这么多钱,那么其余的部分您也会兑现的。"于是他获得了这笔钱。

事实上,我们当时离机车业务还差得很远。我们仅有的生产设施就是温顿的发动机工厂,但那也有些过时了,我们毫无制造电气传动设备和机车车身的基础。因此 1935 年年初,我们决定在伊利诺伊州的拉格兰建造我们自己的工厂。这个工厂最初只生产机车车身——驾驶室和车架,发动机由温顿提供,其他元件来自之前的外部供应商。但我们在设计拉格兰工厂时就考虑到,日后要能生产和组装机车的所有部件。工厂建成后不久,我们就开始扩建。到了 1938 年,拉格兰工厂已经成为一个完整的机车生产厂。

正如我所提到的,我们早期的柴油机经验主要是在客运机车领域。但到了 20 世纪 30 年代中,汉密尔顿先生和他的工作小组认为,生产柴油动力调车机车经济潜力巨大。当时我们的一个竞争对手为铁路业提供柴油动力调车机车,重量大约为 100 吨,售价高达 80 000 美元。该机车很大程度上是按照客户要求定制生产的。汉密尔顿先生认为,如果客户愿意接受"直接供货的"标准柴油调车机车,那么我们可以定价 72 000 美元。在他的推动下,我们开始生产这些调车机车。事实上,在没拿到一个明确订单之前,我们就生产了 50 辆。

我们对这项新政策的重视程度,可以从 1935 年 12 月 12 日的一份备忘录中看出来。这是普拉特先生写给我的,部分如下:

> 我们认为,有一项基本政策必须要坚持,也就是电动机车公司应该生产标准化产品,而不应根据每家铁路公司的要求承接许多不同标准和规格的业务。我们建议,在我们接受铁路客户机车定制的要求以前,至少应在一段时期内试行产品标准化的政策。

事实上,这个问题很快就得到了解决。我们第一批的调车机车销售情况良好，并从 1936 年 5 月开始交付。尽管一开始利润率并不高，但电动机车公司的盈利状况大有改观。汉密尔顿先生向铁路客户承诺，随着调车机车的产量提高，我们会把运营效益的提升通过降价的方式让他们受益。截至 1943 年，当战时生产委员会要求通用汽车退出调车机车领域并完全专注于货运机车时，我们已经生产了 768 辆调车机车；1940 年 10 月，我们给顾客提供的 600 马力调车机车的售价降到了 59 750 美元。

与此同时，我们的客运机车业务迅速扩展。截至 1940 年，全国范围内我们在运营的柴油动力客运机车大约有 130 个。我们于 1939 年开始生产货运机车。到了第二次世界大战初期，这项业务一度中断，因为我们的工厂全部在为海军生产登陆舰（LST）发动机，因此几乎脱离了机车业务。

说到这儿读者可能会问，当我们推动柴油项目的时候，机车行业的其他厂商在做什么。答案是除了极少数厂商以外，其他都还在生产蒸汽发动机。尽管在 1940 年以前，美国和加拿大都有人尝试过生产柴油客运机车，但这些产品都没有超越产品原型阶段（1940 年，一家竞争厂商生产的柴油动力客运机车终于投入使用了）。尽管 20 年代末有一群生产商尝试着生产过一次，但在第二次世界大战结束以前，我们是唯一一家柴油动力货运机车的生产商。可以说，除了调车机车以外，我们在美国的柴油动力铁路机车领域都是第一。1955 年，参议院下属委员会曾暗示，这一成果是由于我们集结了主要力量来推动机车市场的发展，这种看法忽略了其他厂商当时并没有看到柴油机的潜力这一事实。正如凯特灵先生在另外一次国会调查中所说的，我们在机车产业中最大的优势是，我们的竞争对手认为我们疯了。

然而，柴油动力比蒸汽动力更先进，这从一开始就是明摆的事实。鲁道夫·狄塞尔在 1894 年就谈到它在铁路应用中的先进性，此后也数次提到这一点。在 20 世纪 20 年代后期，工程和铁路的期刊上也有柴油机车当时在欧洲的完整报告和运营成本数据。任何人只要愿意耐心倾听，我们都能向他证明，柴油机的运行更平稳、速度更快、服务更清洁，并且能大大节约燃料和其他运营成本。在 20 世纪 30 年代，铁路业渴望从各个方面削减运营成本，因此他们积极地聆听了这一点；而其他机车制造商仍把柴油机看作一时的潮流，这也解释了为什么一群机车制造商尽管长期占据了市场，财务实力雄厚，与客户的关系也很不错，却被一个新入行的厂商轻松甩到了后面。

一直到20世纪50年代中期，美国蒸汽机车的生产才完全停止，其中最后几年的产量主要用于出口。今天，美国仍在运营的蒸汽机车不到100个。除了电力轨道需要使用电气机车以外，柴油动力如今已成为铁路交通的唯一选择。美国铁路工业的革命很大程度上是通用汽车推动的。

我们很难对柴油机车业务的未来做出精准判断，但看起来美国市场未来几年会有所萎缩。国内很多地方的铁路客运服务面临停营，甚至近些年的货运量也有所减少。20世纪30年代中期的时候，蒸汽机车的运营数量比现在的柴油机车要高出约60%。这一方面表明柴油机车的功率更大、运营状况更好，另一方面也反映了铁路业的不景气。

在海外，有大约10万辆蒸汽机车仍在运营中。最终它们将会被柴电机车、液压传动柴油机车和电气机车所取代。海外柴电机车的潜在市场大约是40 000辆。电动机车事业部已经开发了许多种轻型、空间小的机车来满足这些出口需求。标准化的国内机车已经销往对应的海外市场。如今有超过4000辆通用机车服务于美国之外的37个国家，其中9个国家（包括加拿大）在西半球，另外28个国家在东半球。

今天的美国市场是一个以产品替换、修补、升级为主的市场，而不是一个新用户市场。当然，升级市场在今天变得越来越重要，对此我并不忽视。但美国工业已经完成了柴油机的普及，这场革命已经结束了。与此同时，海外市场的革命才刚刚开始。

弗里吉戴尔公司

尽管公司的最高层早期对弗里吉戴尔的兴趣不大，但该事业部在45年左右的时间里保持稳定增长，并且成为家电行业的一股重要力量。弗里吉戴尔今天的生产线包括家用电冰箱、食品冷冻设备、冰块制造机、自动洗衣机和烘干机、电炉、热水器、洗碗机、食物残渣处理机、空调设备、商用洗衣机和干洗设备。如今它在美国有大约10 000家门店。

通用汽车涉足冰箱业务的经历有些离奇，那是在1918年6月，当时的公司总裁杜兰特先生收购了底特律的嘉典冰箱（Guardian Frigerator）公司。杜兰特先生是以自己的名义，用自己的钱收购的，确切的收购金额是56 366.5美元。1919年5月，杜兰特先生把这家公司以同样的价格转给了通用汽车。这是一家小企业，没有太多资产。很快，他就把公司重新命名为弗里吉戴尔，并把它生产的唯一一款略显粗糙和原始的设备也取了这个名字。杜兰特先生做这笔交易的动机我不得而知，但他显然有着无限的热情和强烈的好奇心，不难理解，一款"没有冰的冰箱"——嘉典产品的噱头，激发了他的这两种特质。他能同时触及冰箱业和汽车业的发展未来，对于这种才华我只能表示钦佩。

尽管杜兰特先生做这笔交易的时候我还一无所知，但约翰·普拉特告诉过我，他认为新家电业务的收购不仅仅是热情使然。他说杜兰特先生担心，汽车会被列为第一次世界大战动员中的非关键性业务，因此他要寻找一个"关键性"业务来取代民用汽车。考虑到第一次世界大战时期，全国有大量的食品储藏工作要做，因此冰箱业务可能具有关键性的特质。但政府并没有停止汽车的生产，到了11月，也就是他完成这项收购5个月之后，战争结束了。

最早的嘉典冰箱是1915年由阿尔弗雷德·梅洛斯（Alfred Mellowes）制造的，他是代顿的一名机械工程师。第二年，他在底特律成立了嘉典冰箱公司，生产和出售这种设备。从1916年4月1日到1918年2月28日，嘉典只生产和出售了34台冰箱，用户全部来自底特律的家庭。1917年，嘉典的生产设施只有两台机床、一台钻床、一部成型机、一个电锯和一个手动真空泵。除了冰箱生产以外，梅洛斯自己还提供售后服务，他和买家保持密切联系，每隔两到三周就拜访他们一次。我们收购时已经查明，嘉典早期的多数客户都喜欢这款产品。尽管梅洛斯先生的公司存在各种各样的服务问题，但很多客户还是投资了它。不过他们作为投资者的满意度似乎就没有作为消费者时那么高了。嘉典公司创办的前23个月亏损了19 582美元。就在杜兰特先生收购这家公司三个月之前，它又亏损了14 580美元，总亏损额达到34 162美元。整个期间公司生产并出售的冰箱不到40台。因此不难理解，为什么原始股东对于出售这项业务感到欢欣鼓舞。

当弗里吉戴尔并入通用汽车后，我们升级了底特律诺斯韦工厂的装备，以生产弗里吉戴尔 A 型冰箱——这款产品除了一些小的机械改动以外，和之前的嘉典基本一致。很快我们意识到，之前认为该产品适合规模化消费的想法是错误的。在头几年，A 型冰箱及之后推出的型号仍然只是奢侈品。更糟糕的是，我们无法解决机器中存在的"小故障"，导致机器经常出现坏掉的情况。我们曾尝试在底特律以外的很多城市成立销售服务部门，但大多无功而返。似乎这些机器确实需要稳定的私人服务，就像梅洛斯先生给他的少量客户提供的那种，但这种服务显然不适合规模化市场。大约过了一年半后，我们认真考虑是否应该砍掉弗里吉戴尔的业务。1921 年 2 月 9 日，大家在我办公室里召开了一次会议，从会议纪要中可以看出我们对这个问题的思考。我的讲话要点中包括了以下内容。

> 弗里吉戴尔：位于密歇根州的底特律，从事的冰箱生产业务目前是失败的。为了创造新需求，产品型号已经一换再换，但都没有取得成功。我们在很多地方开设的分支机构后来也都关闭了……截至目前，亏损约为 152 万美元，库存约为 110 万美元，总亏损预计为 250 万美元。

当时的通用汽车急需运营资本，因此像这样的持续亏损和高额库存是无法忍受的。当时要不是一些阴差阳错的情况出现，我们很可能早已砍掉这项业务了，这里面又牵扯到一个故事。

在前面的章节中我讲过，通用汽车在 1919 年收购了凯特灵先生在代顿的资产。这些资产中包括了家用工程公司和代顿金属制品公司。

家用工程公司（后来更名为德科照明公司）是一家家用照明设备制造厂，主要为农场服务。代顿金属制品公司是一家武器制造厂，它于 1918 年年初开始制冷领域的研究，因为公司希望战争结束后，武器生意停止时，可以找到一种维持业务运营的产品。

这两家企业（家用工程公司和代顿金属制品公司）都从事一些家用电器的生产，并且正准备扩大生产范围。除了这两家公司之外，凯特灵先生研究小组的所有制冷研究成果，也收入了通用汽车囊中。在 1920 年 6 月 12 日通用汽车研究公司成立之前，这个非正式的研究部门一直在代顿运营。通用汽车由此收获了这个领域的一批杰出工程师，以及管理和销售能人理查德·格兰特，他对20世纪20年代早期和中期弗里吉戴尔的成功做出了重要贡献。

在1921年通用汽车的业务严重下滑时，正是所有这些因素加在一起，让我们决定继续发展弗里吉戴尔的业务。显然，我们在代顿的研究背景和机构可以支撑它的发展。德科照明有一支出色的销售队伍遍布全国大部分地区，还有一些闲置产能可以用来生产冰箱。于是，我们把弗里吉戴尔搬到了代顿，并把它和德科照明的业务进行了合并，开始了更大规模的冰箱产业探索。

这个决定后来证明是明智的。在1921年创下巨幅亏损后，弗里吉戴尔之后两年的亏损稳步减少，到1924年首次出现盈利。与此同时，它的产量快速增长。1921年，弗里吉戴尔在诺斯韦工厂的产量只有1000台多一点；1922年，也是它在代顿全面运营的第一年，销量约为2100台；1923年增加到了4700台；1924年猛增到20 200台；1925年则飙升到63 500台。截至1925年，弗里吉戴尔已经成为新冰箱行业的领头羊，我相信它已经占有了超过一半的市场份额。到了1927年，弗里吉戴尔的业务规模已经很大，它显然已不适合继续在德科照明内部运营了，于是，我们在1928年1月将它分拆出来。其中一部分业务搬到了俄亥俄州的莫瑞恩附近，我们在那儿有一间工厂。1933年12月，弗里吉戴尔成为通用汽车的一个事业部。

在决定了发展弗里吉戴尔的业务后，我们在机器的设计和制造领域也实现了许多重要突破。如果没有这些技术突破，可以说冰箱的普及至少还要滞后相当长一段时间。

正如我所提到的，嘉典公司早先除了梅洛斯先生以外，没有真正的研究人员。即便在1921年，当弗里吉戴尔与德科照明业务合并的时候，也只有20多名工程师、模型工、测试人员和其他一些开发人员。我们意识到，弗里吉戴尔的未来取决于我们能否解决几项研究问题，并且生产出能够安全、经济、可靠运行的机器，因此我们非常看重研究。先前在嘉典冰箱中占用空间的水柜和水冷压缩机，很快被我们弃之不用，这些设备是造成冰箱故障的主要原因，我们将其替换成了蒸发蛇形管和双缸风冷压缩机。早期的冰箱有时会因为湿气的进入，而导致食物变质，我们通过沥青和软木塞的封装解决了这个问题。1927年当我们引入全瓷冷藏室以后，冰箱的重量减轻了，外观也大大改善。所有这些改进对于弗里吉戴尔20世纪20年代的业务大发展来说都至关重要。业务得以发展的另一个重要原因是我们具备了降价能力。1922年配有盐水箱和水冷压缩机的B-9木制冰箱净重834磅，售价为714美元。与之相反，1926年的M-9型冰箱配有钢面冷藏室、风冷压缩机和蒸发蛇形管，净重只有362磅，售价为468美元。

从1919年到1926年，没有哪家生产商或机构对于冰箱的研究、工艺发展、批量生产办法或分销及服务方式做出过明显的贡献。弗里吉戴尔的最大研究课题，也是它对公司所做的最大贡献，是制冷剂。事实上在20年代期间，弗里吉戴尔和其他主要竞争对手使用的制冷剂都有健康隐患；制冷剂中冒出的烟有毒，有时还会导致吸入的人死亡。由于这种健康隐患，早期的电冰箱多放在门廊后面，而不是在厨房里，医院通常根本不会使用它。我们相信，最初使用的二氧化硫是已知制冷剂中危险程度最小的——主要因为它的刺鼻气味可以起到预警作用。但显而易见的是，最终我们必须找到更好的替代品。

1928年，通用汽车研究实验室负责人凯特灵先生展开了对制冷剂研发的全面攻坚。他委托之前的工作伙伴小托马斯·米德格利（也就是四乙铅的开发者）研制新的制冷剂。米德格利先生、凯特灵先生和弗里吉戴尔的高管开了一系列会议后，都认为他们要找的制冷剂应该满足如下条件。

主要条件：

（1）沸点合适。

（2）无毒。

（3）不易燃。

（4）有明显的，但并非难闻的气味。

次要条件：

（5）不溶于润滑油。

（6）成本相对较低。

这些"次要"条件只要不与主要条件发生冲突，就应尽量去满足。但大家也同意，只有当前四个条件首先得到满足时，电冰箱的研发才能被认为是完全成功的。研究实验室在凯特灵先生的指导下，对现有的全部文献进行了研究，寻找能够满足这些条件的合成物。研究结果表明，可以考虑使用含氟碳氢化合物。1928年一整年，米德格利和他的几位同事，特别是和海纳（A. L. Henne）博士一起，在代顿的一个私人实验室里工作，试图发现符合条件的制冷剂。到年底时米德格利先生确认，二氯二氟甲烷，也称为氟利昂-12，能满足以上所有四个主要条件。尽管它并不满足两个次要条件，但显然已经是目前最好的制冷剂了，于是米德格利就和他的同事一起开始研究这种合成物的制造工艺。1929~1930年的秋冬季，我们在代顿设计了一家试点工厂，并投入运营。

1929年秋季，我们对氟利昂-12制冷剂的必要情况都已掌握。弗里吉戴尔的化学家对这种合成物的物理性质也进行了全面的研究。他们测定了氟利昂-12对高碳钢、低碳钢、铝、铜、蒙乃尔铜镍合金、锡、铅、锌、锡铅焊料，以及其他用于制冷系统的金属和合金的腐蚀效果，检验了它对不同食物、花卉和毛皮的影响。测试结果令我们满意。在1930年美国化学学会召开的会议上，米德格利先生宣读了关于氟利昂-12的一份报告，并公开展示了它不具有挥发性的特征；为了证明它的无毒性，他自己还吸了一部分。

正像我之前提到的，氟利昂-12并不满足米德格利先生的两个次要条件。事实上，它的成本过高。1931年，二氧化硫的成本是每磅6美分，而氟利昂-12的初始价格是61美分。即便是现在，它的成本也比当时的二氧化硫要高，只是卫生部门规定，不再允许使用后者。

我们认为这种新合成物是眼下最安全的制冷剂，我们从一开始也给竞争对手供货，到了20世纪30年代中，氟利昂-12几乎被电冰箱普遍采用。即便是今天，仍没有找到更好的制冷剂替代品。

大约到了1932年，我们确信弗里吉戴尔有着巨大的增长潜力。1929年我们生产了第100万台冰箱，三年以后我们的产量累计225万台。氟利昂-12的成功开发扫除了冰箱产业发展的最后一个障碍。虽然弗里吉戴尔势必会和整个行业的业务规模一起增长，但我们也很清楚，在市场规模更大的情况下我们的份额必然有所减少。到了20年代末，有几家公司准备开始生产电冰箱。凯尔文奈特是先行者。该公司最早于1914年进入电冰箱领域，并且带动了家用机械制冷机的商业化。通用电气和诺奇于1927年进入市场,西屋公司则是在1930年进入。等到1940年,也就是第二次世界大战前无管制经营的最后一年,弗里吉戴尔在冰箱市场上的份额由20年代的超过50%降到了20%~25%。尽管份额减少了,但我们的实际销量更大了。冰箱出货量从1929年的大约30万台增长到1940年的62万台。

1926~1936年,弗里吉戴尔的许多竞争对手在营销上比我们更有优势。它们开始生产和出售收音机、电炉、洗衣机、熨斗和洗碗机,而我们专注于生产电冰箱。1937年,我们在产品线中增加了电灶,几年以后又增加了窗式室内空调。但这些都无法扭转弗里吉戴尔的竞争劣势。显然,那些需要全套家用电器的家庭和房屋建筑商,自然也希望能从产品线更齐全的生产商那里选购。

我们在第二次世界大战前没有扩展弗里吉戴尔的产品线。比如早在1935年的时候,普拉特先生曾建议,弗里吉戴尔应该更积极地发展空调市场,但他的这项建议没有引起我们的注意,因此后来也没有采纳。

在战争期间,我们对弗里吉戴尔的前景进行了评估,并断言只经营有限的家电产品不再可行。我们在战争结束前对经销商做的一次调研进一步加深了这种看法。针对调研问卷中"弗里吉戴尔应该生产更多家电产品吗"这个问题,99%的经销商回答"应该"。经销商们还提到,按照先后顺序,主要需求依次是自动洗衣机、冷藏冷冻箱、常规洗衣机、家用食物冷藏柜、煤气灶和熨烫机。

战后几年,这些家电中的绝大多数和其他一些商品都纳入了生产。以下清单列出了我们推出新家电产品的年份:

家用食物冷藏柜	1947年
自动洗衣机	1947年
烘干机	1947年
自动冰块制作机	1950年
洗碗机	1955年
壁炉	1955年

| 折叠厨具 | 1955 年 |
| 内置厨具 | 1956 年 |

与此同时，我们最初的产品（电冰箱）也在逐渐增大空间和改进质量，以至于后来几乎演变成为一种新设备。20 世纪 30 年代早期销售的电冰箱型号通常是 5 立方英尺，外观相当乏味，而且比实际冷藏空间大得多。今天销售的冰箱一般来说储藏空间为 10～19 立方英尺，设计美观，不需要除霜，并且有相当大的冷冻空间，毫无疑问，现代电冰箱要比早期产品划算得多。西北大学教授伯斯坦（M. L. Burstein）通过计算得出，1955 年冰箱的实际价格只有 1931 年的 23%。

航 空 业

通用汽车参与航空产业的方式有好几种。我们主要的航空业务自然是在军事领域，其中包括交付联邦政府的生产订单——多数是在第二次世界大战期间以及此后冷战的那几年，但这并非故事的全部。

我想很多读者可能想不到，通用汽车很早以前曾为进入商业航空领域付出过大量努力。本迪克斯（Bendix）、北美航空（North American Aviation）、环球航空（Trans World Airlines）、东方航空（Eastern Air Lines），这些公司今天的地位都跟通用汽车有关。

我们于 1929 年进军商业航空领域。那一年，我们在航空业进行了两项大投资和一项小投资。我们收购了新成立的本迪克斯公司 24% 的股份，以及美洲福克飞机公司（Fokker Aircraft Corporation of America）40% 的股份。这两项投资总共花费了我们大约 2300 万美元。此外我们还收购了阿里森工程公司（Allison Engineering Company）的全部股份。这项投资只花费了 592 000 美元。它对于我们当时进军航空领域的计划帮助不大。

我们 1929 年决定进军航空业的背景很有趣。我得说的是，当时的通用汽车对航空产业并非完全陌生。在第一次世界大战期间，别克和凯迪拉克联手，与福特、帕卡德（Packard）、林肯和马蒙（Marmon）一起为政府生产了著名的"自由"(Liberty)飞机发动机。其中超过2500个发动机是由通用汽车生产的。1918年停火时,我们的订单超过了10 000个。从工程角度来说,当时的飞机发动机和汽车发动机并没有太大差别,因此我们能够充分利用我们的汽车生产经验,实现出色的生产业绩。此外,通用汽车在1919年收购了代顿的莱特(Wright)飞机公司,这家公司在战争期间总共生产了3300架飞机。费希博德(当时通用汽车还没有收购它)也是重要的军用飞机生产商。

在20世纪20年代期间,美国航空业的增长势头日渐显露,特别是林德伯格(Lindbergh)1927年成功完成动人心魄的飞行以后,公众对于航空业产生了巨大的热忱,并且普遍相信这个行业很快就会有更多的"奇迹"诞生,对此我们也表示认同。作为汽车生产商,我们尤其关注飞机的一种应用可能性。在20世纪20年代末,人们纷纷讨论发展"小"飞机的可能性,也就是家用小型飞机。我们当然知道,像这样的飞机必须做到比现有的机型安全得多、便宜得多才可以。但随着飞行奇迹的接踵而来,我们越发相信家用小型飞机至少是有可能发展起来的。这种飞机的开发将对汽车行业产生巨大的、不可预知的影响。我们觉得只有通过"宣布进入航空产业"这种方式,才能保护好自己。1929年,我们并未计划把本迪克斯或福克作为通用汽车的一个事业部;我们投资它们是为了与航空业的发展保持直接和持续的联络。1929年,我们在给股东的年报中,把对于这个问题的思考总结如下:

> ……通用汽车(与航空业)建立起这种业务关系后,我们觉得应该让公司的运营部门、技术人员和其他相关方有机会接触到航空业中的具体问题,因为飞机和轿车在工程技术上的关系或多或少比较紧密。目前,我们并不能明确指出航空业的未来是什么。通过这种业务关系的建立,通用汽车就能借助更加翔实的信息来评估该产业的发展,并确定未来的政策。

这些话表明,1929年的时候汽车和飞机的工程技术仍然非常相似——其相似程度远远超过今天。因此,通过收购航空公司的股份,我们也获得了一些跟汽车运营直接相关的有价值的技术信息。特别是本迪克斯，这家公司拥有或控制的某些设备专利可以应用于汽车行业。事实上，它的配件生产线也包括一些汽车部件，比如刹车、汽化器和发动机启动器。这家公司有一支出色的技术团队，这也让我们的这项投资更具吸引力。在我们投资本迪克斯和福克以后，我们对它们的主要贡献在于公司的组织与管理。

我们收购福克40%的股权花了7 782 000美元。这家公司在我们收购时有两家小型的租赁工厂：一家在新泽西的哈斯布鲁克高地（Hasbrouck Heights），另外一家在西弗吉尼亚的格兰岱尔（Glendale）。安东尼·福克（Anthony Fokker）是一名非常出色的荷兰籍飞机制造专家，他早先成立这家公司就是为了让自己的飞机获取在美国的制造权。在早期的航空业，他的飞机可谓声名显赫；它们曾参与过很多历史性飞行事件，比如首次实现跨越美国的不间断飞行，帮助柏德（Byrd）飞越北极点，以及完成了美国到夏威夷的首次航程。当我们收购福克的时候，这家公司主要是为美国政府生产飞机，其次它也为商业航空运营商提供生产服务。我们投资这家公司后不久，它就出现了严重的运营亏损。我们觉得这些亏损反映出公司在管理上存在不足，就把我们的想法告诉了福克先生。福克先生并不同意我们的看法，但经过几次交流以后，他从公司辞职回到了荷兰。此后我们采取了一系列行动，完全改变了这家公司的特性。

下面提到的业务关系很复杂，我没有办法简单地进行描述。首先，我们把福克航空公司的名字改为通用航空制造公司，并把它和马里兰州邓多克的一家租赁工厂进行了整合。1933年4月，我们采取了另一步重要行动。我们把通用航空和北美航空进行了合并，通用航空的所有资产置换为大约150万股北美航空的普通股。此后，通用航空进行清算，它在北美航空的置换股也分配给了股东。经过这次股权分配以及我们在公开市场上的回购，截至1933年年底，通用汽车在北美航空的股权接近30%。

1928年的北美航空是一家控股公司。尽管它与通用航空合并之前已经斥巨资投入航空制造业，但其主要业务一直是航空运输。它拥有东方航空运输（后来改名为东方航空）的所有股权，拥有洲际航空运输公司（Transcontinental Air Transport）26.7%的股权，以及西部航空快运公司（Western Air

Express）5.3% 的股权。而通用航空之前也占有西部航空快运 36.6% 的股份，因此在这之后，北美航空占有了西部航空快运 41.9% 的股份。此外，西部航空快运和洲际航空运输各占洲际西部航空（现在的环球航空，TWA）47.5% 的股份。结果通用汽车持有了北美航空 30% 的股份，而北美航空持有 TWA 大约 33% 的股份。这样一来，北美航空就能把 TWA 的洲际运营和东航航空的东海岸业务系统协调起来。

1934 年的空邮法案规定，对于直接或通过下属公司从事飞机制造的企业，禁止其拥有航空公司股权。于是，北美航空将它持有的 TWA 股份分给了股东。通用汽车作为北美航空的股东获得了 13% 的 TWA 股票，我们在 1935 年将这些股票出售了。

北美航空在将东方航空作为旗下事业部运营一段时间后，于 1938 年 3 月出售了这项业务。通用汽车作为北美航空的最大股东，在董事会中拥有几个席位。有一天，当北美航空正在与华尔街的买家商谈出售东方航空事宜时，我接到了埃迪·里肯巴克（Eddie Rickenbaker）的电话，他是第一次世界大战期间美国的王牌飞行员。此前，他积极投身于东方航空的管理，现在他有意收购这家航空公司的控股权。他抱怨说自己没有得到这样的机会，但想看看我能否代表他协调这件事。

我一直认为埃迪的运营能力很强，我自然也希望他获得公平的机会，参与东方航空的竞标，我觉得可以把高效运营的责任托付给他。我告诉他，我会看看我能做些什么。第二天早晨我过问了这件事，发现东方航空的股票还没有出售。于是我以埃迪的名义提出申请，结果公司同意给他 30 天的时间去筹款，以参加收购要约。

要获得支持并非易事，随着最后期限的临近，他自然也对结果感到不安。截止日的前一天是个周六。那天我准备睡觉时，埃迪给我家打电话，我问他能否过来聊几分钟。他过来后告诉我，筹款的前景仍然非常看好，但他可能需要更多的时间。他问我能否再宽限几天。我告诉他不用担心，于是他高兴地走了。但事实证明，他并不需要宽限。第二天上午他的筹款支持者给他打来电话，说他们准备完成这笔交易。北美航空对东方航空的出售成为各方皆大欢喜的事情。

1934年的空邮法案后，北美航空经过重组成为一家运营制造商。公司对生产进行了整合，并搬到了加利福尼亚州英格尔伍德的一个新工厂。之后几年，该公司着重发展军用飞机业务，并在这方面取得了显著的成绩。20世纪30年代末，公司在几项军用设计竞赛中获奖，这些成就也奠定了它在美国飞机制造业中的领先地位。

许多早期研发的飞机后来都在第二次世界大战期间发挥了重要作用。在北美航空生产的飞机中，更加为人所知的有P-51野马战斗机——可能是战争中最受好评的盟军战斗机；有B-25米切尔轰炸机，它曾被杜立特（Doolittle）将军用于历史上著名的东京空袭；有无处不在的AT-6得州训练机，它几乎成为陆军航空兵团和海军训练基地的标准配置，并且也被其他盟国广泛使用。

顺便说一句，AT-6训练机反映了通用汽车对北美航空公司的影响。作为汽车从业者，我们自然会考虑"标准化"的生产方式，因为它可以实现批量生产所蕴含的经济效益。北美航空开始寻找适合大量销售方式的飞机，并且很快断定最适合的莫过于生产一架优质的基础训练机。这样一来，AT-6训练机在战争开始以前就已成为军方的必备机型。

自1933年以来，通用汽车一直是北美航空公司的董事会成员，这种关系直到1948年我们出售它的股份时才结束。在此之前，尤其是在早期年代，我们凭借董事会席位提供了大量的政策和管理指导，并且我认为，我们在帮助这家公司制定有效、系统的管理措施方面发挥了重要作用。我们对北美航空公司的组织架构，以及财务、生产和成本上的控制做出了特殊贡献。1939年的时候，北美航空似乎是唯一一家在生产和成本控制系统方面跟汽车行业类似的飞机制造商。

把通用汽车的管理方法引入北美航空和本迪克斯，主要得归功于欧内斯特·布里奇（Ernest Breech）。布里奇先生原先是通用汽车的一名财务人员（他于1929～1933年担任公司的助理财务主管），他在北美航空就职时，迅速展现出非凡的运营才华。1933～1942年，他担任北美航空的董事会主席——在此期间这家公司脱胎换骨，成为一家大型飞机制造商。此外，他还于1937年担任本迪克斯的董事。我一直认为，布里奇先生是担任高管的一把好手，我也一度力邀他回到通用汽车，负责重要的运营事务。但当时的执行副总裁，也就是后来的通用汽车总裁威廉·努德森对此表示反对，他仍然把布里奇先生视为一名财务人员。到1937年，我终于为布里奇找到一个职位，我请他担任集团高管，负责通用汽车的家用电器业务。他在这个岗位上表现优异，同时仍担任北美航空的董事长和本迪克斯的董事。

1942年，他成为本迪克斯的总裁，并辞去了其他职务。在整个战争年代，他在本迪克斯的表现仍旧十分出彩，甚至超出了我的预期。可能很多人知道，他的职业生涯后来发生了讽刺性的反转。由于他在通用汽车的所有岗位都表现出色，因此引起了亨利·福特二世的注意，福特二世需要有人能领导福特汽车公司的重建。1946年，布里奇先生得到了这份工作，他把通用汽车的管理和财务方法引入现代化的新福特公司中。

当布里奇先生担任北美航空董事长的时候，他介绍（荷兰人）肯德伯格来负责运营，肯德伯格曾是道格拉斯（Douglas）航空公司的首席工程师。1934年年底，肯德伯格先生被选举为北美航空的总裁兼首席执行官。他是一名非常出色的工程师，在飞机设计与制造领域展示出了极强的技术能力。他后来发展成为一名不错的管理者，并且被视为能以低成本生产出高质量的军用飞机。但他在加入北美航空之前，并没有太多的综合管理经验，由于认识到了自己的不足，他一开始依靠的是通用汽车的董事们来给他出谋划策。布里奇先生、肯德伯格先生以及当时的通用汽车助理财务主管亨利·霍根一起，组成了某种非正式的执行委员会。他们定期互相咨询，探讨每次董事会的会议后要解决的重要问题。布里奇先生和霍根先生再汇报给阿尔伯特·布拉德利或威尔逊，这两位除了履行通用汽车的高管职务外，还对集团关联公司的投资业务负责。

我们与本迪克斯的关系跟北美航空的情况差不多。从1929年到1937年，我们在本迪克斯董事会的代表人为威尔逊先生和布拉德利先生，后者也是这段时期本迪克斯财务委员会的主席。1937年，由于其他重任在身，他俩不得不放弃本迪克斯的董事职务，并由布里奇先生和通用公司的审计主管安德森先生继任。我们的董事直接过问本迪克斯的内部管理，并且我认为，他们对提高该公司的管理效能起到了重要作用。他们负责过公司的组织变动，帮助半自主的事业部重新建立了行之有效的协同体系。他们还大力举荐马尔科姆·弗格森（Malcolm Ferguson）担任该公司南本德市汽车部件厂的总经理。后来他成为本迪克斯的总裁。

到了20世纪30年代末期，我们对北美航空和本迪克斯的看法发生了巨大变化。我们原先投资航空产业的动机（认为可能会诞生能与汽车竞争的小型飞机）随着时间的推移变得有些不合时宜。当时还没有一架适合"家用"的飞机研制成功；事实上，在经济大萧条时期，整个商用航空市场依然很小。北美航空和本迪克斯的业务仍在增长，但两家公司都发现，最大的机会来自军事领域。截至1940年，它们各自的年销售额大约为4000万美元，其中大部分来自政府的国防订单。在1944年的战时生产高峰期，北美航空的销售额大约为7亿美元，本迪克斯的销售额超过了8亿美元。如此巨大的销售规模对我们原本计划的小型飞机业务产生了深远影响。

至于我们在1929年收购的阿里森工程公司，其成长历程一点儿也不比北美航空和本迪克斯逊色。正如我之前所说，我们收购阿里森的全部股份只花了592 000美元。按照我们的标准，它的业务规模很小：1929年公司不到200人，生产设施的面积仅有50 000平方英尺左右。我们只是把它视为进入航空产业的次要因素。而事实证明，阿里森成为我们与产业连接的主要纽带。

当我们在1929年收购阿里森公司的时候，它已经成立了14年。这家公司早期并未涉足航空领域，那时候它主要是一家配件生产厂，为印第安纳波利斯赛车场的赛车提供服务。创始人詹姆斯·阿里森（James Allison）逐渐将它发展成为一家由熟练技工、机械师和工程师组成的机构，并开始生产远洋发动机，以及用于船舶和飞机的减速齿轮。在20世纪20年代早期，阿里森接受了一份协议，对第一次世界大战的"自由"发动机进行改进。这些发动机的曲轴和连杆轴承长期出现故障，从而严重影响了发动机的使用寿命。但阿里森开发出的钢背、铅青铜的曲柄主轴承能够经受更高的马力负载，且不会出现故障。公司还发明了一种巧妙的方法，将铅青铜浇铸在钢壳的内外表面，这就使得连杆轴承更加耐用。阿里森轴承后来之所以广受赞誉，并且被全世界的大马力发动机广泛采用，正是基于这些早期的开发。在20年代，轴承生产以及"自由"发动机的改进订单构成了该公司的主要业务。

当阿里森先生于1928年去世时,该公司进行了拍卖出售,拍卖条件是运营必须仍在印第安纳波里斯。有几位潜在买家进行了接洽,但他们谁都不愿意接受这个拍卖条件。幸运的是,威尔逊早年担任印第安纳安得森德科－雷米事业部总经理的时候,跟阿里森很熟。他知道这家公司的机械技术很有价值,可以为我们所用。而我们并不反对在印第安纳波利斯继续运营,于是在威尔逊先生的建议下,我们在1929年年初收购了这家企业。诺曼·吉尔曼（Norman Gilman）作为阿里森先生的手下,以及该公司之前的总裁兼首席工程师,在收购后担任该公司的总经理。

20世纪30年代早期,阿里森开启的一个项目后来被证实具有重大的军事意义。这就是由吉尔曼先生发起的V-1710发动机项目。他对当时所有的军用飞机发动机进行了仔细调研后得出结论,有朝一日军队将会需要1000马力的往复式发动机,他还认为这种发动机将是液冷式的（这会使它比风冷发动机的体型更小）。

在30年代早期,军队能投入到这种项目里的资金少之又少,但吉尔曼先生居然获得了一份小额合同,于是阿里森开始着手设计发动机。1935年,项目取得了部分成功,一台1000马力的发动机正常运转了约50小时,但工程师无法让机器运转150小时,而这正是军方的要求。为了加快开发进度,我们安排罗纳德·哈森（Ronald Hazen）来阿里森工作,罗纳德是通用汽车研究实验室的一名杰出工程师。在他的努力下,1937年4月23日,V-1710发动机通过了陆军航空兵团要求的所有测试。这是美国第一台符合要求的1000马力飞机发动机,也是第一台真正实现耐高温的液冷发动机。

在V-1710发动机开发出来以前,陆军航空兵团曾想当然地认为,风冷发动机的性能会更好。但阿里森发动机迅速证明了它的价值：1939年3月,装载了V-1710的寇蒂斯P-40战机在陆军航空兵团的战斗机飞行比赛中获胜,它的速度优势十分明显,比上一届大赛获胜者的速度超出每小时40英里。自从那次比赛后,人们对于阿里森发动机的兴趣自然陡增。不仅美国航空兵团,英法军方也开始密切关注我们的产品。

阿里森当时有一个严重的问题。尽管我们1929年完成收购以来,它的业务有所发展，但它仍然只是一家小型工程公司，它主要适合承担试验性工作，根本没有设施来进行量产。而在 30 年代末的时候，政府迫切需要的就是批量生产。

战时助理部长路易斯·约翰逊（Louis Johnson）曾亲自拜访过当时的通用汽车总裁努德森先生，讨论阿里森发动机的生产问题。当时的确认订单只有 836 台发动机，而约翰逊先生也承认，他无法向我们保证接下来会有更多订单。如果仅从商业提案的角度来考虑，为 836 台发动机建一个生产厂似乎是不值得冒的风险；事实上我们面临的另一个风险是，国际局势的风吹草动或者新的技术突破有可能使得我们的工厂建成之前，连这点小订单都被抹杀掉。尽管如此，我们对事情仔细权衡后，还是决定在印第安纳波利斯建一个新的阿里森工厂。这个决策的基础在于，我们感到 V-1710 发动机的需求可能很大。此外，我们不能轻易拒绝政府提出的有关国家安全的任何要求。

1939 年 5 月 30 日，我们在印第安纳波利斯赛车场附近破土动工，修建了一个生产阿里森发动机的新工厂。而事实证明，更多的 V-1710 订单真的接踵而来了：1940 年 2 月，法国政府订购 700 台发动机，几个月之后，英国政府又订购了 3500 台。等到 1941 年 12 月，阿里森的月产量达到了 1100 台。在战争时期，我们竭尽全力让月产量更高些——即便如此，我们的发动机也在持续改进设计、增强马力，最终达到了约 2250 马力的战斗水准。到 1947 年 12 月，当我们停止生产 V-1710 发动机时，我们的累计产量达到了 7 万台。它们在战争中都表现卓越，并被很多著名的战斗机所采用，比如寇蒂斯 P-40 战隼、贝尔 P-39 空中眼镜蛇、贝尔 P-63 眼镜王蛇和洛克希德 P-38 闪电。

在战争初期，由于我们深度参与了航空业的发展，因此如何确立我们在行业中的长期地位就成了一个问题。于是我们尝试着重新思考航空业务的边界，以及我们应该扮演的角色。1942 年，我给通用汽车的战后规划小组写了一份报告，陈述了我们对这个重要问题的主要观点。报告建议最终被公司的政策委员会采纳，并成为战后航空计划的发展基础。

在报告中我提到，战后的航空产业有三个主要市场——军用、商用运输和民用私人飞行。接下来我提出一个问题：我们是否想以飞机整机生产商的身份，进入其中任何一个市场，或者是全部市场？我指出，生产军用飞机将牵扯到大量的工艺开发工作，并要对低产量的机型进行持续改进。此外，这个行业必然会陷入产能过剩，从而导致行业内竞争激烈，可期的利润空间会很小。

在商业运输领域，我预计空中运输业务会有快速增长，这不仅仅是指客运，也包括货运。但即便市场规模在增长，对于飞机制造商来说销售潜力仍然有限。我预计商业运输机的订单量会有大约10倍的增长——累计大约4000架，但每架飞机的平均使用寿命可能是5年，这意味着每家生产商的潜在年产量不会很大。

我对于生产小型私人飞机的做法是否明智也表示怀疑。虽然我相信战后这类飞机的需求会有所增长（商用和私人飞机都是如此），但我觉得在技术安全性达到比现在高得多的水准以前，它的增长潜力有限。我说，除非私人飞机在安全性上有某些革命性的突破，否则在可以预见的未来它不会成为汽车的主要竞争者。

总之，以上三个航空市场对通用汽车来说都不具有吸引力。我还指出，如果通用汽车进入飞机整机的制造领域，就可能危及公司其他的航空业务。我们的阿里森事业部以前是，今后仍会是飞机引擎和其他配件的主要生产商。一般来说，这些配件的生产和工程技术的差异性相对较小，适用于不同类型的飞机，而成本通常占到飞机整机的40%~45%。市场的销售潜力巨大。但为了实现这样的销售潜力，配件制造商需要与它的客户即飞机制造商建立信任、开展工程合作。如果我们自己生产飞机整机，就难以和我们的客户建立这样的关系了。我们怎么可能指望一家整机生产商把自己新飞机的前沿设计，透露给一家希望有机会与之竞争的配件生产商呢？总而言之，又想成功卖出飞机配件，又能与购买了我们产品的客户在整机制造的领域展开竞争，这种想法在我看来不可理喻。

关于这个话题的讨论持续了一段时间，1943年8月17日，公司的政策委员会做出以下决议，我们战后的航空产业政策也正式得以界定：

第一，在军用和运输领域，公司不应考虑飞机整机的生产。

第二，公司应在产能及环境允许的条件下，全面占领飞机配件制造市场。

读者会注意到，此时我们并没有特别排除生产私人商务或个人用途的小型飞机的可能性。我们对于这种飞机的量产规模是否有足够的吸引力仍然心存怀疑，但我们觉得并不能完全忽视这种可能性。我在报告中曾建议制订一项计划，随时掌握小型飞机的最新技术动态，但后来因这一做法不切实际而放弃了。不过，北美航空后来确实设计并生产了一款个人运输飞机纳维翁（Navion）。

战后航空产业政策的确立也深刻影响到我们对北美航空和本迪克斯的投资意向。在战争期间，北美航空成为全美领先的整机生产商之一，而我们也断定，继续投资这家公司和我们自己生产整机的做法一样，都会对通用汽车的配件业务造成伤害。此外我们越发清楚，通用汽车无法在整机领域有效应用大量生产方式。于是我们确信，在适当时候剥离通用汽车对北美航空的持股，符合两家公司的利益。

本迪克斯的情况稍有不同。这家公司已经在航空配件领域占有强势地位，并且它的业务非常符合我们的运营计划和战后的政策目标。我们一度非常仔细地研究过，是否应全资收购本迪克斯，将它整合为通用汽车的事业部或下属公司，但后来对此予以了否决。我们逐渐制定了一项整体政策，要把公司持有的少数股权都卖掉，并在1948年出售了北美航空和本迪克斯的股份。我们把获取的资本投入到了快速发展的汽车业务中。

在与本迪克斯和北美航空打交道的那些年里，我们的贡献并不在于工程和技术，而是在企业管理这种更加无形的领域。我们把管理哲学向这些公司和航空产业界倾囊相授，在我看来这是通用汽车对这个行业做出的切实贡献。

My Years with General Motors
第 20 章

人事和劳工关系

在我写这本书的时候，距离通用汽车上一次的全国大罢工事件已经过去 17 年多了。我们这些人对 20 世纪 30 年代此起彼伏的危机场面还记忆犹新，也忍受过 1945～1946 年战后大罢工的长期煎熬，因此过去 17 年创下的无罢工纪录在我们看来是难以置信的成就。而这项成就的取得并没有让我们放弃任何基本的管理责任。常有人说，我们达成的劳资和解协议，不过是在对通货膨胀推波助澜。由于这件事情非常复杂，因此无法在此展开讨论，但我还是得说，对于这种观点我不认同。

在介绍我们与劳工组织的关系之前，我认为需要提醒读者的是，我们的很多人事政策与劳资谈判无关。1963 年年初，通用汽车在全球有 63.5 万名员工，其中 16 万人是领取固定薪水的雇员。而在他们当中，只有极少数人是劳工组织成员。此外，有大约 35 万名工会成员享受到的大量福利并不包含在劳工协议里，其中一些福利还是在现代劳工组织成立以前，就由公司发放给他们的。工厂的娱乐设施、员工建言献策的奖金、员工的培训，以及残疾员工保障条款，所有这些福利都超出了协议范围。早在 20 世纪 20 年代，通用汽车就给员工提供了多项福利。其中一些体现为我们为员工提供的各种设施，比如一流的医疗服务、不错的餐厅、衣帽间、浴室和停车场。

早在1926年，我们就安排了一项集体寿险计划，并对全体员工开放。1919年，约翰·拉斯科布为我们设立了一项储蓄投资计划。1929年，参与这项计划的员工人数达到185 000人，占员工总数的93%，储蓄金总额达到9000万美元。1933年当银行停业时，我们曾预计员工会从该计划中取回存款。但他们几乎一致坚持，由公司继续持有这笔钱，这也表明他们对于公司的稳定发展抱有信心。在社会保障法案和1933年的证券法案生效以后，我们于1935年年底终止了该项计划。

今天的通用汽车为美国和加拿大的底薪制员工提供了储蓄—股票购买计划。根据这项计划，这些员工可以把他们底薪的10%存到一个专项基金中。员工每存入2美元，公司就会补贴1美元。员工储蓄额的一半用来投资政府债券，另一半则用来购买通用汽车的普通股。公司补贴全部用于投资通用汽车的普通股。所有的利息和分红仍以储蓄员工的名义进行再投资，目前领取固定底薪，并且符合审核要求的员工中，超过85%的人都参与了这项计划。在1955年的协议谈判中，我们曾向时薪制员工建议这项方案，但后来没有被采纳，因为补充性的失业福利计划更受青睐，关于这一点我在后面会谈到。

储蓄股票购买计划只是底薪制员工现在享受的额外福利之一。主要福利还是生活津贴，这些待遇时薪制员工也能享受到。底薪制员工的福利包括了集体寿险计划、医疗报销、健康和意外险、养老金和离职补偿。总之，他们会享受全面的福利计划。时薪制员工在这些方面也会享有一定的福利。

当然，我们的人事部门绝不只是对员工福利负责。它还要对员工的招聘、雇用和培训进行总体把控。比如，我们的班组长培训计划尤其令人骄傲。为了让这些班组长们始终保持高昂的斗志，我们想尽了各种办法。1934年，我们为班组长提供了固定薪资，1941年我们制定了政策，要求班组长的薪资比他管辖的员工班组的最高收入高出至少25%。此外，从第二次世界大战早期开始，我们的班组长作为一线的监管人员，还会享受加班津贴——尽管按照联邦工资工时法，公司并无义务向监管人员支付加班费。但要说班组长们能保持高昂斗志的最重要原因，恐怕还得是我们在纪律和工作标准方面给予他们的坚定支持。他们知道自己也是管理层中的一员。

众所周知，我们的人事部门要负责与汽车工人联合会（United Automobile

Workers，UAW）的谈判，除此以外，正如我前面提到的，它还要承担很多职责。尽管早在1931年的时候，我们就首次将人事管理界定为总部的职能部门，并赋予了它常规的职责，但直到1937年，我们才将所有的人事方案统一到一个部门。从那以后，人事部主要通过两种方式为公司提供服务：作为公司的专业幕僚，为公司提供建议和咨询；作为行政管理团队，承担与工会谈判并管理协议条款的直线责任。顺便说一下，对于员工的申诉我们设定了一个四步流程，人事部一般并不参与其中；只有当员工申诉进入第四步，也就是仲裁阶段时，人事部才会介入。从1948年到1962年，每年平均有76 000起申诉是通过这个流程解决的。其中有大约60%的申诉在第一阶段就处理完毕，大多数调解工作由班组长和工会委员会成员来完成。另有大约30%在第二阶段可以解决，调解工作会在工会的车间委员会和工厂的管理委员会之间进行，工厂管理委员会的成员大多来自工厂自己的人事部门。另有10%的申诉进入了第三阶段，为此我们安排了一个四人申诉委员会负责处理，一般来说其中两人来自工会的区域总部，另外两人则是当地的公司管理层或事业部管理层的代表。到第四阶段，年均申诉数量只有63起——不到全年申诉量的0.1%，这时候我们会安排一家中立机构进行裁决。

很显然，人事部门的职责非常重，尤其是在处理与工会相关的问题上。因为在处理这些问题时，公司蒙受巨大损失的风险会一直存在——这自然也会对员工造成严重影响。一方面，我们必须尽一切可能避免罢工的出现，无论规模大小。另一方面，我们又绝不能屈服于不合理的经济要求，或放弃基本的管理职责。同时规避这两类风险绝非易事。不过在过去15年里，我们在这方面已经取得了一些成功。

第二次世界大战刚结束的时候，我们在建立可行的劳资关系方面，似乎还有很长的路要走。1945～1946年罢工结束时，汽车工人联合会成为全美最大的两三家工会之一，会员数量接近百万。该工会的很多发言人都对私营企业充满敌意。与此同时，UAW的内部帮派林立，与外部工会的关系也矛盾重重。在我们看来，这些矛盾造成的主要后果是，各方都在竞相彰显自己对公司的"好战态度"。

更糟糕的是，UAW似乎在每次大的危机中，总能获得政府的支持。而政府对它的这种支持态度，一直可以追溯到1937年的留厂罢工。当时我们认为，在工会代表强占我们生产厂房的情况下，我们不会与他们谈判。留厂罢工完全是一种违法行为——后来高等法院的裁决也证实了这一点。但美国总统富兰克林·罗斯福、劳工部长弗朗西斯·帕金斯（Frances Perkins），以及密歇根州州长弗兰克·墨菲（Frank Murphy）持续向通用汽车和我本人施压，要求我们与侵占厂房的罢工者进行谈判，最后我们不得不这样做了。此后在1945~1946年的119天大罢工中，工会坚持认为，企业的"支付能力"应与工资规模挂钩。这一饱受争议的观点得到了美国总统杜鲁门（Truman）的正式支持。尽管我们后来成功拒绝了这种不合理的建议，但我确信，杜鲁门总统的声明强化了工会的公众立场，导致那次罢工迟迟没有收场。

战后早期，还有一个原因让我们对劳资关系的前景感到担忧，那就是当时高企的通货膨胀率。1946年当价格管控取消后，消费价格指数在9个月的时间里增长了17%。1947~1948年的涨幅也接近10%。在通货膨胀时期，工会自然希望能尽量提高工资，来应对未来价格的增长；而在高物价的预期之下，工资的增长又会把价格进一步推高。战后工资和物价每年的轮番上涨，恰好反映了通货膨胀的这种螺旋式发展态势。汽车工人联合会自视为劳工群众的领头人或许无可厚非，但对于通用汽车来说，当它满足了工会的加薪要求时，自己也有可能成为新一轮通胀的众矢之的。

1947年全年，我们没有遇到一次大罢工，但我们对于战后的劳资关系依然感到忧心忡忡。事实上，这一年谈判中的一些经历让问题更加凸显了。4月中旬，当我们正在进行谈判时，听到消息说UAW计划让底特律地区的所有会员停工，以便能去参加工会组织的一次游行，来反对国会当时正在商讨的塔夫特-哈特利（Taft-Hartley）法案。游行计划在底特律市中心进行，这当然是工会自己的事，但停工与我们的利益休戚相关。我们曾三次向工会谈判者指出，停工并参加游行的行为显然违反了我们协议中的罢工和停工条款，罢工的雇员将会受到我们的纪律处罚（经过1937年的留厂罢工事件后，我们坚持在未来的协议中要对停工现象予以禁止，并且制定了惩罚措施）。工会人员平淡地回复我们说，罢工已经得到了UAW国际执行委员会（International Executive Board）的批准，但他们会把我们对这个问题的看法传达给该委员会。

1947年4月24日下午2点,就在新协议签订的当天,罢工开始了。这次罢工只取得了部分成功,因为通用汽车在底特律的七家工厂里,有19 000名时薪制员工并没有去参加这次罢工。但仍有13 000名员工参加了,并且在这过程中,还做出了许多带有威胁性质甚至近乎暴力的举动。在我们看来,UAW又退回到了以前那种恣意违反协议的状态。因此我们和以前一样,采取了坚决的应对措施。为了对这种严重违纪行为进行惩罚,我们解雇了15名员工,并对另外25人给予了长期停工处分。这40人中包括4名地方工会主席、6名车间委员会主席和22名车间及地区委员会成员,此外,我们还对401名员工给予了短期停工处分。

工会当然有权向常设仲裁机构申诉。但它选择了跟公司进行谈判,并最终承认违反了协议规定。在5月8日签署的正式备忘录中,工会明确表示所有的罢工活动都属于违规行为。作为回应,通用汽车将15名除名人员的处罚降为长期停工,同时对先前的其他处罚进行了修订。

在这之后的一年,公司的劳资关系得到了极大的改善,并且工会的内部事务也开始有条不紊地发展起来。

对劳资关系的改善起到关键作用的是1948年签署的集体谈判协议,协议中新提出的一些重要条款在后续的版本中也得以保留。由于这些条款对于通用汽车的公司事务来说至关重要,因此我想用本章余下部分,着重探讨一下这些条款的内容和背景。

在处理时薪制员工的待遇问题上,1948年的协议为我们带来了两项重要创新。首先,它取消了每年与工会进行经济谈判的惯例,并引入了签署长期协议的新举措。首个协议期限为两年。之后,员工可以在1950年续签一份五年期合约,再之后,还可以续签三份连续的三年期合约。协议期的延长会让公司更有信心实现长期生产计划,也能为公司高管节省出宝贵的时间,否则劳资谈判会占用他们大量的时间和精力。长期协议也让我们的员工不必再对罢工事件年年焦虑,他们可以更加从容、按部就班地做事情。

1948年协议中的另一项创新,就是所谓的通用汽车工资公式。这个公式有两个特点:它有一个"伸缩条款",可以根据生活成本的变动为员工提供工资补贴；还有一个"年度改善因子"，可以确保员工长久享受到技术进步带来的效益增值。整个公式反映出，公司在制订工资方案时尝试引入了理性因素和预测方法；公司尤其希望能在一定程度上，结束过去那种依靠博弈设定工资水准的局面。

事实上从20世纪30年代起，我们就开始寻找理性的工资制订方案。特别是在1935年的时候，我们想把工资的调整与生活成本的变动挂上钩。一开始我们考虑用劳动统计局的地方生活成本指数，而不是它的全国生活成本指数。劳动统计局在1935年发布的半年度报告中，涉及到了32个城市的生活成本变动指标。在其中的12座城市中，包括底特律，通用汽车都设有工厂。但还有很多其他城市虽然也有通用汽车的工厂，却并不在统计局的报告范围内。因为有这些实际困难，所以我们当时没有继续推动这项方案。此外还有一个原因，那就是1935年的消费者价格指数相对稳定，并且这种稳定趋势一直保持到了1940年，在那些年，价格波动没有对我们的工资调整产生真正的影响。

但1941年的国防计划导致了物价的大幅上涨，通货膨胀成为我们（以及我们的员工）无法回避的问题。因此我在1941年4月4日，给时任全美工业会议（National Industrial Conference Board）主席维吉尔·乔丹（Virgil Jordan）写了一封信，我想请他谈一下，把工资制定与生活成本指数挂钩的做法是否可行：

> 如果我们制定一个工资调整的经济公式，用它来假设未来的实际工资跟过去25年的情形一样还会保持增长，当生活成本增加时，该公式会调高美元工资，这种调整最好能基于社区来进行，而调整比例取决于我们的假设目标，但如果出现了生活成本降低的情况，那么美元工资也要相应调低，但它的降幅应小于之前的涨幅。您认为这种做法可行吗？这样我们就可以确保实际工资的长期增长，我们认为工人有权享受这种待遇，而产业界也有责任通过技术效率的提高来创造财富，进而实现这一结果。

乔丹先生对我的这项非正式提议表示悲观。他回复说，他对于我们能否说服工会采纳这种自动化的工资计算公式持怀疑态度；他认为，工会领袖倾向于在工资制定的问题上掌握主动。尽管如此，这样的交流激发了我们的兴趣，我们渴望找到能将工资与生活成本挂钩的整体性原则。

1941年年初，通用汽车的时任总裁查尔斯·威尔逊将我们在这个问题上的思考又推进了一步。当时他因髋骨骨折被迫住院，于是便拿出很多时间来研究工资公式。他就工资的调整提出了两个新观点。其一，从实操性的角度来说，基于生活成本的工资调整必须与全国消费价格指数挂钩。否则，工资调整的苦乐不均（尽管从经济逻辑上说，这种做法无可厚非）可能会给员工造成一些实际的心理影响。

其二，关于如何让工人从生产力的提高中获得实惠，他认为唯一可行的办法是，为每位员工每年设定固定的加薪比例。这项建议也成为通用汽车工资公式中"年度改善因子"的来源。

尽管威尔逊先生在1941年时就将工资公式中的基本要素确定了下来，但直到1948年的劳资集体谈判时，我们才有机会引入这个公式。在第二次世界大战期间，政府的工资维稳政策使得我们难以推行任何新方案。1945年，我们的员工似乎只对大幅增加基本工资感兴趣，这样他们就可以"追赶上"战时生活成本的增长步伐了。此外，在1945～1946年旷日持久的罢工中，工会坚持主张工资的增长要与公司的支付能力挂钩，并且提出我们真正应该讨价还价的是销售价格，而这在我们看来是个关键性的原则问题，我们认为在采取任何新的工资方案以前，必须先把这个问题处理好。1947年仍是同样的情况，我们觉得员工的主要诉求是大幅增加基本工资。

1948年的劳资谈判于3月12日开始，起初的情形似乎跟往年一样。工会提出的要求可以说比往年更加极端。事实上，他们相当于是想把过去10年双方好不容易达成的基本协议全部推翻。这些要求中还包括：将员工时薪提高25美分，提供养老金计划、社会保障计划、每周40小时的工作制，以及许多其他的经济条件。我们认为这些要求过于苛刻，并且担心，如果UAW坚持这样做，我们恐怕又要面临类似1945～1946年那样的灾难性罢工了。事实上，1948年春季的确露出了这种苗头，即全国可能会陷入一次前所未有的罢工潮。许多钢铁和电力企业的谈判都陷入僵局。5月12日，UAW在克莱斯勒举行了一次罢工。大约在同一时候，通用汽车的 UAW 组织也进行了罢工投票表决。

不过在 1948 年的谈判中，有一个情况对我们有利。那就是我们之前和 UAW 达成了共识，要求谈判在相对保密的情况下进行。前些年我们的劳资谈判变得有点像公开的政治论坛，工会向新闻界不断发表煽动性言论，而我们被迫公开回应。1948 年由于有了保密性的要求，工会在谈判开始时的态度、语气也变得更加缓和了。

尽管如此，谈判的进展依旧缓慢。到了 5 月，一场罢工似乎马上就要来临。这个时候，我们决定把工资公式引入劳资集体谈判中。5 月 21 日，我们以书面方式向 UAW 提交了这个公式。我们事先并不知道工会是否能接受这份提议。但是工会表示原则上同意了，于是我们开始探讨细节。为了加快谈判进程，我们建议通用汽车和工会组成一个四人工作组，来研究这个问题。

我们经过三天夜以继日的谈判后，终于落实了新公式中的细节。正如我之前提到的，这份协议为期两年；鉴于它还属于新鲜事物，因此工会不愿将协议期限定得过长。协议中每位工人的年度改善因子设定为每小时 3 美分。双方最终还同意，将公式中计算生活成本的基准年份设定为 1940 年——这也是通货膨胀到来之前，物价水平相对稳定的最后一年。

在通用汽车的计算公式中，有几点是需要说明的。首先是年度改善因子，即便是那些熟知劳工问题的人也常常误解它。协议中的 101（a）条款谈到了改善因子，它指出："持续改善员工的生活标准，取决于技术的进步，工具、方法、流程和设备的改进，以及相关各方为此秉承的合作态度……以同样的人力获取更大的产出，这是一个合理的经济和社会目标……"换言之，收入的真正来源是生产力。工会对于这些箴言的接受堪称劳工关系的里程碑。

但和普遍假设相反的是，改善因子并非与通用汽车效率提升的具体数值挂钩。据我所知，通用汽车还没有找到一种令人满意的方法，能够衡量生产率，或者说，事实上任何公司，只要它制造的产品在不断更新，恐怕都难以做到这一点。即便我们能找到衡量工业生产率的某种方法，也不宜将它与工资的提高直接挂钩。这种直接挂钩的政策一旦被整个经济领域采用，将会在科技飞速发展的行业与科技发展速度有限的行业（比如服务业）之间，造成无法调和的工资矛盾。我认为改善因子应该表现为美国整体经济长期生产率的提高。

人们之前做过预估，多年来美国生产力的年增长率大约为2%。这一预估有多准确，我不得而知。但不管怎样，我们将年度改善因子设定为每小时3美分，约合每年2%的工资涨幅：当时通用汽车的平均时薪为1.49美元，3美分就是1.49美元的2%。在此后的谈判中，改善因子又上调了几次。需要指出的是，公司承诺无论美国工业生产率的实际变化如何，它都会按照协议兑现改善因子。即便当整个国家或者通用汽车自身的生产率下降时，我们也会履行义务，按照每年的改善因子支付工资。

我一直认为，将改善因子视为"生产效率的提升"是一种概念混淆。我更愿意将它视为某种整体福祉的提升。我怀疑通用汽车的许多员工是否也像我这样看。

说到底，生产效率的提升并不完全取决于提高工人的工作有效性，它主要来自改进管理效率，以及对节省人力的设备追加投资。一些工会发言人似乎将生产效率的提高完全归因于工人。对于这种论调我无法苟同。新机器的采购也需要投入，并且它有投资回报率作为佐证。或许有人认为，如果我们能将生产率的提高全部转化为价格补贴，那么消费者和整个经济就将获得最大的恩惠。这个观点听上去很好。但从人性角度来说，对个人或团队给予激励的做法效果会更好，而人们也愿意为此争取利益，因此留出交易空间未尝不是件好事。由此我断言，生产率提高所带来的恩惠应该在消费者（获得更低的价格或更好的产品）、劳动者（获得更高的工资）和股东（获得更好的投资回报）之间进行分配。

改善因子最初在通用汽车实施时还出现了一个奇怪的现象。按照1948年和1950年的协议，所有工人，不管他们是清洁工还是技术娴熟的模具工人，改善因子都是一样的。我们将所有人的改善因子都按照工人平均工资的2%来计算（也就是每小时3美分），这显然是一种平均主义的举动。当然，这样一来工具工人和模具工人的改善因子并没有达到每年2%，而清洁工的改善因子可能为每年3%。于是从1948年到1955年，工人们的工资差别受改善因子的影响缩小了。这种情况在1955年的合同中予以了纠正，在这一年，所有工人的年度改善因子都是 2.5%——每小时最低 6 美分。

虽然改善因子的计算公式调整了,但伸缩条款的计算公式基本保持不变——即便它也会让长期工资趋于平均化。这个公式没有从理论上解释,为什么我们不能按照生活成本每提高 1%,工资也增长 1% 的方式来计算。反正公式设定的是,当生活成本提高时,每位工人将得到同样数额的津贴。生活成本的补贴方案是这样计算的:我们得出消费价格较基准年 1940 年增长了大约 69%。在此期间,通用汽车的平均工人时薪增长了大约 60%。为了弥补两者之间 9% 的差额,我们将工人时薪提高了 8 美分。这个涨幅对低收入工人来说显然要比 9% 高,而对于高收入工人来说则要比 9% 低。在设定未来的工资涨幅时,伸缩条款也采用了类似的平均化措施。我们以工人的平均时薪和 1948 年 4 月的消费价格指数(当时的最新指标)为依据,确定了两者之间的系数。将工人的平均时薪 1.49 美元和消费者价格指数 169.3 相除,我们得出,消费价格指数每增长 1.14 点,工人时薪就要增长 1 美分,这也成了我们所有工人的补贴政策。但我必须再次指出,我们收入最高的那些工人确实应该获得更多的工资补贴来应对生活成本的提高,而对于一名在 1948 年领取 1.2 美元时薪的守门警卫来说,他领取的补贴显然足以应对任何通货膨胀。在考虑通用汽车工资公式中的生活成本时,很重要的是要记住,绑定价格指数的其实是平均工资,而伸缩条款会把所有人的工资都拉向平均水准。这种平均化的工资效果长期来看是好是坏,我还无法回答。有趣的是,我看到许多其他工会采纳的工资公式沿袭我们的方案,并且几乎无一例外地保留了这种工资平均化的特点。

在有些场合,我们会为专业技术员工安排特别加薪。这些措施消除了技术员工受到的工资平均化的影响。从 1950 年到 1962 年,我们将工具和模具制造工人的时薪累计提高了 31 美分。

此外,迫于当时集体谈判的紧迫性,工资公式中的概念和原先相比或多或少出现了一些偏差。一个反复出现的问题是,如何就维持生活的"工资底限"达成一致。正如我之前在给乔丹先生的信中建议的,即便是在严重的通缩时期,工人也希望有个降薪底限。在 1948 年的协议中我们特别规定,无论生活成本下降到什么程度,公司已经上调的 8 美分工资补贴中,最多只能扣除5美分。随后在1953年、1958年和1961年达成的劳工协议中,"工资底限"又不断上调。显然在严重的通货紧缩时期,伸缩条款的逻辑难以为继,毕竟工人总是反对降低工资的。

1953年的谈判颇有意思,它正好反映出公众对通用汽车的工资方案持续施加的压力,也使得我们难以将威尔逊先生的最初设想原封不动地落实。原则上说,本来不应该有1953年的劳资谈判这件事儿,因为根据双方1950年签署的五年期协议,工会对于其中的任何条款均表示"无条件放弃"谈判权。但是到了1952年年底,UAW开始对协议中的生活成本条款感到不满。工会和当时很多人的想法一样,担心朝鲜战争结束后,通货膨胀会走到尽头。如果生活成本下降了,工会成员从伸缩条款那里享受到的特别津贴就有可能部分甚至全部取消。更糟糕的是,工资稳定委员会(Wage Stabilization Board)已经同意让其他的工人团体提高生活津贴,并把它纳入基本工资,这些团体包括了钢铁、电力以及其他行业。换句话说,当通货紧缩到来的时候,UAW的工人工资会减少,而其他的工会成员则不会。我们答应UAW,通用汽车的工资待遇不会落后于相关行业。于是我们对协议进行了重新修订,并将19美分的生活津贴(当时最高可达24美分)纳入长期基本工资。这件事也表明,想要按照工资方案的最初理念来严格执行是多么不容易。

我们的工资方案经常受到非议,有人说它是通货膨胀的推手。对此我同意威尔逊先生的观点,该方案不过是为了保护我们的员工免遭通货膨胀的影响。尽管如此,这个方案绝非我们劳工协议的全部,因为我们还给员工提供了很多额外福利。为此一些批评人士认为,这导致成本的增速超出生产力的发展速度,于是,工资方案和这些额外福利加在一起后,就有可能导致通货膨胀。

还有另外一个重要因素必须予以考虑。我在前面谈到改善因子时曾说,我认为这个指标本身更应当成是一种激励或奖励手段。从这个角度来看,我认为,当我们的工人通过这种明确的规定得到实惠后,会提高他们的生活水平,进而当我们引入设备节省人力,或通过其他技术进步手段进行生产改进时,就能得到工人们更多的理解与合作。从整体上说,这对于公司的有效运营有着积极的影响。

不可否认的是,截至我写这本书时,这个工资方案对于维护劳资关系的相对平稳起到了作用。自从这个方案1948年实施以来，我们再也没有发生过全国性的劳工协议大罢工。

在过去几年通用汽车对劳工协议进行的修订中，最为人所知的莫过于增加了失业福利补助——人们常称它是保障性年度工资，尽管这种说法并不确切。1955年，各大汽车公司纷纷开始进行劳资谈判，而汽车工会显然将这个方案视为历史性的里程碑，因此不惜一切代价来争取这项权益。这项方案背后的主要建议（除了国家的失业补偿以外，雇主也要提供补助金）是由工会先前提出的，时间似乎是在1954年和1955年。然而最终获得认可的是福特汽车的补助方案，它在很多方面和工会提出的具体建议差别很大——福特的财务补助要保守得多。此后不久，我们也接受了这个方案，尽管我们对其中的某些条款存有异议。最终，整个行业都对这个方案表示接受。

事实上，在过去20年里，通用汽车一直在思考其他的替代方案。早在1934年12月，当国家失业保险法还没出台的时候，我们已经为公司员工的私人保险计划勾画出了一些想法。在这些想法中，我们赞同的是：

> 通用汽车原则上同意发展储备基金，以便在员工非自愿失业期间对其进行补偿。
>
> 我们原则上也同意，该储备基金应由雇主与符合要求的员工来共同建设。
>
> 我们还认为，在确认员工符合要求以前，有必要对其进行试用期考核。

我对这些想法都非常赞同，并且我认为我的多数同事也是这么看的。但是在20世纪30年代中期，联邦政府和各州的失业保险计划迅速发展起来，从而改变了我们对这个问题的看法。有了失业保险以后，我们制订了一项方案，旨在缓解周期性生产带来的失业压力。总的来说，方案内容包括：任何拥有五年工龄的员工，如果他被临时解雇（比如在车型更换季）或者他每周不足24小时的时薪，他就可以每周向公司借款，借款额为他的实际周薪与24小时时薪之间的差额。公司不会收取利息。当他的周薪超过24小时时薪时，就需要将超额部分的一半用来还款。如果员工的工龄在两年到五年之间，公司就可以给他预支 16 小时的时薪，累计预支金额不得超过 72 小时的时薪。换言之，工人收入可在一整年里更加平均地分配。当战时生产期到来后，这个方案显得毫无必要了，于是我们就终止了这个方案。

　　除了上述无息贷款方案外，我们也开始考虑，是否应向我们相当一部分员工做出承诺，保障他们的年度最低工时。在 1935 年的社会保障法案中，有一个条款就在激励雇主制订这样的计划。根据该条款，雇主如果能向他的工人保证每年 1200 小时的工时，就可以免除 3% 的工资税。我们在 1938 年曾认真考虑向工人们提供这种保障。但当时的董事会副主席唐纳德森·布朗对此表示反对，并且理由非常充分。1938 年 7 月 18 日，布朗先生在给我写的一份备忘录中表示，工时保障不能惠及太多的工人——换句话说，如果我们想对很多工人都提供保障的话，就无法保证这些工人工作足够长的时间。并且他还谈道：

　　　　如果我们向某一层级的员工推行年度工时的保障计划，必然会限定该层级员工的平均雇用时长。这样的计划将被视为（当业务不景气时）公司想按照受保障的平均工时来分摊工作。工会必然也会对此施加压力。

　　对于通用汽车这样复杂、大型的机构来说，我们都对分摊工作的做法存有顾虑。我个人认为，长期基于低工时来分摊工作，从经济角度和社会角度来看都是行不通的。但在战后早期，我觉得公司有必要为员工提供某些保障。1946 年 5 月 15 日，我针对失业补助的问题发表了我的看法：

　　　　……如果我们能够知道这种做法的约束条件，或许就可以化解由此产生的压力，并且可以按照我们自己的方式，实事求是地来确定它的实施边界，这也许会促进我们与员工的关系，同时又没有把钱浪费在无效的劳动上。

　　这份失业补助方案最终被纳入劳工协议中，总体而言，我认为它并不像它的支持者们所说的那样具有创新性。正如很多经济学家所指出的，这个方案不过是失业保险的另一种延续，而后者已经实施了超过20年，并且一直是由雇主来资助的。在我看来，这个新方案真正的好处并不只是为工人在萧条时期提供了某种保障，毕竟许多工人还达不到这个保障条件，还有很多工人只能拿到很少的一点钱。它真正的好处是让我们的员工有了更强的经济保障感；长期来看，能做到这一点或许就已足够了。

在1933年以前，通用汽车和工会之间没有什么来往，仅仅是在制造领域的一些手工艺组织里打过交道而已。正是由于这一点再加上其他一些因素，我们对于1933年以来政治局势的变化以及工会主义的发展准备不足。人们可能不会记得，当时美国的主要产业中，工会组织并未形成气候。工会主义的蓬勃发展将会产生怎样的深远影响，我们并不清楚。我们只知道，一些政治激进分子将工会作为了攫取权力的工具。但即便是那些正统的"商业性工会主义"，我们认为也对管理当局构成了潜在威胁。作为一名商人，我对这些思潮还不习惯。我们早期曾和汽车行业的美国劳工联合会（AF of L）打过交道，结果并不令人愉快，这些工会的主要问题是组织化。它们要求代表我们的全体工人，哪怕有些工人对此不愿接受。我们与美国产业工会联合会第一次接触时，结果更加令人沮丧；该组织为了让自己的要求得到满足，不惜采用极端的暴力手段，并最终在1937年的静坐罢工中侵占了我们的工厂资产。我在这里无意重现我们与劳工组织早期交往的痛苦经历。我之所以提到这些事情只想表明，我们最初对工会主义持反对态度的原因之一就在于此。

在早年间，尤其令人感到形势严峻的是，工会不断试图干涉公司的基本管理权限。我们制定生产排期、确定工作标准以及管束工人纪律的这些权利，突然间都遭到了质疑。除此以外，工会还经常想要干涉价格政策，因此难怪公司的一些管理者认为，有一天工会可能会取得公司运营的实际控制权。

最终，我们成功制止了这些干涉管理权限的行为。人们不再质疑定价权是管理职能，而非工会职能。从运营的方面来说，我们已经将某些做法制定成规章制度，并和工会代表讨论了工人们的申诉，对于悬而未决的问题则提交给仲裁机构进行裁决。总的来说，我们保留了所有基本的管理权力。

通用汽车的工会主义问题已经得到了解决，我们与所有代表员工的工会组织建立了有效的合作关系。

My Years with General Motors

第 21 章

激励性报酬

1918年以来,通用汽车的奖金计划一直是我们管理哲学与组织运营的一部分,并且我相信,它也是公司发展的一个关键因素。正如公司1942年正式发布的年报中所说的那样,我们的管理政策"源于我们的信念,要想取得最有效的业绩、最大的进步,以及业务的稳定发展,我们就要尽可能地为管理者创造条件,让他们各就其位,把业务经营当作自己的事。这既有利于发挥个人的主动性、成就事业机会,也有利于帮助人们取得与业绩相称的经济回报。公司就是通过这种方式,来吸引并留住管理人才的"。

奖金计划和分权政策是相互关联的,因为分权给管理者带来了成就事业的机会,而奖金计划则让每位管理者有可能获得与自己业绩相称的经济回报,并时刻激励他们付出自己的最大努力。

尽管通用汽车首次采用奖金计划是在1918年8月27日,但它的基本原则从来没有变过——当我们与核心员工结成公司繁荣发展的伙伴关系时,当我们把员工的奖励和他对于事业部及整个公司的贡献挂上钩时,我们就可以最大程度地满足公司利益和股东利益。我们当然也会不时对计划做出一些改变,比如在1957年,我们对激励方案进行了补充,增加了针对部分高管人员的股票期权计划。目前,只有当公司的占用净资本回报率超过6%的时候，我们才会从净收益中拿出钱来发放奖金。每年奖金池的存款上限，是扣除6%的占用净资本回报后，税后净收益的12%。奖金薪资委员会可以在存款上限以内，酌情决定具体的奖金额。1962年，大约有14 000名员工获得了股票和现金形式的奖金，总额为94 102 089美元。此外，股票期权计划的潜在收益为7 337 239美元。再加上我们为四个海外下属制造企业制订的3 550 085美元的奖金计划，这些全部加起来，使得我们1962年的奖金储备达到了1.05亿美元，较当年的奖金上限少了3800万美元。

虽然奖金分配的额度取决于利润的多少，但奖金制度并不是一项利润分享计划。对于公司及其事业部所创造的盈利，任何员工都无权占有固定份额。奖金薪资委员会发放的奖金有可能（有时也确实会）少于奖金上限。更重要的是，员工要想入围每年的奖金评选，就必须付出努力。由于员工每年都会接受工作考核，因此假如他真的年年获奖的话，他每年的奖金额也可能出现较大的波动。每位管理者都知道，公司会对自己的贡献做定期评估，并依此分配奖金，因此他会时刻感受到一种激励。

这份奖金计划还催生了股东——管理阶层，这对于发展管理层与股东之间的利益认同感起到了重要作用：在多数情况下，奖金方案部分或全部由通用汽车的股票来兑现。因此，通用汽车的高层管理者一直持有大量的公司股票——所谓大量，是从管理层的个人总资产角度而言，并非指它所占有的流通股比重。由于管理者的个人资产中，大部分都是通用汽车的股票，因此和纯粹的职业经理人比起来，他们与股东之间的利益认同感更加强烈。

奖金计划不仅对个人的工作有激励和奖励作用，这项计划刚一开始实施，就对管理者产生了重要影响，激励他们将自身努力与整个公司的健康发展联系在一起。事实上，在确保分权管理的有效实施方面，奖金计划所起的作用几乎和我们的协同管理体系一样大。亨特在给我的一封信中是这样说的：

> 分权管理为我们带来了发展机会，激励性报酬……为我们提供了发展动力，这两者加在一起，既能促进公司高层间的建设性合作，又能保证个人的雄心和主动性不会被磨灭。

在我们将这份奖金计划推广到整个公司以前，我们整合分权事业部遇到的障碍之一，就是核心管理者不愿站在公司整体利益的角度思考问题。相反，总经理们更愿意考虑的是自己事业部的利润。根据1918年之前的激励政策，少数事业部经理与公司签订的协议中商定，他们可以从事业部的利润中提取一定的比例，而不必顾及公司的整体盈利状况。这种政策机制无疑放大了各事业部的自身利益，却忽略了公司的整体利益。它甚至有可能导致事业部经理为了让自己事业部的利润最大化，不惜做出损害公司利益的事情。

这份奖金计划确立了公司利润这个概念，并取消了以事业部利润为导向的做法，毕竟事业部利润的总和构成公司净利润的情况很少。它把奖金合理地分给了"为通用汽车的成功做出特别贡献的员工，他们善于创造、能力突出、勤奋肯干、忠于公司，或者服务一流"。最初设定的总奖金额度是在扣除6%的最低资本回报基础上，不得超过税后净利的10%。1918年，超过2000名员工领到了奖金，而在1919年和1920年，领到奖金的员工人数超过6000人。1921年，伴随着经济衰退和库存清算的发生，公司利润大幅下降，我们当年也就没有发放奖金。

我们第一次对奖金计划进行重大修订是在1922年，当时我们刚刚恢复奖金发放政策。我们认为在奖金发放前，税后最低资本回报率应该由6%提高到7%。这种情况一直持续到1947年结束，在这一年，我们将最低资本回报率下调到了5%，将扣除最低资本回报后，可用于奖金分配的税后净利比重提高到了12%。1962年，我们又将最低资本回报率上调到6%。

在1922年的修订计划中，我们还将员工的职级与领取奖金的资格挂钩。对于员工职级来说，最简单的衡量方法就是他的薪资，因此，领取奖金的资格也是基于薪资而设定：从1922年起，有好几年的时间，我们都把年薪5000美元设为员工领取奖金的最低门槛。这也导致我们在1922年的时候，总共只发放了550份奖金。

经理证券公司

我们做的另一项重要变革，是在1923年11月的时候成立了经理证券公司。公司成立的主要目的是为高层管理者提供机会，增加他们在通用汽车的股权。我们认为这会给他们带来更多的激励。杜邦公司拿出了一部分股票，供入围这项计划的高管购买，价格按照当时的市场行情来计算。参与这项经理人持股方案的高管们先以部分现金的方式支付首付款，然后通过未来多年期的清偿计划来偿还剩余款项。这意味着，如果公司的业务发展成功，他们也会成为公司重要的股东。这项计划的受益者们要感谢皮埃尔·杜邦和约翰·拉斯科布，正是他们决定拿出股票，投入到这项计划中。还要感谢的人是唐纳德森·布朗，正是他制订了一个非常有效的计划，才使得这个机会转变成为现实。布朗先生制订的计划，核心内容如下。

经理证券公司的核定股本为 3380 万美元，其中包括以下几部分：2880 万美元是股息为 7% 的可转换优先股，没有累积投票权；400 万美元是 A 级股，面值 100 美元；100 万美元是 B 级股，面值 25 美元。

经理证券公司组建时，购买了通用汽车证券公司一部分的股票，合 225 万股通用汽车普通股。通用汽车证券公司是由杜邦公司控股的一家公司，持有通用汽车的股权。经理证券公司通过这项收购，持有了通用汽车证券公司 30% 的股权。

杜邦公司之所以愿意以市场价出售它所持有的 30% 通用汽车股权，有两方面的原因。第一，杜邦坚信通过这种做法，可以建立它与通用汽车管理层之间的伙伴关系。杜邦公司相信，通过对通用汽车的管理层实施这种激励手段，就能提高通用汽车的股票分红和股票价值。由此，杜邦公司就能从它持有的剩余通用汽车股权中享受到升值的补偿。第二，杜邦出售的这部分股权是它早期被迫追加的投资，也可以说与缓解杜兰特先生的债务危机有关。鉴于这些情况，皮埃尔·杜邦请布朗先生考量过杜邦公司出售股权的潜在路径。

经理证券公司按照每股 15 美元，购买了通用汽车证券公司持有的 225 万股通用汽车普通股，总价合计 33 750 000 美元。收购资金来自经理证券公司持有的面值 2880 万美元、股息 7% 的可转换优先股，剩余部分则是 495 万美元的现金。经理证券公司筹得 500 万美元现金的办法是把自己持有的全部 A 类股和 B 类股都卖给了通用汽车公司。通用汽车公司与经理证券公司协定，在扣除 7% 的占用资本回报率基础上，向后者每年提供相当于公司税后净利润 5% 的金额。这等同于公司每年总奖金的一半。协定的期限为八年，从 1923 年开始到 1930 年结束。

通用汽车还同意，如果在协议期限内，任何一年的付款少于 200 万美元，通用汽车会通过无担保贷款的方式弥补差额，贷款利率为 6%（我们 1923 年和 1924 年的付款方式，都是按照这一条款进行的）。

接下来，通用汽车把 A 类股和 B 类股转售给了大约 80 位高管，配售比例是基于我给特别委员会的建议，该特别委员会由通用汽车的董事会任命。员工购买 A 类股的价格为每股 100 美元，购买 B 类股的价格为每股 25 美元，这跟通用汽车支付给经理证券公司的价格一样。

总的来说，配售的股票数跟管理者在公司里的职位有关。我亲自拜访过每一位符合该计划的管理者，并与他们进行了交流探讨，目的是确定他们是否有意加入这项计划，以及是否有足够的现金来购买配售的股票。一般来说，我会限制每位管理者购买的股票金额不要超过他的年薪。一开始的时候，我们不会把经理证券公司的所有股票都拿来配售。一部分股票的配售会放在以后：首先，要留给那些可能在日后入围该项计划的管理者；其次，当管理者的职责范围增加时，也要预留一些股票作为补充。

通用汽车拥有一项不可变更的权力，那就是当管理者辞职，或者他的职位与业绩表现发生变化时，公司可以回购他持有的全部或者部分股票。为了让经理证券公司的入围机制持续发挥作用，我们每年都会对加入经理证券计划的管理者进行年度绩效评估，并把他和其他管理者的业绩做比较，以确定他的表现是否反常，其中还包括把他和不在该计划中的管理者进行比较。当管理者的业绩特别突出时，我会建议动用预留的经理证券公司股票来做分配，或者用没有交给经理证券公司的另一半奖金来做激励。

这就是这项计划的运作方式。

通用汽车每年支付给经理证券公司的金额，是扣除 7% 的占有资本回报后税后净利的 5%，这些都被记入 A 类股的盈余。经理证券公司（通过通用汽车证券公司）持有的通用汽车股票分红和公司的其他各项收入一起，被记入 B 类盈余。经理证券公司承担了 7% 的流通优先股的股息，这些要由 B 类盈余来支付。

经理证券公司每年必要要清偿这些股息 7% 的优先股，花费的金额等同于扣除税收、费用和优先股股息后的全部净利润。当经理证券公司无须再支付 7% 的可转让优先股的股息后，它可以给 A 类股和 B 类股派发红利，但每年的金额不得超过已缴纳资本（500 万美元）及其盈余的 7%。

1923 年以后，伴随着通用汽车的成功，经理证券公司计划带来的回报也超乎想象。正如我曾说过的那样，这是通用汽车的重要发展期。特别是在这几年里，汽车市场的总量并没有很大增长——事实上从 1923 年到 1928 年，轿车和卡车的年销量维持在大约 400 万辆。但在此期间，通用汽车的销量翻了一倍多，市场份额也从 1923 年的不到 20% 增长到了 1928 年的超过 40%。这自然导致了盈利的快速增长，由此我们给经理证券公司的奖金补助也随之增加。等到 1927 年 4 月，所有的优先股都已付清。这样一来，这家公司的全部资产就无须再承担其他产权负担，完全可以基于 A 类股、B 类股以及它们各自的账户盈余派发红利。

通用汽车盈利的增长，不仅使得经理证券公司付清了 7% 的优先股，而且提升了通用汽车股票的市值。此外，股票分红也在增加，这些因素使得经理证券公司的股票也变得价格不菲，导致我们无法向该计划推出后才晋升为公司高管的管理者们提供这样的补助。最终，我们将原定的八年期协议缩短为七年，结束年份为 1929 年，而非 1930 年。这样做是为了更好地组建一个通用汽车管理公司——也就是我们要在下一个七年中，将经理证券公司的基本理念进行推广，并根据业务发展的规模，邀请更多的管理者参与其中。

我之前已经说过，经理证券公司这个计划的成功程度，可以说超乎想象。恐怕最能说明这一点的，就是看一下如果在 1923 年 12 月花 1000 美元购买经理证券公司的 A 类股和 B 类股，时至今日它的业绩表现如何。在当时，这笔投资实际上意味着，管理者通过部分支付的方式购买了 450 股没有面值的通用汽车普通股，但是当时的市场价为 15 美元/股，并且管理者同意，未来由此产生的奖金将用来偿还剩余还款。在接下来的七年里，这笔投资的总产出可以偿还 9800 美元的协议还款。它既是管理者在此期间本可获得的奖金，也是对公司的一种追加投资，最初投入的 1000 美元，七年后增长到了 10 800 美元。

从 1923 年到 1930 年，这 450 股普通股已经通过交易、分红以及经理证券公司的追加认购变成了 902 股。当 1930 年 4 月 15 日通用汽车向经理证券公司完成最后一笔协议支付的时候，这项投资的最终总资产变成了 902 股面值 10 美元的通用汽车普通股，并且没有其他产权负担。换句话说，总资产 10 800 美元中，1000 美元是初始投资，9800 美元是由此产生的奖金补助，两者加在一起，实际购买了 902 股面值 10 美元的通用汽车普通股。在此期间，随着通用汽车普通股的升值，每股市值合 52.375 美元，这使得 902 股的总市值达到 47 232 美元。考虑到我们在 1927 年和 1928 年赎回了 2050 美元的部分投资，并且在此期间分红 11 936 美元，因此总计 10 800 美元的投资，最终回报为 61 218 美元。

经理证券公司给通用汽车公司及其股东带来的回报同样丰厚。它的成功也是通用汽车 1923～1929 年期间业务蓬勃发展的缩影，而我相信这其中的部分原因是，经理证券公司把公司高管捏合成了一个团队，并且使得他们的个人利益与公司的成功休戚与共。经理证券公司对个人的财务激励无疑是巨大的。但正如杜邦公司的小沃尔特·卡彭特在给我的信中提到的，它还支撑了公司的整体发展，并促进了内部更好的合作。卡彭特先生说：

> 经理证券公司的重要性在于，它让这些人产生了……持续的紧迫感，渴望取得整体的成功，而不是像先前那样，只顾自身的狭隘利益……
>
> 或许您跟任何人一样，都知道这种所谓财务机制的设计，就是要将公司盈利带来的实惠按照金字塔的方式进行分配，从而极大地激励每个人为公司的发展做贡献。这种设计方法现在已经司空见惯，以至于我们或多或少会认为这是件理所当然的事情。但我们必须认识到，在当时能够采用这种方式相当具有创新性，它极大地激发了我们的干劲和决心……确保了公司的整体成功。这显然又促进了公司内部的相互合作、相互关联、相互依存，进而对公司的成功起到了重要作用。

每年年终时，我会召开一次经理证券公司的股东大会，审议过去一年的业绩，所有参与这项计划的高管都会出席。我也因此能有机会，向大家强调管理者股东和通用汽车股东之间的共同利益。在这样的一天会议中，唐纳德森·布朗回忆说："讨论的话题非常全面，包括在有效控制资本支出、库存和应收账款方面，在提高生产、销售和分销的效率方面，以及在开发符合大众口味的产品方面，如何实现共同利益。"

通用汽车管理公司

通用汽车管理公司和经理证券公司在概念上相似，但在一些技术层面上有所不同。我们成立管理公司的目的是给管理者提供机会，增加他们持有的通用汽车股权，并为他们提供更多的激励。在经理证券公司，这一目标的实现是通过预留一部分通用汽车普通股，然后由参与者先支付部分现金，剩余部分通过未来多年期的清偿来完成的。

而管理公司的新计划要想得以实施，自然也需要大量的通用汽车股票。由于预见到了这样的需求，通用汽车在1930年之前花了三年时间，积累了137.5万股通用汽车普通股。这些股票以每股40美元的市场价出售给了管理公司，总价为5500万美元。管理公司为了筹得这笔款项，出售了自己的5万股普通股，融资500万美元，并发行了5000万美元的七年期、利率6%的分期还本债券；通用汽车认购了这两项发售计划。接下来，通用汽车把管理公司的普通股通过现金方式，转售给大约250名管理者——人数是先前经理证券公司参与人数的三倍多。

管理公司在早期正好赶上了经济大萧条，这对几乎所有的商业计划都产生了负面影响。正如我之前所说的，虽然通用汽车在整体市场的份额保持不变，但由于行业销量受经济状况的影响在下滑，因此我们的销量也随之减少。在这种情况下，通用汽车的表现依然亮眼——即便是在大萧条时最差的一年，公司仍然保持盈利，只不过由于税后净利跌破了7%，低于占用资本回报率的要求，因此奖金池没有增大。此外，盈利状况不佳也导致了管理公司难以还本付息。毫无疑问，当时通用汽车的股价也下跌得厉害——一度跌到了大约每股8美元（按照今天普通股 $1\frac{2}{3}$ 美元的面值计算，合每股1美元出头）。在这种颓势下，管理公司持有的通用汽车普通股的市值远远小于它欠下的通用汽车债务。

这让通用汽车陷入了非常尴尬的境地，管理层的士气也备受打击，毕竟这些管理者本来是管理公司的股东，现在却陷入了公司的债务麻烦，甚至每年正常的奖金补助和最初投资的首付款也面临风险。于是，我敦促通用汽车的财务委员会调整措施，不要让管理者的奖金每年因为管理公司的亏损而被吞噬。

我在敦促财务委员会采取行动时，需要兼顾通用汽车股东和通用汽车管理者的利益。两者之间密不可分。从实现通用汽车各方的最大利益来说，我认为恢复管理者的士气是非常重要的。财务委员会起初不愿提供任何应急措施，因为它认为通用汽车的股价终归会反弹。不过在1934年，财务委员会经过深思熟虑后，对原来的计划进行了修订。

修订版准备对管理公司的资本结构以及债务的逾期利息进行调整。但其中最重要的变动是，当计划到期时，管理公司可以按照每股40美元的价格，全部以通用汽车普通股来偿还欠下的债务；也可以一半用普通股（定价为每股40美元），另一半用现金方式偿还。这就让管理公司在处理债务问题上有了更多的周旋余地。

事实证明，财务委员会当初的判断是正确的。1937年3月15日，这项计划到期时，通用汽车的股价升到了65.375美元。作为管理公司的股东，管理者选择动用部分通用汽车的普通股来偿还债务，按照每股40美元计价，这意味着他们放弃了多达500万美元的利润，而这些利润流进了通用汽车的口袋。

虽然和经理证券公司比起来，管理公司并没有那么成功，但它毕竟实现了扩大管理者股权这个既定目标，而通用汽车公司及其管理者也都从中获益。我再以1930年为例，看看买进管理公司1000美元股票后的回报。每1000美元用于部分支付275股面值10美元的通用汽车普通股，当时的市场价为40美元，同时管理者同意，用未来的奖金来偿还剩余款项。在接下来的七年里，这笔投资可以偿还的协议款项总额达到了4988美元。和之前一样，这笔钱既是管理者在此期间本可获得的奖金，也是对公司的追加投资，最初投入的1000美元，七年后增长到了5988美元。

1937年3月15日，当这项计划终止时，当初投资的1000美元变成了179股无负债、面值10美元的通用汽车普通股，采购成本为每股40美元。管理公司持有的通用汽车普通股权益相应减少了，因为它在市场上出售了187 300股通用汽车普通股，又拿出293 098股来偿还通用汽车的债务。在此期间，通用汽车的股价从每股40美元升到了每股65.375美元，因此在1937

年3月15日当天，179股通用汽车普通股的市值为11 702美元。再加上在此期间分红的893美元，5988美元投资的最终价值为12 595美元。

基本奖金计划

伴随着通用汽车的业务发展，参与公司奖金计划的人越来越多。过去40年来，领取奖金的员工人数大概增长了25倍——从1922年的550人，增长到1962年的大约14 000人。1962年，大约有9%的受薪员工领取了奖金，而1922年时这一比例只有5%。

在20世纪20年代的中后期，尽管领取奖金的合规要求基本没有变化，但奖金计划的覆盖人群大大增加了，这主要是公司的管理组织规模化扩张的缘故。截至1929年，有接近3000名受薪员工领取了奖金——这一人数在七年间增长了五倍。

自20年代以来，奖金计划的扩张经历了几个重要阶段。1936年，公司在激励计划中预留了一部分奖金，给那些年收入在2400美元到4200美元之间的员工，从而使得能领取奖金的受薪员工人数大大增加。在1931年的经济大萧条时期，为了与员工降薪的情况相适应，我们把员工领取奖金的最低年薪资格，从5000美元降到了4200美元。1936年，当我们把员工领取奖金的最低年薪资格降到2400美元的时候，领取奖金的人数从1935年的2312人增长到9483人。

除了1938年公司因盈利不足，导致奖金池的规模相对有限以外，我们在1942年以前，每年都可以向大约1万名员工发放奖金。1942年，我们将最低年薪资格恢复到了4200美元，于是发放的奖金数量也减少到了大约每年4000人。

在战后的头几年，奖金薪资委员会一直将受益人数控制在大致相同的水平，当通货膨胀导致薪资普遍增长时，它就相应提高最低年薪资格。但1950年的时候，奖金薪资委员会将最低年薪资格从7800美元降低到6000美元，从而再次扩大了领取奖金的人数范围——从1949年的4201人猛增至1950年的10 352人。当年的年报中提到："委员会将1950年的最低年薪资格调低到每月500美元的举动，表明我们认识到，领取这一级薪资的很多员工都为企业的成功发展做出了重要贡献。我们希望通过扩大发放奖金的人群基数，能够对通用汽车整个组织产生强有力的激励作用。"

时间证明，这一论断是正确的。虽然我们逐年提高了领取奖金的最低薪资要求，毕竟工资普涨，但领取奖金的员工人数一直在稳步增长，现在已经达到每年约14 000人。

我们通常的做法，是把奖金在多年期内做分期支付。比如从1947年以来，数额达到5000美元的奖金会按照每年1000美元来分期支付。当奖金数额更大时，就会把金额分成五等份来分期支付。计划中还规定，公司员工如果在某些情况下离职，就不能再领取尚未支付给他的分期奖金。这种分配方式是基于奖金计划的一个目的，就是要激励管理者留在公司任职。

我们制订激励方案的基本目的之一，就是要将我们的管理者变为企业的合伙人。贯彻这一理念的办法之一，就是奖金应以股票的方式发放。我们为了满足每年发放奖金的需要，每个月都会在市场上购买普通股。起初，所有的奖金都可以通过股票方式支付，但随着个人所得税的不断上涨，奖金薪资委员会意识到，如果受益人为了支付相关的个人所得税，不得不出售大量股票的话，那么这种股票奖励方式显然就是徒劳的。因此在1943年，公司采取了一项政策，决定一部分奖金以现金形式发放，另一部分以股票形式发放。自1950年以来，我们的基本目标就是，发放的现金奖励可以让受益者支付总奖金的税款，剩下的奖金以股票的方式保留。对于已经奖励给管理者但还没有分期发放的股票，由公司先作为库存股份进行保管，直至到期时再发放。当这些作为奖金的股票到期兑现以后，管理者会获得相应的现金奖励，金额等同于这些股票对应的红利。

尽管受到高额个人所得税的影响，但公司的运营管理者领取到的股票数额巨大。截至1963年3月31日，公司大约350位高管持有的股票加在一起超过了180万股，其中包括尚未领取的奖金股票、临时信贷以及储蓄股票购买方案（Saving-Stock Purchase Program）中的持股。如果按照最近的市场行情每股75美元计算，我们可以看到，高管对这家企业的投资目前超过了1.35亿美元，其中大多数人一生都投身于此。我得说，管理者由此获得了巨大的企业所有权。

股票期权计划

高额的个人所得税一度使得公司高管的奖金缩水，进而使得他们对通用汽车的投资也减少。

由于我们制订奖金计划的主要目的之一，就是要建立并维护一个股东管理阶层，因此在1957年，股东们批准了一项针对核心员工的股票期权计划，作为奖金计划的补充，参与该计划的核心员工从1958年到1962年，每年都会获得股票期权。这也被看作是给参与者提供增持股票的机会，当它和奖金计划联合实施的时候，激励效果会比单独的奖金计划来得更好。1962年，股东们同意将这项计划原封不动地延长至1967年。股票期权计划的制订，基于1950年收入法案（Revenue Act）中的受限股票期权计划（Restricted Stock Option Plan）条款。奖金薪资委员会除了继续负责个人奖金的制定以外，还要决定能参与股票期权计划的人员名单。但对于管理者而言，如果他们接受了股票期权计划，那他领取的总奖金只有不接受股票期权计划时的75%。奖金的发放仍采用常见的分期付款，但全部以现金结算。与此同时，接受股票期权的管理者还有资格以通用汽车普通股的方式获得潜在收益，额度是奖金打折后的三分之一。因此，他们的现金奖金加上潜在收益，与没有参与股票期权计划的奖金数额是相同的。而这些管理者还可以认购股票期权，认购数量是与潜在收益等额的普通股的三倍。期权价格就是认购该股票时的合理市场价。

这项股票期权计划从1958年一直延续到1967年，发放的股票期权总数达到400万股。但在这10年间，没有一位管理者获得的股票期权总数可以超过75 000股。管理者认购期权后，必须在公司工作18个月以后才有资格行权，期权从认购之日起，执行有效期为10年，除非该管理者中途离职。如果管理者行使了他的全部或部分期权，那么与之对应的潜在收益的普通股权益也随之结束。当期权到期时，潜在收益中的剩余普通股股票会在五年时间里分期发放给管理者。只要管理者拥有潜在收益资格，他就能享受对应的股票现金分红。

股票期权计划给管理者带来的好处之一是，根据现行的税收法，如果他在 10 年内全部或者部分执行了股票购买期权，并且持有这些股票的时间超过了六个月，那么当他出售股票时，获利部分只会按照长期资本收益项来缴税。股票期权计划并不需要我们改动通用汽车奖金计划的基本原则，甚至也不会改动后者的管理方法。它只是为了让激励机制和经营者共有的理念能更加有效地落实。

奖金计划的管理

通用汽车激励方案的核心在于设定一套程序，以确定应为每名符合要求的员工提供多少奖励。

奖金薪资委员会全权负责奖金计划的制订。委员会成员由不参与奖金分配的董事组成。委员会有权决定如何给董事会成员中的高管发奖金。此外，委员会还要对公司董事长和总裁联合提议的奖金计划进行审议、批复或否决。为了与协同控制下的分权管理政策保持一致，个人奖金的建议权被下放到了运营事业部和职能部门。委员会首先根据公司每年的盈利情况，就奖金分配的上限征求独立会计师的意见，目前的标准是扣除 6% 的净资本收益后，税后净利润的 12%。接下来委员会必须首先决定，是否要把这些钱全部投入到奖金池中，还是只投入一部分。比如从 1947 年到 1962 年这 16 年间，委员会每年投入的奖金少于年度奖金上限的情况一共有五次。投入的总奖金比奖金上限累计少了 1.31 亿美元。1962 年投入的奖金比奖金上限少了 3800 万美元。

此外，公司每年实际发放的奖金可能会比当年投入到奖金池中的钱要少。因此在第二次世界大战结束后的头三年里，奖金池中有超过 1900 万美元并没有作为奖金发放出去，而是结转为来年所用。但是在 1957 年，奖金薪资委员会考虑到截至 1956 年年底，奖金池中所有未发放的资金已经达到约 2000 万美元，因此提出这笔款项转入公司的收益报表，但不计入用于奖金发放的净收益之中。

委员会确定完奖金规模和实际奖励金额之后，就必须要决定分给每个人的奖金。这个流程分为几个步骤。委员会每年收到董事长和总裁的建议后，就会制定奖金分配的最低薪资要求。为了对各级员工做出的突出贡献予以表彰，这项计划也允许在特殊情况下，向工资低于最低薪资要求的员工发放奖金。

在奖金的分配上，我们从管理的角度出发，将符合条件的员工分为如下几类：

（a）负责运营管理的公司董事。

（b）运营事业部总经理以及各职能部门的主管。

（以上两类人群覆盖了公司的高层管理者。）

（c）符合奖金分配最低薪资要求的其他员工。

委员会在制定这几类人的奖金分配办法时，考虑了当年可支配的奖金额度，以及它与员工薪资和当年业绩之间的关系。

委员会首先要为具备奖金分配资格，并且负责运营管理的公司董事拟订一个分配方案。委员会成员要对每位公司董事的个人情况和业绩进行单独评估。为此，委员会还要就每位公司董事的业绩，向总裁和董事长非正式地征询意见，当然不包括对这两个人的评估。完成这项任务后，委员会就可以决定，所有公司董事的奖金配额在总奖金中占有的比例。

委员会接下来要确定第二类人群的分配方案：运营事业部总经理以及职能部门的主管。

委员会要拟定这一类人的整体配额与总奖金之间的关系。当委员会将配额比例确定后，公司董事长和总裁要针对每个人的奖金分配发表意见，并且上报给奖金薪资委员会寻求批复或修订。

在确定了公司董事、运营事业部总经理以及职能部门主管的奖金分配方案后，董事长和总裁会被告知运营事业部和职能部门员工的可分配奖金额。接下来，董事长和总裁会召集一些主要同事，就奖金余额如何在各部门进行细分给出建议。

委员会首先解决运营事业部的奖金分配问题，毕竟后者是公司的利润来源，委员会在征询董事长和总裁的意见之后，会确定运营事业部奖金分配的整体基调。在分配各事业部奖金时，委员会主要考虑的因素包括，符合条件的员工的整体薪资、相对投资回报率以及各事业部的整体绩效评估，此外，遇到特殊情况时还要考虑特殊对待。当董事长和总裁提出的事业部奖金分配方案被委员会审批通过后，运营事业部的总经理就可以了解到自己事业部的奖金配额。接下来，总经理要基于自己的判断，对部门员工（当然不包括他们自己）的个人奖金发放给出建议。对于职能部门来说，它们本身并不参与利润的创造，因此职能部门的奖金分配是基于符合条件的员工薪资水平，以及部门的绩效评估。

由于事业部和职能部门的内部情况各不相同，因此我们无法套用一种方案来为每名员工提供奖金建议。每种方案的方法各异。但每个人的奖金应该发放多少，要由他的上司非常细致、深入地分析出他这一年给公司做出了多少贡献后，才能决定。通常来说，员工奖金提案的发起人是他的直接上司。上司对他的评估要上报给管理层接受审议，一直到该事业部的总经理或者职能部门的主管认可为止。总经理或者职能部门主管要对他管辖内的所有奖金提案进行审查，然后提交给他所在的业务集群主管。业务集群主管对这些提案审批后，把它们提交给公司董事长和总裁。董事长、总裁以及执行副总裁对这些提案审批后，再交给奖金薪资委员会做最终决定。

每个事业部在做奖金提案时都有自己的程序，上述审议流程将不公平的可能性降到了最低。当然，奖金薪资委员会不可能对大约 14 000 名受益人的详细情况完全了解。但它会收到一份详尽的材料，里面包含了所有人的奖金提案及相关的统计报告，委员会可以借助这份材料对奖金分配方案进行评估，材料中还包括符合奖金条件的候选人清单，以及个别参选人及其奖赏建议。此外，委员会需要对大约 750 名主要管理者的个人奖金提案进行评估，它要从全公司不同事业部和职能部门中找出职位相近的人选，并对他们的奖金提案进行比较。委员会针对每位主要管理者的绩效做仔细评估，以确保奖金的发放能够反映他们的贡献差异，尽可能地实现奖金的公平分配。我们由此还有了一个连带收获，那就是当我们对每位管理者的进步和发展进行仔细评估的时候，也非常有利于我们找出公司管理者的优势和不足。这特别有助于我们面对不可避免的组织变革时提前做好计划、未雨绸缪。

奖金对通用汽车的价值

奖金计划的制订真的值得管理层花那么多时间和精力吗？这些钱花出去

到底值不值？我认为奖金计划不仅丝毫没让股东破费，而且让他们这些年收益不菲。对此我深信不疑。我也相信奖金计划无论在过去还是未来，都是通用汽车取得非凡成功的重要因素。当新公司还很小，几位经营者把自己的积蓄投入其中时，他们的自身利益无疑是和公司利益绑在一起的。但随着企业的发展，越来越多的人参与到公司的管理中，这种联结关系变弱了，需要我们定期加以表达和强化，而奖金计划的目的正在于此。

奖金计划针对公司不同层级的管理者，提供了不同的激励方案。它极大地激励了那些还没有获得奖金资格的员工去努力争取。一位高管在之前给我的一封信中是这样回忆的："我清楚地记得自己第一次领取奖金时，那种兴奋的感受——我感受到了团队的荣誉，并且下定决心，要在公司中继续好好发展。"我相信，每一位奖金计划的参与者都会有同样的感受。对于他们当中的许多人来说，这些奖金如今或许是他们个人财产的主要部分。

由于奖金是按年发放的，因此只要员工还在公司任职，这种激励就会持续下去。事实上随着员工的晋升，这种激励会变得越发有效，因为和低级别工资相比，高级别工资中的奖金部分相对于年薪来说才是大头。换句话说，随着员工的晋升，他的奖金某种程度上会呈现几何级数（而非算术级数）的增长。因此，他会有巨大的动力，不仅要把手头的工作尽可能地做好，还要做到出类拔萃，这样他才有升迁的机会。

不过，我们提供的激励和奖励并非只限于物质。为此我要从上面提到的那封信里，再引述一段内容：

> 我确信，奖金计划的实施还给公司带来了另外一个好处，那就是无形的激励，而这和奖金这样的有形激励截然不同。奖金计划能让员工产生更强烈的自我满足感，这会形成一股巨大的动力，推动公司向前发展。
>
> 每笔奖金的意义，要远远大于现金和普通股的内在价值。对于获奖者来说，奖金体现了他对企业成功所做的贡献。它表达了公司对于管理者的认可，而这也是管理者除奖金之外所看重的。

为了强化非物质性激励，我们采用了一种比较普遍的做法，让上司给他的每位获奖员工发一封奖金通告函。上司由此也获得机会，可以对获奖者的业绩进行考评和交流。

奖金计划带来的另一个重要作用是，它让每位奖金计划的参与者都敏锐地意识到自己与工作、与上司之间的关系，他必须要去思考自己和公司今后的发展。上司对他价值的认可会让他感到满足，同时他也有动力去完成年度工作考评。

这种氛围的建立与维护无法在纯薪金制度中实现，即便有自动分红或利润分享的措施也做不到，因为在这些制度下，员工只有在加薪成功或者加薪未果的时候，才能知道公司对他的评价。至于降薪处罚往往更加困难，毕竟员工对于这种方法通常并不敏感。但是在通用汽车的奖金计划中，如果公司的总体奖金在增长，而某个员工的奖金却大幅下降了，这本身就是一种严厉的惩罚——员工本人也会对此非常清楚。公司每年的奖金发放总额会在公司年报中予以披露。

和薪资制度相比，奖金计划的增长弹性要大得多。公司如果要将业绩出色的员工薪资上调恐怕很难，因为这有可能打乱公司的整个薪资结构。而且增加员工的薪资意味着公司对此做出了无限承诺，而奖金则可以针对某段时期的出色业绩来设定。因此，奖金计划可以让有突出贡献的个人摆脱整体薪资制度的束缚，同时又没有对这种制度造成破坏。

此外，奖金计划还有助于挽留公司的管理者。正如我之前提到的，目前的奖金发放是采用五年分期支付，主动离职的员工会损失掉未兑现的奖金权益——有时候，这会是一笔非常大的数目。这种挽留措施（再加上计划本身的激励作用）导致的最终结果是，多年来通用汽车希望挽留的管理者中，真正离职的相对很少，特别是在高层管理岗位。

当然，以上分析还无法"证明"奖金计划是成功的，毕竟我们只能揣测如果当时没有这项计划，我们将会面临怎样的后果。我的朋友，也是我多年的同事小沃尔特·卡彭特曾应我的要求，对奖金计划的有效性做过一番评估。他的观点也正是我想表达的，他在文中写道：

对于你所说的奖金计划的"有效性"，如果它是指这项计划成就了哪些事实，或者有哪些数据成果可以佐证，那么我现在就得承认，恐怕我帮不上你太多忙。我之所以这么说，是因为我们也对这个问题思考了多年。尤其是当我们修订奖金计划时，我们总希望把年度奖金的占比明确下来，哪怕是知道个大概。我们每年都要想方设法确定奖金的净利占比，当然还要确保调拨额度不能超过奖金计划的上限，这时候我们就会思考这个问题。现在我基本上得出这样一个结论，对于有些事物来说，评判它的有效性很大程度上必须基于我们对结果的判断，而奖金计划就是如此，毕竟我们已经对该计划的实施情况进行了长年观察。这种有效性或许还体现在，我们对于奖金计划原则背后的基本理念也抱有信心。

有一两件事实可以印证我们对于奖金计划的感觉，能够说明尽管我们无法对奖金计划进行严格的考量，但它确实行之有效。

我首先要指出的一个事实是，杜邦公司和通用汽车都可谓是推行奖金计划的典范，两家公司也取得了非凡的成功。当然，批评家们可以说，它们的成功还有很多其他原因，这一点毋庸置疑，但让人惊讶的是，两家公司都取得了如此杰出的成就……

因此，阿尔弗雷德，虽然我们可能无法把激励计划的效用单独抽离出来，也不能从数学上证明它的有效性，但该计划对于这两家伟大的公司多年以来的成功发展起到了重要作用，因此它的有效性毋庸置疑，我们必须予以支持。在吸引和留用杰出人才方面，它对于组织的贡献有目共睹，而我们对于计划背后的基本原则也充满了信心和信念。

在这段话的基础上，我再加一个我自己坚信的观点。这项激励计划已经成功运营了 45 年，如果我们废弃它或者对它进行重大的修订，就很可能会使这家公司的管理精神和组织能力丧失殆尽。

My Years with General Motors
第 22 章

管理：如何发挥作用

很难说为什么有的管理成功了，而有的却失败了。成功或失败有着深刻而复杂的原因，其中运气也起了一部分作用。但经验告诉我，对于企业负责人来说，成功的两个重要因素是动机和机遇。前者主要来自激励性报酬，而后者来自分权管理。

但事情并非这么简单。本书认为，好的管理在于协调集中管理和分权管理之间的关系，或者说是"协同控制下的分权管理"。

这个概念由相互对立的元素组成，每个元素在企业的运营中都有自己独特的作用。分权管理让我们更具主动性、责任感，可以更好地发展员工，贴近事实做出决策，并能保持灵活性——总之，这些特质都是组织面对新情况时必须具备的。而协同管理让我们获得了效率和效益。显然，要将协同下的分权管理这个概念付诸实践绝非易事。这里面既没有对各方责任的硬性规定，也没有对责任的分配提供最佳路径。如何平衡公司与事业部之间的责任关系，取决于我们决策的内容、所处的时机、过往的经验，以及管理者的性格和技能。

在通用汽车，协同分权管理这个概念是我们在解决现实中的管理问题时逐步演化而来的。我在前面已经提到过，大约 40 年前分权管理刚开始时，我们给各事业部配备了强大的管理团队，把业务发展的重任交给了他们，这显然是明智之举。但我们在1920～1921年的经验教训也表明，我们需要对各个事业部采取更严格的管控。如果没有总部的充分控制，各事业部就会变成一盘散沙，不贯彻执行公司管理层的政策，进而对整个公司造成巨大的伤害。与此同时，公司总部的管理层也无法制定出最佳政策，因为它无法拿到来自各事业部的准确、及时的数据。当稳定的运营数据流形成时，数据收集的程序随后也得以建立，这才使得最终的业务协同真正成为可能。

但我们仍然面临一个亟待解决的问题，那就是如何把事业部的自主运营和公司对它的管控有效地结合起来。当然这种结合不会一蹴而就。它会随着情况的发展而不断变化，而管理组织责任边界的确定也会持续发展。因此有一段时间，轿车和其他产品外观设计的职责归各事业部所有。后来我们发现，让外观设计部来负责主要产品的整体外观设计会更好。其中部分原因在于，外观设计的协同会带来实体效益的提升。除此以外，经验告诉我们，如果调动全公司高级专业人才的力量，就可能产出高质量的成果。现在我们采用的每款外观设计都是相关事业部、外观设计部和总部管理层三方共同负责的结果。

每当某个事件或者环境的变化带来提升经济效益的机遇时，通用汽车的分权管理组织就能让我们对事业部和总部的相对责任进行这种持续的调整。在我担任首席执行官期间，总部管理者对事业部经理的监管非常有限。我相信对今天的通用汽车来说基本上也是如此。当然，今天的环境发生了变化，有些新问题出现，有些问题变得更复杂，这也导致企业今天的协同比我所在的那个年代更紧密。

在通用汽车，我们没有遵循教科书中有关直线和职能的定义。我们的区分方法是总部（其中包括职能部门）和事业部。一般来说，职能部门的长官（主要由专家组成）并不拥有直线业务的权力，但在某些既定政策的问题上，他们可以就这些政策的实施直接与事业部沟通。

总部管理层的职责是依照决策的效果和效率，决定哪些决策应由总部来做，哪些应由事业部来做。总部为了让自己的决定富有见地，非常需要各职能部门负责人的支持。事实上，总部管理层的许多重要决策都要先和政策组的人员一起来制定，经过讨论后，再被监管委员会采纳。因此，委员会正式采纳的许多决策建议，其实都来自职能部门。比如，进入柴油机的生产领域这项根本性决策，很大程度上是基于职能部门的产品研发。

有些总部职能，比如法务，在事业部中并没有相应部门。其他一些总部职能在每个事业部的工作中均有所体现，包括工程、制造和分销。但总部职能和事业部的工作之间存在一些重要区别：和事业部相比，总部职能更关注问题的长远影响和广泛应用。而事业部的工作主要围绕已经确立的政策和方案开展应用。但有时也会有例外，比如当某个项目获得批准，由事业部负责开发的时候。科威尔（Corvair）的开发就属于这种情况，关于这一点我在下一章中会提到。

总部职能创造出来的经济效益非常可观，而运营成本平均不到公司净销售额的1%。事业部从总部获得的服务比外部采购更便宜，质量也更好。在我看来，服务质量好是最为重要的一点。职能部门在外观设计、财务、技术研究、先进工艺、人事和劳动关系、法律事务、生产制造和分销方面，都做出了杰出的贡献，因此，它创造出来的价值必然数倍于它的成本。

总部职能的集中运营有若干种创造经济效益的方式。其中最重要的一种就是对于各个事业部的协同。总部管理者和事业部人员通过相互交流想法和工作进展，可以提升经济效益。事业部可以把彼此的想法和技术贡献出来，和其他事业部及总部管理层分享。我们在管理及工程技术上的卓越才能以及很多的总部管理者，都来自事业部。比如，高压缩发动机和自动变速器的开发，就来自职能部门和事业部的合作。我们在航空发动机和柴油发动机上取得的成果，也来自双方的合作开发。

各事业部经理在分权运营的过程中，会遇到很多表象不同的共性问题，需要听从公司总部的统一建议。在这个过程中，好的技术和想法会加以提炼，而经理们可以增长见识和技能。通用汽车管理层整体素养的提高，一部分得益于大家在共同目标下的经验共享，还有一部分来自事业部之间基于共同目标的相互竞争。

在分权管理的制度下，经济效益的提升还有可能通过专业分工来实现。经济学原理认为，专业化和分工会促进成本的下降和交易的发生。对于通用汽车而言，这意味着从事内部元件生产与供应的事业部，必须在价格、质量和服务上具有充分的竞争力，否则，作为采购方的事业部可以自行从外部市场上购买。即便我们已经决定不对外采购，要自己生产某个部件，甚至建立了该部件的生产线，那也绝不意味着我们对这条生产线的使用已经盖棺定论。我们会想尽一切办法，把内部事业部与外部竞争对手的产品进行测试比较，从而持续判断到底应该内部生产还是从外部采购。

常常有一种误解，那就是从节约成本的角度来看，自己生产总比从外部购买要划算。这种说法的理由是，如果不从外部购买，而是自己生产，你就不用向供应商支付利润，从而节省了这一额外成本。而事实上，如果供应商的利润来自正常的市场竞争，那么你自己投资这个业务的时候，必然也要预留这块利润，否则节余就无从谈起。通用汽车并不会像某些竞争对手那样，从事原材料的生产，而是将它们大量买进后直接用到我们的最终产品中，因为我们并不相信，依靠自己生产就能获得更好的产品、服务或更低的价格。

在我们销售的产品中，外部采购的部件、原材料和服务，占总成本的55%～60%。

事业部经理的角色非常重要，他们是公司保持高效运营、快速适应市场的关键。这些经理几乎会负责事业部所有的运营决策，只是在某些重要事项上必须服从大局。他们的决策必须与公司的整体政策保持一致；事业部的运营结果必须向总部管理层进行汇报；事业部经理如果希望对运营政策做出重大变更，就必须把这个提案"推销"给总部管理层，同时还应开放地接纳总部官员给出的建议。

推销主要提案的做法是通用汽车管理上的一个重要特色。任何人的提案都必须以销售的方式获得总部管理层的认可，如果该提案对其他事业部有影响，那也必须要推销给这些事业部。而健全的管理也要求总部在多数情况下，能把自己的提案通过政策组和业务集群主管推销给各事业部。通常的决策保障只是基于公司高管对股东的责任，而这种经过推销的提案为通用汽车避免决策失误又提供了额外的重要砝码。它确保了任何根本性的决策，必须经过各方的深思熟虑后才能做出。

我们是一家分权管理的组织，我们有推销想法的传统，而不是仅仅依靠发号施令行事，这就要求各层管理者为自己的提议摆事实、讲道理。喜欢凭直觉做事的经理常常会发现，他很难将自己的想法推销给别人。总的来说，尽管错过某个绝妙的直觉可能会让我们失之东隅，但有了这样的政策我们又能收之桑榆，因为公司业绩超越行业平均水平可期，这就足以抵御博闻者和同情者的批判。总而言之，通用汽车并不适合完全依赖直觉行事的管理者，但它为有能力并且善于理性思考的人提供了良好的环境。有些组织为了发挥某个天才员工的潜力，会围绕他来构建部门、量体裁衣。通用汽车总体来说不是这样的，当然凯特灵先生是个例外。

我们的管理政策决议，都是经过监管委员会和政策小组的讨论后做出的。这种决策方式的产生并非灵光一现，它来自我们长期探索的一个基本管理命题，就是要将政策制定的职责交给那些最有能力做决策，也最能承担责任的人手中。某种程度上说，这里面包含着矛盾。一方面，最能承担责任的那些人必须有广阔的商业视角，能够代表股东利益。另一方面，最能做具体决策的那些人必须贴近商业的实际运营。我们解决这个矛盾的主要办法，是把总部制定政策的职责划分给财务委员会和执行委员会，关于这些我在前面都提到过。

另一个政策建议的来源是管理委员会，它负责就公司的制造和销售活动向总裁建言，对于总裁或执行委员会提到的可能影响公司的其他事宜，它也会发表意见。总裁担任该委员会的主席，目前它的成员包括执行委员会的几位成员、两位不在执行委员会任职的集群业务主管、轿车及卡车事业部的总经理、费希博德事业部的总经理，以及海外运营事业部的总经理。

在这种责任分配制度下，政策的制定和建议主要来自总部的一群人，这些人都通晓运营。当然，他们会与各事业部的员工非常紧密地合作，而事业部员工也是某些政策小组中的成员。执行委员会具有某种裁决职能，它负责审视公司的整体发展，同时又要对运营问题非常熟悉。它会基于政策小组和管理委员会的工作成果做判断，并向委员会成员了解运营状况的细节，然后做出根本性决策。财务委员会在更加广泛的公司政策领域里行使责任和权力，其中有些成员并非公司员工。

我在通用汽车的大部分时间都花在了总部这些监管小组的发展、组织和定期重组上。这样做很有必要，因为在通用汽车这样一个机构中，制定正确的决策框架是最重要的事情。这种决策框架如果不进行有意识的维护，自然就会被逐渐腐蚀。集体决策并非总是易事。领导非常喜欢自己做决策，以为这样就不必陷入有时略显冗长的讨论（因为讨论中你要把你的想法推销给其他人）。集体决策未必总会比某个人的决策更好，甚至有可能拉低决策的平均效果。但是在通用汽车，我看到历史记录显示我们的集体决策提升了平均效果。本质上这意味着，我们通过组织的建立，能够适应汽车市场自1920年以来每隔10年发生一次的巨大变化。

My Years with General Motors
第 23 章

变革与发展

从我讲述的这些事情和想法中，不难看出我们这代人赶上了美国工业发展的一个独特机遇。我们刚开始创办企业时，汽车还是一种新产品，规模化的集团公司也是一种新的商业组织形态。我们知道汽车有巨大的潜力，但没有人一开始就能想到，汽车竟然如此改变了美国和整个世界，重塑了整个经济，创造了新的产业，并改造了人们日常的生活节奏和方式。能够助力汽车产业的发展，使个人交通在20世纪成为可能，对此我们感到满意。我自己感到荣幸的是，通过商业方式和许许多多有才能的公民结识，无论是作为供应商还是竞争对手，我们共同创造了这个产业并做出了贡献。这些人当中，有些人的名字已经和汽车以及公司的品牌联系在了一起，它们代表了新的美国传奇。鉴于我的年纪和过去的交往经历，我能脱口而出的名字有福特先生、别克先生、雪佛兰先生、奥兹先生、克莱斯勒先生、纳什先生、威利斯先生，等等。他们与这个行业成千上万的人一起，从事着平淡无奇的企业运营，根本没有意识到自己对行业的命运做出的革命性改变。

在美国的产业界，多数成功企业都想实现业务的增长。通用汽车显然是一家成功企业。它的成功源于经营效率以及随之而来的业务增长。大企业本来就该像通用汽车一样，成为当前充满活力的经济的标志，这一点不足为奇。

当然，有人会批评通用汽车。接下来，我想对理性的批评者说几句。通用汽车之所以能走到今天，是因为它的人才以及他们一起工作的方式，也是因为产业机会能让这些人加入到一家企业，在这里他们的工作被有效地组织了起来。这个领域对任何人都开放；科学进步的信息仓库是共享的，技术知识可以自由流动；生产技术透明公开，所有人都可以获得相关的生产工具。市场是全球性的，只有客户的选择才能决定谁能成为市场的宠儿。

　　我想指出的是，今天成功的大企业并非生来都是体量庞大的。这本书已经表明，在20世纪初，当我们开始这段伟大冒险的时候，整个汽车行业也在寻找出路和方法。早年间，我们以及整个行业都缺少技巧和方法，而今天，这些已经成为理所当然的技能。对于我们和整个行业来说，事情的发生往往是不可预知的。经销商的销售数据是未知的。经销商的库存轿车数量是未知的。消费者需求的发展趋势是未知的。没有人意识到二手车市场的重要性，不同轿车市场份额的统计数据空缺，没人跟踪车辆登记的情况。因此，生产排期与最终需求之间缺少真正的联系。我们的产品策划没有考虑到产品之间，以及产品与市场的关系。面对市场的挑战，我们之前也没有想到过产品线的开发这个概念。我们今天熟知的年度车型的推出，在当时仍是件遥不可及的事。产品的质量也是时好时坏。

　　我们不得不从头开始。我们的任务是找到适合公司的组织形式。这首先意味着，一个组织要能适应市场的巨大变化。汽车生产商一旦陷入僵化，那么不管它的业务规模有多大，或者市场地位如何，必然会被市场严厉惩罚——比如我们知道在20世纪20年代，福特先生曾凭借成功的经营理念统领市场，但是当这一理念过时的时候他仍然沉溺于此。我们与福特先生的经营理念不同并展开了交锋。他的选择在当时有可能是对的，但如果真是这样的话，我们就必须假定，国民经济的发展仍然会延续以前的态势，这样他的汽车理念才站得住脚。而事实情况是，我们的理念更符合当时的经济状况、汽车艺术的进步，以及消费者兴趣与品位的变化。但当我们初战告捷以后，也曾面临过失败的境地。在汽车行业，失败的可能性不仅很大，而且从过去到未来会一直存在。市场和产品都在不断变化，在这种情况下，任何商业组织如果对于变化准备不足（在我看来，实际上就是缺少应对变化的程序），就很可能面临失败的境地。

在通用汽车,这些程序是由总部管理层来提供的,因为他们能对宏观市场的长期趋势进行评估。我们多年来的产品变化很好地说明了这一点。20世纪20年代,我们的产品线逐渐演变,起初只是为了应对市场难题迫于无奈这样做,后来我们出台了一项政策,并把它简单定义为开发"适合每种价位与要求的汽车"。随着产业的发展和演变,我们始终坚持这一政策,并展现了应对竞争和客户需求变化的能力。我想就这一点,描述一下我们产品的演变历程。

1923年,市场上总共卖出了400万辆轿车和卡车,随后在整个20年代,市场销量也一直保持在这个水平。这一时期,我们的产品在很多方面都有了持续改进,其中最重要的就是封闭车身的开发。随着国家经济的繁荣,高档轿车的销量上升。等到30年代初的经济大萧条时期,市场需求发生了逆转,低价车得到越来越多人的关注。1933年和1934年,全美几乎四分之三的轿车销量都集中在低档区间。我们对这种需求变化做出了调整。随着经济的复苏,消费者对高档产品的需求再次升温,等到1939～1941年,也就是美国参战前夕,低档车的市场份额减少到了57%,大致相当于1929年的份额水平。于是我们又进行了调整。

第二次世界大战以后我们恢复了生产,此时原材料供应出现了短缺,其中特别稀缺的是钢铁,因此行业对原材料采取了必要的管控措施。这些资源配给方法对规模较小的制造商有利(凯撒—弗雷泽、纳什、哈德逊、斯图巴克和帕卡德),它们的产品当时集中在中档价位,结果这些轿车品牌的市场份额快速上升。这一时期的竞争主要限于生产领域,也就是制造商生产出来的产品,消费者照单全收。等到1948年,当新车牌照数量接近1929年和1941年创下的战前高峰水平时,中档轿车的市场份额达到了45.6%,几乎与低档轿车(46.6%)平起平坐。

1948年以后,部分地区的市场竞争开始恢复正常,小型制造商的中档轿车销量开始下滑。表面上看,客户需求正在回归到战前的模式;截至1954年,传统的低档轿车的市场份额再次达到约60%。但事实上,低档轿车的产品内容正在发生根本性的变化。在这个细分市场上,生产商和第三方厂商正在提供越来越多的选配装备,以刺激50年代消费者的购买。当时的市场特征在

1953年9月《财富》杂志发表的一篇文章里（《一种新的轿车市场》）描述得很清楚，内容如下："战后的卖方市场上，轿车厂商发现，它们在每辆车的基础上还可以卖出更多的产品，包括更多配件、奢侈款、改进款和创新款。如今的汽车厂商必须这样做……随着轿车的单位需求和消费者的购买力之间差距越来越大，厂商更愿意给每位轿车的买主推销更多产品。"到1955年，轿车款式已经"焕然一新"，它们的体积变得更大、功率更强，很多配件也升级为标准配置。一些相对昂贵的车型越来越受欢迎，比如金属顶盖轿车、敞篷车以及旅行车，这就使得整个汽车市场变得更加多元化。在中档轿车市场上，销售增长强劲，比如福特公司为了在这个细分市场上扩大份额，扩展了它的水星（Mercury）轿车产品线，并于1957年推出了全新轿车艾德塞尔（Edsel）。但与此同时，往日的低档轿车在车型尺寸和质量上也都做了升级；福特、雪佛兰和普利茅斯都在各自现有的顶配车型基础上，推出了更加昂贵的新车，这些车除了品牌名以外，实际上从各方面来看都应划归为中档轿车。[⊖]从原则上说，这表明汽车行业对消费者的购买力有了新认识，并且愿意对其新需求予以满足。

有意思的是，在50年代中期，那些所谓的"裸车"，也就是低档轿车中的低配车型，并不能吸引很多顾客。在这种情况下，当所谓的紧凑型或者经济型轿车需求高涨，并在1957年以后方兴未艾时，人们乍一看可能会感到疑惑不解。但如果我们仔细观察，就会发现这种需求本质上反映出，客户对多元化的产品有了更多需求。纵观整段历史，汽车行业一直都要面对的问题就是如何预测客户偏好的变化。即使新产品的开发需要数年时间，我们也要时刻做好准备来发现有效需求。对此，通用汽车的董事长兼首席执行官唐纳先生最近这样说道：

> ……为了应对市场的挑战，我们必须尽可能早地认识到客户需求和欲望的变化，这样我们就可以在正确的地点、正确的时间，以适当的产量推出适当的产品。

⊖ 最终这一事实得到了认可，统计机构也对此进行了修订。他们在发布汽车行业的价位数据时，将这些车型划归到了中档轿车行列。

我们既要顺应客户偏好的发展趋势，也要在生产过程中做出许多妥协，两者之间必须做好平衡，才能让最终产品既可靠，又美观，性能良好，并且以具有竞争力的价格实现必要的销量。我们设计的轿车不仅要符合我们的生产要求，更重要的是要符合客户的购买需求。

到了 50 年代末 60 年代初，市场上发生的一些戏剧化事件可以很好地说明，客户喜好的变化如此之快——同时，我们也可以看到汽车行业对这种变化的反应速度。1955 年，汽车销量达到历史新高，其中 98% 是国产的标准尺寸车型，剩下的 2%（销量不到 150 000 辆）包括大约 45 个国外品牌和一些国内的小型轿车。到 1957 年，国外进口轿车和国内小型轿车的市场份额增长到 5%。当时，人们对于小型轿车的市场需求能否继续增长并不确定，但通用汽车已经意识到了这种可能性，并且已经着手设计这类轿车。早在 1952 年，雪佛兰在取得总部管理层的认可后，就成立了研发小组负责开发这款小型轿车。一旦市场需求大幅增长，达到了量产要求，雪佛兰就会将这款车型投入备产。某种程度上说，这项行动也投射出通用汽车 1947 年以前所做的一些事，当时公司积极思考过小型轿车的开发事宜。

1957 年年末，科威尔轿车的设计宣告完成，并于 1959 年秋季推向市场。大约在同一时间，其他厂商也推出了新的小型轿车。后来我们又推出了其他一些产品，包括 1960 年的别克特别款、奥兹莫比尔 F-85、庞蒂亚克风暴、1961 年的雪佛兰 II 型，以及 1963 年的舍韦勒（Chevelle）。虽然这些小型轿车的设计初衷是针对经济型客户，希望满足他们降低初次购买成本和维护费用的需求，但是很快我们就看到了一些矛盾迹象，因为客户仍然追求标准尺寸轿车所具有的那种舒适、方便和讲求设计的品质；他们给自己的小型轿车装配了更好的内饰设备、方便实用的配件以及其他一些装备，比如自动变速器、动力转向系统以及动力刹车，而这些都是标准尺寸轿车的配置。1960 年的科威尔·蒙扎（Corvair Monza）轿车配有自动变速器、凹背座椅、特别内饰和豪华装饰，推向市场后不久就几乎占有科威尔产品线一半以上的销售额。此外还能明显感觉到的是，客户希望小型车在车型和外观设计上，能与标准尺寸的轿车保持一致——也就是说，他们需要小型的金属顶盖车、敞篷车、旅行车，以及双门及四门大轿车。这些小型车和许多标准尺寸轿车加在一起，就为客户提供了前所未有的多元化选择。

当然在 50 年代末和 60 年代初，汽车市场经历了自 20 世纪 20 年代以来最剧烈的市场变化，在 20 年代时，封闭式车身成为主流，福特 T 型车的时代宣告终结，轿车的升级换代刚刚开始。而我相信，汽车市场过去几年的发展已经证明，通用汽车 1921 年制定的产品政策是正确的。通用汽车总裁约翰·戈登近来表示，我们的口号"适合每种价位与要求的汽车"依然适用；确实，我们从没有像今天这样，能给我们的顾客提供如此多样化的选择。1963 年的车型年，国内厂商提供的车型总共有 429 款，而 1955 年时只有 272 款；1963 年仅通用汽车就有 138 款车型，同样远高于 1955 年的 85 款。对于这一点，戈登曾说过："考虑到目前我们所能提供的颜色、可选装备和配件如此繁多——动力辅助、空调、倾斜式转向轮、自动调节车灯等，至少在理论上，即使我们花上一年的时间把每款产品生产个遍，也没有两款轿车会完全一样。我们的目标不仅仅是要生产适合每种价位和要求的汽车，我们的目标是要生产适合每种价位、要求和个性的汽车。"

1957 年以后，市场对于小型轿车的需求明显增加，到了 1959 年，国外进口轿车占到了美国汽车市场份额的 10%，和国产小型轿车的市场份额持平。1959 年以后，国外进口轿车的比重有所下降，到 1963 年时市场份额已经降到了大约 5%。尽管如此，国产小型轿车的销量持续增长，1960 年以后已经占据大约三分之一的市场份额。与此同时，以前的一些低档轿车现在则在中档轿车市场上站稳了脚跟。

面对这些发展趋势，一些国内制造商削减了传统的中档轿车业务。1957 年年底推出的艾德赛尔轿车于 1959 年停产了；德索托轿车尽管在克莱斯勒有着悠久历史，也于 1960 年宣布停产；依托于福特道奇车型的水星轿车，以及美国汽车公司的大使轿车（Ambassador）也纷纷采取措施，降低了轿车的尺寸和配置规格。而通用汽车选择继续生产常规尺寸的中档轿车，保持轿车重量、尺寸和车型数量不变，与此同时，我们又在这些产品线中推出了小型轿车。

汽车占到我们业务总额的 90%，但每项实际业务或潜在业务的运营又彼此独立。我们并没有对产品的制造做硬性规定，但汽车是业务的核心。当然，我们的产品决策必须要部分基于经验，而我们和一些产品打交道后，实际经验可能会告诉我们，这些产品和我们的管理技能不符。在这种情况下，我们就会从这项业务中撤出。

比如在1921年的时候，我们认为最好从农业拖拉机的业务中撤出，因为我们并不相信自己会在这个领域做出特殊的贡献。从那以后，我们陆续剥离了持有的飞机制造、家用收音机、玻璃制造和化学制剂公司的股权。

我们进入航空发动机和柴油机生产领域，是希望把我们在工程技术和规模化生产中的专业技能加以应用，并且创造出新价值。我们提出了柴油机的新概念——双循环发动机，并把它应用于机车制造，引发了美国铁路业的一场革命。我们当时投入了数百万美元对这种未经证实的产品进行研发，而那时候，很多铁路业主面临严重的财务危机，或者濒临倒闭，大多数人似乎对这项创新也毫不关心。在我们的帮助下，铁路业恢复了债务偿还能力。

我们在产品市场上取得的领先地位，都不是通过收购公司实现的。一般来说，我们在很早的阶段就会涉足相应业务，然后辛勤地开发产品市场，无论是汽车、家用冰箱、柴油机车，还是航空发动机，都是如此。我们的业务并不是通过收购走到今天的，我们依靠的是自身的稳步发展。

在我讲述通用汽车这家公司时，我不希望给人留下的印象是，我认为它已经是一个完成品了。没有一家公司能停止变革。变革会让一家公司要么变得更好，要么变得更糟。我也不希望人们由此认为，组织可以自行运转。一个组织并不能做出决策；组织的功能是基于已经确立的准则，提供一个框架，在这个框架内，人们可以用一种有序的方式进行决策。决策的制定者和责任人是个体。自从我退出通用汽车的一线管理以来，公司的决策者们在处理一些非常复杂的问题上取得了成功。对于这些问题，组织的自动运营绝不可能给出明确的答案。管理的任务并非对某个公式加以应用，而是要针对不同的情况做出决策。在决策过程中，固定、硬性的规则永远不能替代我们对于商业问题的合理判断。

我在这本书中所讲述的内容，说到底是效率，而这里说的效率概念非常广泛。我认为，在我们这个高度竞争的经济社会里，通用汽车的效率和它的业务成长相互关联。我还认为，如果公司仅仅因为业务规模大就遭受攻击，那么必然的后果就是效率也会受到打压。如果我们要惩罚效率的话，我们这个国家又如何在世界经济舞台上竞争呢？

对于我而言，我的工作已经完成了。早在1946年我71岁的时候，我就从公司首席执行官的位置上退了下来，减少了自己的工作量，但仍然担任公司的董事长。1956年，我成为公司的荣誉董事长。从那以后，我积极参与的事务很少，仅限于服务财务委员会、奖金薪资委员会和公司董事会。我们的董事会发生了巨大的变化，成员构成也有所不同。杜邦公司过去曾持有通用汽车大约25%的股份，并且与我们有过很好的合作，但现在它已经不在董事会成员中了。许多老一代的董事会成员已经去世。剩下一些老资格的董事会成员做过公司管理者，并且仍是公司重要的个人股东，只是再也不能指望他们还能在董事会和委员会里干太多年了。这些人包括莫特先生、普拉特先生、布拉德利先生、亨特先生、麦克劳林先生、费希尔先生和我自己。我们作为运营管理者曾经亲密协作，长期负责公司的管理。现在，这些责任已经或者很快就将由其他人来承担。每一代的新任管理者都必须面对变化，包括汽车市场的变迁、企业整体管理的变动，以及企业在不断变化的世界中的变革。对现在的管理层而言，工作才刚刚开始。他们遇到的问题中，有些和我当年的经历相似，还有一些问题则是我之前从未想到过的。创造性的工作还在继续。

My Years with General Motors

附录 A

通用汽车各事业部轿车及卡车销售数量

通用汽车
各事业部轿车及卡车销售数量

年份	别克（马奎特）	凯迪拉克（拉塞勒）	雪佛兰	奥兹莫比尔（维京）	庞蒂亚克（奥克兰）	吉姆西卡车 (c)	其他 (d)	美国合计	加拿大工厂制造	美国及加拿大合计	巴西	霍尔登	欧宝	沃克斯豪尔	总计
1909(a)	14 140	6 484	—	1 690	948	372	1 047	24 681	—	24 681	—	—	—	—	24 681
1909(b)	4 437	2 156	—	336	157	102	442	7 630	—	7 630	—	—	—	—	7 630
1910	20 758	10 039	—	1 425	4 049	656	2 373	39 300	—	39 300	—	—	—	—	39 300
1911	18 844	10 071	—	1 271	3 386	293	1 887	35 752	—	35 752	—	—	—	—	35 752
1912	26 796	12 708	—	1 155	5 838	372	2 827	49 696	—	49 696	—	—	—	—	49 696
1913	29 722	17 284	—	888	7 030	601	1 745	57 270	—	57 270	—	—	—	—	57 270
1914	42 803	7 818	—	2 254	6 105	708	1 896	61 584	—	61 584	—	—	—	—	61 584
1915	60 662	20 404	—	7 696	11 952	1 408	266	102 388	—	102 388	—	—	—	—	102 388
1916	90 925	16 323	—	10 263	25 675	2 999	—	146 185	—	146 185	—	—	—	—	146 185
1917	122 262	19 759	—	22 042	33 171	5 885	—	203 119	—	203 119	—	—	—	—	203 119
1918	81 413	12 329	52 689	18 871	27 757	8 999	1 956	204 014	1 312	205 326	—	—	—	—	205 326
1919	115 401	19 851	117 840	41 127	52 124	7 730	13 334	367 407	24 331	391 738	—	—	—	—	391 738
1920	112 208	19 790	134 117	33 949	34 839	5 137	30 627	370 667	22 408	393 075	—	—	—	—	393 075
1921	80 122	11 130	68 080	18 978	11 852	2 760	6 493	199 415	15 384	214 799	—	—	—	—	214 799
1922	123 048	22 021	223 840	21 505	19 636	5 277	4 355	419 682	37 081	456 763	—	—	—	—	456 763
1923	200 759	22 009	454 386	34 721	35 847	6 968	120	754 810	43 745	798 555	—	—	—	—	798 555
1924	156 627	17 748	293 849	44 309	35 792	5 508	—	553 833	33 508	587 341	—	—	—	—	587 341
1925	196 863	22 542	481 267	42 701	44 642	2 865	—	790 880	45 022	835 902	—	—	—	—	835 902

Year															
1926	267 991	27 340	692 417	57 862	133 604	—	—	1 179 214	55 636	1 234 850	—	—	—	1 513	1 236 363
1927	254 350	34 811	940 277	54 888	188 168	—	—	1 472 494	90 254	1 562 748	—	—	—	1 606	1 564 354
1928	218 779	41 172	1 118 993	86 235	244 584	—	—	1 709 763	101 043	1 810 806	—	—	—	2 587	1 813 393
1929	190 662	36 689	1 259 434	101 579	211 054	—	—	1 799 427	99 840	1 899 267	—	—	—	1 387	1 900 654
1930	121 816	22 559	825 287	49 886	89 225	—	—	1 105 773	52 520	1 158 293	—	—	26 312	8 930	1 193 535
1931	91 485	15 012	756 790	48 000	86 307	—	—	997 594	35 924	1 033 518	—	—	26 355	14 836	1 074 709
1932	45 356	9 153	383 892	21 933	46 594	—	—	506 928	18 799	525 727	—	—	20 914	16 329	562 970
1933	42 191	6 736	607 973	36 357	85 772	—	—	779 029	23 075	802 104	—	—	39 295	27 636	869 035
1934	78 327	11 468	835 812	80 911	79 803	—	—	1 086 321	42 005	1 128 326	—	—	71 665	40 456	1 240 447
1935	106 590	22 675	1 020 055	182 483	172 895	—	—	1 504 698	59 554	1 564 252	—	—	102 765	48 671	1 715 688
1936	179 279	28 741	1 228 816	186 324	180 115	—	—	1 803 275	63 314	1 866 589	—	—	120 379	50 704	2 037 690
1937	225 936	44 724	1 132 631	211 715	231 615	—	—	1 846 621	81 212	1 927 833	—	—	128 370	59 746	2 115 949
1938	175 369	28 297	655 771	94 225	99 211	—	—	1 052 873	56 028	1 108 901	—	—	139 631	60 111	1 308 643
1939	230 088	38 390	891 572	158 005	169 320	—	—	1 487 375	55 170	1 542 545	—	—	122 856	61 454	1 726 855
1940	310 823	40 206	1 135 826	213 907	249 380	—	—	1 950 142	75 071	2 025 213	—	—	—	55 353	2 080 566
1941	317 986	60 037	1 256 108	231 788	283 885	—	—	2 149 804	107 214	2 257 018	—	—	—	43 010	2 300 028
1942	18 225	2 865	166 043	14 262	16 409	—	—	217 804	83 686	301 490	—	—	—	47 316	348 806
1943(d)	—	—	60 257	—	—	30 187	665	91 109	61 437	152 546	—	—	—	41 598	194 144
1944(d)	—	—	71 631	—	—	152 530	66	224 227	54 312	278 539	—	—	—	38 493	317 032
1945	2 337	933	102 896	3 183	5 301	115 279	—	229 929	45 644	275 573	—	—	—	32 471	308 044
1946	153 733	27 993	662 952	112 680	129 700	36 393	—	1 123 451	51 997	1 175 448	—	—	—	53 586	1 229 034
1947	268 798	59 652	1 037 109	192 684	221 747	65 895	—	1 845 885	85 033	1 930 918	—	—	—	61 453	1 992 371
1948	273 845	65 714	1 166 340	193 835	254 684	97 306	—	2 051 742	94 563	2 146 305	—	112	—	74 576	2 220 993
1949	397 978	82 043	1 487 642	282 734	335 820	86 677	—	2 672 894	91 503	2 764 397	—	7 725	40 058	84 168	2 896 348

(续)

年份	美国工厂制造								加拿大工厂制造	美国及加拿大合计	海外工厂制造				总计
	别克(马奎特)	凯迪拉克(拉塞勒)	雪佛兰	奥兹莫比尔(维京)	庞蒂亚克(奥克兰)	吉姆西卡车(c)	其他(d)	美国合计			巴西	霍尔登	欧宝	沃克斯豪尔	
1950	554 326	109 515	2 009 611	397 884	469 465	112 557	—	3 653 358	158 805	3 812 163	—	20 113	72 568	87 454	3 992 298
1951	405 880	104 601	1 555 856	286 452	347 057	129 644	—	2 829 490	186 996	3 016 486	—	25 177	77 594	77 877	3 197 134
1952	315 301	95 420	1 200 589	224 684	275 145	123 258	—	2 234 397	199 763	2 434 160	—	31 945	83 282	79 813	2 629 200
1953	481 557	104 999	1 839 230	323 361	414 413	113 026	—	3 276 586	219 413	3 495 999	—	44 175	110 164	110 141	3 760 479
1954	536 894	122 144	1 749 578	431 462	372 055	83 823	—	3 295 956	153 808	3 449 764	—	54 796	164 117	130 951	3 799 628
1955	780 237	153 134	2 213 888	642 156	580 464	106 793	—	4 476 672	161 374	4 638 046	—	63 800	186 999	142 149	5 030 994
1956	535 315	140 340	1 970 610	433 061	334 628	93 787	—	3 507 741	184 981	3 692 722	—	68 893	205 605	123 643	4 090 863
1957	407 546	152 660	1 871 902	390 305	341 875	72 890	—	3 237 178	181 322	3 418 500	—	94 557	228 736	143 573	3 885 366
1958	258 394	126 087	1 543 992	310 909	220 767	66 096	—	2 526 245	186 625	2 712 870	—	110 626	312 873	174 124	3 310 493
1959	232 757	138 610	1 754 784	366 879	389 616	77 371	—	2 960 017	180 216	3 140 233	16 274	115 308	334 444	244 655	3 850 914
1960	304 085	158 719	2 267 759	400 379	447 868	102 567	—	3 681 377	208 357	3 889 734	18 128	140 336	366 817	245 981	4 660 996
1961	292 398	147 957	1 949 111	322 366	362 147	76 333	—	3 150 312	196 407	3 346 719	13 584	112 680	377 258	186 388	4 036 629
1962	416 087	159 014	2 555 081	458 045	545 884	88 712	—	4 222 823	268 624	4 491 447	18 977	133 325	378 878	215 974	5 238 601

(a) 指1909年9月30日结束的财政年度。
(b) 指1909年12月31日之前的三个月。
(c) 不包括吉姆西卡车事业部自1925年7月1日~1943年9月30日的数字。在这段时间里吉姆西卡车事业部是黄色卡车及客车制造公司的一部分。
(d) 其他: 1909~1923年,这一栏包括的品牌包括卡特卡、埃尔麦尔、伦道夫、马奎特、斯科普斯—布斯、韦尔奇、以及萨姆森卡车和拖拉机; 1943~1944年的数字仅代表了因战争需要于1942年2月10日停止轿车生产之前美国制造的轿车。雪佛兰的数据仅代表了它所销售的卡车。

My Years with General Motors

附录 B

通用汽车部门组织图

财务部门

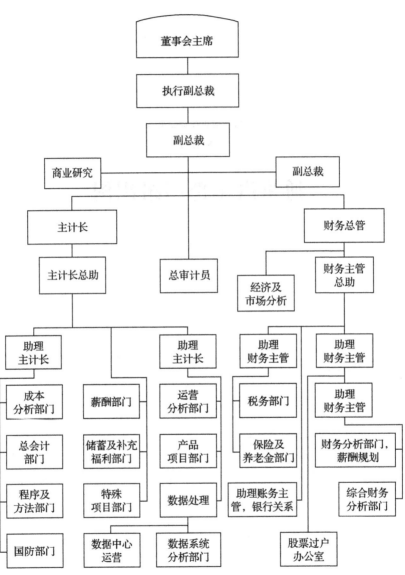

1963年5月

附录 B 通用汽车部门组织图

研究实验室

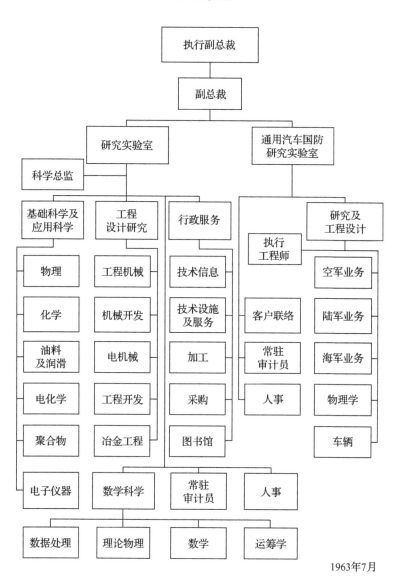

1963年7月

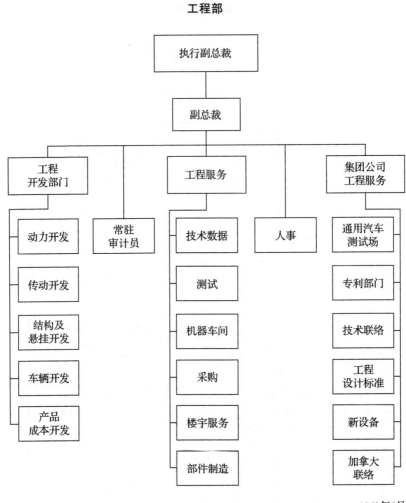

1963年6月

附录 B 通用汽车部门组织图 ·383·

制造部

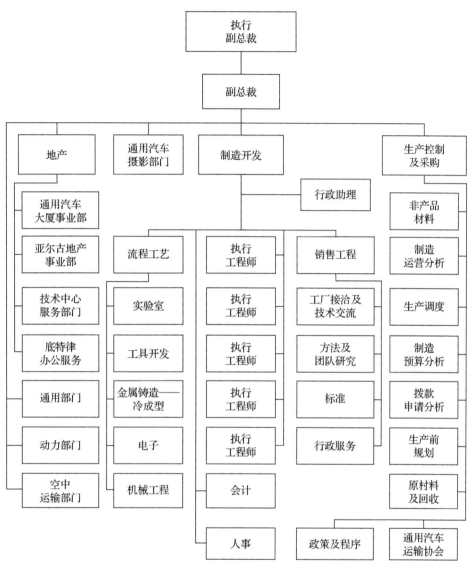

1963年5月

外观设计部

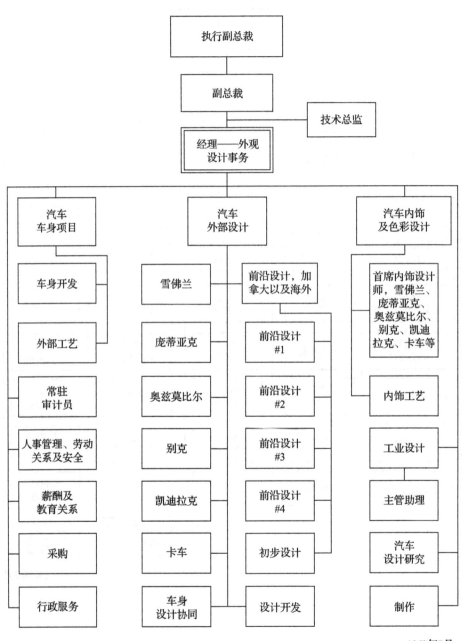

1963年7月

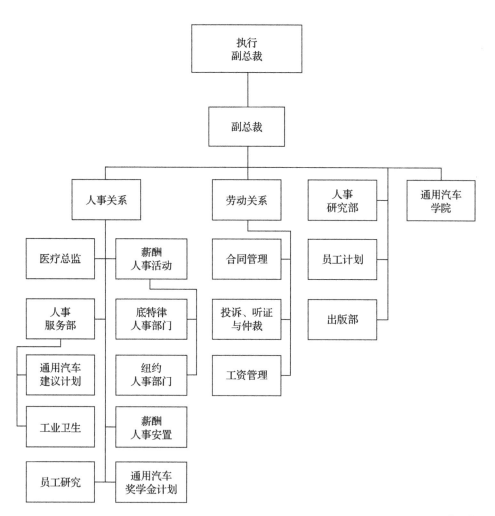

1963年5月

财务知识轻松学

书号	定价	书名	作者	特点
71576	79	IPO财务透视：注册制下的方法、重点和案例	叶金福	大华会计师事务所合伙人作品，基于辅导IPO公司的实务经验，针对IPO中最常问询的财务主题，给出明确可操作的财务解决思路
58925	49	从报表看舞弊：财务报表分析与风险识别	叶金福	从财务舞弊和盈余管理的角度，融合工作实务中的体会、总结和思考，提供全新的报表分析思维和方法，黄世忠、夏草、梁春、苗润生、徐珊推荐阅读
62368	79	一本书看透股权架构	李利威	126张股权结构图，9种可套用架构模型；挖出38个节税的点，避开95个法律的坑；蚂蚁金服、小米、华谊兄弟等30个真实案例
70557	89	一本书看透股权节税	李利威	零基础50个案例搞定股权税收
62606	79	财务诡计（原书第4版）	[美]施利特 等	畅销25年，告诉你如何通过财务报告发现会计造假和欺诈
70738	79	财务智慧：如何理解数字的真正含义（原书第2版）	[美]伯曼 等	畅销15年，经典名著，4个维度，带你学会用财务术语交流，对财务数据提问，将财务信息用于工作
67215	89	财务报表分析与股票估值（第2版）	郭永清	源自上海国家会计学院内部讲义，估值方法经过资本市场验证
73993	79	从现金看财报	郭永清	源自上海国家会计学院内部讲义，带你以现金的视角，重新看财务报告
67559	79	500强企业财务分析实务（第2版）	李燕翔	作者将其在外企工作期间积攒下的财务分析方法倾囊而授，被业界称为最实用的管理会计书
67063	89	财务报表阅读与信贷分析实务（第2版）	崔宏	重点介绍商业银行授信风险管理工作中如何使用和分析财务信息
58308	69	一本书看透信贷：信贷业务全流程深度剖析	何华平	作者长期从事信贷管理与风险模型开发，大量一手从业经验，结合法规、理论和实操融会贯通讲解
75289	89	信贷业务全流程实战：报表分析、风险评估与模型搭建	周艺博	融合了多家国际银行的信贷经验；完整、系统地介绍公司信贷思维框架和方法
75670	89	金融操作风险管理真经：来自全球知名银行的实践经验	[英]埃琳娜·皮科娃	花旗等顶尖银行操作风险实践经验
60011	99	一本书看透IPO：注册制IPO全流程深度剖析	沈春晖	资深投资银行家沈春晖作品；全景式介绍注册制IPO全貌；大量方法、步骤和案例
65858	79	投行十讲	沈春晖	20年的投行老兵，带你透彻了解"投行是什么"和"怎么干投行"；权威讲解注册制、新证券法对投行的影响
73881	89	成功IPO：全面注册制企业上市实战	屠博	迅速了解注册制IPO的全景图，掌握IPO推进的过程管理工具和战略模型
70094	129	李若山谈独立董事：对外懂事，对内独立	李若山	作者获评2010年度上市公司优秀独立董事；9个案例深度复盘独董工作要领；既有怎样发挥独董价值的系统思考，还有独董如何自我保护的实践经验
68080	79	中小企业融资：案例与实务指引	吴瑕	畅销10年，帮助了众多企业；从实务层面，帮助中小企业解决融资难、融资贵问题
74247	79	利润的12个定律（珍藏版）	史永翔	15个行业冠军企业，亲身分享利润创造过程；带你重新理解客户、产品和销售方式
69051	79	华为财经密码	杨爱国 等	揭示华为财经管理的核心思想和商业逻辑
73113	89	估值的逻辑：思考与实战	陈玮	源于3000多篇投资复盘笔记，55个真实案例描述价值判断标准，展示投资机构的估值思维和操作细节
62193	49	财务分析：挖掘数字背后的商业价值	吴坚	著名外企财务总监的工作日志和思考笔记；财务分析视角侧重于为管理决策提供支持；提供财务管理和分析决策工具
74895	79	数字驱动：如何做好财务分析和经营分析	刘冬	带你掌握构建企业财务与经营分析体系的方法
58302	49	财务报表解读：教你快速学会分析一家公司	续芹	26家国内外上市公司财报分析案例，17家相关竞争对手、同行业分析，遍及教育、房地产等20个行业；通俗易懂，有趣有用

包政30年研究经验集中分享

打通分工与组织的关系,帮助企业完成思考,学会构建中国人自己的商业理论。

管理的本质(珍藏版)
ISBN:978-7-111-74341-5

企业的本质(珍藏版)
ISBN:978-7-111-74336-1

营销的本质(白金版)
ISBN:978-7-111-74402-3

未来管理的挑战(珍藏版)
ISBN:978-7-111-74399-6

通用汽车总裁斯隆一生的管理经验。
德鲁克、比尔·盖茨、克里斯蒂·麦克唐纳、包政推荐。

经理人的工作:向斯隆学管理
ISBN:978-7-111-75450-3

我在通用汽车的岁月
ISBN:978-7-111-67511-2